U0944191

让每个孩子在家门口享受优质教育

教育高位均衡发展的路与径

Courses and Approaches to Balanced High-level Development of Education

钱志清　周华松　王　斌　著

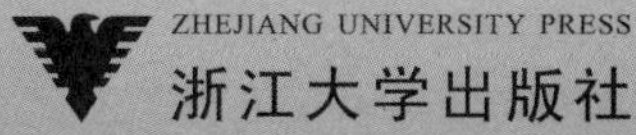

序

教育均衡是历史和现实赋予我们的重大教育课题，也是摆在政府和教育系统及广大教育工作者面前的一项艰巨任务和重大难题。对于教育均衡的破题、诠释、剖析和解读，也就变得极为迫切。实现义务教育均衡发展是长期目标，更是一个动态递进的过程。只有不断在现有基础上再出发，教育均衡才能更具内涵、更深刻，人民群众才能愈加受益。在教育发展基础相对较好的东部地区，不少县区已达到或接近实现基本均衡的发展目标。因而，如何百尺竿头，更进一步，科学地驶入优质均衡发展的轨道，成为需要厘清的发展之问，需要破解的现实命题。本书稿是省重点课题"传承·共融·创新：区域推进义务教育高位均衡发展的实践路径"的物化研究成果，用智慧全面地思考教育均衡的理论前提和现实基础，为区域推进义务教育高位均衡发展提供一种典型样本。

近年来，杭州市西湖区区委、区政府高度重视教育工作，切实加强对教育工作的领导与支持，特别在推进全区义务教育高位均衡发展方面，做出了一系列的部署，提供了有力的保障。全区教育系统紧紧把握提高质量、促进公平的教育价值追求，加强对教育工作的统筹协调，不断推出创新之举，稳步改善教育生态，使区域教育均衡发展迈上了新的高度。

第一，是坚持率先发展。"十二五"期间，西湖教育改革发展的总体目标是：努力成为"各类教育更加协调、资源配置更加均衡、名优教师更加充裕、学生发展更加充分、国际交流更加广泛、优质教育城乡全覆盖"的浙江省教育现代化先行区、示范区、全国教育改革创新引领区。实现这一目标，杭州市西湖区有非常坚实的基础。近年来，西湖区建立健全了义务教育经费保障机制，深入实施品牌带动、人才扩充、管理强校、素质提升、标准化建设、信息化带动、教育开放等七大战略，在全省率先基本实现教育现代化。从基本均衡到高位均衡，是一个历史性跨越。

第二，是坚持内涵发展。如果说基本均衡关注的是教育资源的均衡配置，力求为每个学生提供"公平的教育"，那么高位均衡更为关注的则是内涵发展，力求为每个学生提供“公平的优质教育”。为此，区教育局积极深化基础教育课程改革，加强课程基地建设，转变人才培养模式，改革考试评价制度，建立基础教育质量保障体系，形成促进教育质量持续提高的长效机制。在实际工作中，西湖区注重深化课程改革，努力提高课程实施水平。严格规范办学行为，全面推进素质教育，促进学生全面而有个性的发展。重视教师队伍建设，评选星级教师，强化校本教研，提高教师专业水平和师德修养。打造一校一品，鼓励各校建设丰富多样的学校文化，形成办学特色。

第三是坚持创新发展。改革创新是推动教育均衡优质发展的动力源，其目标指向是实现教育的现代化转型，这是提高教育综合实力和竞争力的关键所在。西湖区教育局不仅创造性地提出了义务教育高位均衡发展的目标，而且不断创新体制机制，努力探索义务教育高位均衡发展之路。近年来，西湖区大力培育优质品牌学校，全方位打造紧密型教育共同体，创新集团化办学方式，大力推广智慧教育，坚持质量标准，创新体制机制，强化教育集团或共同体核心学校的引领示范和成员单位间的互动合作，确保优质教育资源拓展量质并举。

实现一个区域教育高位均衡发展，是一种追求，是一种理想，是一种境界，同时，它也是一个相对的、动态的、长期的、与时俱进的发展过程。既然定格为一种追求，便会催生我们前进的动力；既然确立为一种理想，便会点燃我们奋斗的热情；既然推崇为一种境界，便会演绎出我们坚守的精彩！

浙江省教育厅副厅长 韩平

2017年6月1日

目　　录

第一章　探寻特色发展路径：教育高位均衡发展的战略思考

高位均衡是深化教育改革的引航之舵，是推进素质教育的明智之举，是维护社会公平的先导旗帜，是高水平、高层次上的多样化、特色化发展。教育高位均衡发展是一个区域追求的发展目标，需要有一个宏观的视野和宏观的思考。

第一节　教育均衡发展与高位均衡发展

教育高位均衡发展，实现公平优质教育，是每一个老百姓迫切的需求，也是每一位教育人孜孜的追求。《教育规划纲要》提出，要把推动均衡发展作为义务教育的战略性任务。目前，我国教育均衡发展取得了巨大成就，但随着我国教育改革步入新的发展阶段，面对人民群众对优质教育需求不断提高，如何更为科学地认识均衡的内涵，根据不同类型、层次的教育特点充分发挥其优势，实现特色多元、优质的高位均衡发展是应努力破解的重要课题。

一、教育均衡发展的阶段性

均衡不是平均，均衡是平等地对待相同的、有差别地对待不同的以及对弱势进行补偿。均衡发展不是平均发展，而是在基础条件基本均衡的条件下多元优质、和而不同的和谐发展。教育均衡发展具有明显的阶段性，大体可分为两个阶段：

一是基础条件均衡，指主要依靠外力，以有形物质投入、标准化建设及外在条件弥补的方式，推进城乡、区域及校际教学场所的硬件设施、师资水平等有形教育资源配置的基本均衡，追求有形方面的均等化、规模化和标准化。

二是高位均衡，指根据各自基础、优势和特色，主要通过深化内部改革、加强文建设、创新体制机制及推动特色发展等方式，将外在条件弥补与内生引领相结合,促进城乡、区域、校际教育互动交流、优势互补、资源共享,实现自主创新、多元特色、峥嵘并进、可持续协调发展。基础条件均衡是实现高位均衡的前提和基础,高位均衡是基础条件均衡的价值追求和奋斗目标。

二、教育均衡发展的文化性

教育均衡发展具有鲜明的文化表征和深刻的文化根源。教育均衡问题的本质是不同区域、学校、阶层、个体由于文化资本占有量的差异导致其在教育起点、过程、结果方面产生的差距及其累积造成的教育失衡状况。这种失衡状态会不断复制、累积甚至造成代际传递,进而造成更大教育差距。教育均衡发展不可忽视如下文化的影响。

一是为人一生成长奠基的家庭文化。父母是孩子的启蒙老师,家庭是孩子接受教育最早的学校,父母的文化程度、教育观念、教育期望、生活学习习惯、为人处世方式及家庭的教育文化氛围等都对子女的教育产生重要的影响。

二是浸染人与教育发展的学校文化。学校是教育开展的主要场所,教师是流动的文化资本,课程是知识、文化和价值的载体,学生群体的素质、学校的教育环境、教育条件、文化氛围等对学校教育的效果和学生的成长乃至一生的发展都有着重要的影响。

三是伴随人一生发展的社会文化。家庭文化、学校文化、区域文化都受社会文化的影响和制约,社会文化对家庭文化、学校文化、区域文化有传导作用,当今社会文化观念、教育观念、成才观念、用人观念等对家庭教育、学校教育、社会教育和教育均衡发展有着潜移默化的重要影响。

文化既可以成为推进教育均衡发展的积极因素,也可以成为阻碍教育均衡发展的消极因素,教育均衡发展的文化性启示我们,应关注文化影响、深化文化研究、推动文化建设,以推动教育均衡深入发展。

三、教育均衡发展的动态性

在物质条件基本达到的情况下,教育的差别主要不再是物质条件的差别而是办学观念、学校文化、育人特色等方面的差别。教育高位均衡发展指根据区域基础、优势和特色,通过深化内部改革、加强文化建设、创新体制机制及推动特色发展等方式,将外在条件弥补与内生引领相结合,促进城乡、校际教育互动交流,传承优秀历史文化资源,促进文化共融发展,实现优势互补、资源共享,实现自主创新、多元特色、峥嵘并进、可持续协调发展。教育高位均衡发展的最终目标是让每个孩子在家门口享受优质教育。教育高位均衡发展是实现办有特色的教育与为学生提供最适合个性协调可持续发

展的教育的有机结合、近期“治标之法”与中长期“治本之策”的有机结合、薄弱学校改造与扩大教育总体供给的有机结合、政府外部推动与学校内部系统改革的有机结合。

高位均衡发展是一个长期的、动态的、辩证的螺旋式上升的历史发展过程,旨在追求一种更理想、高效、优质的教育状态。这一过程由不均衡逐渐走向均衡,然后均衡再次被更高一级的发展需求打破,出现新的不均衡,并在更高层次上再次从不均衡走向均衡。走向高位均衡既是老百姓对教育的本质要求,也是基础教育内在品质的客观诉求,更是实现人自由、全面、健康发展的根本需要,是实现教育均衡发展的理想追求。

教育高位均衡发展是一种全新的教育理念和教育发展观。这一发展观的实质代表了最广大人民群众的根本利益;这一发展观的核心是教育的民主化、公平化,也就是尊重每一个学生接受优质教育的权利;这一发展观的最主要内涵就是合理配置教育资源,全面提升教师群体的素质,办好每一所学校,教好每一个学生。教育高位均衡发展不仅追求有形的物质层面的均衡,还追求文化、精神等无形层面的均衡与特色;不仅追求起点、过程公平,更追求结果公平。

教育高位均衡发展是教育的历时态与共时态的有机结合与整体推进。历时态主要包括三个阶段:一是就学机会公平阶段,即“有学上”的教育机会均衡;二是就读优质学校的机会公平阶段,即“上好学”的教育机会均衡;三是充分参与教育过程的机会公平阶段,即“按需选学”的教育机会均衡。共时态主要有三层含义:一是全面发展,即教育要面向全体学生,着眼学生一生,促进学生全面发展;二是协调优质,即规模、结构、质量、效益的协调发展,质量全面提升;三是多元特色,即优势互补、资源共享,不同区域、类型、层次的教育特色发展、可持续发展。

第二节　西湖教育高位均衡发展的背景

实现义务教育均衡发展是当前我国教育改革的重大战略任务,统筹城乡义务教育资源合理均衡配置已成为改革的重中之重。自 1986 年《义务教育法》颁布以来,我国从根本上解决了“有学上”的问题,但区域之间尤其是城乡之间,办学水平和教育质量还有明显差距,农村学校、薄弱学校适龄儿童“上好学”的问题依然十分突出,资源配置不均衡的深层次矛盾仍广泛存在。加快推进义务教育均衡发展,促进资源均衡配置,已成为我国政府关注的重点。2012 年 9 月,国务院颁布了《关于深入推进义务教育均衡发展的意见》。2013 年 11 月,党的十八届三中全会明确提出“统筹城乡义务教育资源均衡配置”。

杭州市西湖区是我国教育改革与发展的先进地区，一直以来走在全国教改的前列。经过几代西湖教育人的努力，西湖区在推进教育均衡方面，已经取得了一些重大突破。如西湖教育立足区情，名校集团化办学，加强教师队伍建设，支持义务教育阶段民办学校发展，建立健全义务教育阶段办学的保障机制，形成了富有特色的义务教育阶段办学模式。在推进义务教育均衡发展方面西湖区实现了三个百分之百，分别是义务教育普及率达到百分之百，适龄儿童入学率达到百分之百，符合入学条件的外来务工子女入学率达到百分之百。在全省率先实现由普及九年义务教育向普及学前三年到高中段十五年教育的跨越，成为浙江省首批教育强区、杭州市首批学前教育强区、浙江省新课程改革实验区、教育部现代教育技术示范区、教育部幼儿教育指导纲要实验区和全国阳光体育先进区，名校集团化办学入选“浙江省改革开放三十周年经典事例100例”。

可以说，西湖区教育整体上处于杭州主城区领先水平，但也不可否认，今天西湖区各级各类学校在城乡之间、校与校之间还不均衡，在更高层次实现区域义务教育均衡发展还需要进一步改革，离“办人民群众满意的教育”和“上好学”的目标，还有一定的发展差距。教育的发展仍然面临着以教育高位均衡发展为主线的改革难题。

一、西湖教育均衡发展问题亟待解决

当然，教育高位均衡发展追求的不只是硬件的均衡，更重要的是软件的均衡。不只是外延层面的均衡，还包括更重要的内涵层面均衡。区域内部教育依然不够均衡，城区学校与乡镇学校、重点学校与薄弱学校、接受义务教育的人群之间，教育不均衡问题比较明显。在民众对优质教育的期待更加强烈的背景下，如何满足这一需求，有效解决郊区、农村地区的教育发展“低谷”，成为本区教育高位均衡发展亟待解决的重大课题。

（一）教育发展的城乡差异

伴随着城镇化进程的加快，农村教育发展更为明显地滞后于城市教育的发展，城乡之间教育发展水平依然存在差距。然而，城乡之间的显著差距不再是办学条件的差距，而是办学质量的差距。随着西湖区城镇化进程的推进，城镇化水平不断提高，农村办得较好的中小学不断向城区集中，好的中小学在城区的集中度越来越高；与城区的扩张相伴随，与城乡一体化和新区建设相伴随，新建学校基本上在比较发达的乡镇和城区，新建学校教育投入水平较高，办学条件较好，师资水平也较高；随着中小学布局结构的调整，每个乡镇保留一所左右的中心小学，一般建在乡镇，大规模的村小撤并后，

乡镇以下的村小和教学点，一般规模很小，办学质量不高。

（二）教育阶段的校际差异

只要学校存在办学质量、师资方面的差距，学生家长为了孩子的前途，不让孩子输在起跑线上，必然尽最大的能力为孩子选择优质学校。《中国青年报》的一则调查数据显示，对于择校现象普遍存在的原因，63.9％的人首选“学校之间的办学水平差距过大”。义务教育阶段的校际差异是我国长期以来实行非均衡化的保重点政策的产物，已成为一种客观现实和存在。然而进入新世纪后，由于各方面因素的综合作用，校际差异的扩大，也出现了一些新情况和新问题。就西湖区而言，主要表现在以下几个方面：

一是热点学校与普通学校的校际差异增大。义务教育阶段的所谓热点学校，是指家长择校的重点对象，包括传统形成的重点学校，目前方兴未艾的各级各类外国语学校、民办初中部等。这些学校有的是教育教学质量高，有的是学生毕业后出路较好，因而成为家长择校的热点学校。由于这些学校能够自主地面向市场，有相对灵活的运行机制，可以吸收大量的社会资金办学，因而与普通学校相比形成了办学和发展的更强优势和更好的环境。

二是公办学校与民办学校的校际差异。从总体上看，由于西湖区基础教育阶段的公办学校，具有较强的整体实力和良好的竞争力，因此浙江基础教育阶段的民办学校生存和发展的空间较小。然而，在公办学校比较薄弱的地方，民办学校则发展迅速，它们充分利用家长希望子女接受优质教育的迫切需要，收取高额择校费，从而获得了较好的生存和发展的资源和条件，有相当一部分学校办学条件明显好于公办学校，扩大了义务教育阶段学校之间的差异。

三是教师的逆向流动加大了学校差异。如前所述，教师的流动除了选择地区外，更重要的是选择学校，从农村学校流向城镇学校，从一般学校流动到有实力的公办学校（例如城区名校或示范初中），从较差的公办学校流向较好的民办学校。目前，经济发达地区和大中城市的名牌学校，普遍采用全省范围内（甚至全国范围）的教师公开招聘，开出较高工资和待遇吸引各地优秀教师任教，导致城市学校、名牌学校、条件好的学校，高学历教师、优秀教师、特级教师高度集中，形成非常明显的师资优势。

（三）接受教育的人群差异

不同的人群享受着不同的义务教育，这就是接受义务教育的人群差异。在西湖区义务教育的人群差异也出现了一些新的情况和问题，总体来看，主要表现在以下几个方面：

一是区域辖区范围大且农村学校的数量较多。辖区内有各级各类幼儿园 53 所，小学 26 所，中学 18 所（含 5 所九年一贯制学校），成教学院 3 所，特殊教育学校、区教师进修学校和青少年宫各 1 所。西湖区既有主城区，又有城郊接合部，还有农村地区，农村中小学学校高达 20 余所。如何实现城乡教育均衡，成为西湖区教育局近年来的一大课题。

二是农民工随迁子女的数量较多且相对集中。西湖区农民工随迁子女大多集中在农村学校、民办学校和城区相对薄弱学校，农村小学农民工随迁子女数平均达到 900 多人，远远高于城区小学。这些学生的家庭文化资本相对城区学生较弱，一定程度上造成了城乡学校和校际学生生源质量的差异。

三是学生家长文化程度差异显著且分布不均。经调查，农村学校学生家长的文化程度普遍较低，高中及以下文化程度占 85%以上，本科及以上仅占 40%。城区学校学生家长文化程度普遍较高，高中及以上文化程度约占 80%。因此，父母文化程度对学生的影响，主要还是文化修养层次的不同，导致了家庭教育的不同，如家庭文化生活、学习指导，还有父母对教育的态度以及教养方式等。

二、西湖教育高位均衡发展的必然需要

（一）传承发展独特的文化的必然要求

西湖区是文教区，很多中小学是大学的附属学校，名校众多，这些学校具有深厚的文化底蕴和历史积淀。西湖区丰富的历史文化资源和发展环境为西湖区义务教育高位均衡发展提供了丰厚的环境、氛围和资源。有效地利用本土资源，对于提升西湖区义务教育高位均衡发展的品质，打造西湖区义务教育高位均衡发展的品牌，开拓西湖区义务教育高位均衡发展的资源都大有益处。西湖区还有许多特色学校，有着独具特色的学校文化。然而，随着西湖区经济社会的发展，城西、城北涌现出了一批新学校，这些学校尚未形成自己的文化系统，可塑性也很强。地域差异、文化差异造成学校之间的文化相对割裂，不能有效融为一体。如何将各校的文化进行有效融合，使其优势互补，资源共享，是我们亟待解决的问题。

（二）改进薄弱学校适应零择校政策的需要

2012 年，浙江省教育厅要求各地合理划定中小学学区，努力把公办中小学择校率降到 5%以下或做大幅度下降。接着，杭州市教育局制定了《主城区 2012 年初中、小学招生办法》，明确要求不能招收择校生。零择校政策带给教育行政部门最大的压力，就是要办优质均衡的学校，满足广大群众让孩子接受优质教育的需求。为此，西湖区教育局以集团化办学的发展历程为时间轴，对名校＋新校、紧密型教育共同体、新母体学校＋片区办学联合体

等方面进行了系统的深入探索，推进城乡学校理念、特色、管理的一体化，让新校和薄弱学校真正享受到名校的教育“精髓”，让更多的孩子在家门口共享优质教育资源。那么，家长就不会再为“择校”而烦心，就近入学就会成为家长的自觉选择。

（三）突破发展瓶颈实现品牌增值的需要

“教育行政部门要加强宏观指导管理，注意解决教育结构、资源布局的均衡性、协调性。”[①]通过不懈努力，西湖区培育了一批积聚优质制度、师资、文化和特色的名校，造就了一批集先进教育思想、丰富教育经验于一身的名师名校长。依托丰富名师名校资源，西湖区 1999 年探索连锁办学，实施“一法人多校区”管理，2002 年在全国首创名校集团化办学模式，现有教育集团 12 个，中小学名校集团效果好，但办学跨度不宜过大，否则管理就会带来许多困难。同时城市化对区域教育提出了整体提升的要求，一批原有老校面临着改造提升。西湖区推出紧密型教育共同体，既不打破现有办学格局，又能突破现行体制下学校人、财、物等资源难以跨校流动的瓶颈，形成了优质教育资源拓展的新思路。

（四）实现共融发展打造多元教育的需要

随着经济社会发展，三墩、蒋村、留下、之江、双浦等新区建设大力推进，未来进入西湖区的各类人才、外来务工人员将不断增多。大量“新城市人”带来了文化背景、生活方式的差异，产生了多元化教育需求。推进区域教育高位均衡发展，不能不落实到具体的实践路径中。尤其是近几年西湖区的紧密型教育共同体和新母体学校的打造，真正实现区域教育高位均衡发展。集团化办学新机制将一定程度上改变现状，让“子体学校”成为新的母体学校，为名校集团化办学规模延续提供了新的概念，是名校集团化办学发展的再创造。就发展贡献来看，强调不同学校发展的潜力、创造和特色，弱势学校也并非只是“吸收”的一方，也可能对优势学校发展提供启发性经验；就发展形势来看，强调校际开放式合作，在开放式研讨中不同学校优势可以对其他学校发展产生辐射性影响。

三、西湖教育高位均衡发展面临新机遇

国际国内宏观环境将继续发生深刻变化，我国正进入全面建设小康社会和创新型国家、加快推进社会主义现代化的战略机遇期，正处于加快转变经济发展方式、推进经济转型升级的关键时期，经济和社会发展更多地将依

① 李世庄. 建立宏观调控和弱势补偿机制[J]. 四川教育，2004(1).

靠科技进步和劳动者素质的提升。西湖区“打造首善之区、共建共享全国最美丽城区”的目标定位,坚持“四建四创”、推进“六大战略”、建设“五型城区”的任务要求,给西湖教育带来新一轮发展机遇的同时也带来了巨大挑战,必须要把优先发展教育放在更加突出的位置,加快推进西湖教育现代化。

(一)教育规划纲要:指明新方向

全国和省市中长期教育规划纲要为西湖教育改革发展提供了行动指南。全区必须在规划、资金、人力、资源等方面优先保证教育发展,实现基本公共教育服务均等化;必须坚持以人为本,面向全体学生、促进学生全面发展,为多样化、个性化、创新型人才成长提供良好环境;必须坚持改革创新,转变人才培养模式,进一步消除制约教育发展的体制机制障碍,形成与经济社会发展相适应的体制机制;必须促进教育公平,坚持教育的公益性,合理配置教育资源,推进教育高位均衡发展;必须重视教育质量,鼓励学校办出特色、办出水平、出名师、育英才,建立健全教育质量保障体系。

(二)经济快速发展:提出新任务

西湖区外来人口的急剧增加给教育容量带来了一定压力。必须充分考虑人口集聚和流动、外来务工人员子女入学和托幼一体化等因素,构建与城市化相适应的教育布局体系。根据《西湖区保障性设施布点规划》,未来5～10年全区将新增幼儿园66所、小学32所、九年一贯制学校5所、中学13所。目前,西湖教育在经济社会发展中所发挥的特殊贡献日渐显现,优质教育的作用已不仅仅局限于为上一级学校输送优质资源,更是辐射到了政治、经济、文化、生态、社会等各个领域,有效推进了城市化、现代化、生态化和文明化。统筹教育均衡发展,是新时期西湖区教育改革发展的重要任务。既要完善教育规划,又要扩充教育资源,实现教育资源均衡配置。

(三)人民生活提升:提出新需求

西湖区正迈入发达城区行列,人民群众对优质教育的需求日益增长,更普遍地要求高质量、均衡化、多样性的教育。人们期盼更加平等的受教育机会,不仅是人人享有受教育机会的起点公平,更是接受同等条件教育的过程公平,进而实现人人获得适合自己教育的结果公平;期盼着进一步的教育均衡,不断缩小城乡间、校际、人群间的教育差距,切实增强教育的普惠程度;期盼着进一步推进素质教育,给孩子更多快乐成长的机会,使每个孩子的潜能得到很好开发;期盼着培育更多的优质教育资源,让每个孩子在家门口享受适合的教育。必须从全局和战略高度,办好每一所学校,满足人民群众多样化教育需求。

（四）教育现代化：带来了新契机

教育现代化反映的是教育良好适应现代社会经济发展和人的发展水平的状态，基本特征是教育的普及化、终身化、个性化、国际化、信息化。地区教育现代化水平是衡量地区综合竞争力的重要标志。培养和造就高素质专业化的干部、教师队伍，是加快推进教育现代化的必然要求。国家中长期教育规划出台、素质教育推进、绩效工资实施、优质教育资源扩张等都为教师队伍建设带来了新挑战。只有加快培育名师名校长，才能为实施教育现代化奠定坚实基础。

四、教育高位均衡发展的理论机制

（一）转变政府角色，引入新公共管理理念

基础教育是一项公共服务，是政府通过公共支出使得所有老百姓都公平享有的教育服务。公共服务其实质是对公共需求的供给，是公共资源投入与配置的产出，享有的对象是所有老百姓，具有两大特点，一是非竞争性即不通过竞争手段而获得；二是平等性即覆盖所有老百姓，不论民族、种族、性别和贫富。

近年来政府的公共服务管理正在发生“范式转型”。从 20 世纪 80 年代以来，英美等西方国家开始兴盛“新公共管理”，并成为近年来西方行政改革的主体指导思想之一。新公共管理主张放松严格的行政控制，而主要通过制定并执行法规、制度来宏观控制；主张实行严明的绩效目标控制与管理，主张取消公共服务供给的垄断性，即政府向社会提供的公共服务并不一定要全部由政府直接提供，政府应更多地“掌舵”，而把具体的“划桨”任务交给有能力的基层组织等。党的十八届三中全会通过的《中共中央关于全面深化改革若干重大问题的决定》，明确提出推进国家治理体系和治理能力现代化，强调加快转变政府职能。其中不乏蕴含着众多新的公共管理思想与智慧。

西湖区推进紧密型教育共同体的实践，即是在教育新公共管理的理念下，推进教育局治理能力的现代化，加快“无限责任政府”向“有限责任政府”的转变。教育局的职能应该是有限的，它的主要精力应该放在合理的教育规划、科学的决策、有效的制度设计方面。当然，有限政府职能并不代表政府不作为，而是更有责任的作为，通过体制创新优化学校管理与发展。

（二）优化公共资源配置，引入弱势补偿差异合作

美国哈佛大学哲学家罗尔斯教授在其名著《正义论》中提出了公平的两大原则，其中一条原则为“差别原则”，即要向“最不利群体”提供倾斜补偿，

才能更好地保障社会公平正义，才能更好地推动社会公正。从历史的角度来看，城乡之间优质学校与薄弱学校差距的产生，既有人、文化、信息等方面的因素，不可否认还有“城乡二元化”政策、“重点学校”政策等导致的长期资源投入方面的差异化倾斜，使得薄弱学校长期以来积累下了很大的一笔历史欠债。从现实的角度来看，也只有增加对薄弱学校的倾向性补偿，大力改善学校办学条件，这些学校才更有机会实现迎头赶上，缩小差距。

以更为有利于义务教育均衡的视角定位各所学校的发展职责，实施“差异合作”，不是“差距合作”，因为“差距合作”潜伏着诸多不足：它削弱了受援学校教师的发展信心，认为自己一无是处，而事实并非如此；它无视受援学校已有的优点和“错位”优质教育资源，对此置之不理；它人为设定了受援学校每一项指标发展的最优标准，即向支援学校看齐，而事实上并非如此，使得受援学校最佳发展的结果只能是不断靠近支援学校，而不是超越；它使得支援学校除了宏观意义上的教育公平外，看不到实质性的支援价值，或“逆向回报”，更多地把支援责任视为“负担”，因而易导致支援学校放弃责任。以及其他可能的不利影响。

因此，彼此的合作理念应逐步从“差距合作”向“差异合作”的角度转变，一方面可更好地克服上述“差距合作”可能产生的不足；另一方面基于“差异合作”的共同体模式，使得本项目的实践的“可持续性”有了生存之基，共同体双方更多地以实现自身更好的发展，来看待各自的付出，彼此更为理解、自信，并实现共融发展。

（三）管、办、评分离，推进教育治理现代化

长期以来，政府以教育举办者的角色自主，尽心包揽教育发展的一切事务，但由于价值取向和能力问题，管理过程中时常出现越位、错位、缺位、推诿等问题，对学校的教育教学常产生不利影响，如何加强学校办学自主，推进教育专业化，实现教育管理模式转型，成为当务之急。

教育共同体的基本模型设计是“管、办、评”三者分立联动，由政府出资购买服务，以契约的形式，将受援学校的办学权转移至支援机构，通过优质资源的流入、嫁接和碰撞，全面提升受援学校的教育教学质量。同时，引入第三方教育评估机构，对受援学校办学绩效进行评估，形成绩效问责机制。西湖区教育局的职责主要是顶层设计、提供经费保障、实施过程管理与问责；支援学校的主要职责是委托开展自主办学，通过各项教育教学改革提升办学质量；第三方评估机构的主要职责是建立质量标准体系，对改革绩效进行科学评价。因此，本质上是促进了教育工作的专业分工，划清了政府的办学责任、保障了学校的办学自主权，加强了跨校的榜样示范力度，也促进了各项工作的专业化水平。

（四）以人为本、改革创新，促进教育国际化

教育现代化的核心是人的现代化。坚持走内涵发展、特色发展之路，以学生为主体、以教师为主导，把促进学生健康成长作为学校一切工作的出发点和落脚点。尊重教育规律和学生身心发展规律，倡导教育的个性化，促进每个学生主动地、生动活泼地发展。从生命深处唤醒人的自我意识，唤醒人的创造力、生命力、价值感，教育学生学会求知、学会做事、学会共处、学会生存。把学校、家庭、社会教育连为整体，把提高学生的现代素质同提高教师、家长和其他社会成员的素质有机统一。

改革创新是推动教育均衡优质发展的动力源，这是提高教育综合实力和竞争力的关键所在。积极鼓励各类教育创新思想、体制、模式、手段，建设现代学校制度，增强教育综合实力。重构学校教育的价值取向、管理模式和教育教学活动，打造学习型组织，实现学校发展整体转型升级。以更广阔的思想境界和视野，把握世界教育潮流，解放思想、转变观念，大胆创新、先行先试，在扩大开放中集聚发展活力，提高教育的国际化水平。

第三节　西湖教育均衡发展的战略布局

“十二五”时期，围绕在全省率先基本实现教育现代化的目标，西湖教育将坚持以人为本，遵循教育规律，攻坚克难，在发挥现有优势上开拓创新，大力统筹教育均衡发展，深入实施品牌带动、人才扩充、管理强校、素质提升、标准化建设、信息化带动、教育开放等七大战略，扎实推进西湖区义务教育均衡优质发展。

一、实施品牌带动战略，不断提高优质教育资源惠及率

以品牌化带动均衡化，强化名校辐射功能，不断扩大优质教育资源，大力缓解“入好园难”“上好学难”。坚持质量标准，创新体制机制，强化教育集团或共同体核心学校的引领示范和成员单位间的互动合作，确保优质教育资源拓展量质并举。

（一）制度化导航：提升名校集团办学水平

完善名校集团办学章程，创新内部治理结构，出台名校集团管理标准。完善名校集团各校区干部、师资流动和激励机制，推动各校区均衡发展。每学年名校集团内“三长”（年级组长、教研组长、备课组长）以上干部、教师流动比例达10%～15%，集团下属各校区教师在职务评审、干部提拔时必须要有交流或轮岗的经历，集团在评优评先时优先考虑有交流或轮岗经历的教

师。完善集团化办学督导评估和考核激励机制,构建科学合理的教育教学质量评估体系,促进各校区健康有序发展。鼓励名校集团开展区域和国际合作,提升名校集团教育品质。贯彻落实《关于进一步推进名校集团化战略的实施意见》(市委〔2002〕19 号)精神,确保中学名校集团高级专业技术职务和小学名校集团、幼儿园名校集团中级专业技术职务聘任比例提高 10 个百分点。积极创造条件,为名校集团引进高层次人才提供便捷高效的服务。

(二)多元化推行:创新名校集团化办学方式

积极推广"名校+新校"形式的集团化办学经验。大力推动集团化办学向学前教育延伸,发挥名园资源在推动教育均衡发展中的辐射带动作用。坚持以管理的一体化、文化的成功迁移和师资的素质提升为基本保证,在已有名校集团化办学特色的基础上,实施多型共生、多校共融的集团化办学的"多元化"。把集团化办学的成熟子体学校,培育成新一轮集团化的母体学校:学校依托管理实现平稳过渡;以文化的传承与创新为先手,以教师能力转型为抓手,以品牌塑造为推手,促进学校优质高效发展;建立新母体学校自身发展评估机制,保障新母体学校发展,最终实现跨越式发展。"新母体学校+薄弱学校(新校)"承担起薄弱学校、新的学校集团化办学的职责,为教育均衡,提供更多优质教育资源。

(三)项目制推进:培育优质品牌学校

积极宣传西湖区在拓展优质教育资源,实施特色建设行动计划中新涌现的优质学校,通过"新优质学校"的总结、提炼和宣传,引导学校聚焦内涵发展,形成良好的学校自我发展机制。坚持"项目化推进原则",在原有学校管理、队伍建设、德育工作、课堂变革、作业研究、信息技术、教育科研等领域寻找切入点和突破点,通过行政推进、专家指导,学校自主开展改革创新,以点带面推进"新优质学校"培育建设工作,使得各种特色应运而生,学校教育教学成效、办学水平明显提升。截至目前,我区已有 10 余所学校在《杭州日报》《西湖报》等媒体进行了新优质学校的主题宣传活动,推动了全区教育优质均衡发展。

(四)捆绑式发展:打造紧密型教育共同体

出台《关于推进紧密型教育共同体建设的实施意见》。研究和实践以名校管理团队输出为特征的名校资源拓展新形式,组建紧密型教育共同体,出台教育共同体考核评价办法,实现优质品牌学校和农村学校或相对薄弱学校捆绑式共同发展,使优质品牌学校真正将教育理念、办学特色及管理方法渗透到其他学校。探索建立同一办学层次之间横向交流的姐妹学校和不同办学层次之间纵向衔接的教育联盟。积极引进高等教育资源和其他优质教

育资源到西湖区中小学、幼儿园挂牌，出台师资培训、教育科研、教学改革等方面的合作政策，发挥这些优质教育资源在快速孵化新的中小学、幼儿园名校中的作用。组建相对紧密的党建共同体，发挥其在促进教育均衡发展中的作用。

二、实施人才扩充战略，着力打造高素质专业化教师队伍

坚持人才强教、人才强校，弘扬尊师重教风尚，维护教师权益，改善教师待遇，使教师成为受人尊重的职业。着力建立完善教师均衡发展"四大机制"，推动高素质专业化教师队伍均衡优质发展。

（一）名优教师辐射机制

西湖区充分发挥区位优势，依托名校名师资源，建立特级教师工作室 24 个、首席教师工作室 64 个、首席班主任工作室 13 个、中青年干部导师工作室 5 个。自 2011 年起，在农村学校或相对薄弱学校建立一批名师工作室分站帮助培养骨干教师。全区 106 个名师工作室挂牌教师，每人承担 15～20 名教师的培养任务，吸收工作室成员 1286 名，每个工作室中农村学校或薄弱学校教师不少于 50%，已涵盖学科 12 个，涉及全区中小学幼儿园 72 所。在名师挂牌带徒培养中，通过实施"3211 工程"，即工作室及成员制定 3 年发展规划，每学年组织开展 2 次集中教学研讨，每学年举办 1 场教育论坛，编辑 1 份教育教学刊物，并确立工作室研究项目，推动教育教学研究。这一个个都是西湖区倾力打造优秀教师的"孵化器"，有效地发挥了人才集聚效应、团队提升效应、互促优化效应，成为带动全区教师队伍发展的"主引擎"。建设名优教师资源网络共享平台，共享名师教育教学成果。

（二）教师培训提升机制

积极整合教师培训资源，建立健全覆盖全员的校长和教师专业发展培训制度和激励机制。每年外派一定数量的骨干教师到上海、江苏等地学习、锻炼，其中农村骨干教师比例不低于 50%。依托城区名校资源优势建设区内教师培训基地，吸收农村学校或相对薄弱学校干部、教师学习提高。定期选派一定数量的农村学校中层干部到城区或区外名校挂职学习，定期开展农村学校中层干部素质演练活动。自 2012 年起，农村学校中层干部提拔校级干部时须达到学时要求，并有其他学校工作或挂职学习经历。建立全员教师专业发展培训制度，开设新教师培训班、骨干教师培训班、校园长培训班、足球教师培训班等项目，并加大与浙江大学、杭州师范大学、浙江师范大学等高校合作，组建新锐班、精进班等 12 个阶梯成长班。学科带头人考核、海外培训、高端名师培训、技能培训、建立培养基地，西湖区打造学术领军人

物很有篇章。

(三)教师流动管理机制

早在2011年,西湖区先行一步,出台区域内教师校长定期流动制度。在校长流动上,打破城乡界限、交流任职,对在一个学校任期较长的交流轮岗。在教师流动上,面向区内跨校聘用,教师只要凭能力水平就可到区内有岗位空缺的任何一所学校任教,每年实现跨校自主流动教师有50人左右。通过政策调控实现区域内教师柔性流动,构成教师成长良好的教育生态。跨校自主流动、校长交流轮岗、特需岗位竞聘、紧密型教育共同体等制度,进一步优化教师资源配置。仅2015学年,西湖区中小学就有173名教师校长进行了交流,占义务教育学校教师总数的4.2%,其中符合交流条件的骨干教师交流26人,占符合交流条件骨干教师总数的15.2%,超过了省厅规定的目标。

(四)均衡发展优化机制

提升农村学校或相对薄弱学校音体美等专职学科师资水平。名师工作室每学期要到农村学校或相对薄弱学校开展主题教学研讨活动不少于1~2次。参评区首席教师、市区学科带头人评选的教师每学期必须到农村学校上示范课1~2次。组织名师在农村学校或相对薄弱学校学科设立教学实验点,五年内帮助100名农村学校或相对薄弱学校教师与城区骨干教师结对。建立教育改革项目申报和评审制度,农村教师参与的教育改革项目,给予一定经费补助。加大干部和骨干教师多岗位实践力度。自2012年起,中小学新任校长应有在2所及以上学校担任副校长工作的经历;城区中小学新任校长应有农村学校或相对薄弱学校工作的经历。城区学校1970年1月1日以后出生的教师,申报高级技术职称时必须有2~3年农村学校工作经历。鼓励优秀教师按岗位空缺情况跨校流动到农村学校或相对薄弱学校任教。评选特级教师或省教坛新秀等称号时,被评选人应有2个学校的工作经历(农村教师除外);对在农村学校或相对薄弱学校聘为高级教师职务或获得市级以上综合荣誉称号的教师,建立教育服务期制度。

三、实施管理强校战略,大力推进教育内涵发展

推进教育管理体制改革,进一步转变政府职能,建设依法办学、自主管理、民主监督、社会参与的现代学校制度。依法保障学校充分行使办学自主权和承担责任,更好地提供教育服务。建设政事分开、权责明确、统筹协调、规范有序的区域教育管理体制。优化学校内部管理机制,提升科学化、民主化、规范化水平。

（一）简政放权：深化管理体制改革

简政放权，改进管理方式，减少对教育教学事务的直接干预，提高教育行政部门统筹规划、政策引导、监督管理、提供服务的能力和水平。加强现代学校制度建设。完善校（园）长负责制度，探索任期目标责任制，完善学校目标管理和绩效管理机制。以名校集团制度建设为重点，理顺决策、执行、监督、保障等环节，推进以学校章程为核心的学校制度文化建设。完善教育监测评估体系，提高决策科学性和管理有效性。完善民办学校法人治理结构，督促民办学校规范运行方式和决策程序。制订理事会或董事会章程，理顺理事会或董事会与校行政的关系，规范决策程序，完善办学章程，确保民办学校规范运行。

（二）强化监督：推进学校民主管理

完善中小学校长负责、党组织发挥政治核心作用、教职工代表大会和工会参与民主管理、民主监督的制度，积极推动社区、学生及家长对学校管理的参与和监督。加强学校内部管理制度建设，建立健全自主管理、自主发展、自我约束、社会监督机制。健全校务公开制度，自觉接受师生员工和社会的监督。理顺民办学校党组织与决策机构的关系，保证学校党组织参与学校重大决策，确保党组织在民办学校中发挥政治核心作用。加强民办学校工会、共青团等群众组织和教职工代表大会、学生代表大会建设。扩大社会力量参与民办学校的管理与监督。

（三）校长问责：规范学校办学行为

严禁学校举办面向在校学生的各种收费辅导班和教师参与补课辅导活动。全面推广轻负高质教学模式，努力提高课堂教学质量。完善中小学生课业负担督查、监测、举报、公告和问责制度。实行教学活动安排公示制度、课业负担征求意见制度，自觉接受师生和家长监督。引导家长合理安排孩子课余生活，尊重孩子有益的兴趣爱好，保障孩子的休息时间。积极打造“家校进步共同体”。健全以提高质量为导向的管理制度和机制，引导学校从机制、文化、环境等方面创造符合素质教育要求的良好氛围。发挥年检年审制度对民办学校规范办学行为的促进作用。推进招生、招聘教师、食堂管理“阳光工程”。

（四）组建智库：提升区域教育指导水平

推进教师进修学校结构性变革，加强教育政策和发展战略研究，为教育决策提供支持。加强教研员队伍建设，更多地研究德育、研究教师、研究学生。发挥教师进修学校在德育教育、师训干训、教科研、学生评价等方面更大的指导、监督和服务作用。成立教育质量监测中心，加强对影响学生学业水平、思想品德素养、身心健康水平、艺术素养、实践能力和创新意识发展的环境等实施状况的全面系统监测。

四、实施素质提升战略，深化人才培养模式改革

坚持以人为本，切实更新教育理念，深化课程教学改革，完善教学质量评价体系，创新教育教学方式方法，切实增强学生服务国家、服务人民的社会责任感、勇于探索的创新精神和善于解决问题的实践能力，努力培养德智体美劳全面发展的社会主义建设者和接班人。

（一）实施德育"生活化"工程

成立德育工作委员会，每年专题研讨一次。建设一支深受学生喜爱的高水平的思想品德课任课教师、辅导员和班主任队伍。依托课堂主渠道，积极开发课程德育功能，培养学生正确的情感、态度和价值观。深入研讨新形势下学校德育热点、难点问题，重视外来人口子女的德育教育，关注不同文化背景下学校德育工作的实效性。大力开展德育实践活动，加强德育与学生生活、社会实践的有机衔接，使德育更贴近学生的实际、更贴近学生的情感世界。加大家庭教育指导力度，办好家长学校，构建学校、社会、家庭横向沟通的立体网络。完善德育导师制、学生违法犯罪预警机制、教师育人职责考评机制。

（二）推进教育"小班化"工程

落实新课程理念，推广小班化教学，推进分层教学、走班制、学分制教学方式。在保障适龄少年儿童入学机会公平基础上，关注教育过程的公平，遵循学生认知规律和教学规律，根据学生的个性差异因材施教，创设有利于学生积极参与的教学环境，激发学生的好奇心和求知欲，着力培养学生独立思考、主动学习、探究创新的兴趣和能力。逐步控制中小学教学班额，到 2015 年，全区实施小班化教育的小学、初中分别达 50%以上、45%以上，班级学额控制在小学每班 35 人以下、初中每班 40 人以下，创造有利于学生全面和个性发展的学习环境。

（三）深化课程教学"生本化"工程

以学生为主体，以教师为主导，倡导启发式、探究式、讨论式、参与式教学，加强学生学习、创新和实践能力的培养，营造独立思考、自由探索、勇于创新的良好环境。加快中小学教育质量评价改革，建立以促进学生发展为目标的质量评估和监控体系，激励学生乐观向上、自主自立、努力成才。推行诊断性、发展性与终结性相结合的学校评价运行机制。健全学业成绩后 30%学生的监测、诊断、指导和帮助机制。充分发挥教育科研的先导性、基

础性作用，宣传、推广和应用具有创新、富有实效的科研成果。利用省会教研优势，搭建基础教育展示平台，促进多样化教研活动的开展。开发各类课程资源，整合学科教学资源，提升学科设备配置水平，大力推进学科建设工程。

（四）推进身心健康“阳光”工程

加强学校体育教学，落实学生体育课程和课外活动时间，深入实施“体艺2+1”项目，全面推进“阳光体育”运动，确保学生每天锻炼一小时，至少掌握一项体育技能。开齐、开足音乐美术课程，开展经常性校园文化艺术活动。加强食品卫生、传染病和学生常见病的预防教育及治疗，落实卫生防疫工作日报制。加强生命教育，引导学生关爱生命。改进青春期和生理健康知识教育。完善心理健康教师配备标准和准入条件，实行心理健康教师持证上岗制度，班主任、教研组长、年级组长、大队辅导员100%持有心理健康教育上岗证，50%以上的学校人人持有心理健康教育上岗证，建设高水平、专兼结合的心理教育全员工作格局。健全心理教育工作网络，规范中小学生心理健康档案制度，完善心理问题早发现、早干预、早纠正机制。

（五）建设“一校一品”特色工程

区教育局在各学段确定特色建设试点学校进行重点扶持，带动全区“一校一品”特色学校发展；到2015年，全区所有中小学、幼儿园初步形成特色发展态势，全面开展“一校一品”特色学校创建活动；到2016年，基本形成“一校一品”特色发展格局，全区形成“学校有品牌，教师有品质，学生有品性”的局面。建立“‘一校一品’特色学校建设论坛”等交流平台。组建“一校一品”特色学校督导评估小组，深入一线，靠前指导，为全区中小学、幼儿园“一校一品”特色学校建设提供理论指导和技术支持。严格落实综合实践活动、劳技等课程。积极开发实践课程、活动课程，完善科技实践、社会实践活动。建设一批科普基地、科技馆等综合性素质实践基地。

五、实施标准化建设战略，不断优化教育发展条件

为适应城市化和人口数量、人口结构、人口分布变化的趋势，落实教育项目规划优先权，以适度超前的原则，调整、完善教育布局规划，加快学校改造和建设，倡导现代学校建筑设计理念，优化学校环境建设，全面改善办学条件。

（一）统筹资源：完善校点布局规划

挖掘潜力，统筹资源存量，逐步解决老城区教育资源布点不均衡问题。综合考虑经济社会发展、人口集聚和增长等因素，修编教育配套规划，制订

学前教育布局专项规划，建立适应城市化的中小学、幼儿园布局体系。合理配置社区教育、校外教育等资源，适应城市化和青少年健康成长的需要。完善规划并确保规划的严肃性，推动校点布局规划与城市开发建设同步实施。在开发建设中，优先保证教育用地，凡上一定规模需要配套建设学校的，开发单位必须严格按规划要求提供教育用地建设学校，不得挤占教育资源。在校园规划与建设中，学校应提前介入，努力实现校园环境建设与校园文化背景的匹配。

（二）政府托底：加快教育配套建设

执行《杭州市居住区配套设施建设管理条例》《杭州市区住宅区配套中小学（幼儿园）建设管理暂行办法》和《杭州市城市规划公共服务基本配套规定》，积极争取发改、财政、建设、规划、国土资源等部门的支持，在实施旧城改造、新区建设、城中村改造和农居小区建设项目时，做到教育配套设施同步规划、同步建设和同步交付，逐步实现三墩、蒋村、留下、之江、双浦等新区教育配套到位，以满足小区居民和符合条件的外来务工人员子女就近入学的需求。2015 年，新建小区配套幼儿园 18 所、小学 10 所、中学 7 所（含九年一贯制）。

（三）标准引领：加快校园标准化建设

贯彻实施国家和省市制定的中小学、幼儿园建设标准，倡导现代学校建筑设计理念，推进中小学、幼儿园标准化建设，努力提升校园建设的文化内涵。优化中小学布局结构，提高规模办学效益。全面推进校安工程建设。推进中小学、幼儿园新建、改扩建，2015 年，改扩建幼儿园 3 所、小学 3 所、中学 6 所（九年一贯制）。关注教育教学仪器设备的配备与更新，实施学校卫生条件、体育场馆、实验室、图书馆的标准化建设，不断改善办学条件。

六、实施信息化带动战略，共建共享优质教育资源

加快教育信息化基础设施建设、公共服务平台和应用支撑平台建设，构筑教育信息化支撑体系。发挥网络在学习型组织建设中的功能，推动教师教学观念、学习方式的变化，为实现自主学习、优化教学流程、提升教育质量奠定基础，促进教育均衡发展。

（一）打造“互联网＋”教育，完善信息化基础设施建设

统筹信息化设备和软件建设与应用，高标准建设中心机房、培训机房、录播室、访谈室等功能室。加强学校电子阅览室、综合实践活动室、录播室建设，推进电子白板等现代教育装备进教室工程。以 IG 以上带宽为基本条件，全区学校（园）建网率达 100％，均接入城域网和因特网，所有中小学、幼

儿园实现“校校通”“园园通”，所有中小学实现“班班通”。探索与推进基于移动终端、3G技术、物联网、云计算和下一代互联网的网络教学、虚拟实验、电子书包和移动学习等现代信息化教学方式，有效整合中国教育和科研计算机网资源。2015年，50%以上的学校校园网建成IPV6网络平台，开展基于IPV6的教学和应用服务。

（二）研制数字化服务平台，加强教育信息资源建设

建成覆盖城乡各级各类教育和学校的基础数据库、教育管理公共服务平台和教育管理信息化支撑系统。出台构建覆盖城乡数字化教育服务体系的政策措施，建立数字化终身学习支持服务平台。建设西湖教师研训网、社区教育网和党建信息网。建成以经典资源库、网上名师工作室、学校特色教研为基础，涵盖各级各类学校、所有学科的多层次、智能化、开放式数字化教育教学经典资源库和过程性优质资源学习共享平台。构建“规范加特色”的区域现代教育技术格局，引进国际优质数字化教学资源，建立数字图书馆和虚拟实验室。加强电子政务、管理、远程教育、图书资源及科技信息共享、综合信息服务等应用功能。

（三）构建互动共享模式，加强教育信息化应用能力建设

建立开放、多层次的教师教育技术能力培养培训体系，开展教师、教育技术专业人员、校长和教育管理人员教育技术能力全员培训，提高教师应用信息技术水平，培养一批现代教育技术专业骨干。鼓励和支持学校开展基于信息化环境下的教育教学改革与实践，形成开放、互动、共享的信息化教育模式，努力使教科研等职能在网上实现，满足师生多元化、个性化学习要求。积极推动学生运用信息技术丰富课外学习和研究。加强师生媒介素养教育，增强正确理解、合理运用大众传播媒体等信息网络的能力。学校网络设施最大限度地向学生开放并提供服务。100%的学校全面实现管理信息化，100%的中小学教师在西湖教育网上实名注册，通过网络获取资源并应用于日常教育教学，以信息化建设带动均衡发展。

七、实施教育开放战略，不断提升西湖教育国际化水平

以国际视野推进教育理念、内容、方式的创新优化。开展长三角及杭州都市经济圈教育合作，开展与国内知名高校、科研院所的战略合作。推进学校、社区、家庭互动发展，推动学校面向社会开放和积极参与社会文明进步进程。

（一）跨国互访：推进国际交流与合作

坚持“走出去”和“引进来”相结合，加强国际教育合作交流，鼓励中小学与国际同类学校建立友好关系、姊妹关系。加强国际理解教育和跨文化交

流，增进学生对不同国家、不同文化的认识和理解。积极吸引国外知名学校、教育科研机构、企业与西湖区教育机构合作，提高引进和利用国外优质教育资源水平。建立健全中小学国际交流与合作检查评估机制，推动中小学与国际学校开展交流结对活动。实施“外语教师海外培训”计划、中小学“校校有外教”计划。积极开展国际合作交流示范评比活动。鼓励中小学和幼儿园招收境外人员子女就学。

（二）跨区结对：开展都市经济圈教育合作

积极开展跨区结对交流活动，学习借鉴上海、江苏等教育发达地区经验，积极参与长三角教育联动发展进程，推进杭州都市经济圈教育合作。依托高校资源（科研院所）优势，推进与浙江大学等高校（科研院所）的战略合作。积极探索区域教育合作新形式、新途径，逐步建立区域教育教学资源共享平台，在基础教育、职业教育、特殊教育等领域开展项目合作，确定一批干部教师培训、学生交流、实习实训基地。

（三）跨界联盟：探索学校与社区联动机制

充分利用杭州市各类校外公益性教育设施免费向学生开放的政策，经常性举办各类有益学生身心健康的活动，积极鼓励学生共享公共教育资源。推进学校资源中各类公益性文化设施向社区开放，使学校成为构建学习型社会的重要载体。积极完善学校校务委员会、家长委员会等机构职能，吸纳社区代表和家长代表等参与学校管理和监督，社区提供服务范围内未成年人的课余活动指导。

第四节　西湖教育均衡发展的办学样态

西湖区从1999年开始连锁办学，2002年成立了中国第一个公办基础教育集团。为了加快推进教育均衡发展的步伐，根据社会发展的新形势和教育改革的新动态以及人民群众对教育的新需求，在不同阶段，西湖教育研创不同模式，呈现不同形态，一直走在名校集团化办学改革的前沿阵地，敢立涛头扬风帆，创建西湖新样态。

一、1.0模式：“名校＋”办学模式的实践演绎

西湖区从1999年开始连锁办学，探索“名校＋新校”等办学模式，2002年首创名校集团化办学的基础模式，全区实施名校集团化办学的教育集团13个，涵盖了62个校（园）区。全区实施连锁办学的中小学和幼儿园25所，涵盖了67个校（园）区，有效拓展了西湖区的优质教育资源，使西湖区中小学

的优质教育覆盖率提高到了95.4%，受益学生达到全区中小学学生数的97%。打造“名校+”的“1.0模式”。

（一）文化共浴化，确立发展共同愿景

“名校”是集团最宝贵的财产，也是教育集团的核心竞争力。办“名校教育集团”的目标是扩大优质教育资源，让优秀文化引领集团办学，让师生认同学校发展的共同愿景。

1.横向传承，纵向打造，实现集团文化融合。集团化办学要以文化为先导。通过师资输出、制度输出、管理输出进行横向传承；通过榜样引领、信息烘托、制度导向、活动体验、人文孵化等举措进行纵向打造，将名校优秀的学校文化移植到新校中。而新学校在接受、适应、融合的过程中，又找到文化生长点，随之又反哺老校，使得新老学校不断更新、提升自身的优质品牌，从而使名校的学校文化更具包容性、融合度和创造力。

2.活动引领，载体创新，打造集团文化特色。名校文化建设有丰富的载体和表现形式。集团一直坚持“以活动促发展”的教育特色，校园科技节、艺术节、读书节、体育节这些传统节日已成功举办了22届。2002年又新增贸易节，形成了学校五大传统节日活动。活动以自主性综合化为指导，为每个学生自信、自主、和谐发展搭建了舞台，提升了学生的综合素质。

3.整合资源，多维互动，形成集团共同愿景。名校通过优化整合地域资源形成六大板块的系列社会实践活动，包括爱国主义教育、科技教育、国防安全教育、亲近自然教育、环境教育、劳动教育。集团内师生、家长的交流活动同样形式多样内容丰富，有春秋游、学生运动会、文艺会演、体育竞赛、亲子活动、家委会活动、校外教育委员会活动、家长志愿者活动等。学校文化在交流活动中优化整合、传承碰撞，集团师生和家长也因此认同了名校文化的共同愿景。

（二）管理扁平化，完善矩阵整合网络

随着集团化办学规模的不断扩大，管理的学校数量在逐步增加，管理的事务日渐增多，面对这些问题，学校必须改变传统的管理结构模式，构建适合集团化运作的新的扁平化的管理组织结构。

1.以老带新的管理组织结构。在集团化学校成型的初期，往往是一老带一新的管理格局。管理战略主要是将老学校拥有的优质教育资源向新学校输出，在短时间内促成新学校的发展，相应地使学校整体资源得到优化，为老学校的再发展找到了新的发展契机，扩大优质教育资源规模。采用这种管理结构使得各连锁学校在管理中保持高度的一致，决策层的统一保障了资源对新学校的倾斜，使得新学校在设施配置上能较快地跟上老校。同时，操作层面上的帮带配置有力保证了教学与管理的质量，使得新学校的管理力量在较短的时间内得到了培养和锻炼。

2. 条块相辅的管理组织结构。由于初期严密的帮带管理配置，为学校发展积蓄了管理力量，经过一段时期的持续发展后，当集团化学校发展到一定程度，这一阶段的管理战略重心是要发挥管理的规模效益，增强管理的专业化程度，同时保持管理的高效精简。采用这样的管理结构，将专业工作的条和各校区块的工作整合起来，这种设置增强了决策的专业性，分管副校长负责学校某专业上的管理工作，各专业发展的理念可以在各校共享，同时副校长还在各校主持处理某个学校的日常行政事务。

3. 网络矩阵整合的管理组织结构。当集团化学校进一步发展成长，成立了教育集团，拥有了更多的管理自主权。这一阶段的管理战略重心应是完善调整，突破普通学校的管理组织结构，建立现代教育集团的管理组织结构框架。这种组织架构要求集团负责人承担一条线和一个点的工作，其优点在于集团可以对所属学校进行有效的调控，有利于集团所属的各个学校间均衡发展，优质发展。集团化学校采取的扁平化的管理结构，将减少层级，化繁就简，节省流程而更具效率。

（三）质量标准化，实施全面绩效考核

集团化办学要改变管理过多依赖于个人的、现场的传统管理模式，走向现代的制度化标准管理。要分析研究学校的工作各项标准，研究制定具体的实践标准与目标职责指标，修订完善的相关标准，实行标准化管理。

1. 设定标准，分清责任——推出《目标管理责任书》。集团化办学初期，为了规范广大教职员工的教育教学行为，学校要出台一系列目标责任书，为了使目标责任书更加合理，贴近教师，这些责任书一般都由一线老师自己定。集团发展过程中，陆续制定了总务主任目标责任书、班主任目标责任书、科研室主任目标责任书等10多份各部门责任书。用自己岗位自己制定《目标管理责任书》的方式，由一线教师共同参与制定的各岗位目标责任书成为每一位名校小学教师工作的指南，也为学校的管理找到很好的途径和标准。

2. 制定程序，促进达标——明确具体操作细则。《目标管理责任书》以及各项制度的推出，解决了老师做什么，做到怎样的标准，但是到底该怎样做，应该有哪些程序，“责任书”上找不到，老师的操作方法也是五花八门，因此效果也差异很大。要想把工作做得更加细致到位，还应该让我们的每一个老师明白各项工作的操作程序与方法。《操作细则》的制定与执行，彻底改变了过去对学生行为表现的评价的模糊性与不确定性，规范了教师与学生的评价，更规范了学生的行为，使学生平时就能够更加自觉地遵章守纪。

《操作细则》成为集团的规范化管理一个重要的操作手册。

3. 逐步补充，完备体系——给各项制度打补丁。任何一项制度都不可能是完善的，尤其随着时间的推移，集团的成立和不断发展，各项规章制度还是有许多漏洞，也需要不断更新发展，以适应各项工作的需要。因此，学校对各项制度进行修订，称之为打补丁升级。原本是所有的学科教师的目标管理责任书是完全一样的，由于不同学科的教师工作内容还是有一些差异的，为了使所有教师能够更加明确自己的工作任务，学校在原有的目标管理责任书的基础上，进行了修改，对不同学科教师的工作又进一步提出明确的要求。

(四)信息智能化，倡导数字化工作

现代网络信息技术的发展，有效解决了集团化办学跨越地理空间距离实施即时高效管理的难题。

1. 利用数字化校园网实现高效管理。校园网为集团实施扁平化管理、实时信息交流发布、资源共享提供了平台。校园网就成为教职工突破时空、广泛交流的最便捷手段，成为集团师生展示交流的共同平台，成为师生家长每日关注的焦点。

数字校园网实现了信息发布网络化，集团的所有信息均通过信息平台在网络上发布，如各级各类通知、周行事历、校内外新闻、法规与制度等。集团管理沟通扁平化，通过网络内部邮箱实现便捷化的沟通功能。家校联合化，开发家校联系平台，并把它作为家校联系辅助手段的重要载体进行推广，有效地形成了教育合力。教学资源共享化，研发了资源管理平台，进行资源共享，促进业务水平的共同提高。

2. 利用 Moodle 平台积累学生数据。在 Moodle 的环境下，可以即时的获得学生的测验结果，并收集学生学习历程的总体表现，提高了形成性评价的可行性。利用 Moodle 平台进行数据的收集，其操作方法比较简单，当基于移动终端的学习普及后，类似 Moodle 平台这样的数据收集方式将作为一种主流。基于 Moodle 进行学习分析，一方面可以使用 Moodle 自带的数据分析功能进行相对简单的分析；另一方面也可以在数据挖掘的基础之上，进行更为深入、复杂的分析。Moodle 大数据分析的过程是分为四个步骤：数据收集、数据预处理、数据挖掘应用和说明、评估和运用结果。

3. 利用网络平台获取管理数据。集团利用网络平台进行班级行为规范网络化登记、学生体质健康登记和学生成绩登记，将学生的各项数据转移到网上平台，简化了所有的登记、统计等劳动，不仅方便查阅，还利于进行大量的交叉分析。家校平台是老师与家长联系的平台，使用网络化的家校平台，可以将所有的家长与老师的联系过程保留下来，并且通过微信就可以查看。

新的家校联系单也会通过微信进行即时的提醒。利用网络平台获取管理数据,通过信息化手段,探索数字化的收集方法,记录学生的学习数据,并通过大数据手段进行分析,为学生后续学习及学生的原有学习提出个性化的改良建议。

二、2.0模式:紧密型教育共同体的融合创生

在紧密型教育共同体运行中,受援学校保留“法人独立性质、人员属性、工资待遇、经费渠道和财产所有权”五不变,通过共建、共进、共享和共荣的实践路径,实现互利共赢。

(一)共建:基于顶层设计的政策导进

区教育局从区情实际出发,着力抓好顶层设计,厘定了一套紧密型共同体管理的基本程序,由外到内的推动紧密型教育共同体的公平高效推进。

1.行政推动,构筑共同体组织框架。研制政策制度。出台《西湖区进一步推进教育优质均衡发展战略实施意见》《关于推进紧密型教育共同体建设的实施意见》《关于加强教师队伍建设推进教育均衡发展的实施意见》等文件,为紧密型教育共同体的出炉提供政策保障。选定双方学校,综合分析区内学校的人力资源储备、学校管理水平、社会声誉、办学特色、教育质量和近年来稳定发展情况等综合因素,有选择性地确定一定数量的学校作为支援学校,同时也确定一定数量的近期需要帮助且有较大发展和提升空间的学校,作为受援学校;选派管理团队,同时还安排受援学校教师等到支援学校进行为期1～2年的浸润式培训。明确双方权责,共同体学校管理体制改革的目标,是形成权责一致、分工合理、决策科学、执行顺畅、监督有力的学校管理体制,并建立一个明确的合作流程。

2.职能转型,提升共同体管理效益。引入“弱势补偿机制”,促进援助帮扶,通过设立专项资金提供特定政策等方式,为薄弱学校的发展提供空间。并在办学理念、教科研、师训等方面实施全面的战略伙伴关系,依据薄弱学校的特定需求,提供相应帮助;“管、办、评”分离,推进教育治理现代化,“管、办、评”三者分立联动,通过优质资源的流入、嫁接和碰撞,全面提升受援学校的教育教学质量。同时,引入第三方教育评估机构,形成绩效问责机制;实施差异合作,促进学校双方共融共赢,共同体双方更多地以实现自身更好的发展,来看待各自的付出,彼此更为理解、自信,并实现共融发展。共同体学校之间学科教师差异合作,互补共进的理念充分彰显。

3.健全保障,确保共同体有序运行。改变工作方略,区级层面成立由教育局局长任组长的紧密型教育共同体建设工作领导小组,定期召开专题会议进行研究,加大对共同体办学的宏观调控和指导力度,协调解决存在的问

题;实施倾斜政策,对优秀管理团队派出学校适当增加相应的公办编制,对受援学校的农村初中高级职称、小学中级职称比例结构分别提高10%;支教2～3年及以上的申报小学中学高级职称,可不受结构比例的限制;推行动态管理。经学年共同体绩效考核评估,推行动态管理,对结论为不合格的紧密型教育共同体,双方解除紧密型教育共同体关系。共同体聘期结束后,由区教育督导部门组织进行一次共同体建设情况综合考评。

(二)共进:基于典型引路的校本实施

西湖区教育局着重在文化融合、教研联动、名师辐射方面培育了一批典型学校,并形成富于区域特色的校本实施策略。

1. 文化融合:促进共同体学校的内涵式发展。基于"五行文化"修炼的文化创生,YP中学以传承YP中学优秀精神为基础,以SWZ办学核心价值理念为引领,融合创生了富有特色的"五行"校园文化体系;基于"幸福文化"培育的文化转型,ZT小学利用××小学童心文化建设的经验,结合学校自身的绿色科技文化,进行了"幸福文化"理念的培育,建设了幸福课程文化,组合新的能量,实现了学校文化转型;基于"文化交流"分享的文化培育,"WS教育集团·JL小学共同体"成立伊始就在考虑要从行政共同走向形式共同,经过圆桌会议、集体记忆和活动共进等形式,最终转化为文化共同。

2. 教研联动:提升共同体学校教研活动实效。"主题研讨式"的教研联动,以"联合研讨"的方式提炼主题菜单,以"校本教研"的方式寻求解决策略,以"同课异构"的方式实现智慧碰撞;"循环跟进式"的教研联动,以"邮件交流"的方式实现联合设计,以"循环实践"的方式实现行动跟进,以"集中研讨"的方式实现深度反思;"精品展示式"的教研联动,以"联动备课"的方式整合设计方案,以"异地磨课"的方式进行重新设计,以"公开展示"的方式实现成效检验。

3. 名师辐射:促进共同体学校教师共成长。名师带徒"一加一",支援学校的名师与受援学校的优秀教师结对,建立师徒关系,受援学校的被指导教师与本校的一名教师再结成师徒关系,达成名师带徒"一加一"的效果;名师活动"一连三",依托名师工作室活动(每学期至少3次),放大名师效应,深入开展名师带徒、带教研(备课)组、带课题的"三带"活动;名师分站"一带五",共同体支援学校名师在受援学校设立工作站,每个分站吸收5名学员。3年来,各学科名师工作室在受援学校设立分站42个,吸收受援学校教师210人为成员,健全教师成长导师制。

(三)共享:基于资源共享的协同发展

西湖区教育局依托紧密型教育共同体,创建资源共享平台,推进学校双方协同发展。

1. 定期例会：保证资源统筹。一学期两研讨：研究解决共同体发展难题，区教育局每学期期初与期末都要会召开紧密型教育共同体工作座谈会和总结交流会，深入了解共同体发展中的现状，研究解决共同体的热点、难点问题，讨论决策共同体重大事项；一个月两上吧：展示共同体学校的特色愿景，教育局发动组织“校长智慧吧”，成员由专家、教育行政、紧密型共同体校长组成，以自由、开放、分享、合作为共同价值取向，以沙龙、论坛为校长俱乐部的主要方式，每月活动两次为基本制度，每次活动都到一所不同的学校、都有自由论坛的机会、都有共同的话题、都有与专家的对话，努力把它办成思想者的“智慧吧”。

2. 定期交流，保证资源推广。一月一专题：搭建学术交流平台，由教育局直属业务单位区教师进修学校通过定期组织专题研讨、科研大讲堂等多种学术交流形式，积极推介紧密型共同体学校之间包括管理制度、学校文化、办学特色、学校课程、教育科研成果等方面的优秀资源。一月一联谊：实现优势资源互补。由紧密型共同体成员学校学科名师组成的学科教研中心，定期组织学科教研组成员开展听课、评课、送课、同课异构等活动；依托节庆日、才艺展示等联谊活动，加强学生间的交流。

3. 信息互通：保证资源共用。加强信息化基础设施建设。加强共同体学校录播室建设、电子白板等现代教育装备进教室工程。共同体学校建网率 100%，均接入城域网和因特网，所有共同体学校均实现了“校校通”“园园通”和“班班通”，加强信息资源与平台建设。区教育局创建了西湖教育发展研究网、西湖教育汇智网和党建信息网。建成了以经典资源库、网上名师工作室等为基础，涵盖所有学科的多层次、智能化、开放式数字化教育教学经典资源库。

（四）共荣：基于动态跟踪的评估服务

西湖区教育局建立了全面的、科学的动态评估机制，在评价指标、评价方式、评价激励等环节上和谐建构、互为依托、整体推进，有效激发了学校内在发展的动力。

1. 紧密型教育共同体评估的价值取向。紧密型教育共同体学校评估，旨在起“以评促建，评建结合，重在建设”作用。其价值取向具体表现为，促进“互利”和“持续发展”，寻求“共性”加“特长选择”，创建“动态”和“捆绑”评价。

2. 紧密型教育共同体评估的操作流程。构建新型的基于“发展服务”的评估关系，依据评价理论设计“客观综合”的评估体系，依托专家团队开展“动态跟踪”的评估方式，多元适时采集“利益相关者”的评估信息，结合督导

监测进行“及时有效”的评估反馈，依托评估方案进行“捆绑式”的考核奖励。

3. 紧密型教育共同体评估的系统架构。创建组织架构，解决了“评估由谁来做”的问题，保障评估专业团队的形成，多方协同推进的建立，促进了专业团队间的分工与合作，而开展专项督导则有助于评估结果的合理使用。

三、3.0 模式：“新母体学校＋”模式的扩容辐射

（一）固本开新：在管理变革中平稳过渡

1. 一顾三稳，走新母体学校过渡关键期。集团下属学校，设置独立法人，下属学校成为集团化办学新母体学校。顷刻之间，在学校管理层、教师层面、家长层面，甚至是兄弟学校老师，对于办学机制的调整都发出了不同的声音，导致学校的办学环境不稳定。此时，学校管理层，及时进行讨论，从顾全大局出发，从各个层面进行稳定办学环境的工作，进行“一顾三稳”。一顾即顾全大局，着眼学校未来发展，学校办学机制保持不变，学校署名阶段性的过渡，集团学校之间业务共建；“三稳”同步，稳住管理，稳住教师，稳住家长，抓住契机，梳理学校办学历程。

2. 一面七线，明晰新母体学校部门职责。教育集团采用条块管理方式，新母体学校建立以后，突然发现原本汇报工作的领导，却在别的校区。这是新母体学校管理初期常碰到的问题。为了明确管理，做到“人人有事管，事事有人管”，进一步明确新母体学校的管理路径，完成了集团化的条块管理向新母体学校的扁平化线性管理过渡的阶段，实行一面七线的管理模式。在此管理模式下，学校形成管理工作一个基本面下，科研室、教导处、大队部、总务处、档案室、工会和团支部等七线并进的管理方式，各部门内容分工详尽、工作思路明晰、管理职责明确。在此管理组织形式下，学校细致划分各线工作内容及工作职责，由校长室统一协调、统筹安排各线工作。各校长助理分管相应线条工作，由教导处、科研室、总务处等部门具体落实相关工作，各部门有详细的工作内容、明确的工作职责。从而实现线路清晰、职责明确的管理组织结构体系。

3. 一理三法，改进新母体学校管理行为。一理：理清思路，形成共同管理理念，一支管理团队，在同一管理的理念下工作，将有利于提升管理效率，也有利于形成学校管理文化，学校以“0.8 管理哲学”思想为管理指导思想，倡导自主管理文化，旨在探索学校管理的核心和重点。三法：三法共进，优化行政管理行为，方法一制定岗位目标，奠定自主发展的基石；方法二尊重专业地位，搭建自主发展的平台；方法三考评多元激励，注入自主发展的动力。探求学校管理中最内隐、最核心的问题——教师自主精神、内驱动力的激发，待人要平和有礼，论理要中道有分，做事要精简有道，领众要融合有

义。管理特色是学校办学的内涵，是学校发展的原动力。

（二）师资互动：在变革形式中实现共同提升

1.岗位互换：三维一体促提升。岗位互换的形式有三种。其一，以学年为单位两校之间相同岗位人员进行互换。结对以来每年都有 3 对以上的老师进行学年岗位互换，涉及语文、数学、体育等学科。其二，临时性岗位互换，由于职称评比需要，教师需要进行支教，母体学校和子体学校正好分别处于城市和农村，教师支教的同时，进行岗位互换，既帮助支教需要，也进行有效交流。其三，学习型岗位互换。教师请教或销假，涉及人员的变化，在特殊情况下，通过岗位互换的形式，让年轻教师跟着有经验的老师学习一段时间，以提高其教学水平。

2.师徒结对：双管齐下相结合。师徒结对有两种形式，其一为校级间的结对，组织母体学校有经验的老教师组成导师团队，而子体学校组织年轻教师组成学员团队进行结对，两年时间，完成指定的任务和项目。其二为团队结对，母体的教研团队与子体的教研团队进行结对，提供教学、科研、管理等全方位的指导和交流，促进子体学校的教研团队有效提升。

3.职责协助：携手共进同发展。从新母体学校派出骨干教师到子体学校担任中层、教研组、年级组等管理工作，同时子体学校安排一位骨干教师，作为后备人员担任助理工作。通过传授经验，实践体验，培养后备管理人员。在此期间，管理人员和助理之间的职责，有重合也有分工，后备人员既是学习过程，也是管理过程，通过职责协助，快速进入角色。保证母体、子体骨干力量的快速培养，保证两校教学质量和管理水平稳步提高。

（三）研训联动：在校本研修中转型升级

1.“组团发展”——“协同式”的集体校本教研。“协同式”校本教研是以校本教研为主体的，它共分为五个环节：独立备课、集体磨课、抽签上课、评课议课、公开展示。教学交流是母体学校和子体学校主要内容。结对以来两所学校的教学交流活动逐步广泛和深入。每年的青年教师评优课，两校打通评比，分时间、分场地，资源共享，共同进步。骨干教师展示课，以教研组为单位展开，两校打通分组，组成团队进行评比和展示。承办的各级教研接待活动在两校同时展开，深入进行交流。学期末的质量分析，也打通进行交流，教师之间通过经验交流、互相学习，共同提高。

2.“主题推进”——“交互式”的课堂浸润体验。“交互式”课堂浸润体验则是“广积粮”的日常教学研讨。每学期初，教导处整体安排两校区间的课堂交流。这种日常教学研讨可以以“主题月”的形式推进（即每个月均有一个研究主题），例如：“凸显合作互学理念，构建轻负高质课堂”等，要求老师

要围绕这些主题备课、上课、说课、评课。名校派出校区内骨干教师亲临集团内其他学校“送教上门”，让集团教师在直观而形象的听评课中学习名校、名师先进的教学理念，对课堂教学进行更深入的研究与思考。

3.“课题带动”——“项目式”的教学问题解决。从科研入手促进新母体学校和子体学校全面融合。大型课题的开展和深入都通过整体科研的形式推进。母体学校的课题从子体学校获得资源和实践过程，子体学校的课题需要借助母体学校的各种支持。两校通过整体科研达成互促互进。每年编撰《同行》杂志，把两校一年的科研成果进行整理，并编撰成册，展示教师的风采。

(四)项目合作：在吸纳释放中激活潜能

1.联合策划，改进“弱项”。新母体学校以自己的某一优秀项目为引领，充分发挥优质项目的辐射、示范、带动作用，与子体学校开展“一对一”互助合作，在带动对方发展的同时，自身也得到更深层次的提升。如新母体学校和子体学校联合策划，组织实施常规教育、专题教育、德育(或班主任)论坛等活动，加强德育模式、德育内容、德育评价等交流与合作。

2.结对共建，提升“优项”。联盟学校围绕“创特色、树品牌”的目标，通过课题研究项目结对，充分发挥集团作战的优势，进一步做大、做强、做优优势项目，促进教育品牌项目的形成，整体提升联盟学校竞争力。如新母体学校和新学校家校沟通方式进行升级，家校沟通方式更为正规。以学年为单位，每个年级进行一次家长学校活动，一次家长开放课活动，两次家长会，一次亲子家校交流活动。对专家聘请和活动展开都进行资源共享，很多时候专家在一个学校进行一次讲座后，隔日在另一个学校展开讲座。同时进行各种家校主题活动，如家校书法活动、篮球活动等，需要的各种器材和人员，两校之间进行资源共享，提升活动品质的同时，减轻教师负担。

3.联手共育，开发“新项”。新母体学校在对本校各项工作理性思考和分析的基础上，明确自身的定位和发展方向，积极开发新项目，以集团内共建或校际联谊的形式，寻找新的成长点，强强联合，开创学校新局面。如新母体学校在继承原××集团五大传统节日的同时，推陈出新，开设学校自己的传统节日。每学年的第一学期展开科技节、艺术节，每学年的第二学期展开读书节、贸易节、体育节，同时继承传统节日“人人参与，全面发展”的理念，新子体学校再开设社团节和篮球节，让母体学校特色办学理念的各种活动落地生根，并结出新的果实。

四、4.0模式：办学联合体模式的生动实践

片区办学联合体通过课程共融、教研共融和机制共融，创造了一种全新

的教研共同体模式，提升了学校的综合实力，促进了区域教育整体优质发展。

（一）课程融合：在资源集聚中实现课程创生

片区联合体的课程建设是“和而不同”。在国家课程的执行上，每所学校都要能为学生提供全面、丰富的学习经历。在国家课程校本化实施上，片区学校通过内部研修、合作平台和专家指导，共享片区各校优质资源，加速课程建设。在校本课程特色培育上，各校更应基于校情，创造出具有本校特色的校本课程，从而建设全面多样、品质上乘的学校课程。

1. 课程研发：在和而不同中传承创新。移植共享：片内优质资源，基于区域中相似的生源、家庭背景和社会公共资源，学校的管理策划者可以共同探讨促进学校内涵发展的集群式课程，比如家长学校联盟课程；文化礼仪教育、社区特色资源开发等。合作共生：跨校体验课程，依据“空间聚集理论”，在特定的区域里聚集大量的教育要素进行流动组合，获得相应的集合优势，片区内几所学校，因为地域相邻，能够发挥地理空间支撑的作用，合作开发跨校课程，丰富各自学校课程建设的内涵。差异布局：校本特色课程，在片区办学联合体“共享优质资源”“共生跨校课程资源”的基础上，片区内各校要从学校自身的特色发展出发，独立构建具有本校特色的校本特色课程，实现优质课程资源的再生。

2. 课程实施：在主题整合中培育核心素养。教以整合为主，方法为重，围绕主题的整合课程，需要教师具有良好的主题意识，要模糊学科的界限，多多思考整合点、整合策略，同时围绕主题的整合课程，设计具有综合性、实践性、探究性的学习活动，培养学生的问题意识、探究意识，教给学生探究未知世界的方法，让学生在一个个学习活动中体验学习的乐趣，探究的乐趣，习得学习的方法，探究的方法。学以合作为主，探究为重，围绕主题的整合课程，学习活动的设计应该充分考虑合作性、探究性、综合性，让学生始终处于合作中、发现中、研究中，始终行走在发现问题、解决问题、产生问题的路上。

3. 课程评价：在协同参与中实现课程改进。评价是课程开发的指挥棒，同时也是课程目标的导向。全维关注：评价标准由片区“共同制定”，课程的评价标准由师生在课程实施的第一节课共同制定，让评价标准成为师生共同的教与学的目标，评价标准强调知识技能与过程方法双注重的特点。全员参与：评价主体多方“共同完成”，通过自主评价、互助评价、增长评价让师生发现最好的自己，在看到学习成果的同时，体悟学习过程的成长与发展，发展师生的个性特长与综合能力。全面采集：评价信息由片区“共同收集”，评价信息采用过程性记录的形式完成，片区学校师生采用心得感悟、照片、视频、小报告等形式记录学习的过程，学习过程中的收获与成长是课程评价

的主要内容。

（二）教研融合：在优势互补中提升教师素养

1."契约式"教师培养。针对片区联合体学校教师自我发展动力不足的现状，联合体学校携手教师共同制定发展契约。"平地式"契约：追求全体教师整体成长，契约中会有非常细化的内容供教师选择，契约完成情况的考核与奖评是教师前进的强大驱动力；"攀登式"契约：实现骨干教师个性成长，根据每个教师不同的特长、兴趣爱好发挥特长，"扬教师之长使其更长"，培育出更优秀的教师；"阶段式"契约：推动青年教师快速成长，青年教师的培养无疑是学校教师队伍建设中一项重要而紧迫的任务，是联合体办学发展的重大工程，为进一步关心重视青年教师的培训培养工作，片区联合体学校为青年教师制定了"阶段式"契约，搭建了成长平台。

2."项目式"学科教研。为了提高学科校本教研的实效性，每学期初，片区联合体学校都会要求各校教研组通过组内讨论，确定学期教研活动项目主题，申报填写学科"校本教研项目书"，并据此落实联合开展每月一次的主题教研活动。教师成长中心则会不定期地抽查各教研组的活动开展情况，同时根据规范、创新、成效等维度进行综合评价，在每学期末开展片区"优秀教研组"评选活动，每学年开展一次联片教研学术周活动。如此一来，不仅规范了原本零散、随意的学科教研活动，更鞭策了各学科组群策群力，利用各种机会，将校外活动引入学校，提高了教研实效与质量，更扩大了影响力，打造了学校品牌教研组。

3."自助式"合作科研。自助式合作科研，是片区办学联合体在开展联片教研工作中的一个大胆尝试，也成为近年来联片教研工作的一大创新与亮点。自助式合作科研，不仅在校园内营造出了浓郁的合作氛围，克服了以往老师们孤军奋战、害怕困难的尴尬，更让教师的交流沟通迸发出智慧的火花。团队成员间"惺惺相惜"，精心提炼，反复修改，让老师们在协作共研中增进了同事间的友谊，收获了爱和归属感的满足，因而教师的工作热情更高了，动力更足了，校园中处处弥漫着浓浓的研究氛围。

4."菜单式"技能比武。教师是教育的实践者，是教学活动的具体实施者，因此，教师的专业素养在教育教学活动中起着至关重要的作用。所以，除了抓实抓好"课堂"这一教学主阵地外，片区联合体学校还十分重视提高教师的专业素养，实行了"菜单式"技能比武。其中既有共同体学校的三笔字、白板运用比赛，也有诸如解题、出卷能力等为不同学科量身定制的评比，更有针对班主任、青年教师、中老年教师等不同群体的评语撰写、微课制作、成长故事征文等个性化比武项目。

(三)机制融合:在共性需求中实现机制创新

基于内涵发展的共性需求,从管理机制、特色发展、课题研究、教育评价等多方面实施机制创新融合,逐步完善学校文化共建、特色共荣、资源共享的区域发展新模式,打造区域优质教育,努力办好每一所家门口的学校,实现优质教育增量发展。

1.管理标准一体化。片区办学联合体是从组织管理上对学校组织进行重构,学校内部的管理构架和教学流程的标准建设是片区办学联合体的关键任务。首先,成立片区管理委员会,由多主体构成,包括教育行政部门、各学校负责人、师生及家长代表等,负责片区发展规划制定、各项教育资源分配、学校管理服务等。其次,完善片区内部组织管理框架,明确片区委员会与各学校校长之间的职责权利关系。构建片区管理的制度体系,包括片区建设评价机制、干部教师轮岗交流机制、优质资源共享机制、片区督学责任制度、学生评价机制等。

2.决策机制一体化。在片区办学联合体过程中,应理顺决策、执行、监督、保障等环节,建立以规则程序为纽带的片区办学联合体运行机制,这能够提高片区办学联合体管理水平。通过定期召开片区学校校长联席会、行政专题研讨会、"草根夜话"主题沙龙等活动,来确保片区联合办学活动运转有章可循。

3.师资建设一体化。一所优秀的学校,其背后必然有一个优秀的教师群体支撑。在片区办学联合体的发展历程中,最令社会关注和家长担心的问题之一是:片区内的所有学校都冠以优质学校的名称或者都戴上优质学校的光环,其含金量到底有多少?采用管理人员、骨干教师合理流动的方式,来实现"研训互动",促进教师全员成长,达到师资建设目标一致,步伐统一的要求。

4.质量监控一体化。教育质量是学校发展的"生命线"。在片区联合体办学过程中,学校以提升教学质量作为学校质量管理的核心,积极开展课堂观察,诊断课堂等有效教学行为,向教研要质量。此外,还成立了"片区办学联合体质量监控中心",由片区管理委员会全程监控教学质量,通过每月一次的课程督导、日常教学常规检测方式来持续跟进。当然,片区内的各校,因为办学历史、校本特色各不相同,各学校应因地制宜,积极培育新型人际关系和校园文化生态,在共同发展的同时形成各自不同的特色,使得联合体办学更为多样,更具活力。

第二章　加强顶层制度设计：教育高位均衡发展的行动指南

要统筹城乡教育，促进城乡教育高位均衡发展，必须建立起城乡教育统筹发展的长效机制。在统筹城乡教育的过程中，为了避免人为的随意性，应加强制度设计。

“好的教育”的实现离不开“好的教育”顶层设计，这是奠定区域教育整体格局与基本特质的重要环节。因而，西湖区根据区位特点，坚持将“高位均衡”作为区域教育发展的政策取向，将“共同提高”作为区域教育发展的核心任务，并结合“高位均衡”与“共同提高”的实践，积极推进制度创新，形成了具有西湖特色的区域教育制度的体系架构。

第一节　西湖教育高位均衡发展的政策取向

我国区域、城乡、校际教育差别巨大的现实，教育实践变革的区域性特点，教育发展的复杂性、不均衡性、阶段性和层次性等决定了区域教育均衡发展是破解“择校”难题和教育发展瓶颈的有效手段，是推进我国教育整体高位均衡发展的必然选择，推进区域教育高位均衡发展已经成为我国教育发展的重要战略课题。

一、区域教育高位均衡发展的基本内涵

公平与均衡有着密切的关系，对教育均衡的理解应建立在对公平的正确理解基础之上。公平可以分为起点公平、过程公平和结果公平。公平不是平均，它蕴涵着三层含义：平等地对待相同的，有差别地对待不同的，对弱势进行补偿。

（一）基础条件均衡性

教育的高位均衡发展首先要建立在一定基础条件的前提下。区域中，每个学校的情况是不尽相同的，在高位发展的理念下，要打破校际在办学条

件等方面的不平衡性。在接受教育所必备的基础条件的均衡内容中，一是办学经费。在政策允许的范围之内，教育主管部门要解放思想，统筹安排好总体的办学经费，然后是对学校的办学情况进行科学的分析，最终在经费的投入中做到“开放合理”，以满足每个学校的顺利发展。二是硬件设施。在教育发展到今天的时代，在经费的足够保障之下，教育局对区域的每个学校的硬件投入是办学均衡的一个重要的标志。应该最大化地满足每一个学校的需要，而且坚持这种投入的可持续性。三是师资调配。在“公开”“公平”“公正”的教师招聘制度的理念下，合理规划好区域每一个学校的师资情况，积极鼓励优秀的毕业生打破地域的局限性，到更需要教师的学校任教，并为他们提供更优越的条件。四是办学水平。当地教育部门要为每一个学校提供办学的一切条件，并把握教育改革的发展方向，定期进行办学的评估以及改进策略，使得每个学校的办学不至于偏离轨迹。五是教育质量。质量是教育的生命线，要实现区域教育的高位发展，这个要素是最核心的。可以说，前面的四点都是为了追求教育的质量。教育的质量中，包括学生学业的水平，同时又包含体质健康、心理、品德等多方面的内容。

当以上五个方面大体上处于一个比较均衡的状态，就可以为实现人人享有公平、公正地接受义务教育的权利提供充足的保证。当然这一阶段可以称为基础条件均衡，其发展主体是政府，发展特点是以外在投入为主，走标准化建设之路。

（二）内涵发展均衡性

教育均衡发展应体现尊重基础、尊重个性、因校治教、因材施教的要求，根据区域教育文化特点，结合学校和学生的实际，重视学校的特色发展，满足学生的多元化、个性化发展需求。这一阶段可以称为内涵特色发展阶段，其发展主体是学校，发展特点区域教育高位均衡是一个复杂的系统工程，是教育的历时形态与共时形态有机结合，整体推进。历时形态主要包括三个阶段：

1. 就学机会公平阶段，即“有学上”的教育机会均衡。义务教育普及的今天，应该说，“有学上”不再是一个问题，只是学校的建设和发展都应该符合学生自身发展的需要，这就需要学生上的学校应该都是能够全面实施素质教育，关注学生个性的。一句话就是：要不断满足孩子就学的要求。

2. 就读优质学校的机会公平阶段，即“上好学”的教育机会均衡。过去优质教育的地域性决定了优质学校凤毛麟角，随着社会经济的发展，优质教育的资源不断蔓延和扩展，就能使得优质学校的诞生如雨后春笋。利用诸如“集团化”的办学模式来传播优质教育已经在区域的范围内形成了一种趋势。

3.充分参与教育过程的机会公平阶段，即“按需选学”的教育机会均衡。随着家长对孩子教育理念的不断变化，传统意义上的培育方式正在发生本质性的变化，特别是在课程改革的不断前进以及教育国际化的视野冲击下，家长也学会了按照自己孩子的个性特点，进行教育的自我选择。

共时形态主要蕴涵四层含义：

1.全面发展。即教育要面向全体学生，着眼学生一生，促进学生全面发展。随着高考制度的改革，带给义务教育的启示就是教育要真正走素质培养之路是一种必然。因此，义务教育的高位均衡发展中，不仅是做到表面上的均衡，还要随时对学生的各类素质进行科学的跟踪和严格的监测，才能实现这个伟大的目标。

诚然，每一个学生都有自己的潜力和个性，这就意味着学校的教育应该是在顾及学生的整体发展的基础上，尝试个别化的教育。要把区域范围内的值得推广的教育进行必要的普及，以便于为学生的一生奠定基础。

2.协调优质。即规模、结构、质量、效益协调发展，使质量全面提升。优质教育资源的有限性决定了区域教育在高位均衡发展道路上必然是艰难的。协调优质教育是为了让更多的学生享受到学校文化带来的新颖的理念。开展辐射性的优质教育的转移，通过扩建学校，配置师资，定位目标以及提供政策等多维度的手段就能在很大的程度上缓解优质教育的缺乏现状。协调优质教育的最终目的就是使区域内学校的整个教育质量得到提高，不至于使长期存在的质量两极化现象停留太久。

3.多元特色。即优势互补、资源共享，不同区域、类型、层次教育均衡特色发展。在开展区域教育均衡化发展中，并不能狭义地理解为一种“扶贫”或者“倾斜”等行动。在区域内，每一个学校都有自己的办学特色，这样就可以让每一个学校的文化进行互相的交流和学习，使得学校的特色得到良好的推广发展，以互相“取经”的方式，让更多的学生得到多元的文化熏陶，积累更多的文化底蕴，这对他们的发展会有一定的促进作用。当然，在很大的程度上，优质学校首先要承担“示范者”的角色，让一些基础相对比较落后的学校得到学习，得到融入，得到内化，得到发展。

4.和谐生态。即不同区域、类型、层次的教育各就其位，构建终身教育体系，维护教育生态，促进教育、社会、自然和谐、可持续发展。当区域教育均衡化发展到一定的地步，每一个学校的特色也就基本形成。这时，区域的学校教育也基本处于相对稳定的状态了。立足于教育的公平化原则，区域内的每一个局部地方的学生得到了相对优质的教育之后，对社会的和谐也起到了促进的作用。教育的生态化，会缓解社会上存在的一些矛盾，使得教育在这种良性的环境中得到更好的更合理的发展。

二、区域教育高位均衡发展的实施方向

实现西湖区区域教育的高位发展，要从宏观上把握住实施的方向。只有定位好准确的切入点，才能引导广大的教育工作者找准路线，开展有效的基础性的教育工作。

（一）加大教育投入是区域教育高位均衡发展的基础

办学条件不均衡是导致教育失衡的重要原因，办学条件均衡是实现教育高位均衡的前提和基础。

首先要努力做到区域内学校经费投入、资源配置基本均衡，保证每一所学校办学条件、教育水平基本一致。根据弱势补偿原则，尤其要注重对区域内薄弱学校的扶持，通过设立薄弱学校建设专项资金，做到薄弱学校建设资金优先安排、重点保证，努力缩小区域内学校尤其是义务教育阶段学校之间的差距。

“十二五”以来，西湖区累计投入资金20.2亿元以上，今年起又专项安排教育优质均衡发展资金保障教育现代化建设。今年，西湖区通过内部挖潜、统筹调配、克难攻坚，招收小学新生9310人、初中新生6358人，均居老城区首位。在名校集团化办学的基础上，西湖区智慧地推出10个紧密型教育共同体，由名校输出优秀管理团队到薄弱学校，改造提升薄弱学校，探索优质教育拓展新模式。此举正成为全区统筹城乡教育发展的重要抓手，得到了社会认同和家长好评。西湖区还不断深化教育创新，践行轻负高质，德育教育、社团建设、课堂改革等成效明显，实现均衡化、特色化、优质化发展。

《西湖区全力推进教育高水平均衡发展》，《杭州日报》2013年9月9日

其次要努力做到区域学校的师资队伍的平衡性。让更多的教师走向相对薄弱的学校，给这些学校带来新的教育的理念。让更多的学生接受新的学习的方式，以便于提高学习的效率和质量。优秀的师资甚至可以改变学校原有的课堂观念，从而给学校的教育教学带来根本性的变化。师资是学校建设的核心要素，只有保证区域学校师资水平的平衡化，才能保障区域教育高位发展的实质性推进。

最后要努力做到区域学校的政策实施的公平化。向来，教育部门的政策实施相对名校具有一定的倾斜性，这样带来了薄弱学校的举步维艰。实施教育的均衡化发展，应该把政策的天平做到更加平衡，甚至是对薄弱、农村学校进行相对的倾斜。让这些学校的领导者被赋予更多的优惠的权利，这样他们才能大胆进行学校建设的设想、规划，找到自我的办学特色。

（二）加强文化建设是区域教育高位均衡发展的关键

《中共中央关于深化文化体制改革　推动社会主义文化大发展大繁荣若干重大问题的决定》明确提出：文化是民族的血脉，是人民的精神家园。要充分认识推进文化改革发展的重要性和紧迫性，更加自觉、更加主动地推动社会主义文化大发展大繁荣。教育与文化有着天然密切的关系，教育担负着文化传承的使命，因此，加强学校的文化建设是区域教育高位发展的关键所在。

首先，是学校公众文化的建设。区域范围内，教育局都有严格统一的育人准则，因此每一个学校都必须在育人文化的引导下，自身不断地在教学的常规中进行强化的实行，久而久之，这种文化的制度就会形成。每一个学校都朝着区域教育的文化设计努力，就能在很大的程度上统一这种文化的标准，同时也为学校的发展提供了准确的方向。

其次，是学校特色文化的建设。每一所学校都有自己特殊的地理环境，这是学校特色文化建设的基础。学校的地理位置可以决定当地的地域文化特色，通过学校很好地借鉴和整合，就能形成学校特色的地域文化。在区域内，把更多的学校的特色文化进行一定的交流和展示，就能呈现出“百花齐放”的景象。而这一点，也刚好是能够实现区域教育高位均衡发展的一条捷径。学校的特色文化是相互融合，相互促进的。

最后，是学校前沿文化的建设。社会的发展必然带动学校教育的进步，在这种背景下，学校的文化建设也应该是与时俱进的。一些前沿的文化对学校的侵入是很正常的，所以学校也要摆着开放的理念，不断适应前沿文化的浸润，从而转化为属于学校自身的前沿文化。这样学校的发展就能融入时代的声音，以便于更好地满足社会、家长对教育的与日俱增的要求。

三、区域教育高位均衡发展的核心聚焦

区域教育高位均衡发展是一个巨大的系统工程，是建立在诸多聚焦点的复杂的行动。伴随着课程改革的脚步，这样的均衡发展必然建立在课程改革的基础之上。因此，应该聚焦以下的三个方面。

（一）领导执行

学校领导是推进区域教育高位均衡发展的指引核心。这中间包括领导对上级教育部门政策制度的理解和执行的能力，也包括在学校之内的教师教育教学的组织、安排和协调的能力。因为区域内每个学校存在着差异，所以在执行的过程中应该坚持“三个坚决”。

1.“坚决遵循高位均衡”理念。有的学校领导不能因为自己的实际情况

而在思想上故步自封。应该开放理念，在意识形态建立更高的平台，把学校的发展与整个区域的教育发展紧密联系起来，不能搞“地方主义”。有时需要把学校的工作进行“重新包装”，以适应教育发展的需要。

2.“坚决拥护教育改革”原则。教育的改革已经到了非常关键的时期，无论学校现在的情况如何，走改革之路已是不可避免。学校领导应起到表率作用，用自己的行动感化广大教师，教师只有解放思想，大胆尝试，才能适应区域教育的高位均衡发展。

3.“坚决执行核心素养”观点。学生的“核心素养”教育已经成为教育改革的一个关键要素，因此，学校领导要坚持以发展学生“核心素养”为中轴，在学校范围内积极倡导教师开展课题研究，在实践中找到自己的方式和策略，而不能一味追求学科分数为上的应试教育的模式。

（二）教师素质

教师素质是推进区域教育高位均衡发展的中坚力量。特别是一些相对薄弱的学校，应该迅速提升教师的各方面的素养，以更强的力量来推进整个区域的教育发展。

1. 调整教师队伍结构。有些学校的教师队伍呈现出“老化”的现象，学校应该抓住良好的时机，向教育部门申请更多的教师指标，以吸引更多的年轻教师参与其中。同时，在学校内部也要合理安排好教师的适合岗位，争取使学校的教师的力量配置达到最优化。要让更多的优秀教师走到教育改革的最前沿。

2. 建构教师培训系统。培训教师是教师素质提升的必要手段。除了教育部门的一些指令性培训项目之外，学校要学会主动出击。广泛采集各方面的信息，科学安排和鼓励学校的教师走出校门去学习，去实践。同时，学校内部要积极开展“校本培训”，让教师在一线的岗位上得到更好的发展。

3. 规范教师评价模式。评价教师能够促进教师更好的发展。但是现有的一些考核制度或多或少出现一些不合理的局面。因此，学校要重新整合、修改自己的评价制度，让更多的教师能够在合理的评价系统下得到成功的体验。要本着“多维评价”的原则，尽量使得每一个教师的潜力得到充分的肯定。

（三）课程建设

课程建设是推进区域教育高位均衡发展的重要资源。随着课程改革的不断深入，教育部门给学校的课程建设提供了更广的空间，这就意味着“得课程者得教育”。

1. 区域课程的建设。在区域范围内，有一些需要学校共同建设的课程，

这就需要学校积极配合,保质保量地完成上级部门的任务。比如教育部门规定的一些诸如学生体质健康标准测试项目的课程,学校应该在保证时间的基础上,高质完成,跟上区域的步伐。区域课程是区域教育高位均衡发展的一个重要的标志,也是一个基础。

2. 校本课程的建设。学校应该在社团建设的基础上,积极挖掘学校的文化特色,把最具特色的课程呈现在课堂中,让更多的学生能够学习到学校文化带来的学习内容。学校可以利用社团、节日等形式让学生有一个学习展示的平台。

3. 拓展课程的建设。随着高考制度的改革,拓展性课程的建设成为学校教育的一种重要内容。学校要充分发挥教师的资源,努力开创这种课程。也可以采用“外聘”“共享”等形式让学生尝试到不同的课程学习,以适应今后更高一级学校的学习。

第二节　西湖教育高位均衡发展的政策设计

一、西湖教育高位均衡发展政策的基本思路

西湖教育高位均衡发展的基本设计应该是遵循“紧密型共同体”的基本思路。“紧密型共同体”的基本思路是在区中小学中,以区域内的优质学校为学区长学校,相对就近,吸纳几所学校,合理组建“紧密型共同体”。“紧密型共同体”实施“捆绑式发展”,逐步在“紧密型共同体”内实施“统一教学管理、统一共享设施、统一安排教师、统一课程资源、统一教学活动、统一组织备课、统一教师培训、统一质量监测、统一评价激励”,让所有学生共享教育资源。同时打破公办、民办学校教师管理的机制界限,按比例实行教师校际交流。

(一)名校带动,捆绑发展——建立学校互动发展联盟

在推行“紧密型共同体”的同时,充分发挥优质学校的带动作用,推进基础教育各办学层次和类型的学校城乡结对互助,形成互动发展联盟,在课程改革、教学管理、课堂教学、资源共享、校本研训、教育科研等方面形成合作互动互助的发展团队,实现互利共赢。为了更好地利用这些优质教育资源,使名校带动战略常态化,名校与普通校建立校际联盟,定期开展教育教学研讨、观摩活动,互相听课,开展教学反思和合作,共同交流研讨。名校输送优质师资力量及名师定期到普通校授课,并进行说课和探讨。通过数字网络,充分利用名校的优势教育资源,实现资源共享。

案例 2-1

杭州市十三中教育集团总校长汪建红，经常可以在周浦中学的晨会、课堂、办公室中看见她的身影。原十五中教育集团前任总校长计国勇，无论多忙，每周三总要赶到袁浦中学，参与各种研讨活动，指挥团队一起深挖袁浦中学曾经辉煌的精神实质。陈竹根，保俶塔实验学校（简称保实）校长，同时兼任紧密型教育共同体学校——西湖第一实验学校校长。一上任，他就做出一项安排：该校三年级以上学生，每学期安排两个半天到保实的游泳馆上游泳课，要力争让每一个孩子学会游泳。年逾五十的他，去年刚评上省特级教师，满怀雄心壮志：让受援学校建立一支和城市学校同等理念和行为的教师队伍！2011 年学军小学是最先派出团队到转塘小学进行支援的学校。接到任务，学校二话不说，立即派出八人团队来到转塘。“我们要真正走进转塘，看他们最需要什么、最渴望什么，那我们就从这里入手。”校长汪培新满满的西湖教育情怀。

（二）以点带面，逐步推广——形成“共同体”再生机制

“共同体”发展是一个动态生成的过程，“共同体管理制”要求以优质学校为龙头的名校通过输出品牌、管理、资源以及依靠课程改革、师资培训、教育科研、成果交流等多种方式与途径，带动成员学校管理水平和教育教学质量的快速提高。通过提高成员学校的教育质量、师资水平和社会声誉，促进成员学校在学区内成为新的品牌学校，进而在条件成熟时脱离现有学区，利用其品牌和教育资源组建新的学区，扩大优质资源并使其增值，使基础教育优质均衡发展，从而实现“多米诺骨牌效应”。

案例 2-2

王丽兵老师，是第一批从学军小学派去转塘小学任教的代表，在他的带头下，数学教研组在团队建设、论文撰写、教案评比、优质课的选送等活动中，获得了一项项之前想都不敢想的荣誉。好消息传来时，转塘的老师们感动了、自信了：原来我们也能做到！骆欣苗老师，2011 年从十三中到周浦中学任教。作为一名德育主任，她深知要改变学生的学习状态，德育工作首当其冲。她在周浦三年的时间里，从营造校园文化入手，让每一个孩子找到在校园的存在感，让每一个孩子都自信起来。骆老师感叹说，经过这样的历练，真正感到了作为一名教育人的责任。还有许棣老师，新学期刚从十五中来到了袁浦中学；郑蓓蕾老师，从文一街小学到了翠苑二小；李贤艳、李一帆、戴晓凌老师……他们正以一腔热情投入农村学校的新岗位中。可以说，紧密型教育共同体，又让西湖区“教育人才蓄水工程”有新的生长，在双方学校的岗位上交流锻炼，建立名师工作室分站，在西湖教育均衡优质的背后，

就是这样一支强大的教师队伍做支撑。

（三）先行试点、摸索前进——推动基础教育优质均衡纵深发展

西湖教育改革发展的进程和学校的实践，坚持先行试点，总结经验，再全面实施，积极稳妥地推进。如西湖区首先在学军、求是、西湖、文三小学，十五中、十三中等试点，探索推行“紧密型共同体”的实践经验；在总结试点探索经验的基础上，将在其他名校系统全面推开；“十三五”期间，逐步完善共同体管理运行机制，总结推进“共同体管理制”工作经验，进一步促进工作管理常态化。通过创新教育管理机制，不断提升管理水平，扩大管理效益，建立健全“共同体”发展的长效机制，推动“共同体区”纵深发展。

案例 2-3

不久前，转塘小学在西湖区小学的科技节上获得第三名，在强校如林的西湖区，一所农村学校能取得这样的成绩更显不易，许多人用这来说明紧密型教育共同体办学的成绩，但汪培新说：“得奖，依然是用一种功利指标体系来衡量教育，真正的教育，其实要看孩子是不是学得有兴趣、有信心。看孩子持续发展的可能性。”目前，西湖区已经形成了 9 个紧密型教育共同体，这是西湖区继连锁化办学、集团化办学之后又一次重要的教育探索。“紧密型教育共同体让西湖区找到了推动区域内高水平教育均衡发展的新路子。”西湖区教育局局长钱志清说，西湖区是传统的教育强区，而今后将更有信心朝教育现代化的先行区迈进。“紧密型教育共同体”将教育均衡的辐射半径从城区延伸至更远的农村，希望通过提升区域办学质量来带动区域发展，从而加快西湖区的“第三轮城市化推进”。

二、“紧密型共同体”模式下基础教育均衡中的外延发展和内涵发展

任何事物都有外延式和内涵式两种发展形式，外延式发展靠的是政策的引领和支持，以及经济的保障等外部力量的推动来实现规模扩大、数量扩张等。内涵式发展强调的是以内部结构的改变、要素的重组、自我能量的聚集等方式来实现事物内在质的飞跃。我们的教育在经历了教育资金投入不足、办学条件差、教学环境恶劣等教育外延式不均衡发展后，随着经济社会的发展，“有学上”等教育问题解决后，“上好学”成为教育发展的核心。家长对子女接受优质教育的愿望愈发强烈。然而，教育资源分配不均衡，使得优质教育资源供需矛盾突出，引发“择校热”“奥数热”等教育失衡问题。因此，外延式发展是基础教育均衡的物质基础和保障，内涵式发展才是基础教育均衡的根本。

“紧密型共同体”在外延发展实现了外部条件均衡、解决了教育资源不足的问题后，其均衡发展的策略应该朝着内涵均衡的方向努力。不应该把楼房盖得有多高、校园面积有多大、硬件设施有多齐备当作是教育的均衡，真正的教育均衡是尊重学生的个性特长、兴趣爱好，尊重学生的个人意愿和自主选择，基础教育优质均衡发展是由学生内在的需求和愿望来决定的。“紧密型共同体”是由政府和教育行政部门倡导实施的，是靠外部力量来缩小学校之间条件性的差距，主要方式是优质教育资源的外部输入和名校带动、扶持。要求以优质学校为龙头的名校通过输出品牌、管理、资源以及依靠课程改革、师资培训、教育科研、成果交流等多种方式与途径，带动成员学校管理水平和教育教学质量的快速提高。这是“紧密型共同体”初步实施的阶段，属于区域内部学校之间的均衡发展，主要依靠政策扶持和名校引领示范来推动，要真正实现教育优质均衡发展必须依靠内在的能量聚集，逐步形成优质教育动态生成机制。“外援只是‘输血’，只有转化为‘内发’即内在发展，才能真正达成义务教育内涵均衡发展的目的。”“紧密型共同体管理制”的实施只能为弱势学校发展创造一个发掘潜力、不断提高教育水平和质量的外部条件。要实现优质教育均衡发展还得靠各个学校的自身努力，积极调整思路，发掘内部潜力，激发教师的工作热情和学生的自主学习及创造性，实现学校、教师和学生的自我创生、自我超越、自我发展内在基质的转换。这是“紧密型共同体管理制”的路向选择，更是西湖基础教育均衡发展的战略调整和发展方式的重大转换。

三、西湖教育高位均衡发展政策的设计

面对人们对公平分享优质教育资源的强烈需求，作为公共服务的提供者，政府要做出明确的、正向的回应，这是政府的责任所在，要在教育政策制定和执行过程中突出“教育公平”的价值取向，更多地考虑大多数民众的意愿，才能有效地保证公共利益的最大化。只有以“公平”为价值取向的教育政策才能带领基础教育走上高度均衡发展的良性轨道，最终保证教育机会和教育产出的均衡。西湖区要实现区域基础教育优质均衡发展，必须在“紧密型共同体管理制”的战略政策推动下，明确发展方向，体现主体性、自主性、创造性和生成性，走内涵式均衡发展道路。

（一）加强共同体辐射带动作用，促进教育优质资源区域内流动

“紧密型共同体管理制”以区域内的优质学校为引领的学校，吸纳若干所学校组建成紧密型共同体。优质学校是在深入调研论证，结合区域教育发展水平和实际情况后确定的优质学校，其在教育教学水平与质量、师资力量、办学理念、教育思维和文化品位等“软实力”方面成绩显著，是影响广泛

的名校。通过名校这种“软实力”的辐射带动作用，逐渐为弱势学校注入新鲜血液，提升其教育质量和办学品位。主要通过名校与薄弱学校教师间的合作交流、帮扶结对、现场听课评课、名师巡讲示范、师徒式汇报讲授、共同开发研究课题等形式来实现资源共享、共同提高。名校把先进的办学理念、管理方式、教学方法带到薄弱校，其深厚的文化底蕴、思维习惯和育人风格，以及在教育教学实践和反思中不断感染、影响、改进弱势学校学生的学习习惯、行为方式等，双方在文化、思想、教育、教学以及情感等方面的对话、沟通等，都可以不断地促进弱势学校的教育教学和管理水平等方面的发展。

案例 2-4

“大平台小平台”亮出西湖教师之精彩

如何用平台的搭建来成就所有教师的发展，是西湖区每年思考最多的命题。大平台，每年一届的学术节，是西湖教育的学术研究盛宴。每一届学术节有不同主题和形式。比如，西湖区教育系统第二届学术节开幕，特邀郭思乐教授前来做题为《让教育走向生本》的主题报告。郭思乐提倡的“生本教育”和西湖区的课改理念不谋而合。而在 2016 年下半年开展的学术节主题是“金牌教研组建设”，分为“成果推介活动”“课堂展示活动”“名师课堂展示活动”“名师论坛”等专场全面展示强势学科。此外，片区平台也精彩不断，翠苑有翠苑地区五校联盟，每年一届举行一周研讨活动，三墩片区有城北名校联盟，不定期开展研讨，助推教师扬帆起航。

经过“十二五”整整五年的探索，西湖教育教师培养的路径渐渐清晰。教坛新秀—星级学科带头人—区首席教师—名师后备人选—省特级教师，这“五个梯次”正是当前西湖区教师专业发展培养培训序列，使得老师们拥有“跳一跳，够得着”的前进目标，从而找到最合适自己的职业发展路径，不断提升专业素养。除明晰具有西湖特色的“五个梯次”名师成长阶梯外，还形成并完善“后备干部—新任校长—骨干校长—省市区名校长—教育家型校长”的校长梯次。让更多教师成就最好的自己，这就是西湖教育局教师培养的终极目标。

（二）合作办学委托名校管理，促进区域教育填谷扬峰和高位均衡

要通过各种渠道，扩大校际的合作范围，寻找差距，填成员学校发展不足的“谷”，扬优质学校教育优势的“峰”。在推进区域教育优质均衡发展的过程中，加大对薄弱学校的扶持力度，克服短板，在教育资源利用方面予以保障或给予优先使用权，使其有公平的发展空间；继续发挥优质校的办学优势和优质教育资源的辐射作用和效能，加强学校特色建设等。“填谷扬峰”的核心，是促进成员学校在办学理念、发展方向、特色建设等方面实现质的

跨越,促进区域教育整体发展和高位均衡。根据"水桶理论",决定水桶盛水量的是最短的那块木板。同样,决定基础教育均衡发展程度的是区域内教育质量最差的学校。所以对于弱势学校应该以委托管理等方式,重点扶持。

案例 2-5

"文化浸润、管理创新、课程创生、青蓝相助",这凝练的十六个字,正是五年来对杭十五中和袁浦中学这一对共同体,在教师队伍建设中不断推进"共建、共融、共享"最好的概括。学校校本研修、教育科研工作每年被考评为先进集体,学校"五行"文化建设项目被确定为西湖区"十二五"期间学校改革创新案例。

学军小学与转塘小学紧密型教育共同体同样精彩不断,这个共同体以"互融共荣"双品牌建设为愿景,大力推进教育公平、教师培养、课程建设、家校合力等工程。实施支部联合共建、教师联合招聘、师资联合培养、项目联合参与、名师联合共享的机制,一体化提升两所学校教师教书育人的水平。在最近这次教坛新秀评选过程中,转塘小学和学军小学分别有 5 人、4 人获得杭州市级教坛新秀称号,分别有 23 人和 15 人获得区级教坛新秀称号,师资队伍水平的提升使得学校走上了快速发展的道路。

(三)解放思想促进区域教育由粗放均衡向要素均衡转化

"粗放型"是借用经济领域的名词,讲的是靠消耗能源、资源,以破坏环境为代价的一种不可持续的经济发展方式。移植到教育领域指的是靠消耗物力财力、消耗师生的精力来提高升学率。这种"粗放型"发展方式一定程度上促进了教育质量的改善,但带有明显的工具性和功利主义色彩,所采取的教育手段也是强制性的而非学生自主自愿的,这与我们所提倡的优质均衡不相符合。在实现教育设施、校园建设等硬件设施条件式均衡后,重点要关注师资数量、结构、质量、水平等要素,在办学理念、教育教学思维与经验、优秀传统文化的培植与积淀等内涵式层面的要素充分凸显,使教育均衡由注重外在物质基础的改善向培养教育内在要素的优化等方面转化,使培养的学生由注重升学率、分数等粗放均衡向注重学生的个性特征、兴趣爱好、潜力发掘等内涵式要素均衡转化。

案例 2-6

顺应新课程改革 积蓄西湖教师之后劲

2013 年开始,西湖区在暑期集中开展教师 1+X 技能培训,也很有特色,让教师通过自愿选择参加除本学科教学技能培训外的 X 项其他类的技能培训。为教师设立的培训项目丰富多样,包括科技实践、书法篆刻、葫芦丝、主

持艺术、数码单反摄影、花式排舞等培训项目，除选聘区内有特长教师，还积极聘请专家教授、省市教研员和骨干老师50人前来授课做讲座。区教育局把每年10％教师参加“1＋X”专项技能培训作为一项重要内容纳入年度考核。这项培训，让更多教师胜任教育发展和学生综合素质提升的需要，较好地促进了教师从“单一型”向“综合型”发展。

（四）实现区域内优质教育均衡由政府主导推动向学校主动发展过渡

“紧密型共同体管理制”是由政府倡导、推动实施的，政府为学校提供均衡的办学条件，在资源配置、政策制定以及宏观调控等行政决策中，都体现教育均衡发展的思想。在这样优越的政策导引扶持下，弱势学校应该抓住发展机遇，迎头赶上，乘“紧密型共同体”之东风，实现教育教学质的跨越。弱势学校切不可等、靠、要，即等命令、靠帮扶、要资源。任何事物发展外在的力量只是条件，内在的要素才是发展的根本。政府只能在宏观上积极推动，真正发展要靠学校的内在努力。弱势学校要注重培养自身的文化底蕴和教育品位，不断积淀优质要素，传承历史、凝聚智慧、创建特色、提高质量，依靠学校系统变革的内力，以优化教育过程为主的教育质量和教育软实力的均衡发展，由政府主导推动向自主努力探索过渡，把在推动教育优质均衡发展过程中所形成的丰富经验和先进观念等要素以制度等形式确定下来，成为教育教学实践中自觉的行为，注重养成教育，实现内涵式均衡发展。

案例2-7

分享教育智慧经验 做强西湖教师之整体

西湖区“紧密型教育共同体”，早已名声在外。据了解，全区创新组建紧密型教育共同体14个，通过委托管理等方式，实现真正意义上的“无缝对接”、优质均衡。2016年城区优质学校选派到偏远学校校级干部、中层干部和骨干教师63人，偏远学校派往城区学校培养锻炼32人。近年来，区政府出台优秀教师交流共享机制政策近10项，在城区名校挂牌建立名优教师培训基地12个，在偏远学校设立名师教学实验点78个，建立校际教育科研联动协作机制，探索“科研导师团”，实施教科研项目联合申报，出产一批优质教科研成果。近五年国家级立项课程17个，省级156项，省级以上获奖成果76项，科研成果获奖率居省市首位。建立全自动录播教室58个，探索网上名师工作室建设，组建“学科教师主题工作坊”，实现教师现代教育技术全员培训率达90％以上。西湖区还通过与淳安、安吉、常山等区市及贵州、青海等省外学校的结对援助，辐射和锻炼优秀的教师队伍。近两年来先后选派名优教师50余名赴各结对支援地“送教上门”30余次。

教育均衡必须面向每一类教育、面向每一级教育、面向每一所学校和每一个学生。不同学校不同类型的教育根据各自的实际情况，探索出有自己特色的办学之路。这就需要政府、学校乃至全社会形成有效合力，从点到面，逐步均衡。均衡发展不是受限发展而是积极发展；不是平均发展而是分类发展；不是搞平均主义而是提倡特色发展；不是短期发展而是持续发展；不是外延式粗放均衡而是内涵式优质均衡。西湖区基础教育在“紧密型共同体管理制”的模式下，积极探索，分步推进，但其所面临的问题和困难不可忽视，需要政府统筹规划、加强领导，需要学校积极配合、大胆改革，需要社会各界理解关注、大力支持，需要教育同仁齐心协力、努力拼搏，使“紧密型共同体管理制”成为推进基础教育优质均衡发展的有效模式。

第三节　西湖教育高位均衡发展的政策实施

一、扩大名师工作室功能

名师工作室已经不再是一个新鲜的事物，当名师工作室运行到正常的轨道，在促进教育高位均衡发展中所起的作用应该是把它的功能扩大化。让更多的一线教师得到名师工作室的指导和享受到工作室的资源。这样就能在区域整体范围内得到教育教学的提高。

西湖区规定完善名师工作室运作机制，确保工作室中普通学校或相对薄弱学校教师占50%以上。自2011年起，在农村学校或相对薄弱学校建立一批名师工作室分站，最大限度地发挥名师辐射作用，帮助农村学校或相对薄弱学校培养优秀骨干教师。加大名师工作室投入力度，特级教师工作室经费增至1.5万元/年，首席教师工作室经费增至1万元/年。拓展名师工作室范围，开展区首席班主任评选，设立首席班主任工作室，提升区域德育队伍整体水平。

近年来，西湖区教育局围绕教育高位均衡优质发展总体目标，遵循服务发展、人才优先、以用为本、创新机制、高端引领、整体开发指导方针，多措并举，加强名师培养，全力推进教育人才队伍建设，取得明显成效。目前共有全国、省级优秀教师96人、在职省特级教师24人、区首席教师77人、区首席功勋班主任62人、星级学科带头人1564人、省市教坛新秀368人。一是搭建多样化培训平台。开设各类培训项目，加大与浙大、浙师大等高校合作，组建新锐班、精进班等12个阶梯成长班，促进全体教师专业提升。选拔百名技能骨干教师走进高校、科研院所、企业拜师学艺，提升教师个人素养。开展教师书法篆刻、葫芦丝等1+X技能培训，促进了教师从“单一型”向“综合

型”发展。二是打造名师工作室。依托名校名师资源，建立106个名师工作室和78个分站。实施“名师培养3211工程”，成为带动全区教师队伍发展的“主引擎”。三是实践优秀教师共享机制。建立全自动录播教室58个，探索网上名师工作室建设，组建“学科教师主题工作坊”。建立校际教育科研联动协作机制，实施项目联合申报，近五年国家级立项课程17个，省级156项，省级以上获奖成果76项，科研成果获奖率居省市首位。通过校长交流轮岗、特需岗位竞聘、紧密型教育共同体等制度，优化教师资源配置。四是构建多样化学术节。通过专家引领、成果推介、课堂展示、名师论坛等不同主题和形式的学术节，打造西湖教育的学术研究盛宴，成就教师的发展。此外，片区学校形成联盟，不定期开展主题研讨，助推教师快速成长。

名师工作室的功能应该是从单纯的教研活动，扩展到教育科研，德育工作以及学校的教育管理甚至是课程建设的诸多方面的职责。目前西湖教育中，到处呈现名师工作室活动的场面，他们在各条战线上大展身手，很好地促进了区域范围内的教育的均衡发展。

二、强化教师专业发展培训

教育主管部门注重区域教师的整体专业发展的培训，只有继续学习，不断进行各层面的培训，才能使得教师的发展跟上时代的变革。教师的专业培训，要符合区域学校的特点以及区域教师自身个性化发展的需要，不能搞“一刀切”，要最大限度地满足教师的专业诉求。

首先是校本培训的强化。校本培训的开展要在学校原有的基础上，不断开放理念，让学校自主制定跳出区域范围，自行设计外出培训的计划。学校要主动寻找培训的有效资源，自行联系，自行实施培训。

其次是指令培训的均衡。区教育局要在最大的程度上实现名校以及农村薄弱学校的各项指令性培训的一视同仁。在政策的支持下，满足薄弱学校的外出学习的机会，让这些学校的负责人学习到先进的教育理念。

最后是高端培训的推行。大力提供更高的平台，让更多的行政领导走进大专院校，开展高端化的行政培训。让学校的负责人掌握及时的教育发展的信息，从理念上走在教育改革的最前沿。

强化以上三个层面的培训计划，就是做到了培训涉及区域教育的整体化。从一线的教师到学校的行政领导，上下达成“培训促发展”的一致理念。在区域教育的高位发展中，培训教师最主要的手段，也是实践西湖教育快速发展，立于全省乃至全国领先的一条捷径。

三、建设区内教师培训基地

实现区域教育均衡化，最有利的条件就是在区域内建设好教师的培训基地。区域本身存在着许多优质的教育资源，因此在区域内开展教师的培训是首选。教育强区首先要把资源的作用发挥到最大化，以满足教师的需求。

区域内教师培训基地的建设首先要做到“灵活性”。可以利用现成的教育资源，采取“内部消化”的行动，把优质的教育理念在第一时间传递给全区的教师。也可以建立长效的“挂钩机制”，让某些学校成为教师教育教学实践的重点基地，开放时间和空间，实现灵活培训。

其次做到“针对性”。培训不是搞形式主义，所以区域内的培训基地也应该及时转换，将更有针对性的项目提供给广大的教师特别是薄弱学校的教师。培训基地应该承担起培训的职责，制订好开放的计划和内容，让区域学校成为最接地气的培训场所。

最后做到“层阶性”。充分规划好培训的不同层次的项目，供不同层面的教师自主选择，充分发挥网络的巨大作用，实现培训的速度与效率的正比性。

另外，从长远的眼光来看，每一个学校在自己的学校建设好新教师的培训基地和机制，有助于区域教育均衡化发展的可持续发展。

案例 2-8

● 西溪实验学校“启航学堂”助新教师成长

近年来，随着西溪实验学校办学实力的提升，社会美誉度越来越好。随着招生规模的扩大，每年招聘新教师的数量也越来越多，今年就有 30 多位。而 0～3 年教龄的新教师累计占到总教师人数的近一半。抓好教师队伍，特别是新教师队伍，是学校发展的一件大事。为此，学校专门成立“启航学堂”，以新的标准为依据，助力 0～3 年教龄的新教师成长。工作第一年普及型拜师，100%的学员结对校内骨干教师，就近辅导；工作第二年选拔式拜师，44%的学员拜师区进修学校教研员；工作第三年 PK 式拜师，22%的学员“考入”区首席教师工作室，参加区域高水平培养。

● 省教研室附小 量身定做“上岗课程”

随着新校区启用，省教研室附小的教师整整增加了一半，多数是新入职教师。现今，可以依据标准为新教师培训设置课程体系。如幼小衔接课程，到幼儿园去听课、上课，真正了解一个刚从幼儿园出来的孩子是什么样的状态，需要关注他们什么；再如学生家访课程，新教师面临的一个共同弱项，就是和家长的沟通，他们会跟着老教师去家访，掌握基本规范；再如团队建设

课程，实行两人一组的项目负责制，承包学校活动，培养责任心、包容心。

● 保俶塔实验学校 培养"90后"新教师的"X"特长

保俶塔实验学校申花校区的新教师团队，有一个好听的名字"青蓝轩"，意为"青出于蓝而胜于蓝"。这是新教师成长的"学习社群"，有一整套规范化的制度。和学生一样，他们也有班长、副班长、纪律委员、学习委员等，分管不同的工作。有了标准，培养就可以按内容进行通识类、学科类、自选类培训。结合最有特色的自选类，可以根据特长和爱好，在学校"1+X"的能力培养体系下自行选择，"X"项越来越多，也大大丰富了学校的拓展性课程。

● 大禹路小学"好课多磨"做好课堂基本功

大禹路小学很年轻，2012年创办，2014年又新增甲来路校区。学校110多位教师中60%以上的教师是0～3年教龄。校领导班子有一句话，"带好这帮年轻人，学校就办好了"。学校对青年教师提出了"展青春风采、助人人出彩"的策略，充分信任每位教师，建立立体式师徒团队模式。其中最关键的就是"好课多磨工程"，现在有了专业标准，就可以有序地以课堂为基石，分为试水课、过关课、展示课、评优课，让教师经历合格、优秀、精致、卓越的梯级目标。

建设好区域内的教师培训基地，相当于为教师的专业发展提供了基本的保障。在区域范围内，每一个学校，每一个教师都是最重要的一员，教师的发展就是学校的发展，学校的发展就是区域教育的发展，这样实现区域教育高位均衡发展的目标就不再是遥远的梦想。

四、启动农村学校中层干部培训工程

在实现区域教育高位均衡化发展的道路上，农村学校的中层干部队伍的建设几乎成为一个最关键的要素之一。原因之一是这些干部承担着农村学校发展的职责，做着最重要也是最辛苦的工作。如果这些干部的培训符合区域发展的要求，这等于是为农村学校办学立了支架。原因之二是这群教师队伍承担着区域教师发展的使命，他们的工作必须要与区域教育的发展并驾齐驱。所以，他们要接受更多的教育最前沿的理念，并且使得这种理念转化为农村学校教师接受的观念，让广大的农村教师跟上节拍。农村学校中层干部应该起着"桥梁"的作用。原因之三是农村学校中层是学校教育教学的中流砥柱，他们在完成学校发展建设的同时，很大的精力还要顾及自己所教的学科课堂。如果在学科教育教学上有了成功，势必会促进他们学校部门的工作热情，因此农村学校中层干部的培训工程在以下"三个意识"中至关重要。

一是"交流意识"。长期任教农村，或多或少会在这些中层干部中形成

“故步自封”的思想，在教育的视野上得到限制，因此应该大力鼓励这些干部走向名校，走向城市，通过定期或短期的交流，了解到优质教育的画面，从而在意识上逐渐趋于开放。通过长期的实践，就能改变想法，在自己的部门工作中改变一定的想法。

二是“融入意识”。一些农村学校的中层干部，由于受地域文化的影响，一些教育的理念还是坚持自我。有时认为自己的工作方式已经适合本校多年办学的实践，所以很难接受一些先进的理念。把这些干部浸润于教育改革的环境中，会在很大的程度上“融入”这个时代教育发展的氛围中。

三是“创新意识”。农村学校的中层干部，本身具有优秀的师德以及丰厚的教师专业知识。因此，要创设条件，为他们培训教育的创新能力和意识，让农村学校的中层干部在学校内大力对课程建设、教育方式等多方面进行必要的创新实践，尽早地跟上区域教育发展的步伐。

在区域内形成农村学校中层干部的培训机制，很好地关注了农村学校的发展前景，让更多的农村学校中层干部走出校门接受新教育理念的熏陶，为实现区域教育高位均衡发展提供了可靠的力量。

五、支持薄弱学科师资建设

相对而言，实施区域教育高位均衡发展中的主要问题是一些农村薄弱学校的学科师资的缺乏。事实上，这是诸多因素制约而成的。薄弱学校大多地处偏僻地区，交通不便以及其他原因造成了教师不愿选择这样的环境就业。

近几年来随着城市建设的不断推进，一些偏僻的地区逐渐也改善了各方面的条件，特别是交通的改进使得区域之间学校的距离不再遥远。尽管如此，薄弱学校文化影响力的缺乏还是使学校的发展脚步放慢了。师资队伍还是存在着一定的问题。要改变这种窘境，必须在以下几个方面进行努力。

首先是考评机制下的支援行动。区域内一些名师属下的工作室应该在每年的考评机制中涉及支援薄弱学校的相关内容。教育局在满足这些工作室经费以及时间的前提下，积极倡导名师们到薄弱学校开展相关的教研活动。积极鼓励薄弱学校的一线教师加入名师工作室，让他们能够有课堂展示的机会，逐步使薄弱学校的教育教学步入正轨，让更多的教师享受到名师工作室的资源。以此作为考核支援团队的重要内容，能大大激发名师的支援行动，在共享的环境中推动西湖教育的高速前进。

其次是交流机制下的人才培养。要积极响应省教育厅关于人才交流的号召，每年采取“交流”的形式，让薄弱学校的教育骨干走进名校定期进行工

作的交流活动。薄弱学校应该科学合理地规划交流的梯队,名校也应该合理安排合适的岗位,让更多的农村学校的教师参与到学校的教育教学工作中来。名校要充分信任农村学校教师的能力,放开岗位,放开环境。当然,必要时也要进行一定的监督,这样农村学校的教师才能更为有效地得到锻炼。在交流的过程中,教育局应该实施一些便利的政策和制度,让交流教师无后顾之忧,而对一些名校的政策也应该有些相应规定。

最后是特殊机制下的教师招聘。随着教师招聘体制的逐步完善和运行的逐步合理,教育局在教师招聘时,应为薄弱学校提供更多的岗位,让广大优秀的院校毕业生有更多选择的空间。与此同时,适当地缩减名校的教师岗位数量,这样使得薄弱学校的教师招聘有更多的优秀资源。当然,就西湖区域范围而言,随着城镇一体化的逐步推进,教师招聘不再有传统意义上的地域差别,更多的毕业生还是愿意到农村学校进行工作。

案例 2-9

西湖区教育局积极出台政策,大力提升农村学校或相对薄弱学校音体美、科学、英语、信息技术、心理健康等专职学科师资水平。每个名师工作室每学期要到农村学校或相对薄弱学校开展主题教学研讨活动不少于1～2次。参加区"首席教师"、市区"学科带头人"评选的教师,近三年内每学期必须到农村学校上示范课1～2次。组织名师在农村学校或相对薄弱学校学科设立教学实验点。开展校际师徒结对活动,五年内帮助100名农村学校或相对薄弱学校教师与城区骨干教师结对。

● 厚积薄发,不让一个老师掉队

"在西湖区,老师幸福并快乐,活得很有价值。"钱志清自豪地说。西湖区接连打出了组合拳:一是早在2008年就出台了18项培养政策,培养对象涵盖了新教师、骨干教师和老教师,实现了全员覆盖。起航奖、耕耘奖的推出,让一大批教师得到了关注,激情、活力得到了激发。二是通过市场的手实现有效配置,每年通过自身努力实现自主流动的就有50余人,自我价值得到体现。三是实行名师挂牌带徒,成立名师工作室100个和名师工作室分站67个,全区近60%的教师实现了在名师指导下成长,工作室成了优秀骨干教师的孵化器。四是通过组织调配、干部提拔、职称晋升、评先评优、名师培养等途径,多渠道推动城乡师资流动。历经多年培育,西湖区人才蓄水工程越做越扎实,成效也是水到渠成。正是有了西湖这支有知名度、有好品牌的校长队伍、骨干教师队伍,才造就了今天西湖的优质教育。——《西湖区教育局局长钱志清:实现教育现代化之梦》《钱江晚报》2013-09-06,D008版。

● 新形势下,破解新的不均衡现象

"西湖区既有主城区,又有城郊接合部,还有农村地区,如何实现城乡教育均衡,成为西湖区教育局近年来的一大难题。为破解这一难题,西湖区教育局早在10年前就创造了名校集团化办学模式,成为浙江省改革开放30周年的经典案例之一,让广大老百姓在家门口享受到了优质教育,有效拓展了优质教育资源。”

钱志清说,教育均衡是动态发展的过程,经过近年来发展,新的不均衡问题也有显现。新形势下,需要有更好的模式来适应更大范围的均衡发展需要,来破解新的不均衡现象。

从2011年开始,学军小学走出了第一步,与转塘小学结成了紧密型教育共同体,任期3年,学军小学派出了由8个人组成的一个优秀管理团队,直接到转塘小学从事行政管理和教育教学管理工作。到目前,西湖区已组建3批共9个优秀管理团队,涵盖了幼儿园、小学和初中,从9所学校派出的优秀管理团队65人到薄弱学校任职,改造提升薄弱学校办学水平。通过委托管理、资源共享、捆绑考核,实现了文化共融、制度共建、教学交流,有效快捷地提升了受援学校办学水平。——《西湖区教育局局长钱志清:实现教育现代化之梦》《钱江晚报》2013-09-06,D008版。

师资是学校发展的中坚力量。区域内要实现教育均衡的高位发展,关键是要解决校际师资力量的平衡性,这是一项长远而严峻的过程。城市化建设很好地为实现这一愿景提供了基础,相信不久的将来,西湖区域范围的学校师资水平会得到很好的改善。

六、建立名校集团内教师流动机制

西湖教育中的“集团化”办学模式已初具规模,在这样的前提下,应该把集团化的办学模式得到更深意义上的改进。因此,要实现西湖教育高位均衡发展,“集团化”名校应该发挥积极的作用。集团化内教师的流动机制是一种比较灵活的机制。在教育局规定的名校集团内,由于学校水平的均衡性,名校集团的总校可以根据教育局的制度自行安排教师流动的各项内容。

一是层次配置合理。集团在计划教师流动时应该充分考虑到几所学校的教师的层次问题。集团是一个大团体,哪里需要什么样的教师,就应该在这个位置设立流动的岗位,而不应该只顾及某一个学校的需要而作为。集团化学校应该积极大胆选用下属学校的一些干部进入行政的岗位,让他们参与集团的发展,让他们敢于献计献策。同时,大力鼓励一线教师进行集团内的流动,让更多学校的教师走上名校的教师课堂。

二是教师培养同步。集团化学校在流动教师培养上,应该做到一视同仁,不能认为有些教师只是过渡的性质而放松力度。一方面让下属学校教师承担集团的教育教学的任务,推出一定的平台使他们得到很好的展示和

锻炼；另一方面总校的教师到下属学校后，也应该大胆实施集团化名校的教育文化，尽最大的努力感染师生，让他们享受优质学校文化的魅力。

三是考核评优优先。在一年一度的教师考核和评优中，应该优先考虑这些流动教师的情况。通过这样的手段，使他们的工作得到肯定，更重要的是激励更多的教师加入流动的队伍中，为集团化办学助推力量。集团化办学的成功也就意味着整个区域教育的高位均衡发展。

西湖教育在集团化办学道路上已经摸索出了很多很好的经验，这种特殊的办学形式，必将为西湖教育的发展推波助澜。可以说集团化学校间的教育的均衡发展其实就是整个区域教育均衡发展的一个缩影。

七、建立共同体学校教师流动机制

与集团化学校有所不同，“共同体”学校的建立可谓是西湖教育的一大“创举”。它是本着“结对”“互助”“提高”的原则而实施的一种新的办学形式。近年来，随着优质教育资源的共享，西湖区域的教育逐步走向一体化。薄弱学校不再是传统意义上的“传统”，在“共同体”的作用下，学校间教师逐步消除了隔阂，学校的各个方面的建设和发展逐步趋于均衡。

一是样本先行，积累经验。教育相关部门，大胆开展“共同体”学校的样本推广工作，让优质品牌学校接管农村相对薄弱学校的工作。尽管一开始还没有经验，但是推行一种样本，也是为了积累一定的经验，让“共同体”学校的办学模式得到实践的验证，在取得成功以及看到不足的情况下可以在今后有所调整。

二是尝试变化，对比效果。在“共同体”的实践中，不免会有问题的出现，这时应该尝试必要的变化，无论在形式上，还是推进的具体策略上，可以采用“多元化”的举措，将“共同体”的内涵拓展得更有效和灵活。这些举措尝试在其他的学校推广，然后跟“共同体”的样本进行科学的对比，从各种效果的呈现中找到经验，进行合理的推广。

三是稳步推进，共同发展。在以上两方面的努力之下，“共同体”形式的办学方式就能稳步前进。西湖教育的均衡化实现，“共同体”形式的学校的作用是实质性的。它能建立起优质学校与薄弱学校的直接对话，在教育的一线上得到质的支援和帮助。

紧密型教育共同体，成为典范之作，关键得益于如下举措：首先，实施委托管理，由名校校长任共同体组长，所派优秀管理团队承担受援学校行政管理和教育教学管理职责；其次，双方在办学理念、发展规划、制度章程、校园文化等方面深入协作，在教师发展、课程改革、社团建设、德育工作等方面深入实践，让薄弱学校全方位享受名校资源；最后，实施捆绑评估，依托浙江大学专家团队实施第三方评估，按学年进行捆绑考核，区委区政府高度重视，设立业务经费和专项奖励经费予以保障，并在编制调控、职称晋升、职务聘用、考核奖励等方面给予政策支持。与以往的结对学校相比，这种“捆绑式”的共同体让相对薄弱学校真正享受到名校的“教育精华”，有效快捷地提升了受援学校办学水平。

八、建设名师资源网络共享平台

名师资源网络将发挥名师的示范、引领、带动、辐射作用，把先进的教育理念、独特的教学风格、精湛的教学技巧、科学的教学方法，辐射到普通教师的教学中，促进教师队伍素质整体提高，促进教师专业化发展，全面提高教育教学质量。可以从以下的三个主要方面进行推广：

一是名师课堂。以视频形式呈现小学到高中各学科名师课堂实录和教学比赛的优秀课例。名师以其领先的教学理念、独特的教学设计、融洽的课堂气氛和精湛的教学技艺，给普通教师以示范作用。

二是教学资源。以文稿的形式呈现名师专业化、个性化的教学资源。内容包括导学案、教学设计、教学反思以及有创意、有特点、可操作的优秀课件。还可以推荐针对当前教育教学中的重难点和热点进行分析和解读的文章，介绍国内外优秀教育教学经验的文章。

三是学习空间（博客、群组、QQ 群）。名师所在的工作室成员建立自己的网络学习空间，对教育教学过程中遇到的问题进行探讨和交流。每位名师建立自己的个性化网页，充分利用博客、QQ 空间，共享教育故事、教学反思、教案设计、教学课件、生活感悟等，在分享和交流中不断展现自我、开阔视野，促进自身的成长和专业发展，提升自我生命质量和价值。

名师网络平台由名师担任专业领衔和主要建设者，工作室成员协同合作，组成一个专业团队，共同创建由全市教师共享和参与，致力于提高全体教师专业化水平的网络平台。网络名师工作室将发挥名师的示范、引领、带动、辐射作用，把先进的教育理念、独特的教学风格、精湛的教学技巧、科学的教学方法，辐射到普通教师的教学中，促进教师队伍素质整体提高，促进教师专业化发展，全面推进西湖教育高位均衡发展。

九、提升农村学校教师教科研水平

教科研是推进教育发展的有力法宝，它可以使教师从“教书匠”的形象逐步改变成“研究型”教师形象。在区域的农村小学，很显然在教科研水平上有待提高。没有科研的引导，没有教研的实践，很难实现西湖教育的高位均衡发展。因此，提升农村小学教师教科研水平迫在眉睫，也是至关重要。

一般可以从以下的几个方面实施。

第一,加强骨干培训。提升农村学校的教科研水平需要培养一批教育科研骨干教师来引领。建立农村教育科研骨干教师研修班,将一批科研积极性高、有志于教育科研工作的教师集聚到研修班里来,采取自愿申报、学校推荐、教科所考核等程序来操作。

案例 2-10

如西湖区每期研修班为期一年,学员人数每期控制在 60 人以内。采取集中培训,分组培训,小组研讨,项目攻关等形式,学员间建立 QQ 群,建立学员个人教科研博客,便于开展网络研讨,交流信息,互相研讨课题研究中遇到的问题、难题。农村教育科研骨干教师研修班分为初级研修班、中级研修班和高级研修班三级,实行梯级培训与培养模式,采取专家引领与同伴互助结合。自主学习与实践研究结合的方式,每期培训做到全程管理,结束时要进行考核,合格者可以领到相应的等级结业证书。同时举办科研培训班。每年举办一次立项课题负责人培训会;每两年举办一次教科室主任或教科研骨干教师培训,科学安排培训课程,聘请当地或外地的教科研专家担任老师,采取集中培训与个人自学相结合,课题实践与外出考察相结合的形式。还有组织外出学习,组织教师积极参加上级组织开展的各类教科研培训、观摩、论坛等活动。

第二,举办学术节。通过学术节的举办,是为了让更多的农村教师参与到教科研,特别是科研的队伍中来。学术节期间,大力表扬农村小学在教科研中取得成绩,通过奖励和发言的方式,让更多的农村学校的科研成果得到肯定,从而大大增强农村小学教科研的动力。

案例 2-11

西湖区教育系统第三届“学术节”开展课程改革专题研讨活动

2015 年 12 月 14 日下午,西湖区教育系统第三届学术节之课程改革专题研讨活动在浙江工业大学附属实验学校举行。西湖区教育局副局长黄志元,西湖区教师进修学校副校长王曜君、阮筱珠、邓宏坤出席会议;全区中小学校长、分管校长,西湖区教师进修学校全体成员参加会议。西湖区教师进修学校课程教学指导中心主任王艺主持会议。

本次会议的主题是“构建课程体系　开发学生潜能”。首先,浙江省教研室附小的田巧玲校长、育才外国语学校的张军林校长、杭州市保俶塔实验学校的王理副校长分别从“学校课程规划与实施”“学校课程规划与评价”“中小学拓展性课程的开发与实施”方面对学校课程的开发进行了详细介绍。基于学情校情的课程开发、周密的顶层设计和课程架构已经使这三所学校走在了课程改革的前列，他们的经验分享也让与会学校受益匪浅。

西湖区教师进修学校副校长王曜君解读《西湖区深化义务教育课程改革实施意见》。他指出了落实《实施意见》的四个指向：一是坚守三大原则；二是把握三个根本转向；三是掌握课程建设实施的两个特性；四是课程建设实践的一个深层思考。并为学校应该如何开发课程提出了相关的意见和建议。王校长的讲话为学校厘清了当前"课程开发"实践中存在的误区。

最后，西湖区教育局副局长黄志元做总结发言。他指出，课程改革不是推倒重来，而是进一步深化。西湖区课改自2011年启动，至今已取得可喜成绩，很多方面走在全省的前列。本次学术节结合课程改革很有必要，能为下一阶段课程改革指明方向。对于课程改革，他提出三点要求：一是要认真研读，领会精神。特别是想清楚为什么要进行课程改革；课程改革的任务是什么；二是要积极探索，彰显特色。继续推进"以学为中心"高效课堂的改革，进一步深化语文阅读教学工程，积极探索课程整合，拓展性课程建设，推进评价的改革。三是要健全机制，强化实施。要有顶层设计，要提高实施课程改革的能力和水平，要完善课程改革的推进机制。保障课程改革顺利稳步前进。

第三，开展结对帮扶。组织科研强校与农村薄弱学校结对，开展教育科研帮扶活动。教科所组织开展结对学校结对仪式，明确双方的职责与义务。具体形式与要求：一是一助一，一助多。根据科研强校的意愿，可以自愿与一所学校结对，也可与几所学校结对。二是真心结对，无偿提供。科研强校的教育教学科研资源要无偿地向被结对学校提供，科研强校举办的大型活动都要主动邀请并免费让结对学校教师参加。三是双向流动，历练教师。名校在政策的允许之下，让更多的薄弱的科研骨干到名校来进行科研的提高，同时名校的教师也深入薄弱学校进行科研工作的指导和帮助。在这种互动之下，薄弱学校的科研就能站在名校的肩膀上，开拓更广的科研视野。

第四，强化课题指导。教科所组建了课题指导专家组，专家组由教科所人员、本市学校知名教科研教师和部分上级教科研部门及高校的专家教授组成。专家组共分成三个小组，小学组、幼儿园组、初中组每组设组长1名，副组长2名，成员若干名。根据全区学校课题研究的实际情况，安排每个小组均与相关学校建立联系，担任学校的课题指导师，全程跟踪指导，尽心服务，着力帮助解决学校课题研究中遇到的困惑和问题，确保课题研究的质量。

第五，建立科研示范。在科研薄弱学校当中重点培育几个教育科研示范点，让它成为农村教育科研的榜样，起到辐射和引领作用，消除农村学校、教师对教育科研工作的畏惧感和神秘感，激发学校校长和教师们开展课题研究的积极性和主动性。教科所制定创建农村学校教育科研示范点考核评

估标准，引导农村学校参与创建活动，通过考核评估从中确定几所学校为市级农村教育科研示范点，并进一步加大培育，做大做强，使示范点名副其实，成为引领农村区域教育科研发展的领头雁。

西湖区每年建立教育改革项目申报和评审制度，每年组织专家进行两次评审，农村教师参与的教育改革项目，给予一定的项目经费补助。设立课题研究专项经费，建立课题申报制度和评审制度，农村教师参与省市级课题研究或独立承担子课题研究任务的，加大项目经费补助力度。

在这样政策的实施下，西湖区农村学校的科研氛围日趋浓厚，校本科研的意识和行为不断加强，一大批农村学校的优秀教科研骨干教师脱颖而出，学校教育科研整体水平快速提升，多项农村学校的课题研究成果在省市级获奖，一些农村学校因教育科研在农村学校群体中成为佼佼者，办学质量和水平提升明显，得到社会的广泛好评和家长的认可，有力地促进西湖教育高位均衡的发展。

十、逐步优化教师管理制度

要实现区域教育高位均衡发展，也应该从学校教师的管理制度上进行必要的改革，逐步优化，把管理制度的核心最大限度地挂钩到农村学校的教育上。教师管理制度多年来几乎一成不变，这严重阻碍了区域内学校工作的互动，因此根据区域的实际情况，逐步改革和优化区域内教师的管理制度可以很好地推动区域教育的发展。

首先是行政岗位开展交换。作为学校的行政领导，应该多重开展行政工作，在不同的学校相同的岗位上经历更为广泛的工作经历。通过对不同学校文化、制度的感受和锻炼，不断强化和提升自身的行政素质，这样就能把握整个区域教育的发展动态，以便于随之可以胜任不同学校的行政工作。因此，不同学校的行政岗位应该做好随时的变化，开展领导的交换活动，更好地把握区域教育的方向。

其次是职称评定涉及支教。为体现教师管理制度的优化，应该出台涉及农村学校支教的职称评定制度，这样让更多的城区教师和领导在一定时期内充分了解农村学校的实际，为促进区域教育的均衡化提供基础。同时，教育部门应该积极采取相关的政策，让这些教师在支教过程中有的放矢，没有包袱。

最后是优质资源实施分流。城区内的优质的教师所带来的资源，是区域教育改革成果的代表，这些资源基本上反映了区域教育发展的方向和目标。要开展分流活动，让更多的农村教师享用这些成果，通过在农村学校建立操作的平台，逐步实现均衡化。

自2012年起，西湖区教育局加大干部和骨干教师多岗位锻炼与实践的工作力度，中小学新任校长应有在2所及以上学校担任副校长工作的经历；城区中小学新任校长应有农村学校或相对薄弱学校工作的经历。城区学校1970年1月1日以后出生的教师，申报高级技术职称时必须有2～3年农村学校工作经历。每年定期发布各校中学高级教师职务岗位空额、聘任条件和聘任时间等信息，鼓励优秀教师按照岗位空缺情况跨校流动到农村学校或相对薄弱学校任教。在评选特级教师或省教坛新秀等时，被评选人应有2个学校的工作经历（农村教师除外）；在农村学校或相对薄弱学校聘为高级教师职务或获得市级以上综合荣誉称号的教师，建立教育服务期制度。

优化教师的管理制度，就是打破墨守成规的育人原则，更有效地发挥教师的主动性和灵活性，让教师的潜力在更广的平台上得到展示，在实现区域教育高位均衡发展的进程中，充分显示教师的核心作用。

第三章 评选星级学科带头人：教育高位均衡发展的根本要素

办学之道，师资为先。教师对一个学校来说是立校之本、兴校之源、强校之基，面对新时期教育发展对名师队伍的新需求，抓好星级学科带头人建设，是出人才、出成果的关键所在。

2013年6月，时任教育部部长袁贵仁在全国县域义务教育均衡发展督导评估认定现场会上指出："教师是义务教育均衡发展的根本要素。"要搞好义务教育均衡发展，第一要务就是要发展教师队伍，培养优秀教师，挖掘优秀教师，这就需要大力开展学校优秀教师评选活动，树立身边的优秀教师。西湖区教育局出台政策，在学校大力推进星级学科带头人评选活动，让学科带头人带动全区教育向均衡教育这一目标发展。

学科带头人是学科发展的"领头羊"，带领着学科成员攀高峰、上水平，在高端的教学和科研工作中具有非常重要的作用。星级学科带头人是对学科带头人进行分层分级命名的一种递进模式，根据业务水平、学术水平和科研水平，对学科带头人命名为一星级、二星级、三星级、四星级、五星级，每一级都有不同的要求和不同考核标准。

星级学科带头人是西湖区教育系统评价教师专业水平的一张金名片，目的是让他们站在本学科教学和科研的前列，组建和带领本学科成员提高教学、科研水平，扎实推进各类学术活动的开展，让这一批批星级学科带头人带全区教育均衡发展。全区的教育高位均衡发展离不开星级学科带头人这一团队的支撑，而星级学科带头人促进全区教育高位均衡发展。

第一节 星级学科带头人的设计理念

星级学科带头人制旨在培养跨世纪教育要求的全面素质的教师，星级学科带头人通过梯度的管理体制，动态的进退等级制和有效的管理网络和激励机制，实现了教育管理体制上的创新，使大部分教师从学历指标向综合能力持续发展过渡，从而开拓了教师成长的途径，加快了教师的专业化发展，为提高教师的整体素质，为培养高素质的教师队伍起到了积极有效的作用。

一、评选星级学科带头人促教师均衡发展：教育高位均衡发展的核心

诗人刘禹锡在《陋室铭》一诗中有这样一句："山不在高，有仙则名。水不在深，有龙则灵。斯是陋室，惟吾德馨。"多年来在全国范围内形成的义务教育"择校热"，说穿了就是"择师热"。这个教育热点问题昭示我们：教师资源是教育的第一资源。党的十八大旗帜鲜明地指出，大力促进教育公平，合理配置教育资源。教育公平不仅体现在区域、学校之间的财力资源、物质资源、制度资源等的公平配置，而且体现在人力资源、思想资源和文化资源等的公平配置上，两者是相辅相成的，缺一不可。合理配置教师资源，实现教师均衡，对于从源头上扼制"择校热"，体现教育公平，推进义务教育均衡发展有着重要的现实意义。

教师是学校发展的第一资源，实施星级学科带头人培养工程是打造优质教师队伍，促进全区教育全面、健康、持续、均衡发展的基石。实施星级学科带头人评选，创建教育名牌也是西湖区"十二五"期间事业发展的战略重点之一。西湖教育秉承"传承·共融·创新"的办学思路，在师资队伍建设上以"教师专业化"为目标，以"自主发展"为主要途径，落实培养措施，依循教育教学的特点和教师成长的规律，建立区星级学科带头人培养长效机制，使西湖各中小学成为教师成长的"孵化器"，从而全面促进教师队伍建设，提高教师队伍整体素质，培养一批造诣高深，在教育教学一线发挥重要作用，在省、市、区有重大影响的名牌教师，学科带头人和骨干教师，建立一支适应新时期教育改革与发展需要的高素质教师队伍，为全区基础教育均衡化奠定基础，也是教育高位均衡发展的核心。

二、评选星级学科带头人促教师专业成长：教育高位均衡发展的关键

义务教育均衡发展的关键是学校均衡，学校均衡的关键是教师均衡。而教师的均衡首先是优秀的教师队伍建设，优秀教师队伍是实施素质教育的关键，也是实现校际均衡发展的关键。西湖区重点关注星级学科带头人评选和培养，促进全区教师专业成长，将全区星级学科带头人分学科建立共同体，每个共同体的成员规定每学期要到其他学校进行上课、讲座指导等交流磋商，从而形成互相合作、共享问题，共同分享喜悦与忧虑的一种新型的

以教师为中心的、寻求相互发展的教师专业发展模式,带动全区教师专业不断成长,同时开辟了以年级为单位,以星级学科带头人和教研员为领衔的网络QQ平台,全区各学科各年级的教师可以通过平台提出自己困惑或难以解决的问题,区星级学科带头人和大家共同解决教师遇到的疑难问题,还可以分享自己的教学思想叙事、教学活动叙事和课堂教学叙事,设立同行评价、学科带头人评价和自我评价,从而促进教师专业均衡发展。

三、评选星级学科带头人促教师激励成长:教育高位均衡发展的保障

实施学科带头人动态管理。学科带头人是创教育品牌的关键。从学科带头人、学科带头人指导教师的职责、奖励两方面加大考核奖惩力度。每两年考核一次,优胜劣汰。凡考核优异的晋升一个层次,对主观不努力,无明显实绩的则降低一个层次或取消资格,形成了优秀教育人才竞相涌现的良好局面。各校根据区教育局评选方案,符合各项条件的教师每年最多有20%的教师可申报一星级学科带头人,再从一星级学科带头人中选拔为二星级,从三星级里选拔为四星级,这样层层递进。区教育局组织人员进行考评,确立名单,并进行公示,予以表彰,同时建立健全激励机制,重视把精神激励与物质激励有机地结合起来,发挥激励效力,促进评选机制良性循环。通过评选后的精神激励和物质激励,是对教师创造力的一种社会认同,这种激励是以满足教师生理、心理和社会需求方式,从而激发其行为动机,使其因为本身的内在驱力而不是来自外部压力在积极从事实现目标活动,保障教育高位均衡发展。

第二节　星级学科带头人的评选策略

一、星级学科带头人选拔与管理特点

第一,选拔对象全面化。一星级学科带头人选拔的运作是针对全区中小学、幼儿园、直属单位在职教师,它不受年龄、资历、性别、学科的限制,教师可以自愿报名,只要符合“一星级学科带头人”相应的条件要求,都有资格参加“星级带头人”评选活动。

第二,管理模式动态化。评选对象可从一星级、二星级、三星级到五星级逐渐上升。每两年考核一次,优胜劣汰,凡考核优异的晋升一个层次,对主观不努力,无明显实绩的则降低一个层次或取消资格,形成了优秀教育人才竞相涌现的良好局面,它是一个动态升级和降级过程。

第三，考核要求综合化。星级学科带头人的评选是在教师的师德修养、专业知识、教育理论、课堂艺术、教学实绩和教育科研成果等各方面进行的综合考评。

第四，激励手段现代化。星级学科带头人具有价值观念，竞争意识，人才观念，星级评选与教育经济相适应并求得不断完善更新，按每星级考核合格和优秀来确定星级学科带头人的奖励，并从尊重教师的劳动价值出发，在具体激励中给足政策容量，使星级得到相适应的经济回报。

二、星级学科带头人评选运行策略

(一)全面启动：星级学科带头人选拔推荐

1. 选拔启动人人参与

星级学科带头人评选：各校通过集会大力宣传，学习申报方案，积极学深学透文件精神，全体教师全区上下联动开展星级学科带头人申报活动，各校组织教师自行申报，每位教师都自愿申报，申报对象具有广泛性，运作不受年龄、资历、性别、学科的限制，只要符合“星级学科带头人”相应的条件要求，都有资格参加“星级”评选活动，学校推荐20%的教师参加区里一星级学科带头人选拔，对教师的德、能、绩、勤各方面进行自评，特别是教学水平、科研能力、专业水平高的教师优先推荐。具体从专业规划、能力考核、课堂教学与评价、信息技术等十个方面对自己作出客观的评价，并填报一星级学科带头人培养人选申报表(见表3-1)。

2. 选拔启动有序开展

(1)申报推荐。星级带头人申报，学校考核，各校专门成立考核领导小组和工作小组对所申报的教师进行全面考核，内容分担任教学任务、公开课示范课、指导教师情况、论文课题研究、师德和荣誉等，分三项量分，由工作小组分组量分，每项内容成立三个小组，每组对申报教师材料的原件和印件进行考核量化，再根据分数将所有考核的教师进行排名，预推相应的名额，提交学校考核领导小组审核，学校领导小组根据名额和师德考核最终举手表决确定名额，并在学校公示栏里公示三天，再报区教育局(见图3-1)。

表 3-1 西湖区一星级学科带头人培养人选申报表

<table>
<tr><td>学 校</td><td></td><td>姓 名</td><td></td><td>性别</td><td></td></tr>
<tr><td>出生年月</td><td></td><td>工作时间</td><td></td><td>学历</td><td></td></tr>
<tr><td>职 称</td><td></td><td>行政职务</td><td></td><td>政治面貌</td><td></td></tr>
<tr><td rowspan="2">任课情况</td><td>学年</td><td>任教学科</td><td>任教班级</td><td>周课时</td><td>教学效果</td></tr>
<tr><td></td><td></td><td></td><td></td><td></td></tr>
<tr><td rowspan="2">近 3 年在区级及以上开公开课、研究课及专题讲座情况</td><td>时间</td><td>地点</td><td colspan="2">内容</td><td>开课、讲座范围（省、市、区、校级）</td></tr>
<tr><td></td><td></td><td colspan="2"></td><td></td></tr>
<tr><td rowspan="2">近 3 年指导教师情况</td><td>学校</td><td>姓名</td><td colspan="2">学科</td><td>研究课、论文等成绩</td></tr>
<tr><td></td><td></td><td colspan="2"></td><td></td></tr>
<tr><td rowspan="3">近 3 年内科研成果（论文、专著、课题）区级及以上获奖或在公开发行的教育学术刊物上发表过论文、调研报告、经验总结等</td><td>题目</td><td>获奖者</td><td colspan="2">获奖/发表时间</td><td>获奖级别/发表刊物</td></tr>
<tr><td></td><td></td><td colspan="2"></td><td></td></tr>
<tr><td></td><td></td><td colspan="2"></td><td></td></tr>
<tr><td rowspan="3">近 3 年承担区级及以上教育、教学科研项目情况</td><td colspan="2">课题名称</td><td colspan="2">立项人</td><td>立项级别</td></tr>
<tr><td colspan="2"></td><td colspan="2"></td><td></td></tr>
<tr><td colspan="2"></td><td colspan="2"></td><td></td></tr>
<tr><td>获得综合荣誉情况</td><td colspan="5"></td></tr>
<tr><td>师德情况</td><td colspan="5">该教师工作以来________违反师德现象
（下划线上填“无”或“有”，如填“有”，请另附情况说明。）</td></tr>
<tr><td>学校考评意见</td><td colspan="5">校长（签名）： 学校（盖章）
年 月 日</td></tr>
<tr><td>备注</td><td colspan="5"></td></tr>
</table>

案例 3-1

学校推荐星级学科带头人考核细则

为了进一步健全和完善星级学科带头人考核制度，调动广大教职工的积极性，特制定本考核细则。制定时遵循“公开、公平、择优”原则，定量考核与定性考核相结合，既重表现，更重实绩。

1. 成立星级学科带头人考核小组

2. 考核内容及方法

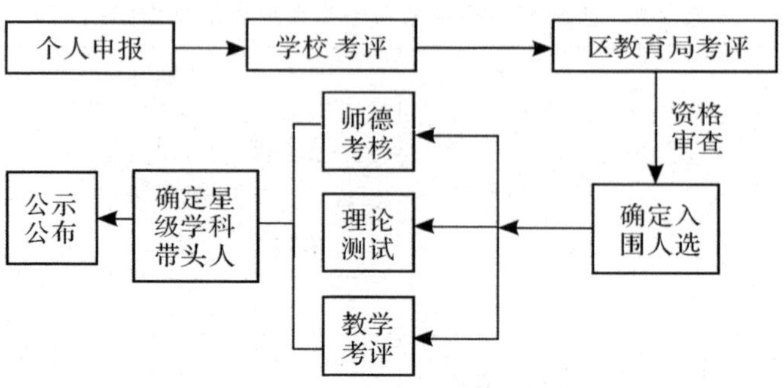

图 3-1　星级学科带头人选拔程序结构

考核内容分师德师风，教育教学能力水平考试，科研能力，教学能力，取得荣誉，资历，学历，班主任龄，校区间流动经历等方面。

各项考核后评定等级，分为 A、B、C、D 四等。考核等级 A 等折为 5 分、B 等折为 3 分、C 等为 1 分、D 等不得分，最后按考核总分择优推荐，同分者以 A 等多者优先。

3. 考核标准

(1)科研能力考评量化标准

教师科研能力考评的时间段为近 3 年时间；考评的内容主要侧重于课题研究、论文获奖、文章发表三大方面……

(2)教学能力考评量化标准

教师教学能力考评的时间段为近 3 年时间；考评的内容主要侧重于教学业务比赛、课堂教学评估、教学成效评估三大方面；考评的方法是先按下述量化标准计算教师的总得分，然后按分值的高低排序，最后按学校职评的等级比例划定具体的教学能力等级……

(3)各项荣誉量化考评标准

考评的方法是先按下述量化标准计算教师的总得分，然后按分值的高低排序，最后按学校职评的等级比例划定具体的荣誉等级……

4. 其他需说明的情况

凡有以下情形之一者不得参与星级学科带头人推荐：

①当年未参加学年考核或者学年考核“基本合格”或“不合格”的。

② 一年(或一学年)中累计请假 2 个月及以上的(产假除外)。

③严重违反学校规章制度，严重违反职业道德，严重违纪违法的。

④有违反师德师风的现象的，一票否决。

(2)专家考评。区教育局成立专家组，通过资格审查、教学实践考核等方式开展考评，确定拟推荐各星级学科带头人人选。具体为教育局组织有

关专家分组考核，审议工作分审核、听课、面试、评审等项目，以无记名投票方式确定星级教师，报教育局党组会议批准。星级教师课堂教学考评在实践中采用的是“集中管理，独立备课，现场说课，现场答问”的办法。经全开放的公平、自主竞争和民主、科学、严密的层层审查筛选，做到公平、公正。

(3)发文公布。区教育局对专家组推荐人选进行审核，经公示后，最终发文公布。

3.选拔程序科学公正

西湖区教育局关于出台了“星级学科带头人”评定办法拟定了评选星级教师的申报、教学、笔试、评定等四个程序。

区星级学科带头人不是实行终身制，在选拔时真正选出区学科领军人物，为全区教育的均衡发展提供保障。虽然，在选拔优秀学科带头人的过程中，由于各个学科自身的特点不同，因而选拔的标准也不一样，但是无论是哪一个学科都要严格按照一定的标准和程序进行，坚持标准，体现公平，避免出现条件不够而“硬拔上来”和求全责备“硬卡下去”的学术腐败现象。教师在填写申报表时要突出教学和科研成绩，星级学科带头人选拔力求公平、公正、民主，评价做到与平时考察相结合、与教师工作实际相结合、与学生和家长评议相结合。在选拔时重视三种模式，一种是领导评估模式，主要是对专业业务、科研成果、培养和指导其他科技人员的能力进行评估；第二种是专业评估模式，主要是对知识结构、动手操作能力进行评估；第三种是综合评估模式。注重能力、实绩和贡献。在评价过程中要逐步形成质的评价大于量的评价的制约机制，从制度上防止学术腐败。要使学科带头人处于终身的竞争机制中，把奖励与成果直接挂钩，不以先前的名望、成就、资历为条件，与此同时，也要对学科带头人的道德修养进行评估，严重违反道德规范的人，不配继续为学科带头人。要加强对学科带头人自身道德修养、学术规范的教育，通过教育使他们对自己高标准、严要求，达到自律自强。只有对学科带头人进行科学考评，加强管理，使他们德才兼备，学品、心品、人品有机统一，才能保证学科带头人有能力成为引路人，才能保证学科持续健康发展。

(二)全面管理：建立星级管理呈动态梯级模式

西湖区教育局制订了《西湖区星级学科带头人的培养和管理》，星级教师分级设置，由低到高依次为一星级、二星级、三星级、四星级、五星级。但在评选的实践与舆论上显现向两头拓展延伸的导向，已形成梯度层级设置模式。同时，对评选确认后的星级教师在任期内不履行职责，经批准，取消星级教师荣誉称号，终止其相应级别的权利或降级处理。从学科带头人的职责、奖励两方面加大考核奖惩力度。每两年考核一次，优胜劣汰。凡考核优异的晋升一个层次，对主观不努力，无明显实绩的则降低一个层次或取消资格，每级考核分为优秀、合格、不合格，不合格直接取消星级称号，特殊情况暂缓考核，在下一任期内先保留星级教师荣誉称号。星级考核的运作是一个动态的过程，评选对象可从一星级、二星级、三星级逐渐上升，同时在某一层级考核未完成而降级直至取消星级，是一个动态升级和降级过程（见图3-2）。

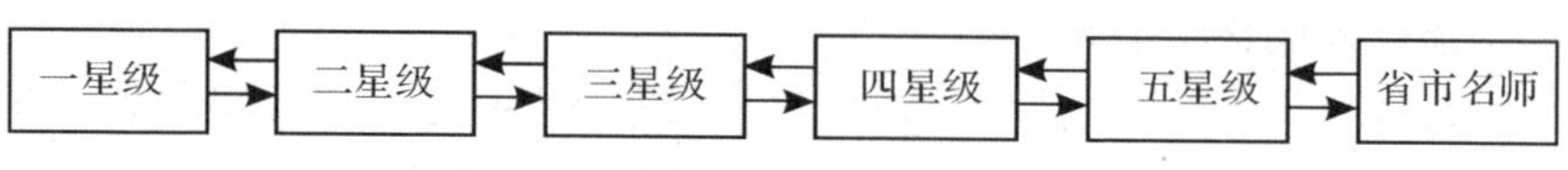

图 3-2 星级梯度层级动态进退等级

（三）全面培养：建立阶梯式星级培养模式

1. 层层递进式培养模式

不同层级有不同的要求和任务，西湖区学科带头人是从一星级开始评选，然后在一星级里选拔符合二星级标准的教师作为二星级带头人，这样层层选拔，与其相对应的目标、任务及要求不相同，对培养目标采用梯度培养模式，使星级带头人得到不同程度的培养和提高，促进星级之间的优势互补，最大限度地发挥星级带头人的整体效能（见图3-3）。

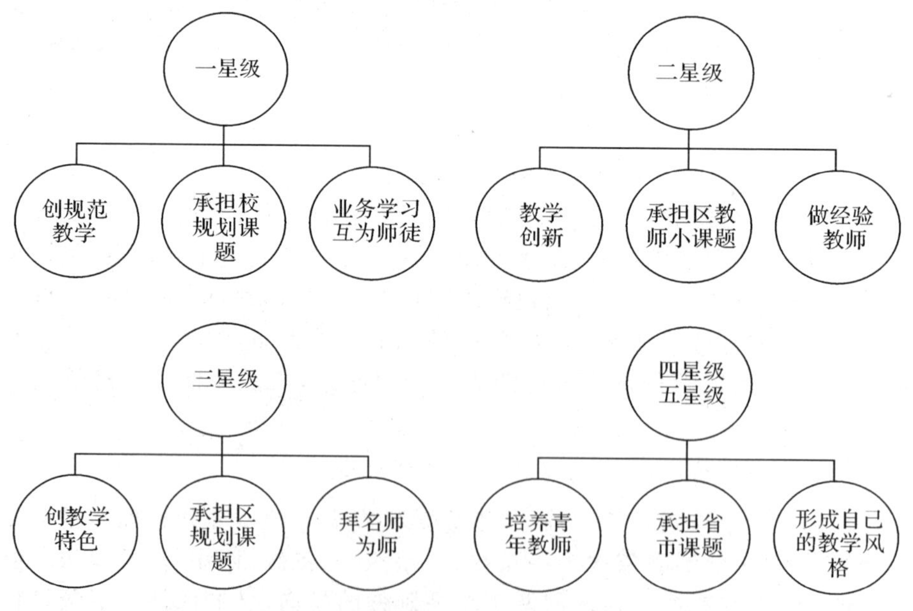

图 3-3 星级学科带头人培养模式结构

这种模式体现了从低层级向高层级星级学科带头人逐步提高的培养和管理措施，促使教师努力争取达到高一级星级的目标，在培训形式上，采用

适应不同教师的实际水平和需要，旨在“提高”的不定期开设青年教师研习班、骨干教师研讨班、专家讲座等。

2.强化研修式培养模式

(1)预：学校做好星级学科带头人整体规划

①规划：作好星级学科带头人的顶层设计

学校做好星级学科带头人的顶层规划。有目标就有动力，有规划就是希望。学校对星级学科带头人有一个统一的规划，做好顶层设计，开好学科带头人动员大会，达成共识，共同完成近景与远景目标的规划。

如制订星级学科带头人三年工作发展规划，追求“对自己负责”的一种精神；对自己提出严格要求，练好练硬“理论”与“实践”两只翅膀；提升自己课堂教学、教育科研基本能力；在学校起学科带头作用。着力形成一个学科团队，力图构筑一个优秀青年教师的孵化地，形成一个高效的学科研究乐园，开辟一个多层面能力提升的研修通道，创建一个良好的学习型团队，制订好目标，养成一种边思考、边实践、边积累的研究模式，坚持每学期以主题式为研讨系列，让学校同学科的教师努力实现“理念共识、观点共鸣、行为共振”的发展目标。

②定格：做好星级学科带头人个人规划

我们可以不知道今天在哪里？但你一定要清楚知道“明天你将会走向何方”。作为星级学科带头人做好个人专业发展规划，是很重要的一件事，让他们明确自己专业的“最近发展区”。短期可做好一学期的发展规划，确定自己的研究主题、发展目标、教学任务，为进一步晋升高一级星级学科带头人制订个人规划；长期要做好个人成长的三年发展规划，从学历、教学、科研、生活等方面来规划。高层次的星级学科带头人要学会规划自己的工作风格，以及自己的个性、气质、特长。具体从个人现状分析、阶段达成目标、措施跟进保障、发展需求分析、自我检测措施这五个方面内容设计三年发展规划。然后按照个人设计的三年发展规划实现新目标、新需求。

(2)学：强化主动学习，脑中有理论

①阅读：培养星级学科带头人读书的习惯

以考核内容为载体，促使星级学科带头人把读书当作一种最基本的教研形式，也是学习型团队的重点标志。面对科技快速发展的今天，以及新课程的二次课改，教师更需自主阅读，更新观念，补充知识，无论是领头雁还是雏雁，丰实羽翼，定期的读书是必要条件。

一个人不能决定自己的长度，但读书可以决定一个人的高度、厚度，学校可以利用校本研训时间进行读书交流活动，带动其他教师爱上读书活动，也补充了教师专业学习的不足，超越“教书匠”的局限，为星级学科带头人自己的终身学习“打底”。

②讲座:赢得理论引导

理论引导就其实质而言,是理论对实践的指导,是理论与实践之间的对话。理论知识的补充是教师专业向纵深可持续性发展的关键,可以掌握新课改方向,了解研究新动态,不走歪路。讲座报告是基本的理论引导形式,可以帮助教师理顺思路,减少误区,讲座学习时间一般控制在一个半小时,同时讲究互动性,不能一言堂。区进修学校尽可能为星级学科带头人提供讲座开课的平台,并作好统筹安排。

为了提升学科带头人的水平,还可以请省特级教师为他们开设讲座。多层次帮助大家合理有效进行实践与研究。还可通过专家的指导,特别是理论指导,教学实践的引领,把握研究方向,提升星级学科带头人的自信。并通过专家与名师的指导提高专业技术,也提升研究深度,让教师们在实践中自我诊断,在追求中自我完善。

③观摩:借鉴成功经验

观摩是一种取经,就是要吸收新的东西,可以保持星级学科带头人进步与更富有活力的状态。“问渠哪得清如许?为有源头活水来。”我们组织星级学科带头人走出校门,去外地或兄弟学校观摩取经,提高认识,相互学习与交流。学校在安排外出学习上为星级学科带头人提供平台。

区内学习观摩。区里主题培训每学期都在举行,星级学科带头人要积极参与活动,在教研活动时,主动参与研讨和评课,亮出自己的观点,在每次活动中记录自己的评课稿,为全区观摩教学提供素材,同时提升自己的实践能力。

异地观摩考察。让星级学科带头人走出西湖区到其他省市进行考察,学习先进理念,更新教学观念,拓展教育视野,并理论与实践相结合,安排实地考察、教学观摩与报告讲座。

大型活动观摩。分批分层组织星级学科带头人到外地考察交流活动,学校为这些教师提供机会,按每个层面不同可以安排不同地区和不同地点考察学习。

(3)磨:组织实践磨砺,手上有技术

①展示:自主挂牌课

学校培养星级学科带头人,每学期让每位星级学科带头人展示一堂自己研究的经典课,期初申报到学校教导处,上课前一天将上课的时间、地点、内容公布在校园网或学校指定宣传栏里,老师们要调课前往听课评课,上课者上完课要说3分钟教学设计,然后进行评课交流,时间一般选择在教研活动日举行(见表3-2)。

表 3-2　学校数学组星级学科带头人自主式挂牌课安排表

执教者	执教内容	执教时间
王老师	二年级:《克与千克的认识》	第 6 周
杨老师	二年级:《找规律》	第 8 周
袁老师	三年级:《年、月、日》	第 6 周
冯老师	四年级:《鸡兔同笼》	第 16 周
王老师	四年级:《小数的意义》	第 10 周
沈老师	五年级:《分数与除法》	第 6 周
饶老师	五年级:《异分母分数加减法》	第 14 周

②研讨:探究经典策略

课堂是一个教师赖以成长的沃土。星级学科带头人如果离开课堂将是纸上谈兵,起不了带头作用,教师也会一无所获。学校利用学科带头人的平台,让教师从平常课入手,讲求实效,重点探究教学经典策略,提高教学技能。让星级学科带头人起着示范、引领、带头作用,也为其他教师搭建起锻炼的平台。

为此,学校可有针对性地安排研讨的系列主题,哪怕是体育学科星级学科带头人也是可以安排主题活动的,如:可以安排"走和跑"教学研讨;"投掷"教学研讨;"篮球"项目教学研讨;"跳跃"教学研讨;校本课程专题课堂教学研讨。通过一系列的教学专题研讨,增强研讨氛围,锻炼星级学科带头人,促进学科带头人进一步成长,并通过交流互动,提炼经典策略,共同提升教学与研究的能力。

③磨课:精细教学方法

"磨课"是一种课堂教研的模式。教师的专业发展、教育思想更新与拓展,最终要体现在课堂教学技能及整个工作的改进上。磨课不是一蹴而就的,而是需要一个设计、听课、会诊、调整、改进、再教学的过程。星级学科带头人组团分角色承担教学任务,有的承担课的设计,有的承担课的评价,有的承担课堂记录,有的承担组织协调等任务。角色及分工非常鲜明、和谐,参与者必有收获,实现共同成长。

有一位非星级数学老师说:"磨课的过程,给我从未有过的经历和体会,这种收获最大作用是帮我对其他课的教学产生一种迁移,让我能掌握驾驭课堂的基本本领,现在上课更轻松自信了。"同时学校教研组与学科带头人团队的诊断力、指导力也得到很好的发展,所以磨课是和谐教师团队建设的黏合剂。

(4)研:积极研究反思,身上有科研

①沙龙:观点互动碰撞

根据"乔哈里咨询窗"基本理论,在每一次的发言中,都可以发现有 4 个不同的"我"展现出来,即公众的我、隐藏的我、盲目的我和未被发现的我。通过交流发言,就是帮助教师更全面的认识自己,并形成一种互补互助、协作共进、合作共赢的成长氛围。

教师之间的交流、研修时间也很短的,在平时不会经常交流,真正的交流会在教研活动时间里交流碰撞,间隔时间也较长,仅靠几次集中活动是远远不够的。平时有必要进行一些专题的交流活动,根据需求,利用空余时间进行小范围交流。依托 QQ 群平台、微信群等,有交流就会因碰撞产生火花,有火花才能激发热情,观点的互动碰撞,达到跨越时空限制的效果。

②反思:厘清思绪脉络

理念不付诸实践等于空谈,实践不进行反思就不能再持续发展。反思不仅仅是头脑内部的"想一想",更是一种不断实践、学习、研究的过程,更是一种有益的思维活动和再学习活动。反思是一种创新与提高的过程,是对问题本质的追问。

星级学科带头人的反思也同样如此,学校可以对星级学科带头人的展示课进行录像,要求他们对自己的教学进行回顾及回放。通过录像再现,让星级学科带头人以旁观者的身份反思自己或他人的教学与研究的过程,并在微格式的研究中诊断,为研究和教学找到一个契合点。这种反思方法能起到"旁观者清"的效果。

③课题:问题深度探究

教育科研是一种唤醒,是教师成长的助推器。西湖区教育局非常重视星级学科带头人科研的引领,并出台方案,由学校组织学科带头人与骨干教师共同组成科研团队。组成"专家+教师""骨干带新手""校际共同体"的科研小团体,并努力从科研朦胧期、学习探究期、问题明朗期、策略攻关期、整理收获期五个阶段带动教师走入科研,从摸索、探究、自主、合作、质变五个层面实现理论与实践相结合,研修与教师专业发展相结合:

一个课题就是一个培训班,课题带动教师的学习、意识、实践。正是基于以上认识,如某校区级课题:"让校本课程走向深处——校本课程规划与开发的理性探究"的总课题,希望通过校本课程的开发与建设过程,成为教师专业成长的过程,并将规划分六年、六个步骤:

第一,课程设计:校本课程规划与设置的顶层设计;

第二,课程来源:校本课程的开发路径与课程选择;

第三,课程标准:校本课程内容范围与标准的探究;

第四，校本教材：校本课程教材校本化重组与编写；

第五，校本教学：校本课程组织教学活动规范与创新；

第六，校本培训：校本课程师资队伍建设与专题培训。

科研活动并不在于获什么奖，而在于科研引路，引导教师“做中研，研中学，学中做”。通过科研对自己的教学思想与行为进行一次提升，学会用科研的角度去看待问题、分析问题、解决问题，从而提升教育教学水平。

第三节　星级学科带头人的评价机制

一、建立区星级学科带头人阶梯推进模式

（一）星级学科带头人的设置

星级学科带头人共设置五级，从低到高的名称依次为：一星级、二星级、三星级、四星级、五星级。星级学科带头人考核评价原则：

联动全区式。全区教师只要符合星级教师考核相应的条件要求，都有资格参加星级教师评选活动，没有年龄性别限制，也没有学科之间的限制，教师全员参与。

递进阶梯式。全区所有的教师首先都要报区一星级学科带头人评选，再从教师中晋选一星级带头人，一星级中再选优秀的为二星级带头人，每一年考核一次，从一星级中按比例选出一部分晋级为二星级，二星级中考核后优秀的教师晋级为三星级，凡考核优异的晋升一个层次，这样从一星级，二星级，三星级，四星级到五星级逐渐上升，并实行优胜劣汰，对主观不努力，无明显实绩的则降低一个层次或取消资格，形成了优秀教育人才竞相涌现的良好局面。

考核综合式：星级教师考核涉及在教学、教育、管理、教科研、技能比武等各个方面，考核教师的综合能力。

机制激励式：根据不同的星级给予不同的津贴，激发教师积极性，具有激励作用。

评价科学式：星级教师评价力求公平、公正、民主，评价做到与平时考察相结合、与教师工作实际相结合、与学生和家长评议相结合。

（二）星级学科带头人考核

为使星级学科带头人考核公平、公正、公开，区教育局专门制定了《星级教师量化考核办法》，设定相应的考核指标（表），同时对各个指标进行细化考核。需要细化操作性标题和内容，案例截取片段作为论证。

案例 3-2

西湖区星级学科带头人年度考核方案

各中小学、幼儿园、社区学院、直属单位：

为加强名优教师队伍建设，加快推进西湖教育改革与发展，根据《杭州市西湖区人民政府关于进一步推进名师资源共享、实现教育均衡优质发展的意见》精神，现组织开展西湖区星级学科带头人年度考核工作，相关事项通知如下：

一、西湖区星级学科带头人年度考核

（一）考核对象：西湖区一星级学科带头人。

（二）考核时段：×年×月—×年×月底。

（三）考核办法

西湖区星级学科带头人考核分学校和区级两个层面进行，考核结果分优秀、合格、不合格三类。本学期未担任教学教研工作的列为暂缓考核。

1. 学校考核

成立以校长为组长的考核小组，结合一星级学科带头人岗位实际和工作实绩，在个人申报基础上，对其一年来师德表现、教科研工作、发挥示范引领作用等方面进行考核。

（1）基本程序

①星级学科带头人个人申报填写《西湖区一星级学科带头人年度考核手册》

②学校考核小组组织一星级学科带头人在全校教师会上进行一年来工作述职（以校区为单位），并当场发放《西湖区一星级学科带头人民主测评表》，进行教师民主测评。学校考核小组负责回收统计和填报《西湖区一星级学科带头人民主测评汇总表》；

③学校考核小组组织一星级学科带头人进行一次课堂教学交流展示活动，同时填写《课堂教学评估量表》（附件 4）。正校级（含主持工作副职，下同）一星级学科带头人由区教育局另行组织开展；

④……

学校上报考核结果前，须将《西湖区星级学科带头人考核汇总表》在校务公开栏或校园网上进行公示，公示时间不少于 3 个工作日。

（2）对×年来有下列情况之一的，学校考核应定为不合格：

①经查实有违反师德规范的；

②课堂教学考核不合格的；

③……

（3）对×年来有下列情况之一的，学校考核不得定为优秀：

①教师民主测评优秀率不到80%的；

②学生满意率不到80%以上的；

③……

2. 教育局复核

教育局对学校考核上报结果进行复核，确认优秀、合格、不合格等次，并对考核优秀、合格的予以表彰奖励。对不参加考核、考核不合格、已调离西湖区教育系统的，取消区一星级学科带头人称号。

二、相关材料上报要求

(一)西湖区星级学科带头人考核材料上报要求

1. 纸质材料

(1)学校考核小组成员名单(校长签字、单位盖章)1份；

(2)《西湖区星级学科带头人年度考核手册》1份(见表3-3)；

(3)……

2. 电子材料

以校为单位上报一个文件夹(学校名作为文件夹名)，内附：

(1)学校考核小组成员名单；

(2)《西湖区一星级学科带头人学校考核汇总表》；

(3)……

表3-3　西湖区星级学科带头人年度考核手册

一、简况

姓　名		性别		民族		出生年月	
政治面貌		任教学科		教龄			
现任专业技术职务及聘任时间		支教或农村任教年限					
学历学位		行政职务及聘任时间					
任教学段学科		最高荣誉称号					
手机号码		邮箱					

二、完成教学情况(统计时间：×年×月至×年×月底)

(一)日常教学情况

讲授课程名称	课程性质	授课起止年月	周学时数	授课对象	授课学生数	备注

(二)承担公开课、讲座等情况

时间	讲授课程名称或其他教学、讲座任务	授课对象	人数	备注

三、获奖情况(统计时间:×年×月至×年×月底)

1. 教学科研工作主要获奖情况

获奖日期	授奖单位	奖励内容(荣誉称号)

2. 其他工作主要奖励情况

获奖日期	授奖单位	奖励内容(荣誉称号)

四、师德方面的主要事迹

(包括班主任工作方面的主要事迹)

五、教育教学研究方面主要成绩(统计时间:×年×月至×年×月底)

1. 教育、教学研究

论著	总字数	本人职责	本人撰写部分	发表时间、地点、刊物或出版社名称

2. 教材研究

教材名称	总字数	本人职责	本人撰写部分	出版时间、地点、出版社名称

六、培养、指导青年教师方面的情况及主要成绩

七、申报者所在单位考核小组考核意见

考核小组考核等次:__________

考核小组组长签字: 年 月 日

八、区教育局复核意见

区教育局负责人签字: 公章: 年 月 日

二、出台区星级学科带头人评价机制

建立星级学科带头人评价的有效的激励机制。在教师群体中,每人承担的工作任务与所完成任务的社会价值不同,社会和教师管理者必须承认和区别教师的劳动价值,在鼓励优秀教师创造业绩的同时,管理者必须给他们一定的待遇。建立健全激励机制,重视把精神激励与物质激励有机地结合起来,发挥激励效力。通过评选后的精神激励和物质激励,是对教师创造力的一种社会认同,这种激励是以满足教师生理、心理和社会需求方式,从

而激发其行为动机，使其因为本身的内在驱力而不是来自外部。

（一）多元评价助推教师体验幸福感

“从内心上认同和欣赏教师职业”是星级学科带头人核心素养的首要条件，学校树立星级学科带头人，认同学科带头人这一榜样的力量，让他们在心底里有一种自豪感，从某种程度上讲，也就是教师职业幸福感，它是一种基于教师职业的复杂的情感体验，它受到自身、组织、社会等诸多因素的影响。它和教师自身的职业认同感、职业成就感与满足感、人格特征、组织环境与社会环境、师生关系等因素有关。

教师职业是一种分工、一种职位，只不过就不同的教师个体而言，有的是主动选择的，有的则是被动接受的。教师的职业既普通又特殊，普通就在于它是众多社会分工中的一种，特殊就在于它是一种教书育人的社会分工，关系着社会成员和整个社会的未来。所以，如果能引领教师找寻职业幸福，提升自我价值，才能更好地具备优秀教师的其他核心素养——促进学生学习与发展的使命感、责任感和教学实践能力，能够面对职业困境与压力，拥有不断超越自我、追求更高专业发展的理想信念、学习精神与创新能力。

1. 星级学科带头人常规“学期之星”

每个学期，学校以星级学科带头人考核细则为标准，由老师们推荐评选在一个学期的时间内表现突出的星级学科带头人为“学期之星”。“学期之星”分一学期来指导青年教师、教学水平、科研能力、带头示范等项目的星级学科带头人，评选通过随堂听课评估，学生、家长和教师的满意度测评相结合的方式，评出20%的星级学科带头人为“学期之星”，由校长奖励基金发放相应的奖金。

2. 星级学科带头人的“特殊贡献奖”

区级及以上设有各种奖励机制，但往往在教学或科研等方面有较高的标准。有一批星级学科带头人在自己平凡的工作岗位上，默默奉献，用行动诠释着什么是“优秀教师”。对于这些值得表彰肯定的行为，学校对这批对教学成绩或科研成果不是很突出，但他的确为学校做了贡献，学校设有“特殊贡献奖”，凡是对学校教育教学有突出贡献的教师，经学校讨论决定，可得到精神及物质上的奖励。

教师的职业尊严是教师对自己特定职业的社会价值的自我评价和确认，它建立在教师对这一职业意义和价值的认识上。特别是星级学科带头人，他面临着一定的压力，更需要尊严，更需要理解，让他们认识到自己职业的社会价值，从而期待得到肯定性的自我评价。

3.星级学科带头人的别样的“评价机制”

学校评价教师，不以分数论英雄，而是建立着眼于提升学生素质的教学评价机制；用发展的眼光看教师，以发展性评价取代终结性评价，为教师的不断成长留有空间。特别优秀级的星级学科带头人可建立相关的免检制度，这样对星级学科带头人减轻不必要的工作负担，如有些检查、评比、考核对本身没有很大关系，就对星级学科带头人进行免检查，使教师拥有更多的专业自主权和更大的自由度。让星级学科带头人有一种自豪感。

（二）政策倾斜激励星级学科带头人加强进修

教师要以学习的姿态行走，教师学习是教师专业发展的重要保障，促进星级学科带头人参与各类培训、学历进修等学习，提升教师的文化素养。

1.星级学科带头人——学历进修享受补助

根据教育局的有关文件精神，学校教师的合格学历定位为大专以上，结合学校五年规划，鼓励部分教师获得硕士学位或研究生学历。特别是星级学科带头人，在学历提升经费上予以奖励，研究生学历或硕士学位一次性奖励一定数量的奖金。学历进修奖金在获得学历后，凭学历证书经学校审核以后发放。在措施上首先鼓励星级学科带头人积极进修，并给予大力支持和政策倾斜。

2.用好考核结果——星级学科带头人优先考虑

每年对星级学科带头人进行考核，强化考核与奖惩工作，对培养的“区星级学科带头人”进行科学、规范考核，对成绩优异的，被评为优秀级的教师，学校在评优评先、职务评定、职务晋级、外出学习考察等方面给予制度上的倾斜和经费上的保障。每学年安排一次外出考察的机会，让优秀级学科带头人享受考察学习的机遇，在推荐市、区名师培养对象培训班时给予优先推荐，每学年推选先进、优秀教师时，优先考虑。

3.用好星级学科带头人——提升星级学科带头人的知名度

让学科带头人做好示范和辐射作用。学科带头人是师德高尚、业务精良、学识广博的学科带头人。学科带头人为指导教师，并培训对象，做到教育资源共享。在教师集中培训和分散研修过程中，对培训对象的教育教学和教育科研进行定期辅导或跟踪指导，充分发挥引带作用，使培训对象从学科带头人的教书育人和教育科研的经历及他们成长的心路历程中，受到启迪和感悟，做到学有榜样，赶有目标，从而增强其敬业、乐业的职业意识，树立其勤业、精业的师德风范。学科带头人在教育教学科研中挑重担，想办法、出点子，强化学科带头人的内功修炼和形象塑造，发挥其在校内外的示范和辐射作用。参加本学科的学术研讨会，了解本学科课程、教材、大纲改革的前沿信息，学校将依托学科带头人群体，进行教师素质实验研究，课堂

教学模式探索研究，学生自主型学习模式研究，学生发展创造能力教育研究，课程结构改革研究，教学过程控制研究，教学手段多媒体教学研究。激励教师人人参与，在实践中研究，在学习中研究，以研究促实践。提高课堂教学质量。

让星级学科带头人做好学科教师团队的引领人。学科带头人的作用绝不是仅限于个人的发展与成功，应突出地表现在能够带领学科教师团队追求共同的价值观，坚持共同发展，共同成功。学科带头人的作用就在于能够在本学科领域内，造就一支团队、影响一支团队、引领一支团队，最终实现团队的共同价值追求。如学科建设与“学科群”建设、工作室建设、科研课题的攻关、教科研实践经验的理论生成、培养指导青年教师成长与发展等，都离不开学科带头人的引领。当然，除了区里给予规定的奖励以外，学校可以利用校长奖励基金给予学科带头人一定的奖励。

（三）过程跟踪式评价促进星级学科带头人成长

为了更快更好形成学校星级学科带头人教师群体，在培养星级学科带头人时我们将过程性评价、发展性评价和终结性评价相结合，将教师个体评价，积分制评价和全员评价等形式也结合起来，促进星级学科带头人这个群体更有效的发展。

1.建立星级学科带头人成长档案

教师按照学校教育教学常规要求，将自己每学期的教育教学随笔、摘抄、论文、案例分析、备课本、学生作业样本等进行计划性收集整理。经过一个学期的积累，教师将建立和完善自己的“成长小传”。成长小传大致分为个人简介、我的学习、我的课堂、我的论文、我的班级五大内容。题目、感言、封面自己设计。“成长小传”可以说是星级学科带头人对自己的工作做阶段回顾，总结收获，每学年考核时可以向全体教师汇报这一学年的成绩和成果，同时可以确定今后努力方向。

2.采用学习积分制度评价星级学科带头人

在评价教师时，我们更关注对教师素质发展的进程进行评价。从个人积分表的设计来看，我们关注的重点是星级学科带头人的“学习”“培训”和“教学研究”。同时，对于已获得上级有关部门认可的区骨干教师，从一星到二星、三星级学科带头人等，在学习与培训以及教育教学科研等方面有更高的要求，对一星、二星级学科带头人实行分层评价，体现评价的阶梯性。

3.星级学科带头人建立师徒牵手机制

星级学科带头人建立传统式的“师带徒”方式做得有声有色。手把手地切磋技艺达到双赢。学校要求师徒结对真正达到结对师徒的要求：要求师傅们以“真诚、认真、细致、言传身教、诲人不倦、毫不保留、勤听、勤评、勤示范”为典范，要求徒弟们以“认真、虚心、诚恳、学而不厌、一丝不苟、勤看、勤问、勤练功”为准则，达到共同进步、共同提高的目的，全面推进青年教师队伍整体素质的提升。师徒结对，达到双赢：教师是学校最重要的资源，青年骨干教师是支撑学校可持续发展的生力军和主体力量，加强对他们的培养和治理是师资队伍建设的重要任务，对学校发展具有决定性的深远意义。而青年教师的成长，离不开其他教师的帮助和资深教师的指导。师徒制可以使青年教师更好地把握教材的重点、难点，把握知识的科学性和正确性。在师徒的互动过程中，双方都会大幅度提高教育教学能力，优化课堂教学方式，改进教学效果，为学校教育事业的发展壮大做出一定的贡献。通过开展星级学科带头人指导老师—青年教师结对活动，缩短新教师的适应期，力争培育一批优秀的教师群体，使新教师尽快入门、过关、成才，为学校可持续发展夯实基础。

第四章　创新校本教研模式：教育高位均衡发展的智慧因子

生活中并不缺少美，缺少的是发现美的眼睛。教师不是不愿意参与校本教研，而是他们进行校本教研的内在需要没有被发现。发现教师进行校本教研的需要，利用好、保护好这种需要，就能使校本教研走上理想的快车道。

第一节　校本教研的功能任务

校本教研是以校为本的教研，是将教学研究的重心下移到学校，以课程实施过程中教师所面对的各种具体问题为对象，以教师为研究的主体、理论和专业人员共同参与的研究。

基于现代教师知识结构、价值观念、发展层级等诸多差异，校本教研应培育自我导向、自主发展、协作共赢的教师文化，倡导以尊重生命体验为基础、以学习者为中心、以教学现场为阵地的教师专业发展新范式，能立足于教师真实的教育教学情景和过程，借助改变适合教师的学习方法和载体来改变学习者——教师，最终提高教师本身的专业素养、实践能力以及职业境界。

一、旨在唤醒教师的“自主发展”

随着时代的发展，教师教育、教师专业发展等观念得到进一步更新，具有追求自主发展、关注真实课堂、促进学生发展、鼓励自我更新等特征的“教师学习”成为推动教师成长的新方式。校本教研的核心目标指向，应使教师具有较强的自我专业发展意识和动力，对自己的专业发展负责，能积极主动地自我规划发展目标，能把外在要求同自身发展结合在一起，产生发展的主观动力，自主实现目标，并能自我评价和自我调节。校本教研应强调教师发展过程中表现出的主动性、自觉性和独立性，创造一种个性化的专业人生。其中教师的专业自我发展意识是基础，自主发展能力即学习能力、教学能力、反思能力和研究能力是条件，自我评价和调节是保障。

二、关注工作场景中的“真实探究”

国际著名成人教育专家诺尔斯曾指出成人学习的定向是强调实用的“任务中心”或“问题中心”。教师乐于接受教育的内在动机并非出于对知识的渴望而是出于解决现实教育教学问题的需要。在真实的教育教学实践中采用并取得效果的理论才会被教师真正学会，而且转化为他“所采用的理论”。因此，校本教研应开展基于教师工作的真实问题进行探究的现场学习和基于教育情境的教育故事与案例分享等躬身体验的“行知模式”学习活动，让教师在具体的工作场景中真实地尝试使用知识获得收效后，最终产生真正的学习和改变的内在需要。

三、注重每一位教师的“差异发展”

不同特长、不同层次教师所发展的路径是不同的，学校在设计多维发展的学习路径时，应尊重每一位教师的知识结构、能力差异、个性特点等，让每一位教师都能展现个性和特长。教师开展校本教研活动的学习内容应能适应不同类型、不同发展阶段的老师的学习需求，学习内容应该存在阶段性差异，应该切中学习者的现实需求。校本教研应基于教师个体差异，以学习需求为中心，以研究团队为阵地，在发展性、差异化、共情式评价中，不断激发教师成长发展的渴望和探索，让他们不断地有新目标、新成绩和新动力，成为自觉研究者、终身学习者。学校应通过内容丰富、选择灵活、形式多样的一系列工作即学习的校本教研活动，激发教师的职业创造力，促进不同教师获得差异化、个性化发展。

四、促进教师群体的“协同发展”

校本教研活动应营造一种互生互补的共生状态，教师之间应是互促共进的和谐同侪关系。教师参加校本教研活动，不仅要有利于教师自我提升，更要方便教师个体与其他成员互动交流学习，要提供更多动态的、可持续的、基于教育现场探索和反思的学习内容，让教师学会从教育情境中汲取教育的智慧，共同分享社群学习的智慧，从而更好地提升教师的精神生命境界，丰富生命内涵。

在新课程背景下，校本研究不仅是一种导向，更是一种制度，不仅是教师自发的个人研究行为，更是有计划、有组织的校本建设的重要内容，是学校教学管理的一个重要方面。学校应明确校长是校本教研的第一责任人，设立相应的管理机构，负责校本教研的组织、管理和监督，制订相关的规章

制度，切实调动教师主动参与的热情，为教师行动提供政策支持，以保证校本教研有组织、规范化、制度化地开展。①

第二节 校本教研的实践模式

校本教研，究其实质是“问题解决”式的行动研究，是教师自觉主动地致力于探索和解决自身教学实际中的问题，从而达到改进教学实践和提高教学质量的目的的研究。校本教研应从教师在研修和实践中存在的问题出发，设计出对应梯次递进的“主题元”进行教研，使教研工作从零散走向系统，从随机走向主题化，使教研真正回归到促进教师专业素养提升、助力学生能力成长的“元教研”状态上。

一、“主题系列化”校本教研模式

“主题系列化”教研指围绕一个教研主题内容，以解决教师教学中难以解决的实践问题，以循序渐进、层层递进的形式形成一系列教研活动，强调教师实践—反思—再实践的全过程参与。经过教研主题内容前、中、后的三审议，形成立体系统的教研方案，引导教师将教研中梳理提炼的有效策略运用到实际教学中去，不断反思、调整，获得有意义的教师行为。主题式研讨交流，做到定时间、定主题、定内容、定人员，采用理论学习、实践探索、课堂展示、集体研究及案例反思等形式多样的学习方式，使个体智慧与集体智慧产生互生共赢的效果。

“主题系列化”校本教研的基本流程如下：观摩思考、确立主题（形成主题前审议资料）—研究探索、实践检验（形成主题中审议资料）—集中教研、反思改进（形成主题后审议资料）—延续主题，确立新问题，形成大主题下的系列化问题研究。教师在教研活动中对自身教学行为进行持续的内省，在学习共同体的支持下，通过不断发现问题并解决问题，改进自身的实践行为，提升实践经验及教学智慧。实现专业的可持续性发展。

（一）观摩思考——形成主题前审议资料

通过观摩及视频学习，教师思考核心主题下的课堂教学的困惑与建议，教研组收集老师们的困惑与思考，梳理共性问题。在分析教师已有思考的基础上，收集针对性案例作理论分析学习，确定教研主题与核心教学策略，形成基本教学流程。组内教师交流、讨论分享组织教学的有效方法，分享的

① 刘桂香．推进校本教研建设的策略[J]．教育教学研究，2004(1)．

载体有图片、视频回放、情境再现、动态图演示等等。

（二）实践反思——形成主题中审议资料

教研第一阶段后，已形成初步的教学策略与方法，鼓励老师们将教法、学法大胆运用实践、验证，发现新问题，思考新策略，继续推进后期的教研。如执教教师运用已有方法实践后，观课老师发现教学实践中存在不足，再次交流各自不同的教学建议。

（三）集中教研——形成主题后审议资料

回归教师的教学现场，大胆实践验证，发现学生的学习兴趣点、疑难点，促进教师的真思考。组内教师再次分享，在碰撞当中取得最合适、最有利的答案。组长提炼梳理本轮教研活动形成的新经验与产生的新问题，提出下一阶段的教研主题，形成系列教研主题方案。教研新问题来自教师的实际困惑，有利于促进教师真成长。

这种主题分明，扎实有效的教研活动，不仅使得课堂充满了活力，也大大提高了教研质量，更重要的是点燃了全体教师的学习热情，提升了执教教师的教学水平，同时也大大促进了教研组内教师群体的共同发展。

二、“课题引领式”校本教研模式

用科研的方法研究课堂教学中遇到的实际问题，有助于找准问题的症结，发现解决问题的有效途径，有利于提高教学研究实效与教师教科研能力。课题研究任务驱动下的主题研究活动，可遵循“征集主题—有备而来—聚焦要点—反思建构—改进行为”的流程进行，教师深刻反思，积极探索，从实践到理论，再从理论到实践，教研合一，以研促教，是建立在教师独立思考基础上的团队研究模式。

征集主题：在课题研究大主题下提炼一个有意义的、能结合教材内容及学生年龄特点的研讨小主题。

有备而来：上课教师的准备，活动参与者的准备，理论知识的储备。

聚焦要点：以“课例”为素材，让听课教师明确研讨重点和聚焦的问题，使课堂观察更具针对性。

反思建构：立足课堂，对他人经验和自我实践全面反思，转变教学观念，不断砥砺课堂技术与艺术。

改进行为：对内容进行再设计，真正实现从“行为跟进”到“行为改进”的蜕变。

教师以解决自己所遇到的问题为出发点，对实践中的问题进行归纳、筛选、提炼，把典型的、普遍的教育教学问题提升为研究课题。再充分利用教

研组团队合作的优势，收集、整理、提炼教师团队研磨后的课例精华与主题展示的成果，帮助教师在备课及教学实践中获得更多的经验与体验，形成具有学习意义的智慧库。

三、“课堂问诊式”校本教研模式

聚焦教师在实际教学中遇到的客观普遍事件，让教师在情景中直面具体问题的诊断与解决，以团队为单位开展头脑风暴式大讨论，通过群体共情、启思，促使教师对客观发现的事件予以归纳、提炼，并在探讨和行动中解决问题。课堂观察会诊的起点和归属都是指向学生课堂学习的改善，是促进教师专业发展的重要途径之一。

（一）“四维度”课堂问诊框架的确定

设定课堂观察框架的目的就是用听评课新范式引领课堂改革，超越以往教师凭经验操作层面，使课堂问诊真正科学有效。

课堂是复杂的、多样的、动态的且充斥着丰富的信息，我们将构成课堂教学的 4 个要素“教有启发、学有主见、练有实效、评有促进”视作课堂观察问诊的 4 个维度，并遵循研究的逻辑，将每个维度分解成 16 个视角，它为我们理解课堂教学、确定研究问题、明确观察任务提供了一张清晰的认知地图和实用的研究框架（见表 4-1）。

表 4-1　课堂解构（4 个维度、16 个视角）

维度	视角	观察点举例	备注
教有启发	环节	由哪些环节构成？是否围绕教学目标展开？是否面向全体学生？	
	呈示	讲解是否有效（清晰/结构/节奏/语速）？是否为学生学习提供帮助？	
	对话	提问的对象、次数、类型、结构、难度、候答时间怎样？是否有效？	
	指导	怎样指导学生自主、合作、探究学习？时间分配如何？是否有效？	
学有主见	倾听	有多少学生能倾听老师讲课、同学发言？有哪些辅助行为（记笔记、查阅、回应）？	
	互动	参与提问/回答的人数、时间、对象、过程、质量如何？学生的互动能为目标达成提供帮助吗？	
	自主	学生可以自主学习的时间有多少？有多少人参与？自主学习质量如何？学优生、学困生的参与情况怎样？	
	达成	预设目标达成有何证据（观点/作业/表情/演示）？有多少人达成？	

续表

维度	视角	观察点举例	备注
练有实效	针对	作业设计是否针对重、难点？	
	分层	是否针对差异，体现分层？	
	提升	练习是否关注高级认知技能（解释/解决/迁移/综合）？	
	思考	怎样指导学生独立思考？怎样对待或处理学生思考中的错误？	
评有促进	机智	呈现了哪些非言语行为（表情/移动/体态语）？ 如何处理来自学生或情景的突发事件？效果怎么样？	
	关爱	特殊（行为特别、学习困难、疾病）学生的学习是否得到关注？座位安排是否得当？	
	反馈	是否关注在教学过程中获取相关的评价信息（回答/作业/表情）？如何利用所获得的评价信息（解释/反馈/改进建议）？	
	关系	该课体现了教师哪些优势（语言风格/行为特点/思维品质）？ 学生对该教师教学特色的评价如何？	

（二）“三段式”课堂问诊流程

“课堂问诊式”微格研究是一项教师专业学习活动，它需要围绕一个有意义的问题，体验一次完整的合作，完成一项持续的研究。因此，一次完整的课堂问诊必须包括课前审议、课中观察与课后会诊三个阶段。“课堂问诊式”教研流程见图 4-1。

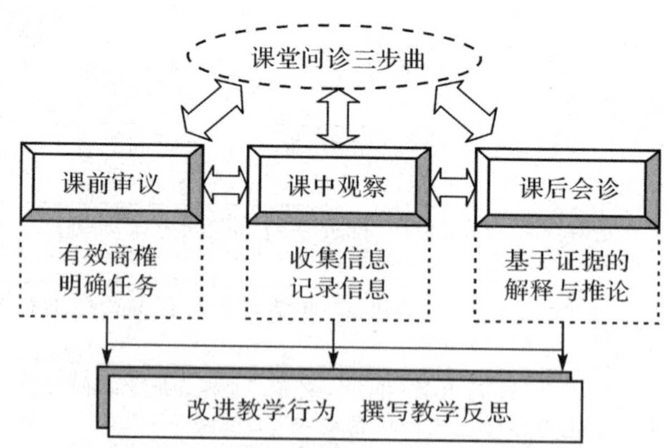

图 4-1　“课堂问诊式”教研流程

课前审议：是指在课堂观察之前，观察者和被观察者集中在一起进行有效商榷，以了解本堂课的教学情况，确定观察主题的过程。课前审议的核心

任务就是明确观察点及任务。课前会议建议在开课前一天举行，以便观察者准备观察记录工具或观察量表。其基本程序如下，一是上课教师陈述本课要领及困惑，本课教学目标与内容；本班学生情况，并提供一张座位表，标出5～8名“学优生”与“学困生”所在座位方位；阐述难点在哪里，准备如何解决；介绍本课的大致结构，包括创新与困惑。二是观察者互动提问，上课教师做进一步说明。双方协商后，明确各自的观察点或观察任务。

课中观察：指进入研究情境，在课堂中依照既定的计划和所选择的记录方式，收集重要相关信息的过程。观察者进入现场后，要遵循一定的观察技术要求，根据课前会议后制定的观察量表，选择恰当的观察位置和观察角度，迅速进入观察状态，并通过不同的记录方式（如录音、摄像、笔录等技术手段）将定量方法与定性方法结合起来，记录所观察到的课堂关键行为和自己的思考。课中观察是整个观察系统的主体部分，所采集到的信息资料是课后会议分析的基础。课中观察的科学性、客观性，关系到研究的信度、效度问题，以及针对行动改进的课后分析报告的质量。

课后会诊：上课老师陈述的学习目标是否达成；各种主要教学行为（如活动或情景创设、讲解、对话、指导和资源利用等）的有效性。观察者基于观察获取的依据，从不同的角度报告并交流观察结果及简要结论。协商得出几点结论和行为改进的具体建议（成功之处、个人特色、改进建议）。

（三）“课堂问诊式”研究形态

在课堂问诊的实践过程中，根据问诊主题、观察主体的不同，问诊形态也不同。

1.合作式团队共诊

团队观察是课堂观察中比较规范的一种组织形式，其观察主体是一个“团队”，团队成员在预设的观察主题下，有计划、有组织、有分工地进行观察活动。这种观察一般具有一定的研究深度，是一种全校性的课堂研讨行为，但也须牵动较多的时间与精力，一般建议学校教研组每个学期组织1～2次团队共诊。

2.互助式同伴问诊

同伴互助问诊是课堂观察中最为基本的观察形式，是用于改变教师听课形式的重要手段。同伴互助问诊是教师的一种自觉行为，要求教师具有鲜明的主题意识、强烈的细节意识和深刻的反思意识。

3.反省式个体自诊

自我问诊是一种日常化的自我观察，观察的主体即是观察的对象。自我问诊可以分为“延时观察”与“即时观察”两种，“延时观察”一般采用录音、录像等方法，教师可以在课后“倾听自己的课堂”；“即时观察”是教师课堂教学智慧的集中体现，包括发现课堂问题、即时调控教学、总结提炼教学方法等环节。

4. 外引式专家会诊

学校可邀请各方专家、知名特级教师、学科教研员来校听课问诊，从备课、听课、评课、作业设计与评价等方面入手，发现亮点，寻找问题，根据教师的教学现状提出教师后期的发展及教研组建设方向的具体实施意见。

通过课堂典型案例的问诊式研究，有效促进教师教学反思自觉化，寻找设计与实践的差距，实现理念更新与行为跟进，改善教师课堂教学行为，提高学生学习品质。同时，促进教研活动专题化，教育科研常态化，提升教师团队研究力。

四、“巴林特工作坊”校本研修模式

根据现代人力资源理论，教师的劳动属于“情绪劳动”。情绪是工作中不可缺失的一环，即教师在工作中不但要付出体力和智力，同时还要求付出情感。通过教研活动，帮助教师解决教育问题的同时，积极对教师的情绪给予疏导和引导，能够帮助教师逐渐完成从“发泄情绪导向”到“解决问题导向”的理性思维构建。

“巴林特小组”最初是由心理分析师迈克·巴林特于20世纪50年代在英国伦敦创建的，提供了一种情绪分析训练的思路来解决医患关系中的问题。将巴林特小组的模式运用到教研中，实际是把教师在教育教学过程中遭遇的各种事儿，通过“倾诉→质疑→帮助→感悟”的四步研修，将老师的思维从一种感性的发泄情绪导向转到理性的解决问题的导向中来。

(一)巴林特工作坊的研修特质

特质一：从“感性的发泄情绪导向”到“理性的重构问题根源”

每一个研修环节组织时，都有相应的关注点：诉——表达情绪；问——疏解困顿；帮——重构认知；感——自信成长。

特质二：从“多视角体悟问题根源”到“启发性解决问题导向”

在研修过程中，要根据实际产生的新问题调整关注点：看——辨析审视；学——吸纳内涵；跟——情绪跟进。

(二)巴林特工作坊的实施策略

1. 理清教研对象——实践尝试“对谁研”

教研所依托的研讨对象不仅是老师，背后承载的有社会、家长以及儿童，教师只是作为代言人将其背后接触的对象有关问题抛出，所以作为教研平台，会将对象级级细化、层层推进，搞清楚研的对象，从中获取到更具价值

意义、符合教育实践的系列问题。

2. 梳理教研内容——实践尝试"研什么"

教育现象纷繁复杂，教师情绪易受事件所影响，不同的群体对象会产生不同的问题情境，所以在教研前收集研讨困惑的过程中，教研组织者即开始了把脉式的询问和了解，这也是巴林特关注心灵的关键，同时在询问中逐步梳理出适合集体研讨或小组研讨的价值点。

（三）巴林特工作坊的操作方式

巴林特基本流程为"诉、问、帮、感"，原来的四个流程能让倾诉者敞开心扉、抛出困惑的同时是减压的一个过程，随着不同对象的产生，问题内容也随之不断变化，所以根据不同情境穿插新的流程——"看""学""跟"，这样个人和群体，倾诉者和参与者都能不同程度受益，在心理疏解中加入理性思考，从而真正长远的获得专业发展。

1. "听帮"中鼓励解决

无论新教师还是老教师，在面对纷繁各异的日常教育问题和情绪压力时，因个人教育经验的欠缺或情绪调节产生短暂性障碍，急需找一些人倾诉和帮助，此时倾诉者通常会在小群体范围或是专场范围中进行表达，组织者和教研团队重在"耐心倾听"和"帮助建议"，鼓励和解决是目标。

2. "看析"中辨明解析

鼓励教师大胆表达自己的观点，"一事多研""一事多点"的群体交流，让老师感受到不同的视角、不同的看法和不同的做法。教研组进行有效梳理、提炼，让教师发现可以从各个不同的方面解决同一个问题，让老师看清楚问题本质，学会辨别和分析。

3. "学感"中解决体悟

针对教研团队中对自己的专业要求比较高的老师，在"洗洗脑"环节给予与问题匹配的专业理论推荐和学习中，让老师感受到"灵感"的火花，让倾诉者茅舍顿开，举一反三的开展工作，获得更多感悟。

4. "问帮"中解析跟进

针对问题和困惑，"耐心倾听"和"帮助建议"还远远不够，随之跟进的年级组团讨论提供支持策略，在教育工作中持续跟进验证策略之有效性，真正达到学习助推的教研成效。

强有力的团队一起面对和支撑解惑，形成一种良性疏导的教研氛围，从而使老师们更愿意去发现和表达工作中的种种事情，帮助老师重构情绪体验。

五、"理论实践对接式"校本教研模式

校本教研正从以理论为主导的模式，逐渐走向实践性的研讨模式，这种趋势使教师在教研过程中更加具有"话语权"和"行动力"。教研在趋于实践性研讨的同时少不了理论的支撑，可实行"学习理论—链接实践—提高教能—形成理论认知"这样一个循环模式。通过"理论与实践有效对接"这样一种核心思路，推进教研更扎实、有效、系统的开展。

（一）第一阶段：高理论转低链接

高层的理论通过低层的实际案例来进行解说，就跟文言文转译成白话文一样，教师会获得一定的了解。例如：在高瞻课程的启发引领下，教师们汲取到一些高层面的新理论，一些相关概念都处在一个高度，老师们大致能够了解一些信息，但是无法投射到实际教育教学中。因此我们开展了集体大教研、年级组分层小教研聚焦"核心经验"，尝试与实际的教育案例进行初步链接。在这样的链接中，老师慢慢对"核心经验"有了一定的了解认识。在年级组小教研的持续研讨中，教师能够通过分析，找到与核心经验相匹配的链接点。为了让老师对"核心经验"有更进一步的了解和实际运用，我们鼓励教师尝试进行关键经验的链接和分析。我们较为顺利地将原本较抽象高层的理论化成了较低的案例链接，对理论有了实质性的了解，并且真实地运用到了实际的教学工作当中。

（二）第二阶段：低链接转真实践

在教师有了一定概念的基础上，教研就着重转入实践教育中。比如，新老师就通过开展实际的集体活动来关注关键性经验；成熟教师通过现场记录互动来梳理关键经验；名优老师分析观察记录，尝试理论实践的转换，在分析过后真正投射到实际过程中进行反查验证和分析。这里，我们将低链接的理论通过实践的方式来进行进一步消化，获得真正意义上的理解。

（三）第三阶段：真实践悟新认知

我们观察教师的教育行为，是否给孩子提供主动学习的可能。虽然教师们都在尝试为孩子提供自主规划游戏的机会，但在分析孩子的计划上还是缺乏指向性和深入性，在多次的实地讨论调整后，教师在把握引导学生做有效计划的能力上有了提升。我们会进入现场观察教师日常带班情况，发现、提出问题，及时反馈，带班教师进行调整，我们持续跟进，然后进行二度反馈，带着反馈意见再实施调整。教师在亲身实践、体验的过程中悟得新知，这种新认知的获得有可能是对高层理论的真实理解，也有可能是自身总结概括而来。

通过实际的操作尝试、讨论反馈、更进调整这一系列实践活动，也正是体现了“逐步形成自我理论认知”的一个过程。对于整个教研组而言，教研方式以及教研内在的核心思路取得新变化，教研内容更加贴近教学实际需要。

六、“网络化”校际共研模式

只有不断改进和丰富教研活动形式，全方位构建学校教研的交流平台，让教师在自我反思的基础上，相互交流反思心得，共同切磋，彼此支持，才能不断提高教师自我反思的质量，促进教师在不断总结经验中共同发展。

“网络化”校际联合教研可借助现代教育技术实现过程性管理，是区域内集团化、共同体学校普遍采用的校本研修模式，各校有明确的制度和措施保证网络教科研的顺利开展。充实网络资源，开展网络研修，形成网络教研文化，做到网络教科研制度化、活动常规化、平台开发系列化、网络研究课题化。

1. 网络教研资源充实丰富。开发区域性网络教研平台，教师参与网络教研，校本教研内容更新及时有效，网络资源丰富，更新更快，互动多，信息量大。利用 FTP、VOD 点播系统、“联合备课系统”“论文交流系统”以及“网络录像课”等多个网络系统，推进网络教研有效实施。

2. 网络研修系列活动常规化。学校校本教研把网络运用技能培训纳入常规培训内容，每学年都有至少两次的现代教育技术全员培训。积极倡导网络教研，鼓励教师开办成长博客，学校组织的每一次教学研讨活动和教育科研论坛等，都倡导并积极组织落实通过“联合备课”网络平台进行互动点评。

3. 网络研修考核制度化。在日常研修活动中，教师按照学校制度规定每月在校园网联合备课系统、论文交流系统、科研师训网站，以及新教师备课网等平台上传教案、案例、论文等，并开展点评与交流，收到良好效果。

第三节　校本教研的实施策略

教师在周而复始、劳碌疲惫、缺少成功体验的工作中容易消磨意志，迷失发展的方向。营造环境和美、心性和善、人际和乐的校园文化，在文化的熏陶、浸润中，不断开阔教师人生的胸怀与境界，不断提升职业情操与修养；搭建展示交流的舞台，让每一位教师从中体验职业的尊严与价值，享受职业的幸福。

一、价值引领，让教师自觉理解“为什么学”

激活教师主动探索、自主发展的热情，使每位教师不断产生和实践自己可实现的目标，这对唤醒、激发、保持教师实现自我价值内驱力具有现实意义。为丰富教育的人文内涵，增强全体教师对教师精神的认同感、自豪感，学校可不断创新教师学习的有效载体，借助“经典回放”“敬业第一课”“精神大讨论”等特色学习活动，为激活教师自主发展内驱力提供强有力的精神支撑。

（一）“经典回放”——提升人生境界

经典电影、绘画、音乐等艺术作品往往有着非凡的魅力，它对人产生的影响是深刻而深远的。欣赏经典不仅增加阅历和学识，陶冶人的性情，也潜移默化影响着一个人的人生价值观。学校每月组织一次老师观看经典影视片段、欣赏优秀绘画、音乐作品等，以实现道德浸润与精神升华。

案例 4-1

探寻《生命里的善与美》

基于学校“心性和善”文化建构，学校组织教师观看台湾美学大师蒋勋的视频讲座《生命里的善与美》，全体教师沉浸在台湾美学大师蒋勋所营造的清雅和美的境界里，聆听着，欣赏着，领悟着，探寻着“生命里的善与美”。讲座充满禅意，启发了教师对教育本质的追寻，更引领教师重新参悟生命存在的意义。现场观摩后，组织教师开展文化讨论，教师热烈地互动交流，言辞里充满善意。

A：善就是敬畏生命。当我们对一切生命都产生敬畏时，就会触动内心最柔软的部分，才会去思考该如何对待这些生命，那么人就开始发自内心地向善、从善了。

B：善就是拥有孟子所言的“恻隐之心”“羞恶之心”“辞让之心”和“是非之心”。

C：善就是对待世间万物，学会尊重、理解、欣赏。一个人对善与美的感受力是生命质量的核心，是追求生命价值的基点……

教育是“生命影响生命的过程”，教育决不仅仅是知识的传递，更是心态的影响，教师心态的好坏直接影响着教师的生活质量、工作效率和学生的成长。教师在精神感召、心态修炼、境界开阔中逐渐豁然开朗，教育教学更加从容、大气。

1. 聚焦校园文化，观摩经典。“做一个健康的人”是学校的校训，聚焦校园文化精选经典进行观摩，让教师拥有健康的身心、积极的意愿、乐观的心

态、悦纳的心境，使教师对教育教学生活有了新的体验。

2. 开展文化讨论，理解认同。本案例中，组织教师展开讨论“你是怎么理解善的”“培育心性和善的师生可以从哪些路径入手”，在观点交流碰撞中，教师不仅对生命价值有更深的领悟，更成为校园“和”文化建设的主人。

3. 结合教育活动，内化延伸。学校以“和乐”人际关系为主线，打造“信任”和“赏识”延伸链条，组织开展“赞美同伴”“讲感恩故事”“和乐师生事迹介绍”等内化活动，传播和乐之声，影响教师争做和乐之人。

基于和乐文化的教师学习，使教师校园生活有归属感，职业心态有舒畅感。教师将内心善的理念外化于教育活动中，帮助学生实现自我改进与自我发展，教师自身也随之获得了职业成就感与幸福感。

(二)“敬业第一课”——涵养职业精神

教师，承担着教书育人的重任，不仅是美好价值的坚守者和弘扬者，更是人类文明的传承者和创新者。教师不仅要具有科学的教育理念、过硬的教学本领和深厚的文化底蕴，还应在追寻真、传播善、创造美、践行爱的过程中完善自我，哺育学生，延续文明。

学校把握开学伊始这一契机，邀请专家、名师、家长等走进校园为老师上生动的“敬业第一课”(见表 4-2)，从社会道德责任、教师道德修养、名师成长感悟等多角度、全方位地加强教师德行修养，引领教师以积极的心态去面对工作，不断领悟教育的真谛，积极地追求属于自己的成功快乐的教育人生。

表 4-2 “敬业第一课”专家讲座主题列举

主题	方向	专家
《做好人生旅途的启蒙人》	职业定位	省特级教师黄××
《追求成功快乐的教育人生》	职业理解	省教育行政干部培训中心李教授
《发现教育 创造教育》	专业智慧	省特级教师关××

始终聚焦“真善爱”这一主题，它如同优秀的精神食粮和丰富的文化盛宴，引领教师用专业精神去发现教育，创造教育，享受教育。

1. 敬业，做“真”的追寻者。从职业特点出发，教师注定是真的追寻者：在传道授业上，求真务实、探寻规律，让社会文明赓续发展；在铸魂育人上，追求真理、真诚坦荡，让职业底色熠熠生辉。

2. 敬业，做“善”的传播者。善是人类共同的价值追求，穿越时光、跨越国界、超越民族，也是社会主义核心价值体系的重要内容。教师职业中包含着一种高尚而特殊的善，那是一种全身心的无私无悔的爱的奉献。

3. 敬业，做“爱”的践行者。教师之爱是理解、是尊重、是宽容，是一种宽广的胸怀和眼界，一种不凡的气度和心态。更重要的是它将通过教师的言行，传递到学生的身上，使其成为具有爱国精神、责任意识和大爱情怀的一代新人。

（三）教师精神讨论——批判继承发扬

教师精神大讨论活动是西湖区教育系统及学校进一步挖掘、提炼、传承和弘扬新时期教师精神，形成凝聚教师的共同理想和价值追求的重要载体。教师从老一辈教师精神感召中，在灵魂荡涤中，进一步感同身受：坚守教育理想、善于持续学习、保持良好心态、实现自我超越，担负起传道授业解惑的责任、教书育人的历史使命，在传承的基础上“化蛹为蝶”，不断地获得新生！

案例 4-2

“梦想接力 青春加油”教师精神大讨论

杭州市××小学把20年校庆办成“梦想接力 青春加油”的教师精神大讨论。整个活动分成三部曲：回顾历史，传承学校文化——坚守梦想，以奔跑的姿态前行——奠基未来，弘扬教师精神。

首先让人动容的是首任校长谈建校之初的艰辛，让全体老师真切感受了学校可贵的创业精神，接着由第二任校长高宗宪和第三任校长楼丽华在队伍建设、科研兴校方面为学校积累了宝贵的财富。在学校的发展过程中教师们兢兢业业，无私奉献，涌现出许多优秀教师。

会议现场，老师们拿起手中的笔，在飞翔的梦想卡中写下了对教师精神和职业幸福感的理解，这些教师精神将在我们的教师生涯中生根、发芽、绽放！

活动现场有笑语欢歌、泪雨涟涟，有掌声雷动，有深情相拥，这样的研修是真情的交流，是灵魂的灼照，是生命在场的震撼与摇曳！

“精神大讨论”活动为促进全体教师的价值认同，激发教师诉求发挥了很好的作用，我们认为活动中主要发挥了以下几方面要素是做好此项活动的关键。

1. 深化了学校的文化认同。通过校史介绍、寻访老教师等活动，从中感悟学校用20年时间创造并积淀下来的奋斗精神和价值观，教师传承并恪守学校价值观，有利于教师增强教师职业发展的内驱力和向心力。

2. 强化了正确的舆论导向。通过专家讲座、精神语录征集、论坛活动以及校庆特刊《追梦》发行，开展“教师风采”先进典型事迹报告宣传，营造正确的舆论导向，弘扬正气，引领党员干部、教职员工树立积极的价值观。

3. 渗透了深切的人文关怀。精神家园的营造来自教师对“家”的认同

感，它有一个从感性到理性的认识过程。校长亲自为每一位教师写赞美诗；为退休、调离的教师赠送“和文化”象征的南瓜；创A级食堂，温暖老师的胃……每一处感人细节，无不使每一位教师感受到学校如家的温暖，增强了老师的归属感和忠诚度。教师的职业追求与学校的价值追求相融相依，成为生命成长的共同体。

二、尊重需求，让教师自主选择“学什么”

确定与教师专业化成长密切相关的教育教学、德育专题、现代教育技术、心理健康教育、教师素养等系列主题作为研修菜单类型，供教师自主选择申报，充分发挥教师的主动性。

（一）菜单式学习，学习内容有选择

确定与教师专业化成长密切相关的教育教学研修、德育专题研修、现代教育技术研修、心理健康教育研修、教师素养研修、“杂粮”研修等系列主题研修菜单，不断开发供教师自主选择的“自助式教师学习餐”。

1. 教育教学研修。以提升教师教育教学水平为宗旨，针对当前教育教学中的问题，采用专家讲座、教师论坛、情境辩论、教学研讨等教研训一体的方式进行的系列研修，主要由教育教学管理中心具体负责实施。

2. 德育专题研修。以提升教师德育工作水平为宗旨，针对学校德育工作中的问题，采用专家讲座、教师论坛、辩论演讲、案例分析等教研训一体的方式进行的系列研修，主要由教育教学管理中心具体负责实施。

3. 现代教育技术研修。以提升教师现代教育技术意识与技术为宗旨，针对现代教育技术服务教育教学的当前重点问题，采用专家讲课、教师实践演练、课堂观察等教研训一体的方式进行的系列研修，主要由集团科研师训中心、教育教学管理中心、现代教育技术中心具体负责实施。

4. 心理健康教育研修。以提升师生心理健康水平为宗旨，针对师生心理健康教育中的问题，采用专家讲座、教师论坛、教学研讨等教研训一体的方式进行的系列研修，主要由集团科研师训中心具体负责实施。

5. 教师素养研修。以提升教师素养为宗旨，针对教师个人成长中的问题，采用读书活动、教师论坛、专家讲座等方式进行的系列研修，主要由集团科研师训中心具体负责实施。

6.“杂粮”研修。以提升教师生活品质为宗旨，针对教师生活中的需求与问题，采用专家讲座、教师实践活动等方式进行的系列研修，主要由集团科研师训中心具体负责实施。

以提升教师生活品质为宗旨，针对教师生活中的需求与问题，组织教师开展“杂粮”研修活动。研修内容包含体育健康、艺术审美、文学修养、摄影

美食等，研修形式有教工社团化研修、趣味活动化研修等，既提高教师的身体素质、愉悦身心，也为开发拓展课程培养师资。

（二）诉求式发展，学习内容有个性

学校充分尊重教师意愿与特点，根据教师个人诉求设计培训学习内容，如针对青年教师的常规管理、骨干教师的课题研究、老年教师的教学方式等开展培训，开展诊断性教研并指导，既扬长又补短，促进教师有效成长。教师诉求式发展以尊重教师个性、能力差异为理念，教师个人或者团队根据自身发展规划和目标提出发展意愿，学校予以实际帮助与政策支持，以促进老师更积极主动的发展。

1. 诉求式发展两种形式

（1）个人诉求发展

个人诉求发展指的就是教师个人分析自身原因并提出自己的个人专业发展意愿，希望学校予以帮助与支持，使之发展的途径。这种教师个人诉求最大的亮点在于目标明确，针对性强，有利于教师多元、个性发展，能更好地激发起老师的工作热情与斗志。个人专业诉求见表 4-3。

表 4-3　杭州市××小学教师个人专业诉求

教师姓名		职称		教龄	
教学方面的优势与不足					
本学期的专业成长诉求，希望学校提供怎样的帮助或支持	1. 课堂教学方面				
	2. 其他方面				
本学期希望何时进行听课并进行针对性交流					

（2）团队诉求发展

团队诉求发展指的就是以团队为单位，年级组、教研组或备课组，各团领队着眼于团队发展，在客观分析团队情况之后提出团队可发展的目标和方向，制定相应的措施和计划，并提出希望学校予以帮助与支持，使之发展的一种途径。这种团队诉求最大的亮点在于能凝聚团队力量，发挥团队智慧，借助团队力量推动教师个人发展，使个人和团队达到双赢的目的，并为学校打造闪亮品牌。团队专业诉求见表 4-4。

表 4-4 杭州市××小学团队诉求

组　别	
团队情况分析(团队优势、存在问题、团队成员专业层次、荣誉、年龄结构等方面):	
学科质量情况分析:	
团队成员分层培养目标规划:	
学科质量目标:	
希望打造的团队特色:	

2.诉求式发展操作范式

诉求式发展操作主要是以下四个步骤:上交个人或团队诉求—教导处汇总处理—各科室协同指导—建立反馈机制。

(1)个人或团队上交诉求

每位教师认真分析自己在个人业务教学方面的优势、特点与不足,做好个人的三年成长规划,并将规划具体细分到每个学期。每个学期认真填写个人专业诉求,分析个人特点,提出自己在专业成长方面需要学校提供的帮助与支持,希望每个学期都能进步一点点,离自己的专业成长目标近一点点,从而顺利达到自己的规划目标,实现个人专业的成长。

(2)教导处汇总处理

教导处收齐教师的个人诉求和团队诉求后,进行分析、归类与整理。各科教师在个人或团队成长方面有些什么需求,需要哪些部门的指导与支持;各科教学在课堂教学方面有些什么困惑,需要提供哪些帮助与指导;如何根据教师的优势与不足,挖掘潜力,开发潜能等等。教导处汇总之后进行分工:科研方面交科研室处理与指导;学科教学方面交备课组长、教研组长、教导处处理。各校长室、教导处、科研室分别了解其情况,并适时处理与指导。

(3)各科室协同指导

教导处归类整理后分工明确至各科室,学科教学方面指导主要是备课组长、教研组长,科研方面指导主要是科研室与科研骨干人员。各组长以及相关的人员了解教师诉求后主动与相关老师联系、沟通,适时做指导,帮助其成长。

(4)建立反馈机制

每学期初,教师上交个人诉求,期末,各科室对照教师个人诉求进行一定的反馈,建立反馈机制,及时调整,有利于下一学期教师更好地调整个人诉求,也有利于各组、各科室更有针对性地支持与帮助教师。

(三)差异化培养,调适教师发展阶梯

教师专业学习的制度由精英化转向大众化,考虑到不同教师在学习速度、基础、动机与潜能的差异,创造各种条件,搭建各种平台,发挥各年龄段教师积极性,各尽其才,各尽所能,让不同起点的教师都能得到适合的、应有的发展。学校通过分层培养,让每一位教师都能找到自己的“生长点”,这是对教师生命独特性的尊重,同时也保证整支教师队伍充满蓬勃的生机与活力。

1. 适应期教师:自行调查,聚焦专题学习

问卷调查可以客观真实地了解被访者的基本态度与行为,可以根据需要随时调查,获得量化的数据。青年成长联盟活动组织策划前,班长对全体青年教师进行了问卷调查,在统计分析后,设计了本学期“青年英才成长联盟”的学习计划(见表4-5)。

表4-5 杭州市××小学2013学年第一学期“青年英才成长联盟”学习计划

月份	周次	主题活动	项目导师
9	二	个人总结反思及成长规划制订交流	全体导师
	四	论文撰写、修改指导(讲座)	成长伙伴
10	六	组织外出考察	关××
	八	团队游戏——集体智慧	吴××
11	十	基于典型教学现象的现场学习	金××
	十二	如何阅读暨读书沙龙	都××
12	十四	如何与家长有效沟通	苏××
	十六	课题研究(教师个案分享+讲座)	成长伙伴

基于教师发展需求的学习更具针对性与实效性,而设计问卷、回答问卷、整理问卷的过程,也是促进青年教师自我定位、自主反思的过程,有利于培育教师发展的原动力。在开展主题学习活动前,可进行二次调查,能有效提升学习实效。如青年老师对开展教科研的热情较高,但在期初调查时还缺乏细致深入的思考。在调查统计基础上,梳理出普遍关心的问题聚焦:选题问题、体例问题、框架问题、理论问题、资源问题和实践问题,然后再分步进行针对性指导。

2. 高原期教师：自选名课，开展课堂剖析

教师的成就需要更多在于获得日常工作中的愿望实现感，任务完成感，专业成果感和探讨新生事物的创造感中。高原期教师自我能动性偏低，需要一定的外力来激活内力，因此学校组织这一类教师开展“三步一体”联动模式的“名课剖析”自主学习活动。“名课剖析”以名师的成功课例为蓝本，通过“自选名课、观摩剖析—互动引领、实践反思—拓展创新、总结提炼”的循环式行动研究，促进教师获得“螺旋式”进步（见图 4-2）。

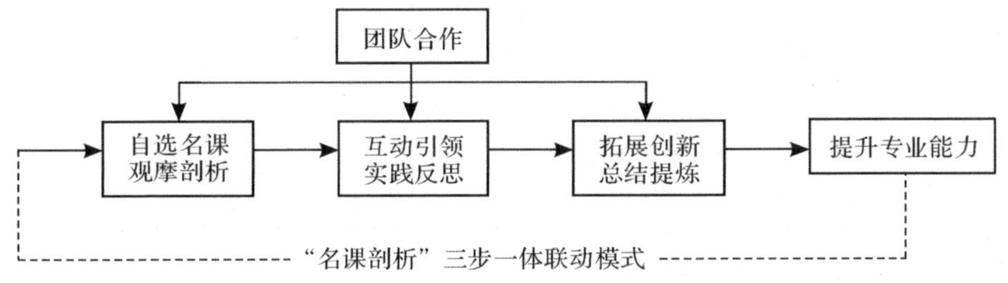

图 4-2 “名课剖析”三步一体联动模式

案例 4-3

名课剖析自主研修

第一阶段：选定名课，观摩剖析

	活动任务	思考任务	研习资源列举
观摩剖析	1. 根据课题选定名课。 2. 观摩 1～2 节本学科名师的经典课堂教学录像，重点揣摩品悟。 3. 物化材料：名课剖析稿	本课与课题研究相关的有哪些理念或方法？最值得借鉴的教学策略与方法是什么？有什么收获与疑惑？	名师课堂教学视频（光盘）如： 语文 王菘舟《鱼游到了纸上》 英语 吴绯霞《Colours》 科学 路培琦《连通气球》 数学 张毅《三角形面积计算》

注：结合课题特色与课题研究方向加以剖析，关键要从名师的教学行为中去解读名师设计的理念与意图，领悟名师教学设计之精妙，现场调控之巧妙等。

第二阶段：引领互动，实践反思

项目	活动任务	思考任务
走近名师	自由发言，谈谈自己对该名师的整体印象，引领教师介绍名师背景及名课特色。	名师在本科教学中的特色有哪些？试加以分析。
名段赏析	逐段观摩片段，教师分项剖析。特色片段重点赏析，教师互动评议。如：情境创设、文本拓展、问题梳理、有效互动片段等。	1. 特色片段教学带给你的最大启示是什么？ 2. 对名师的教材处理与教学策略的选择怎么理解？联系教学实践谈谈。

续表

项目	活动任务	思考任务
拓展思考	阅读教学评论家、著名教育网站"人教论坛"和"教育在线"的网友对该名师的较有代表性的评价和观点，学习思考。	你觉得这些观点是否有道理？为什么？

第三阶段：拓展创新，总结提炼

项目	活动任务	思考任务
拓展创新	1.围绕研究目标选择收获点进行教学创新设计。 2.组内说课交流，修改教案后上研究课。	我的创新设计是否体现名师的先进理念？是否凸显研究特色？是否拓展创新？是否有效？
总结提炼	根据研究课实际情况反思所得与不足，撰写课后反思总结，上传博客。	经过实践验证，学习的教学策略与方法是否有效？名师先进的理念是否得到了渗透？

教师通过捕捉课堂的闪光点，挖掘教学行为背后先进的教学理念，提升教师的理论素养与感悟课堂的敏感度。同时，通过案例剖析、同伴引领、实践反思、互动交流，使教师间实现优势互补，培育生态和谐的教师合作文化。

(1)自我定位，自主选课。研究内容——什么课？研究重点——名课的主要特点是什么？研究目的——为什么选择这一课？……这些都由老师们根据自己的专业发展需求自主选择。使教师在自己提出问题、分析问题、解决问题的过程中实现个性化的专业成长。

(2)深度剖析，互促共进。分学科分组开展现场观摩，选重点环节深入剖析，或分环节随机剖析评价。在观摩剖析活动中，在骨干教师引领下，安排互动环节，质疑交流，让不同层面的教师都参与到学习活动中，实现多维互动，共同成长。

(3)反思创新，实践验证。教师在名课观摩剖析基础上进行创新实践，将名课剖析及实践材料上传成长博客，进行学科间交流与互动点评。多学科、多向度的交流学习，使研修课程资源最大限度地得到开发，加速了教师的专业成长。

3.成熟期教师：自我诊断，进行案例研究

课堂教学视频案例诊断的研究对象是发生在课堂中鲜活的、生动的、典型的教学事例，它包容了案例主题、背景知识、课堂录像、课后反思，是对一个教学案例不同侧面不同层次的深刻解读。成熟期教师有着自我成长的原动力，有着良好的专业技能与反思能力，有能力独自完成"从研究主题的确立到教学设计，从课堂教学到教后反思，从背景介绍到课后点评"的学习全过程。因此，视频案例研究是成熟期教师实现自我反思、同伴互助、专业引领有机整合的有效载体(见图 4-3)。

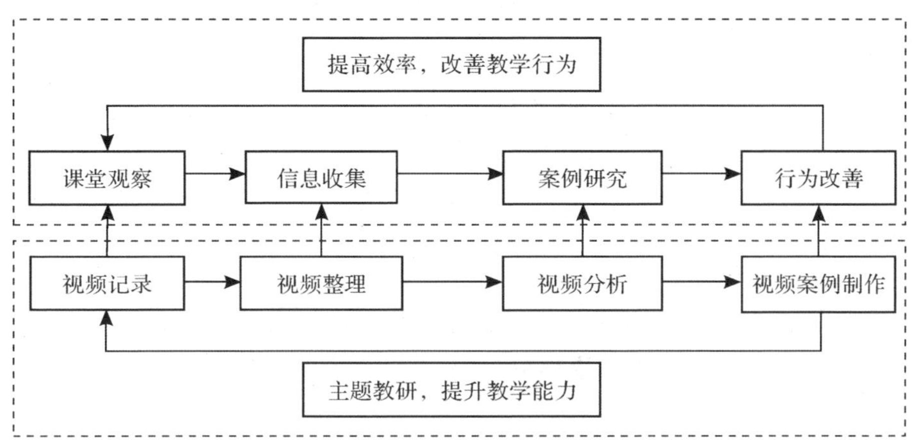

图 4-3 视频案例研究操作框架

案例 4-4

《摆一摆 想一想》案例观察反思报告

观察学科:数学 教学内容:摆一摆 想一想 观察维度:学生主体参与

研究问题:

学生是否积极主动发言?参与面如何?

学生参与小组讨论的过程、质量如何?

观察角度:学生参与小组讨论的过程和质量如何?

教学过程:

在教学中,大部分学生能同桌合作一个摆,一个写来完成探究过程。但是仍有部分学生在一开始没听清要求,独自摆和写。而后因方法的渗透,有些程度好的小朋友就一人代替小组完成探究过程和结果,质量还可以。

分析反思:

小组合作是自主探究学习的方式之一。小组合作可以培养孩子的合作精神和团结精神。因此在教学中教师应把小组合作的要求讲清楚、明白,以便能有效地进行合作。同时教师在安排小组合作时,应考虑到不同孩子的学习能力,将强的与弱的放一起,让强的带动弱的,以便达到学习的最优化。

课堂教学案例诊断不仅是用课堂录像(视频)技术去捕捉和描述发生在课堂上的事件,而且是一个研究项目,是教师发现问题、解决问题的有效载体。不同教师承担案例诊断的不同任务,既有同层级的横向支援,又有纵向的专家引领和对话,可使案例研究的内涵更具深刻性和全面性。

“自我诊断式”案例研究主题的选定要基于教师特点、学科特定、班级学情而选定，做到因人而异、因科而异、因问题而异。我们可以确立以教学风格、个性等不同的问诊主题，专长教师的问诊主题可能更有深度一些，定型教师的问诊主题应相对浅显一些。

（三）多元学习，大胆变革“怎么学”

1. 基于真实问题探究的现场学习

大量研究表明，教师在真实的教育教学实践中采用并取得效果的理论才会被教师真正学会，而且转化为他“所采用的理论”。由此，我们思考：教师学习要与情境相联系，开展基于教育现场和以校为本的教师学习活动，进行真实问题探究学习，能使教师产生真正的学习和改变的内在需要。

(1)“论坛剧”模式的现场模拟

学校采用“论坛剧”模式来现场模拟、讨论解决基于教师教育教学命令的真实的问题。它是一种围绕案例开展演练，重点在于解决实际问题的教师学习方式，运用的是互动参与、体验反思的方法，是传统传授型校本培训外的重要学习手段(见图4-4)。

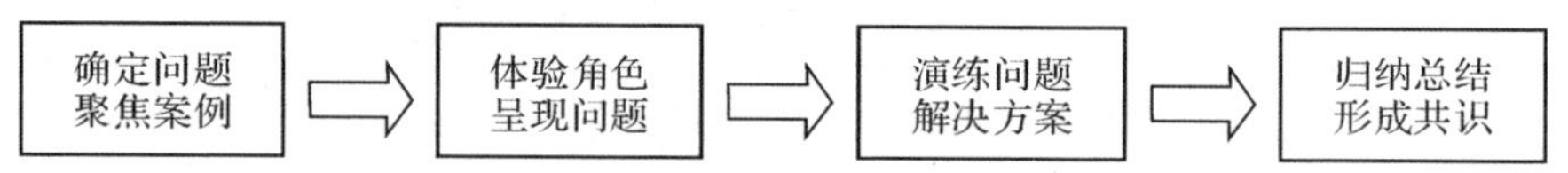

图4-4 “论坛剧”模式的现场模拟流程

案例4-5

特别的爱给特别的你——困难学生沟通技术研究

1. 确定问题，聚焦案例。“如何与特殊学生进行有效沟通?”从教师实际工作中找到真实案例供大家讨论。

2. 体验角色，呈现问题。把老师分成不同小组，分别进入案例中的各个角色(老师、学生、家长、观察者、评论者)，想象和体验角色的性格、动作、语言等，还原场景说出自己的观点。

3. 演练问题的解决方案。表演时，一般呈现几个关键画面和场景，随后就集中精力并用行动来寻找合理的解决方案。教师分别进入不同的角色，针对剧中所包含的问题，提出自己的解决方案，并将其呈现和演练出来。

4. 归纳总结，形成共识。观察者对演练过程中提出的各种建议、方法进行回顾，归纳对问题的认识，评议者针对演练过的方法进行评估，大家讨论、确定最可行的方案。

在“论坛剧”中，人人都是参与者、行动者，完成了教师、学生、家长、专家等多重角色间转换，因此，能从多个角度观察、思考、讨论，来尝试解决问题，逐步达成某些共识，有利于将经验带到现实中，解决现实中类似的问题。

①内容贴近现实。表演、讨论的案例来自教师真实的教育教学活动，研究学生和自己的教育活动，具有普遍性、典型性，解决这样的实际问题可以为教师未来的教育教学工作带来帮助。

②体现参与互动。全体教师积极参与体验，所有老师都在学习中思考。出演不同角色，师生角色扮演引发换位深度思考，观察员、评论员激活现场思维，诠释全面深入，有利于教师调整专业心态，改变专业眼光，形成专业思维。

③活动完整充分。活动准备阶段，细致观察，积累素材；模拟阶段体验角色，现场演练，初探解决策略；后续实践阶段，反思行动，加深对问题的认识，进行互动评估与改进，最后运用学到的各种智慧解决现实问题，实现改变。

(2)基于"关键教育事件"的群体会诊

基于"关键教育事件"的教师学习研究，是扎根教师实践的，它的根本目的在于解决教师在实际教学中遇到的客观普遍事件。教师对客观发现的事件予以归纳、提炼，并在探讨和行动中解决(见图4-5)。

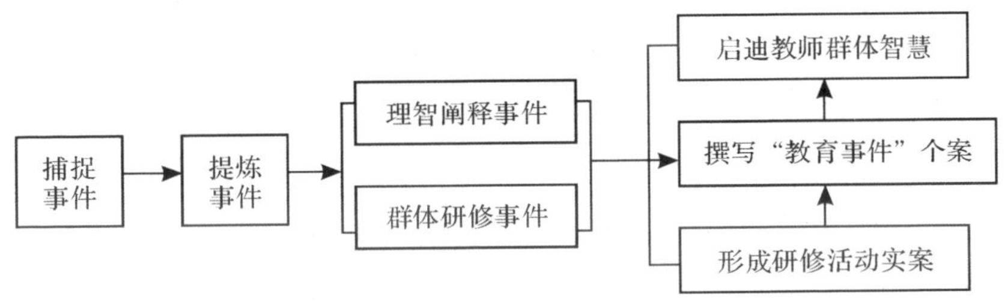

图4-5 基于"关键事件"的群体会诊流程

案例4-6

遇到如此"怪胎"如何是好?

二年级有位学生上课时常任意离开座位，时而喝水，时而趴在地上玩，时而还大声嚷嚷；下课时，又爱找同学是非，无故吐同学口水，藏同学水杯……班主任多次进行个别谈话教育，多次与家长沟通商量教育对策，但收效甚微。因此，德育处牵头，召集班主任及各学科教师进行集中会诊，各位教师描述其在各个学科的表现以及各自采取的教育措施。分析该生在不同课上的差异表现，共同分析孩子问题的成因，共同分析商议对"这一个孩子"的教育对策。

基于"关键教育事件"的教师学习，引领教师关注身边的教育教学现象，是一种有载体、重聚集、有参与、重开放的教师群体性研修活动。它应遵循以事件中的问题为研究前提，以对事件的不同认识为互动的基础，以对事件的反思来提升群体教师的实践智慧。

①尊重现实，客观分析。对于一些特殊的难以解决的教育问题，教师往往会逐渐失去耐心，以不该有的"有色眼镜"去看待学生。因此，群体会诊中，首先要求每一位教师能从自身角度出发，客观评述、分析教育现象，避免误导他人。

②发现差异，寻找突破。再难教育的问题学生，也一定有可以突破的"最低防线"，不同教师的分享有利于发现差异点，从而找到最佳突破口。

③共商对策，持续跟进。群策群力，其利断金。观点碰撞，智慧分享是极其重要的学习环节。教师的群体智慧，可相互启迪，相互弥补，从而找到更为适切、完善的教育策略。

基于"关键教育事件"的教师学习，引领教师以全新视角反思自己的日常教学，极大提高了教师的专业判断力和教学有效性。

(3)基于"真实问题"的行动研究

学校以课题组为单位规范要求，有序管理，扎实推进"旨在教学改进的小课题研究"。定期请校内外专家入校对各级立项课题进行指导，使课题研究扎根于课堂教学、服务于学生，最终促进研究团队的整体提升。

①重过程——实行"五一"管理制度。期初制订好课题研究阶段性计划；每月围绕课题上好一节实验课，保存有关教案及教学反思；每月参加一次教科研例会，汇报自己的课题研究情况；每学期，开放研讨课一次，写好阶段性总结。

②重研讨——开展专题化研究。学校定期举行学术研讨交流活动，每学年举办各类科研讲座不少于四次。近年来，学校举办了"沪杭两地小班化教学研讨""高效阅读专题研讨"等科研专题活动，促进了各层次教师的教育理论素养与课题研究能力的提升。

③重分享——加强多种资源建设。科研室借助校园网、资源库等向老师推荐历年优秀成果等供老师学习，及时传递教科研信息，拓展学习资源。科研室每学期出一期科研刊物《省小科研》，每年度出教师研究校刊《成长》，一方面展示教师研究成果，另一方面加强校内优秀资源的交流与分享。

2.基于发展层级不同开展互惠学习

(1)青年学堂——利用校本师资，发挥"鲶鱼"效应

①"老新"牵手，青蓝结对。充分利用校内人力资源，老教师指导新教师，促进新老师快速成长。每年教师节，学校都举行"青蓝结对"拜师会，签订师徒结对协议书，不仅从课堂教学入手帮助新教师，还从教学常规、课题研究等方面做引领。

②“中新”英才，成长联盟。学校以“职业规划、英才培养、成功人生”为主旨，以教龄在0～6年的青年教师为学习主体，与学科青年骨干结成“成长伙伴”，形成学习共同体，并依托“成长导师团队”整体规划引领，使青年教师在师德修养、业务素质、班级管理、心理修养等工作能力及综合素养方面达到优良水平。

③“新新”竞争，竞赛促进。学校每学年分别举行青年教师“起航杯”课堂教学竞赛和“2＋X”基本功竞赛活动，通过自主学习总结、自主实践反思、现场竞赛展示的方式，促进青年教师专业基本素养与基本技能的快速提升。“起航杯”通过师父引领、徒弟实践、教研组合作的方式磨课、议课，促进青年教师课堂执教能力的快速提升。“2＋X”指参赛项目为2项指定基本功竞赛项目，其余一项为自选强项。

“2＋X”基本功竞赛通过日常教学基本功竞赛不断促进青年教师提升自身教学基本功，“X”式个性化展示则推动教师张扬个性、特色发展，为学校多元人才的培养奠定基础。

(2)领雁导航——内引外联，骨干教师风采展示

学校积极建设骨干教师助推工程，以“内引外联”“搭台压担”“风采展示”等为手段，促进骨干教师向更高层次发展。同时，开展骨干教师的一句教育格言、一个观点报告、一篇经典案例、一个教育故事、一项研究成果的“五个一”专业发展成果总结交流活动，促进教师不断总结、反思、提炼，使个人经验转化为陈述性知识传递。

①“名师入驻”，引领发展

案例4-7

学校与浙工大附属实验学校联合进行课堂诊断研讨活动，并邀请著名特级教师魏××作为专家走进课堂，与全体老师一起开展课堂诊断听评活动。三堂课都能够做到尊重学生、尊重课堂、尊重教学内容。第一，尊重课堂，尊重文体特点。第二，教学手法朴素实效。第三，课堂求真务实，教学目标落实到位，不浮夸。第四，体现了高效课堂，课堂教学内容的容量适中，质量适度。

学校专家资源有限，邀请名师结对引领，帮助骨干教师诊断提炼出教学中迫切需要解决的问题，同时也针对课堂教学情况提出改进的建议，有效促进教师的自我反思，帮助教师对自身专业化发展提出针对性发展目标，真正实现优质高效的课堂，进一步提升骨干教师的职业自信。

②“支教输出”，历练成长

学校坚持与淳安县中洲镇小学、省内外小班化实验学校、高效阅读实验

学校等开展主题化校际教学联谊活动。通过上课、听课、专题论坛等系列活动，为骨干教师搭建课堂展示的平台，引领教师专业化成长，增进城乡互动交流，促进优势互补，资源共享，携手共进。

不同学校在学校管理、教师队伍建设、“同课异构”课堂研究、学生管理等方面继续深入探讨，将互助共同活动的经验进行提升、提炼，关注内涵的发展，使教师、学校都能在活动中真正实现双赢、多赢的目标。

(3)“任务驱动”——趣效结合，唤醒高原期教师激情

高原期教师的怠惰是这一层级教师面临的极大挑战，如何通过外在压力与内在激活的有效对接从而实现突破？搭建平台、任务驱动是有效的载体。学习与提高需要任务驱动，可以是操作任务，也可以是思考任务，可以是明确规定的任务，也可以是暗示性的任务或诱导性的任务。以“教育智慧微论坛”“教师才智微展示”等为载体的教师学习，使教师带着或明确或暗示的任务充分酝酿后的展示，使学习者在提出问题、分析问题和解决问题的过程中获得成长。

①教育智慧微论坛

教师通过自主学习、实践、反思，用身边具体的事例，展示有效的实践过程，以“微论坛”形式做主题发言，并与教师进行有效互动(见表4-6)。教师们通过相关理论学习结合自身的教学实践生动地阐述，激发了在场教师的学习热情，使教师从中审视对比、反思不足，形成了新的理解能力。

表4-6　走“轻负高质”之路微论坛活动计划

组别	论坛主题
综合组	《循序渐进，让孩子爱上英语》
	《音乐基本功的培养策略》
	《美术之功，功在平时》
语文组	《如何提升学生的文本阅读能力》
	《真性情作文的习作教学研究》
	《培育备课组文化，促进学生优成长》
数学组	《培养学生自主探究兴趣和能力》
	《后三分之一学生的有效指导》
	《学生数学行为习惯的养成》

教师普遍认为，教育智慧分享会不仅分享了教师的教育故事，习得了解决实际教学问题的妙招，也感受着教师一丝不苟的工作态度和严谨的工作

作风，更激发了教师根据各自学科特点创造性地开展工作的热情。

第一，论坛主题宜自选。高原期教师有一定资历但自身发展动力不足，需要搭建难度低、趣度高的研修平台来激励老师参与，因此论坛的主题不宜集中命题，而是让老师自主选择。教师作为分享者，在任务驱动下，有利于其深入思考，分析总结，梳理提炼，从而实现自我提升。

第二，论坛形式宜灵活。论坛的形式不宜过于严肃，时间不宜过长。一般可以利用周前会进行十分钟微论坛展示，结合青年教师茶话会进行主题发言，结合优秀教师表彰进行经验分享等。灵活的形式有利于卸下教师的心理包袱，激发成就感、自豪感，从而达到自我反思、自我发展的研修目的。

②教师才智微展示

学校搭建教师才智微展示的研修平台，教师可独立亦可合作展示，展示内容、形式自选。有才艺特长类：唱歌、舞蹈、器乐、小品、相声表演等；有专业素养类：音乐、美术作品鉴赏；古诗词吟诵、赏析；教育成功案例模拟表演；科学实验演示、分析等；还有综合展示类：新闻时事评论、社会热点访谈等夯实教师基本素养，分享教育智慧，展示才艺特长。学校根据教师的展示效果及自主参与度投票评出“最受启发奖”“最佳才艺奖”“最具智慧奖”“最佳合作奖”等。

学校各组教师分工协作，发挥聪明才智，展示个性特长，展示了趣味性强、艺术性强、具有人文色彩的精彩节目(见表4-7)。

表4-7 “××小学教师才智微展示”列举

团队	主题与内容	形式
美术组	生活服饰巧搭配	模特走秀表演、服饰搭配讲座
体育组	体智美	体操表演、保健讲座
一年级语文	美丽中国	现代诗朗诵与赏析
科学组	生活中的科学	实验演示、互动体验、原理分析
英语组	Oh, the places you will go!	英语诗歌小组朗诵
信息技术组	iPad功能新发现	现场演示与互动体验
二年级语文	音乐作品的文学解读	配乐解说
音乐组	中西合璧之传统戏剧与拉丁舞	歌舞表演

教师才智微展示营造了相互赏识鼓励、轻松愉悦和乐的教师学习氛围，每一位教师在展示中发现自我，获得愉悦感，体验职业的成就感、幸福感。

第一，才智微展示提倡个性。才智微展示重在发现教师的个人才华，树立教师个人自信，从而不断丰富学校教师群体的学习资源，为学生的学习提供有力支持。

第二，才智微展示鼓励合作。教师个人专业发展建立在教师共同体之上,集体的教育智慧不断融入个人的智慧中,展示前期的组织策划、交流互动、协作调和,有效激发教师自主学习研究、相互协作共进的团队意识。

第三,才智微展示注重创新。无论教师个人或团队的展示,因无主题、内容、形式等限定,教师有着充分的自由度。然自由度越大,挑战难度越高,教师为了在展示中能充分展现自己的个性才华,获得大家的认同,都付出了极大的心血,各种展示可谓创意十足,精彩纷呈,大大提升了教师的综合素养。

③项目负责制,教师特长展示

项目负责制就是以项目的策划到实施的全过程为工作核心,以项目预期目标的实际完成情况为考核内容,根据考核结果对项目负责人及项目团队予以评价和奖惩的一种管理模式。项目负责制具体操作是:学校的各种教学活动、主题活动、学生活动等以项目人自主申报、自主运作的形式,学校负责提供必要的人、财、物支持,发挥教师个体特长及兴趣,既锻炼教师,又提高活动的质量及实效。按照主要负责人进行分类,分个人项目负责制和团队项目负责制两种。

项目负责制发展操作主要是以下三个步骤:学校呈现项目活动—教师自主申报项目—项目负责策划运作。

第一,学校呈现项目活动。学校根据教育教学活动需要设置项目,提供给老师可以负责申报的内容。比如:××教育集团尝试了语文一年级微课制作和小学生日常行为规范微课制作的两项重大任务,分别以教导处教学教导、德育教导主任牵头,根据内容和难度分别设置成几个小项目,让有意向和有能力的老师来自主申报其中的项目,学校在人力、物力上给予一定的支持,并根据微课的质量和活动的实效给予一定的奖励。

第二,教师自主申报项目。教师根据自己的特长、爱好、兴趣自主申报,也可以组建一个小团队共同承担任务,负责其中的某一个项目。比如:在一年级语文微课制作中,两位备课组长和一位对微课制作有兴趣的老师主动申报了项目,经过协商,他们分别确定了拼音、写字、识字这三个项目。如何完成这项内容,三位老师具体提出了自己的思路和方法,学校尽可能提供人员、物资和技术等方面的支持。

第三,项目负责策划运作。在项目申报之后,项目负责人对该项目全面负责,包括人员的分工与调配,内容的选择,方法的指导等等。比如:在拼音微课制作项目中,项目负责人先组织老师进行微课学习,如何撰写拼音微课的脚本,在拍摄过程中需要注意些什么,微课的 PPT 制作注意事项等,充分发挥了骨干教师的引领作用。

四、多维激励，促进教师自省“学得如何”

每一位教师的成长方式有差异，成长速度有快慢，成长轨迹有不同，如果用同一把尺子来评价处于不同发展层次的教师显然有失公允，不利于激励教师自我成长。因此，学校教师评价呈现激励为主、标准不同、形式多元的特点，积极创建有着工作即学习、学习即工作的职业生存方式的学习环境，有着同侪互助、协作共进的教师文化，促进每一位教师积极参与学习活动，实现专业成长。

1. 面向全体的“个性纵向”的发展式评价

（1）“星级教师”阶梯式评价

学校制订《星级教师考核管理制度》，每两年评选考核一次，每个教师都能根据自己的特点进行相应星级的自主申报。在本人申请基础上由学术组进行资格审定，然后经课堂教学考核，教育教学理论考评后评定等级，最后报校长办公会议批准后，即确认评定为“某星级教师”，并予以表彰与奖励。星级教师考评制度是学校强化师资队伍建设的重要举措，不同级别的星级教师有不同的评选标准及义务与职责，它既是对教师师德师能、工作成效的肯定，也更好地促进每一位教师不断提高自身业务水平，成为推动学校发展的中坚力量。

（2）“积分制”个性化评价

教师结合学校的发展规划和自身发展特点，从现状分析、发展目标、规划措施、总结反思四大板块入手制定个人发展规划，以不断促进自身专业成长与风格形成。同时，学校创建了“教师成长博客群”，除“成长规划”“读书札记”“案例反思”“课题研究”“主题讨论”等栏目，专设教师个人成长量化图表，真实地记录教师的成长过程，生动反映教师的专业成长轨迹，便于教师随时自我监测与及时调整教学行为。每学期末，学校组织学术组及“三长”进行分组考评，根据教师自我发展目标达成度及校本研修积分情况奖励相应的“成长积分”。教师在获得“一百分”积分后，可自主选择省内的三日考察学习活动一次；获得“双百分”积分后，可自主选择省外的五日考察学习活动一次。

2. 面向层级差异的“培养考核”一体化评价

教师不同的成长时期，有着不同的发展基础和条件，有着不同的发展目标和要求，也面临着不同的困难和障碍，需要有不同的荣誉结对。学校在思考不同层级教师的荣誉需求的同时，将分层培养与考核融为一体，形成一体化评价模式。

(1)满足青年教师发展需求的“英才联盟”培养工程

青年教师一般都有很高的工作热情，他们渴望被发现、被认可、被赞扬、被重视，制度设计应充分满足每一位青年教师的发展需要，为他们搭建业务进修和展示自我的平台，让每一个青年教师都有崭露头角、展示个性、尝试成功的机会。

案例 4-8

杭州市××小学“青年英才成长联盟”学习制度

导师团队职责：

负责“青年英才成长联盟”活动的整体策划与考核评价，承担专题讲座、学术指导等专业引领任务。

成长伙伴职责：

一学年内，与青年学员共同完成“六个一”学习任务：同读一本书；同上一堂课；同开一次论坛；同研一个课题；同写一篇论文；同做一份成长报告。

青年学员学习制度：

1. 按时参加两周一次的“青年英才成长联盟”学习活动，活动过程中要积极参与，认真笔记，按时完成作业。经教导处认定计入校本研修学时。

2. 一学年内，青年学员与成长伙伴须共同完成“六个一”学习任务。

3. 青年学员须承担活动主持、拍照和报道工作，配合班委会做好班务工作。

4. 学期末，青年学员须进行一次学习汇报，做好学期个人总结上交班委会留档。

5. 青年学员因公请假或病假(丧假)须征得班主任同意并报班委会备案。

6. 青年学员因产假中断学习培训，产假后应继续完成规定年限的学习培训。

7. 根据青年学员学习情况评出“优秀学员”，作为区(校)级骨干教师的推荐依据。

8. 培训符合要求满 6 年的青年教师，学校颁发“青年英才结业证书”。

9. 对符合以下条件两项以上(含两项)的优秀青年教师，学校将酌情考虑给予其提前结业，并颁发“青年英才提前结业证书”，以资鼓励。

(1)区“起航奖”

(2)区“教坛新秀”

(3)区优质课(展示课)评比二等奖及以上

(4)区中小幼学科教学论文、区教育教学课题研究成果评比二等奖及以上

以提高师德修养、人文素养和教育教学基本功为目标，制订并运行“青年英才成长联盟”培养考核机制。学校每学年组织定向考评，教师自主评价，导师团队与班委进行互动评价，以积分制进行综合评价，前30%优胜者颁发“××小学青年英才奖”，择优推荐参加市区级各类评优评先。

(2)满足骨干教师成就需求的“特长教师”孵化工程

骨干教师积累了丰富的工作经验，是一支能够起轴心、驱动、辐射、稳定和促进作用的中坚力量，他们迷茫于如何在现有成绩的基础上再度提升。学校为他们创造条件提供教研、教改空间和外出学习交流、对外展示的机会，使他们能充分施展才能，扩大对外影响，在教育生涯中有所建树，成为学校发展的中流砥柱。

案例 4-9

杭州××小学教师优势项目孵化工程实施方案

一、指导思想

以科学发展观为指导，通过个人特色定位、优势项目申报、专家把脉引领、任务驱动发展等措施，促进教师个性化、特色化发展，逐步形成自己的风格与特长，实现跨越式发展，成为某一领域有建树的学科专家。为更全面地培养和建设一支“师德高尚、业务精湛、结构合理、优势互补”的学习型、研究型、专家型教师队伍做贡献。

二、培养周期　三年(2015 年 3 月—2018 年 2 月)

三、培养计划

(一)自我定位，项目申报

(二)团队合作，任务驱动

1. 优势项目相近的老师组成共同发展协作组，开展合作研究，共同发展。

2. 每学年，邀请与教师优势发展相关的校内外专家，分组进行面对面指导与引领。

3. 每学年，以协作组为单位，承办校级及以上主题研讨、校际联谊等活动，促使教师在主题化研究与实践中得以历练与发展。

(三)交流展示，反思总结

1. 开展课题研究、课例研讨、观点论坛等形式的展示活动，促进教师在任务驱动中实现优势项目的发展。

2. 进行阶段性总结回顾，将物化成果整理汇编或出版。

以学年为单位进行考核，考核标准以教师自主申报项目为准，从承办校级及以上主题研讨、校际联谊等活动次数，开展课题研究、课例研讨、观点论坛等形式的展示活动效果等进行评价，评定“优秀”“合格”，对“考核优秀”的教师予以表彰暨物质奖励。考核只是手段，目的是促进教师培养个人特长，发挥个人优势，获得专业自信。

3.鼓励团队协作发展的“捆绑式”团队评价

人不仅是自然人更是社会人，今天的教师显然不能只是一个孤独的教书匠，一个个体劳动者，他需要教师不断放开自己，加强与同事之间的专业对话与合作，通过相互学习，分享彼此的教育教学经验，从而实现共同成长。

期末优秀教研组、备课组申报、考核，卓越班级团队的考核，师德师范团队的申报、考核，优秀年级组的申报考核等，每一项团队考核重在过程，重在绩效，并在自评申报的基础上进行，以促进团队教师探究积极有效的合作方式，更好发挥“实践共同体”的作用，培育生态和谐的教师合作文化，使教师个体、群体间实现生态互动、优势互补，最终促进个体专业成长与团队协作发展。激发在场教师的学习热情，使教师从中审视对比、反思不足，形成了新的理解能力。

五、研修措施有效到位

1.研修规章制度力求明确

校本研修是一项基础工程，要尽可能让教师在不同的层面上有所收获，管理是关键，制度是保证。每学期开学初，学校就制定了校本研修计划，并为教师们设计、制作校本研修记录本，每次校本研修都严格按照集团教师学习制度实施当场点名，并布置、落实学习作业的检查和反馈。其中，课堂观察案例、读书体会等一些主题性文章还请教师们及时上传到“论文交流系统”“西湖远航网”和科研师训网站“读书体会”专栏以及FTP平台里，以便相互学习交流，并及时反馈。

2.研修规范管理重在落实

为组织好每次研修活动，科研室、教导处、总务处、现代教育技术中心，每个部门都积极协调落实，做好活动的准备和实施工作。比如说，网络互动对于环境、设备的要求比较高，但在各部门的协作下，无论是西湖区的科研论坛、集团的视频会议，还是自己学校的读书论坛、教研组研修，老师们都能顺利实现多方互动、在线点评，开展具有学校特色的网络化校本研修活动。

3.教师研修需求持续关注

校本研修从教师的需求出发，体现以人为本的思想，如教研组内的实践性研修、科研专题培训、现代教育技术培训、杂粮培训等都是在听取了教师意见的基础上进行的。每学期，学校都组织校本研修教师意见征集，根据老

师们的需求制定相应的研修菜单，在校本研修中充分挖掘本校、本集团的资源，并大力开展受教师欢迎的实践互动型研修方式。

4.研修个体和团队两方俱进

“关注每一个”是研修活动的一个宗旨，不同年龄阶段、学科的老师都有着自己不同的需求与方向，需要区别对待、分层管理。在上级培训部门的指导和教育局有关教师培养文件的引领下，学校充分发挥特级教师、骨干教师的核心作用，培训工作面向全体，分层落实，整体提升。青年教师培训、教研组长培训、班主任工作培训等方方面面都取得显著的效果。

5.研修途径与方式不断开拓

利用区内、区外的培训平台，做好教师外出培训的推荐、选拔、汇报以及展示的相关工作，实现专业发展和智慧共享。挖掘集团特级教师、首席教师、骨干教师的专业资源，形成特色培训菜单，供教师自主选择，进一步拓宽培训渠道，进一步开放培训内容，使之更丰富、更现代、更实效、更贴心。不断健全网络培训、电子培训、社区培训等各种培训渠道，把优秀的家长资源、企业管理等方面的资源也能够整合到教师培训体系中来，使得专业培训和杂粮培训并进，建立一个更开放、更高端的培训体系。

第五章 推进名师工作室：教育高位均衡发展的实践演绎

名师工作室作为一个教师专业共同体，每一位教师都有自己独特的教学经验和学习、成长经历，有个性化的知识结构、信念体系和思维方式。这种多样性和差异性，加上名师工作室交往的透明性，提供了多样化的互动机会，从而在名师工作室中建立起一种成员互惠互利优势互补的格局。

教师队伍建设是教育管理的永恒主题，也是西湖教育实现优质发展的关键。在“减负增效”的大背景下，如何进一步改善教学，变关注学生的当下发展为关注学生的持续发展，变关注教师的专业发展到关注教师的品质发展，同中求异，异中求好，好中求优，优中求精，是西湖区教育局近年来在教师培养过程中尤其重视的问题。2008 年以来，在西湖区教育局的大力组织和推行下，先后成立了“特级教师工作室”“首席教师工作室”和“首席班主任”，为更好地发挥区域骨干教师的引领辐射作用，促进青年教师的成长，提高区域内教师整体素质的提高起到了明显的作用，具有深远的意义。

按照西湖区教育局对“特首教师工作室”工作要求，工作室的重点在教师研究能力与思维、专业智慧与思想、专业知识与修炼、专业境界与精神等方面进行引领。“引”是明确前进的方向；“领”是率先践行。基于“工作室引领”就是工作室主持人用自己的行动和思想，带领工作室成员为了共同的愿景，相互学习，共同提高，获得专业素养提高和主体价值的提升。除此之外，“特首教师工作室”还是推动区域合作发展的一剂良药。每位特级教师和首席教师都要招募来自不同学校的老师加入自己的团队，在新的平台上共同进步。几年来，西湖区的“特首教师工作室”建设取得了良好的效果，成为我区推进教师均衡优质发展的区域合作的特色之路。

第一节　名师工作室的目标定位

在西湖区，工作室的挂牌建立是一件大事。西湖区十分重视工作室成立的仪式，在工作室成立仪式上，区教育局领导会亲自授牌并提出希望，工作室的特级或首席教师会给来自不同学校的工作室全体成员颁发聘书，工作室成员、特级教师、首席教师都会发表讲话，表达对工作室的祝愿和期许。整个仪式简短但是隆重，仪式对于工作室创建十分重要，一方面，特级教师、首席教师明确了工作室的责任和目标；另一方面，每位工作室的成员更有组织的归属感和荣誉感。这为工作室今后持续发展奠定了良好的基础。

一、工作室成员招收 农村城市教师各占比例

西湖区名师工作室管理办法规定，名师工作室招收成员，特级教师15人，首席教师10人，每个工作室农村学校教师占60%。工作室在招收成员时，不但顾及不同的年龄段、不同的职称、不同职务，而且考虑到不同的地方区域，有城镇的，有农村的，有区外市内的，有市外省内的。这样的成员组成，在一起开展活动交流，可以看到不同地方的教育，可以听到不同教师的心声，从而使工作室气象万千。

二、工作室定位 明确发展方向

任何一个团队都需要通过目标定位让每一个成员拧成一股绳，作为工作室的领头人，特级教师、首席教师都会有自己的规划和定位。共同目标既是组织存在的前提条件，也是管理活动要达到的目的。如果没有明确的共同目标来统一全体成员的思想行动，组织就如同一盘散沙，形不成整体。有目标才有方向，有制度才有组织，有任务才压力，有压力才有动力。

如王曜君特级教师工作室的定位："专注于打造品牌团队，创造卓越的名师风采。"通过一年的努力，"王曜君特级教师工作室"来自西湖区的21个成员中，在成立了俞华芳首席教师工作室、姚红晓首席教师工作室之后，又有3位成员在9月份成立了"首席工作室"，她们分别是：刘新颜首席班主任工作室、王伟首席教师工作室、翟海燕首席教师工作室；有3位教师从一级教师顺利晋升为中学高级教师；还有许多教师在工作室的研讨和活动中成长较快，有的被评为市区级的教坛新秀，有的被评为名师，有的被评为学科带头人等等。

汪建红特级教师工作室提出的目标明确，规划具体，工作运行机制有路数。在2011年1月汪建红特就召集大家聚在一起，确定了工作室的工作基

本思想和工作理念:以人的发展为本,理论结合实践,明确工作室目标,具体规划了本年度的工作,并进行了具体的分工,完善了工作室运行机制,使整个工作室工作有序而高效。

魏丽君特级教师工作室申报了西湖区巾帼文明示范岗,借争创之机,工作室进一步完善工作机制,明确工作职责,把"广纳众家之长,提升自身素养;亲炙课堂教学,潜心研究教艺;浸润教学文化,打造特色团队。"作为工作的目标和追求。

姚青山特级教师工作室以引领队伍快速成长为根本目标,以推进课堂教育教学转型为抓手,为教师搭建成长的舞台;以坚持"引领为先、同伴互助、教研结合、超越自我"为基本准则,发挥师德示范作用;以引领集团、带动全区、辐射全市教师为工作目标,立足教师专业成长工程建设,着力推进课程改革向纵深发展,促进教师队伍的最优成长。

章献明特级教师工作室坚持以培养、引领工作室全体成员具有高尚师德、高超技能为总目标,同时为每个成员确立有实效的个人发展确定目标,以研究为载体,以活动为平台,为更多的一线教师服务。工作室制订的年度目标是:围绕教育部研究课题,以课堂教学为主要阵地,以现场活动和网络活动相结合,继续提升工作室成员研究水平,为教育教学工作服务。

各工作室的目标和定位成为整个工作室成员为之努力和奋斗的航标,在这样的集体中,每位教师的目标意识和方向性更强了。

三、工作室成员定位 促进最优发展

各成员根据自己的发展点制订专业发展三年规划。规划人生是一种运筹帷幄的艺术,是对自己所要达到的人生目标设定最佳的路径,以最少的代价换取最大的成功的一种精心设计与安排。它将宏伟的目标与现实的条件紧密结合起来,是沟通天才的构想和现实途径的桥梁。工作室成员进入工作室都要制订三年规划,专业发展规划是工作室成员追求自主发展、自我实现的重要环节,促使工作室成员关注和思考在工作中如何做正确的事、怎么正确地做事、怎样有效地做事等核心问题。

同时每一个成员都有自己的特点和个性,每个工作室着力于成员特色发展,尽量为他们提供这样的指导和展示的机会,工作室定位在为他们的特色发展服务。如有些成员科研能力强,让这个科研的骨干尽量发挥自己的特长来对其他的学员进行指导。根据每个教师特点,通过分析教师特长,强化发展点,成就每个教师的风采。

如某特首教师工作室导师对成员的发展诊断:

成员 1:教学扎实厚实、严谨大气,语文基本功全面,写字教学形成自己

的特色，主要发展点是在运用现代理论总结提炼经验做法，物化研究成果，传播教学经验。

成员 2：善于启发引导，教与学关系和谐，主要发展点是平实、朴实、亲切课堂教学风格的形成。

成员 3：擅长诗词格律，文采风流，教学平实中见功力。发展点在探索诗化语文教学，引领学生自由写作实践研究。

成员 4：机敏幽默，长于演讲，发展点在“亦庄亦谐”对话式教学风格塑造。

成员 5：语文教学设计细腻，富有情感，发展点在情感教学、诗意教学的深入研究。

成员 6：乐于思辨，擅长理性思考和实践研究，对农村学生作文教学研究有独到的方法，发展点是对农村学生学习过程的深入研究。

成员 7：低段课堂童趣灵动，有感染力，生长点是对儿童语文的理论与实践的探索。

成员 8：高段语文教学设计巧妙，生长点是打造简洁、大气的教学风格。

成员 9：教学深入浅出，善于调动积极的情感，巧妙设计语言训练，教学有实效，生长点是锤炼激情高效的语文教学。

成员 10：教学朴实扎实、简约有效，亲善和悦，深受学生喜爱。生长点是形成朴实亲善的教学风格。

……

通过教学优势诊断，明确教师发展方向，提升教师的自信，为教师最优发展创造条件。

第二节　名师工作室的运行模式

近 10 年来，西湖区工作室在运作中，根据导师的特长和学员的需求，构建了有特色的运作范式，为其他工作室运作提供了示范作用，彰显了工作室的榜样力，扩大了成员的受益面。下面列举四个工作室范式。

一、“课题整合”王曜君特级教师工作室范式

（一）“课题整合”工作室范式的内涵

围绕系列较高规格的科研课题，工作室成员共同参与，以课题组成员分角色共同承担研究项目的方式推进工作室日常教与研的参与行为。“整合”是指把课题研究的过程与教学实践、日常教学研究结合起来，有重点、有针对性地就某一主题进行较长时间的专项攻关与开发性实践，并获取相应成

果的过程。

(二)"课题整合"工作室范式的特色

1. 内容覆盖性。作为一项工作室的主流内容,课题研究的内容指向应该有一定的覆盖性,即有典型性代表性,代表着大多数成员的方向和需求。这样大家有积极性参与到课题研究中来,研究着工作室即自己的课题。如《构建初中"层级式"写作教学体系的实践研究》,"层级式"写作教学是大家共同的问题,又是大家都感兴趣的课题。

2. 过程全员性。没有全体成员的全过程参与,工作室的研究课题就会成为一句空话。其中最重要的,就是要让工作室的成员"人人有事干",即每个人都有在研究课题中的任务。从课题确立开始,就动员并要求成员个个参与,并科学地进行分工,将自己的日常工作与课题研究结合起来,与工作室的活动结合起来。

3. 形式多样性。工作室的课题研究,不同于一个学校的教研组,是一种相互协作与共同完成的过程,同时也是一个互补的过程。在开展研究的方式上,可以采用多种多样的形式。比如,共同参与的有主题的研讨会,以研究课为载体的观摩活动,专家讲座互动的问询会,主题送教活动,专题读书会,等等,一方面丰富活动形式,同时也以变化的方式引导工作室成员更立体地开展课题研究。

(三)"课题整合"工作室范式操作程序(见图 5-1)

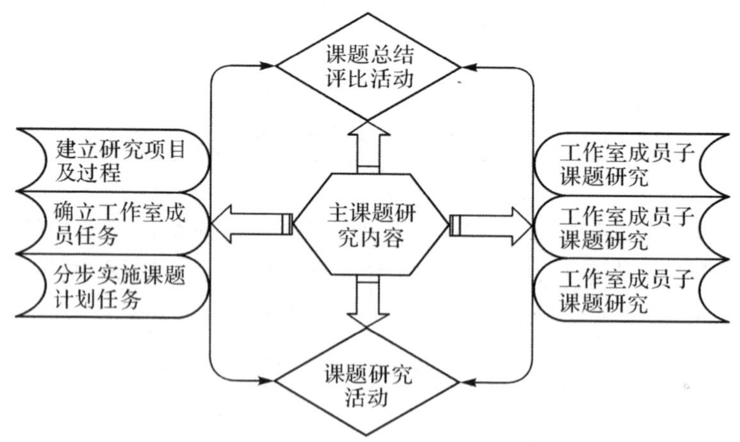

图 5-1 "课题整合"工作室范式操作程序

(四)学员成长举例

王曜君特级教师工作室成员张老师,带着强烈的上进心和积极进取的学习心态,通过自主申报通过考核后加入工作室中。主动承担工作室课题研究项目,不仅在自己学校中实施课题研究的实践,不断并经常开设研究课、观摩课,同时,还自己主动地申报课题,迁移到语文教学的其他项目中,取得可喜的研究成果,成为省第九批特级教师。

二、"特首联盟"黄黎明特级教师工作室范式

(一)"特首联盟"工作室范式的内涵

特级教师黄黎明和祝成其、鲍迪尔、李艳、杨晓凤、刘新颜、何玉春6位首席班主任成立了"××区班主任发展特首联盟",以全区6个首席班主任工作室的全体成员,组成班主任发展联盟,充分发挥教育专家黄黎明特级教师的指导优势,充分发挥首席班主任的引领作用,充分发挥首席班主任工作的团队作用,推动班主任骨干队伍的整体提高,进而丰富和拓展优质教育资源,实现区域性班主任工作的均衡发展。

(二)"特首联盟"工作室范式的特点

以专家引领为主导。我们6个首席班主任,虽然有先进的班级管理理念,有系统的基础理论知识和丰富的教育经验,有一定的科研能力和具有较强的传帮带能力,但毕竟还年轻,组织学员开展活动缺少经验。而德育专家黄黎明特级教师,她辅导出来的成员有2位评上特级教师,7位评上首席教师,为此各位首席班主任在她的引领下,开展活动会更有效,指导学员会更有方略。

以协商统筹为支撑。特首联盟有7个工作室,为了使活动开展得有序高效,每次工作室联盟活动前夕,都要召开论文筹备会议,大家献计献策。根据各个工作室学员的需求和实际情况,商议活动的主题、活动的内容、活动的形式、活动的地点、活动的程序及活动的参与者等,制订周密的活动方案,合理分工准备,使每次活动开展得有声有色。

以实践活动为途径。工作室以实践活动为途径,通过多形式、多维度、多渠道的课堂实践、活动考察等,丰富老师们的实践经验,将理论与实践交互融汇,积累丰富的工作经验。在一次次工作室的独立实践活动、大联盟统一外出实践考察中,老师们逐渐能面对新形势新问题,大胆创新、大胆实践、积极交流、不断总结、不断提高。

(三)新范式结构和操作程序(见图 5-2)

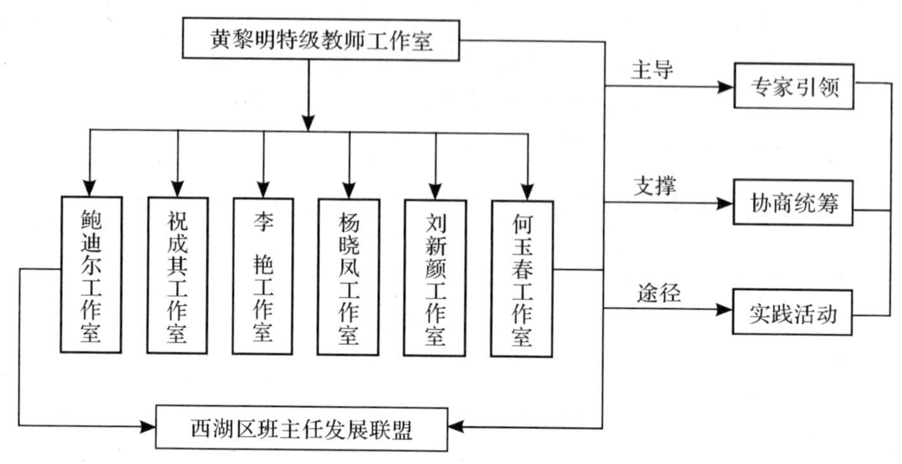

图 5-2 班主任工作室新范式结构和操作流程

(四)学员成长举例

周老师,浙大附小青年班主任。在工作室一年的学习中,从原来一名稚嫩的、缺少经验的班主任,到现在能自己独当一面,熟练地进行班级管理及与家长沟通。在这一年的工作室学习中,她通过多次的理论学习,第一次获得区立项课题,这也是工作室下的一个子课题"环境文化在班级文化建设中的研究",周老师在课题操作中进一步提升了自己的理念和实践。同时,在这一年,她还被评为学校优秀青年班主任,其班级也得到很大的改进,成为优秀班集体。用她自己的话说:工作室是带给她成长的沃土,是她快速进步的摇篮!

三、"网络共同体"章献明特级教师工作室范式

特级教师工作室是基于课堂教学研究重在发展教师综合能力的一种合作性成长团队,在导师的带领下,通过相互影响,不断地促进个人成长与发展。在教育信息化充分发展的背景下,基于网络的工作室范式也相应而生。

(一)"网络共同体"工作室范式内涵

在工作室开展实体研究的基础上,以网络平台和工具为基本纽带,建立多角度、多形式、超时空、重交互的一种学习型共同体工作室范式。"网络共同体"是一种对传统和现状的挑战,它必须在一定技术的支持下,以打破和超越传统的方式开展工作,其最核心的意义在于"全覆盖"和"超时空"。基

于网络的共同体工作室方式，完全可以实现“全还原”和“非现场”。

（二）“网络共同体”工作室范式的特色

“影子身份”。每个人在网络上都有第二身份，也是一个重要的永远暴露在人面前的“真实的影子”，“网络共同体”是一种虚拟身份，但它又很真切地展现了个人能力与态度。“影子身份”是一种“人人是主角”的身份，是完全打破传统的，也是强调自愿、自主的，少有“被要求”，而是“充分想尽各种办法实现自我形象塑造”的一种强有力推进剂。

1.“异地共研”。不在现场没有关系，只要愿意，条件允许。即时非现场参与，或者延时参与，都能实现“不在现场但我真的参加了”的现代梦想。

2.“越时参与”。通过网络共同体，时间不再是一种限制，而是一种可以充分利用的新工具。越过同一时间，离线进行交流，观点一样得到讨论且更充分更深入，因为这种参与没有时间限制，同一主题可以天天进行，也可以“翻出旧账继续进行”。

3.“网状交互”。在传统会场，只能有一个人讲话发言，其他人只是听众，但在网络共同体中，不再是一个人的会场，而是人人的会场，通过网络参与的形式，频率可以大大提升，一点对多点的形式转变为多点对多点，其交互性以几何方式增长，大大增加了交流频率。

（三）“网络共同体”工作室范式操作程序（见图 5-3）

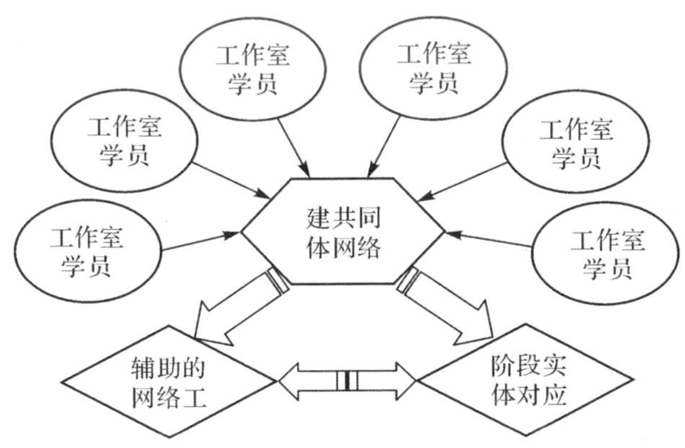

图 5-3 “网络共同体”工作室范式操作程序

四、"城乡联体"胡美如首席教师工作室范式

(一)"城乡联体"首席教师工作室内涵

农村教育发展的快慢直接影响着××区教育发展的均衡与否，农村初中英语课堂教学改革的成功和初中英语课堂提升的关键在于教师素质的提升。胡美如首席教师工作室16位成员中有12位来自农村学校或城郊学校，工作室用区域发展眼光设计和开展活动，思考如何通过首席教师工作室这一城乡互动教研共同体，充分发挥名师作用，借力城区优秀校本教研资源，创设城乡多维互动研讨平台，促进工作室成员的快速成长，使其成为农村英语教学的领跑者，承担起层递式培养更多优秀农村英语教师的重任，成员带徒弟，徒弟带徒弟，层递式培养优秀教师，使工作室真正成为农村英语教学领跑者的"孵化器"。

(二)"城乡联体"首席教师工作室特色

1. 工作室活动下移农村初中，开展指导。首席工作室把各类活动重心下移到农村初中，把更多的工作室活动放在工作室成员所在农村初中开展。使成员所在学校、农村学校的全体英语教师都有机会参加工作室活动，并进行有效校本教研活动的示范和引领，使工作室活动辐射最大化。

2. 工作室活动开展基于学术引领，创新模式。二次课改当前，农村许多教师苦于无模式效照，感到束手无策。胡美如首席工作室主题活动的开展基于教师需求，基于课堂问题，主题化、系列化。在主题活动的理念和学术引领上下功夫，提升主题活动学术性，同时创新主题活动形式，开展"导学模式小组合作"创新性主题活动，做到制定主题、引领理念、激发思维、创新形式。

3. 创设网络研训平台，灵活互动教研。基于工作室大部分成员来自偏远农村，经常性面对面研讨客观上有难度，胡美如首席工作室创设时间和空间上零距离的网络教研平台，开设胡美如首席工作室博客，建"go to England"英语教学主题QQ群。鼓励工作室成员把自己的教学设计、教学反思、教学故事发表在博客上共享，成员对工作室"教研博客"的教学论文、叙事和反思等进行点评、旁批和总批。

（三）“城乡联体”首席教师工作室操作流程（见图 5-4）

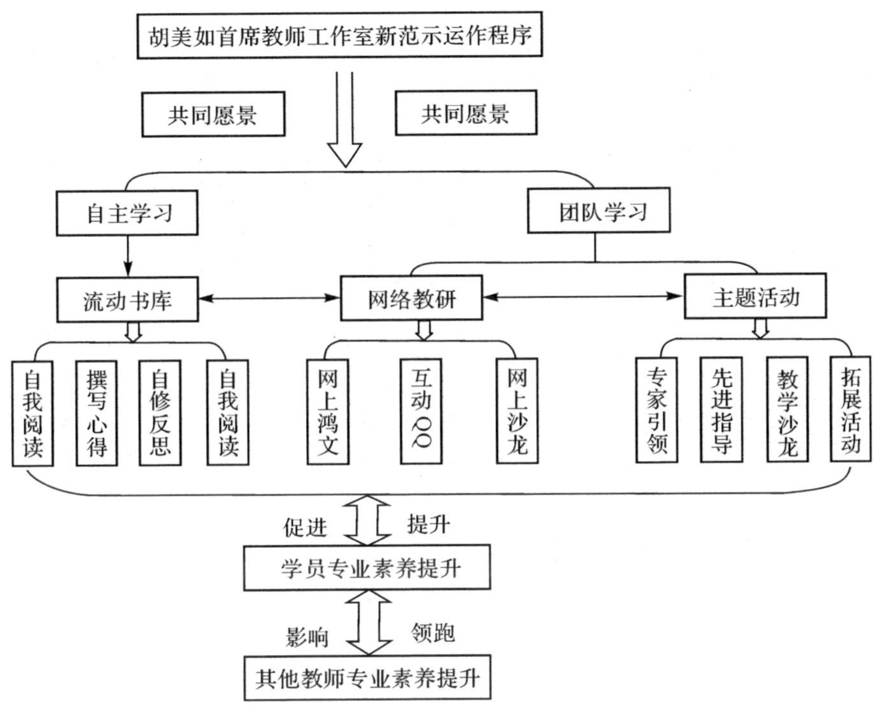

图 5-4 “城乡联体”首席教师工作室操作流程

（四）“城乡联体”首席教师工作室学员成长案例

西湖区紧密型教育共同体受援学校——西湖第一实验学校朱桂娜老师在胡美如首席教师工作室这一农村英语教学领跑者的“孵化器”中快速成长。一个原本教思品学科的非英语专业教师，现已成长为杭州市英语学科带头人、杭州市英语教坛新秀、西湖区英语课改研究组成员，在省骨干教师培训、英语国培等各级各类教学研讨活动中开设公开课、做专题讲座、专题发言，并于最近开设“导学案小组合作”课改录像研讨课，供全区初中英语教师做课改专题研讨范本。自加入工作室来，朱佳娜陆续有《农村中学英语教师教学反思日志的话语分析个案研究》等在市级以上论文、课题成果评比中获一、二等奖。在胡美如首席教师工作室中还有许多的“朱桂娜”们在引领着更多的在农村从事初中英语教学的“朱桂娜”们快速成长！

正如特级教师王斌所说：如果说一个成员是一朵浪花，一个工作室是一股热流，那么浪花飞溅，热浪奔涌，则集成磅礴腾跃之势；如果说一个成员是一支桨，一个工作室是一叶舟，万桨击中流，千帆乘势发，则顿现威武雄壮之气;如果说一个成员是一滴水,一个工作室是一条长江,滔滔江水,滚滚向前,则展现后浪推前浪之景。

工作室以培养骨干教师、培育全面学生、打造西湖教育品牌为己任,扎实而富有创新地开展工作,取得了可喜的成效。我们将再接再厉、不断进取、齐心协力、携手共进,为西湖区特色教育做出更大的贡献!

第三节　名师工作室的运行策略

一、培育团队发展愿景场,激活教师专业发展力

美国著名管理学家彼得·圣吉认为:"共同愿景对学习型组织是至关重要的,因为它为学习提供了焦点与能量。"愿景是一种人们通过努力可以达到的预期目标,是需求、欲望、信念和价值观的结晶,它由目标、价值观和使命感共同构成,是指为实现团队目标而付诸行动的一种精神与动力。

(一)培育团队愿景,引领发展方向

名师工作室作为教师学习共同体,应该培育团队发展愿景,增强工作室成员的归属感、认同感和尊重感,从而有效增强成员的持续学习动力。

案例 5-1

近年来,王曜君特级教师工作室的成员分别成立了俞华芳首席教师工作室、姚红首席教师工作室、翟海燕首席教师工作室;张英飞老师成功晋升为特级教师;成员中有的被评为市区级教坛新秀,有的被评为星级学科带头人等。

魏丽君特级教师工作室以"广纳众家之长,提升自身素养;亲炙课堂教学,潜心研究技艺;浸润教学文化,打造特色团队"作为工作室发展目标。

姚青山特级教师工作室以引领教师队伍快速成长为根本目标,以推进课堂教学转型为抓手,以"引领为先、同伴互助、教研结合、超越自我"为基本准则,以引领集团、带动全区、辐射全市教师为工作室目标。

(二)规划发展目标,激发发展动力

名师工作室成员的专业发展意识和专业成长需求是成员实现专业提升的出发点和内在动力。工作室主持人要指导成员科学、合理地规划个人专业发展目标,以形成自我导向、自我激励、自我监控的学习、发展动力。

案例 5-2

某特级教师工作室成员的个人专业发展规划(2015 年)

成员周老师:教学扎实厚实、严谨大气,语文基本功全面,擅长诗词格

律。发展点在探索诗化语文教学，引领学生自由写作实践研究。

近期发展目标（2015—2016 年）：（1）上一节市级以上公开课，完善教学风格；（2）申请并完成有一定学术或实用价值的省市级科研课题；（3）撰写论文 1 篇。

中期发展目标（2016—2017 年）：（1）在科研课题研究上下功夫，力求形成科研成果；（2）成为一名科研型名师；（3）撰写并在市级以上刊物发表论文 1 篇。

长期发展目标（2017—2018 年）：（1）精炼自己的课堂教学技能，科学分析，理性思考形成有价值的教学文章；（2）经常性运用自主合作学习指导学生的学习方法；（3）撰写并在市级以上刊物发表论文 1 篇。

因此，名师工作室要将团队发展愿景与成员个人发展目标有机融合，才能有效激发教师的专业发展动力，培育教师专业发展的增长点。

二、创设专业自主阅读场，提升教师学术涵养力

苏霍姆林斯基认为阅读是提高教师专业发展的最有效措施，并强调："读书不是为了应付明天的课，而是出自内心的需要和对知识的渴望。如果你想要有更多的空闲时间，不至于把备课变成单调乏味地死抠课本，那你就要多读学术著作。"

因此，各名师工作室非常重视教师的专业阅读，立足课改实践和工作室主导课题开展丰富多彩的自主阅读，基本形式有二：一是个性化阅读。教师根据自己的研究方向、实践困惑和兴趣偏好进行自主阅读。包括趣味性阅读、专项性阅读、理解性阅读、拓展性阅读等。二是共性化阅读。围绕研究专题，定期向工作室成员推荐精彩文章和经典论著，通过同伴互助和个体内省，形成独到的见解。工作室成员按照"阅读→思考→实践→写作"的操作流程，环环相扣，从而有效地促进阅读，提高教师综合学术素养。

案例 5-3

张英飞特级教师工作室坚持每月一本书的个性化阅读活动，与以往不同的是，一是教师的阅读活动有了反馈和展示的平台，如在五月份的"古诗文教学"专题研讨活动中，工作室成员陈琳老师做了题为《古诗文课外阅读给我教学带来的影响》，她在发言时谈到了叶嘉莹的《唐宋词十七讲》，她从先生的书中学到了很多赏读诗词的方法，并且每位工作室老师都在课件上展示"对我最具影响力的书单"；二是阅读更注重走进书店，落到笔头，如 2015 年暑假工作室的富有创意的研修作业是逛杭城十大独立书店，写下书店之旅的过程和心得，于是有了一篇篇文质兼美的《我的独立书店之旅》，汪

晓敏老师的《读在路上，梦在路上》，陈琳老师的《归岸·遇友·觅光》等阅读心得。

案例 5-4

江绪先首席教师工作室 2015 年组织成员阅读课改学术专著：崔允漷的《课堂观察：走向专业的听评课》《有效教学》；张海晨、李炳亭的《高效课堂导学案设计》；赵加琛、张成菊的《学案教学设计》；夏雪梅《以学为中心的课堂观察》；大卫·W. 约翰逊的《合作学习的原理与技巧》等。工作室要求教师先自主阅读，做好阅读笔记和阅读反思，然后在每月工作室读书沙龙中交流，形成以“头脑风暴”为主要形式的学习共同体，按照“晾晒个人的思想→碰撞彼此的思维→沉淀自己的思考→构建团队的思路”共享团队智慧，提升学术涵养。

名师工作室大力开展基于同伴互助式的专业阅读活动，就是在于引导骨干教师自主阅读，将阅读作为一种生活习惯，从而不断提升自己的课堂教学决策能力，监控能力，观察能力等，不断滋润自己的专业素养。

三、构建课型范式研究场，增强教师教学实践力

工作室与课改同行，立足课堂，积极开展“学为中心，高效导学”的课改实践，倾心探索“预学学理化、合学常态化、展学学科化、探学思维化、拓学素质化”的“五学五化”课型范式，有效提高合作导学课堂中学生合作学习有效度、教师指导介入适切度、学科特质彰显度，引领西湖区“学为中心，高效导学”的课堂教学改革从粗放走向精致，从仿效走向创新。

工作室主持人组织成员按照“理论学习→名师示范→课堂研讨→凝练范式→应用推广→修正完善”的技术路线开展课型范式的理论与实践研究。西湖区各名师工作室正在研究的课型范式主要有：王曜君特级教师、张英飞特级教师领衔的中学语文“五环五化”课型范式、“层级式”写作教学范式和高效阅读范式；严国元、吴筠林首席教师领衔的中学数学“单元整合”范式；汤珏弘、丁雪萍首席教师工作室主持的初中英语“文本解构与整合”范式；汪建红特级教师、姚青山特级教师领衔的中学科学“实验创新”范式；江绪先首席教师领衔的社会思品“五学三评”式“学本”课堂学习范式等形式多样的合作导学课堂学习范式。

案例 5-5

社会思品“五学三评”式“学本”课堂学习范式的具体操作流程如表 5-1 所示。

表 5-1 “学本”课堂学习范式的操作流程

学习模块	课型范式
历史模块	史料激趣、示标导学→初读史料、个体预学→精研史料、合作研学→品味历史、互动展学→感悟历史、巩固拓学
地理模块	地图激趣、示标导学→初读地图、个体预学→精研地图、合作研学→活用地图、互动展学→综合析图、巩固拓学
法律模块	案例激趣、示标导学→初读案例、个体预学→精研案例、合作研学→体悟案例、互动展学→综合析案、巩固拓学

伴随着阵阵扑鼻的花香和漫天飞舞的柳絮，春的气息扑面而来。在这生机盎然的季节里西湖区江绪先首席教师工作室历史与社会模块“专题复习”课型范式研讨活动如期开展。专题复习课型研究有助于教师深入、准确把握课程标准，全面理解三维教学目标，提高教学实效性和学生能力。因此怎样在知识点落实和脉络梳理的基础上完成知识体系建构和拓展提升，把复习课上出味道来就成了教师们关注的问题。活动伊始，西溪中学的耿金虎老师给我们带来了一节九年级历史与社会复习研讨课——“改革开放前新中国成长的曲折历程”。耿老师依据教材精心编写导学案，通过自主复习——梳理书本知识，把握知识脉络，合作探究——深挖书本知识，形成知识体系，拓展提升——运用书本知识，提升知识视界几个环节层层递进，由简到繁，由易至难，使得课堂层次分明。并且多次使用年代尺，充分表现出了历史学科的特质，历史脉络清晰。活动的第二环节是历史与社会模块“专题复习”课型范式学术交流。课改3年，从刚开始的摸索实践逐渐进入第二阶段的学术研究，老师们将课改过程中遇到的问题变为课题，做教学上的有心人，重积累勤思考，课题研究硕果累累。史浩东老师与我们分享了“思维导图结合小组合作模式在社会中考复习的应用研究”成果，向大家介绍了思维导图是什么，为什么要用思维导图以及如何在复习课中运用等问题；沈鹿韵老师则就导学课堂中的小组合作形式等问题与大家交流了想法；江绪先首席教师关于社会思品学本课堂提出了“五学三评”的新范式，引发了老师们对于导学课堂的新思考。

案例 5-6

一场激烈的争辩，一场精彩的访谈，为传统的语文课堂注入了趣味活泼的因子。王萱老师的《猫》一课真正激发出学生的兴趣与热情。在这一堂高效预学与高效导学相结合的课堂中，在王老师充满激情而富有感染力的带动下，每一位学生都充满着表达的热情。他们时而侃侃而谈，时而充满疑问，时而针锋相对、据理力争。在王老师的智慧引导下，对话，交流与对抗顺畅进行，孩子们真正成为课堂的主体部分。也正是在他们的思考与辩论之中，郑振铎先生在《猫》一课中所表现的“针扎一般”的疼痛感逐渐清晰，那灵魂的愧疚与呼喊也开始渗入孩子们的心灵。本次课堂展示活动，充分展现教师“以生为本、以学定教、共同发展”的课改理念，充分呈现问题导学课堂特质，充分检验导学设计、学习小组合作、学生风采展示、知识巩固等多方面的有效度。

四、创建同伴互助学习场，提高教师教学反思力

教师自身拥有的内隐性实践知识需要在师徒之间、同伴之间的互助学习场景中才能实现显性转化。因此，工作室经常开展“同课异构、异课同构、同课同构”等“一课多研”主题研讨活动，工作室主持人以及不同成员之间形成“如影随形”的在场学习，身临其境地体察诊断他人的日常教育与教学行为。

（一）一课多研，分享教学智慧

工作室成员围绕主题，定期开展基于“同课异构、异课同构、同课同构”的研究课、示范课、展示课，从而彰显教师个人特长、提炼教学风格、形成教学主张。

案例 5-7

同中有异，异中出彩——保实语文组中小衔接课堂教学研讨活动

6月2日至3日上午，张英飞特级教师组织六、七年级语文备课组教师围绕校本衔接教材“心理描写训练”的写作单元和“品读精美散文”的阅读单元采用同课异构的形式开展写作研讨活动。六年级的马清老师、屠新词老师同样执教“心理写作教学课”，六年级的施海华老师和七年级的邵琦老师分别执教席慕蓉经典的两篇短小散文《白色山茶花》与《荷叶》。

“心理描写训练”的写作是中小学语文衔接教材中相对富有实践性和挑战性的主题单元，马老师和屠老师的课堂中都有大量丰富的学生参与实践环节。两堂课的相通之处有：选择了学生熟悉的情境“篮球赛时”和“考试之后”的心理入手，贴近生活实际，使学生有话可说；展示学生中优秀作文作为范文，通过互评、自评等多种形式体会如何更好地描写人物心理及掌握一些特定的描写方法。学生对心理描写的写作由纸面到思考，由思考到实践，由实践到评析，从评析中得促进，在赏、析、议中聆听人物内心深处的呼吸。但两堂课又体现出两位老师不同的教学追求。马老师的课重在“常规中的提升”，以“直接描写”和“间接描写”为基石，寻找它们在优秀范文中的影子，学以致用，以改写、给出特定命题练笔写、当堂情境创作写等多种形式激发不同层次学生的写作热情。屠老师的课重在“侧面描写在心理描写中的魅

力”，采用新型的iPad技术，及时将学生的所思所想同步呈现，通过两则七年级课文片段的补充链接与学生佳作的赏析，引导学生对比归纳，提炼总结，体现中小衔接课堂特色的同时也提升了学生练笔的高度。

第二天进行的散文阅读教学更让我们领略到了两种不同的教学风格。施老师以课堂学习单为学习抓手，注重对山茶花和荷叶特点的内容把握和借物喻人这一写作方法的指导，以此为突破口，梳理文章脉络，发现两篇散文的共同点——托物言志，从而体会“一花一世界，一叶一菩提”的生活哲理。此外，施老师当堂声情并茂的配乐朗读是教学中的又一亮点。而邵老师的课在文本细读上更是别具匠心，紧紧围绕“对比”，让学生关注作者写两种不同荷叶的用意，引导学生初步品味人生，再通过原文进行教学起承转合，巧妙设问“该怎样去寻求极高极高处的阳光？”将荷叶“细弱发黄”的生长状态对比白色山茶花开的“认真与谨慎”，从而很好地打通了两篇哲理散文间的内在联系，在边读边品中体会内在真谛，在字里行间寻找人生道理，在对比思考中品悟生命，进一步达到散文教学细读慢品的教学重点。

“一课多研，同课异构”是目前名师工作室常用的主题研讨形式，同一节内容由不同教师结合自身的教学风格和专业领悟进行教学设计和课堂教学，因此，每个教师的展示课在结构、风格、教学方法和学习策略等方面各有千秋、风格迥异，工作室成员之间相互借鉴、学习彼此的教学智慧，达到“横看成岭侧成峰，远近高低各不同”的教学风格与课型范式。

（二）同伴互诊，雕琢精致课堂

工作室组织开展师徒间、教师间同伴互助式观课评课活动，在“听、看、问”中获得真实、全面和深刻印象的基础上，工作室再通过“议、思、写”的反思性跟进，在认知与行为的比较中感悟同行内在的教育教学信仰、理念、价值观和心智模式等隐性知识，为优化自身教育教学理念与行为提供动力与目标。

案例5-8

为了有效落实社会思品“学本”课堂的核心要素，江绪先首席教师工作室开发了《社会思品“学本”课堂范式观察量表》（见表5-2），从学生学习效度、教师介入导学效度、学科特质彰显度三个一级观察指标和十个二级指标来综合观察评学。

表 5-2　社会思品教师合作学习导学介入的观察量表

班级:九(4)班　　上课教师:曹老师　　时间:2015.10.22　　观察者:江老师

上课内容:　凡尔赛体系下的“和平”

说明:非常不好 1 分,比较不好 2 分,一般 3 分,比较好 4 分,非常好 5 分

导学介入阶段	导学介入类型项目	非常不好	比较不好	一般	比较好	非常好	质性观察白描
前期导学介入	学情调查				√		对本班学情了解较好,导学案的情境创设到位,历史特质较明显
	学案编写					√	
	情境创设及利用				√		
认知介入指导	参与学生小组合作					√	课堂合作学习中,曹老师能积极参与学生的合作学习,适时的追问、质疑、点评较好
	仔细倾听,即时理答				√		
	即时提示与纠正			√			
	向学生提问、追问、点评					√	
合作技能介入指导	指导学生预学				√		曹老师能有效指导学生开展预学、合学,大小展示较好,但学生的拓展学习有待改进
	组织学生合学					√	
	引导学生展学					√	
	指导学生总结拓学			√			
	肯定或纠正合作人际关系				√		
情感介入指导	即时有效的激励评价				√		整堂课,师生间关系融洽,互动交流频繁,学生体验到学习的愉悦
	引导小组体验合作快乐				√		
	要求小组成员相互支持					√	
导学介入时间	5 分钟以内						本节课,教师运用多种方式与策略指导、介入、援助学生的合作学习时间占三分之一,体现了“学为中心”的理念

五、经营课题研究学术场,提升教师智慧生成力

教师实践性智慧的获得不能仅仅依靠单向的、线性的教师培训模式,最有效的策略和方法是引导教师立足课改实践,以学生核心素养培育为主旨,以教学疑难问题解决为途径,以学科主题教研为平台,围绕课程建设、师生发展开展行动研究、案例研究,提升教师智慧生成力和核心竞争力。

名师工作室主持人引领成员立足课堂教学实践，将日常教育教学实践中的疑难问题提炼成问题，然后以这些问题为研究方向或切入口申报各级各类研究课题，作为工作室的主导课题，再由各成员申报、承担若干子课题，这样每个工作室形成了主导课题担纲，若干子课题辅助的课题研究群和学术研究场。

如王曜君特级教师工作室以中学语文“层级式写作”“五学五化”课型范式为研究特色；郑亚林科学首席教师工作室以初中科学“拓展课程资源开发”为研究特色；江绪先社会思品首席教师工作室以初中社会思品“五学三评”式“学本”课堂和“社会思品学科核心素养培育路径”为研究特色；金阳兵首席班主任工作室以“小组文化建设”和“美丽班组建设”为研究特色等，引领工作室成员以课题研究为经，课堂教育教学实践为纬，促进教师的专业化发展。

案例 5-9

名师引领课题研究，提升教师智慧生成力

2016 年 5 月 25 日下午，江绪先首席教师工作室课堂教学研讨暨学术成果交流活动在浙工大附实如期召开，工作室的四位青年教师就自己的区立项课题及优质课评比心得和大家做深度交流分享。胡婷婷老师的《情怀入梦，家国在心——思品课堂提升初中生家国情怀核心素养的策略与实践》课题研究内容充实，剖析问题由小到大，由远及近；贾慧老师的“时间胶囊：初中历史与社会学科时空意识培养策略研究”课题选题新颖，切合当前的教学热词，让人眼前一亮；史浩东老师“思维导图：社会思品中考复习策略的创新研究”课题实用性、创新性较强；鲍哲洲老师的“践行移动课堂，收获意外美丽——基于区优质课评比的反思”为引领当下课堂前沿信息技术的应用。最后，江绪先首席教师做了主题为《激活舌尖上的历史味道：社会模块学科特质与课型范式的研究主旨》的课改理论专题报告，他阐述了历史与社会学科特质与课型范式研究的主旨：即学案编制有特色、目标设计有梯度、合作学习有深度、教师导学有效度、史料导学有味道、拓展提升有高度。在社会思品学科的合作导学课型研究中，学教两个环节与行为是一个同轴共转“旋翼”，学生的“读、思、议、悟、练”和教师的“引、启、组、助、评”是同步共进的学教共同体。目前，工作室初步提炼形成了历史与社会历史模块的课型范式，即“史料激趣、示标导学→依案自学、研读史料→合作探究、神入历史→品味历史、展示点评→回味历史、拓展提升→梳理史脉、激励评价”。这个范式将结合课改实际，不断进行改进完善，并且依靠全体学员的合作攻关最后形成具有区域特色的课型范式。

六、开辟思想交流对话场，提高教师智慧分享力

为了扩大沟通交流的力度，更好地营造学习、研究、合作的氛围，名师与成员、成员之间需进行多维互动交流，还需加强与其他工作室之间的联系与交流。名师工作室内的交流主要有两方面：一方面是名师与成员的纵向交流，能让名师时刻关注各成员的成长与进步，与成员们进行多种形式的沟通，给予他们一定的精神关怀和专业指导，从而极大地促进各成员的专业成长；另一方面是成员之间经常进行的横向对话，能让工作室成员在交流学习中互相促进，共同进步，他们的学科思想在交流中相互碰撞，在交融中达成共识，真正达到“共享资源、共享智慧、协同合作、共同发展”的目的。

（一）优课分享

名师工作室主持人组织成员参加各级各类优质课、说课说题、课例、案例、微课制作、导学案编制等教学业务比赛的优质成果，通过互联网技术、送教下校、师徒结对研课等方式进行优质课交流，分享名师及工作室骨干教师教学设计理念、创意、授课技艺等教学业务技能，促进青年教师的专业成长。

1.“互联网＋”分享

名师工作室依托“互联网＋”技术，运用网络名师工作室、博客、QQ群、微信公众号、FTP等信息技术平台，发布工作室成员的优质教学成果，让其他教师分享这些优质资源的设计理念和教学情意。

目前，西湖区依托浙江省教育资源公共服务平台和西湖区教育信息网两个网络平台，组建了特级教师网络工作室和首席教师网络工作室，开展“一师一优课”“一课一名师”的晒课分享活动、线上线下相结合的混合网络教研活动、网络微课比赛、网络教学点评等系列基于互联网平台的优质教学资源分享活动，充分发挥名师工作室的辐射引领作用。

案例 5-10

2015年12月23日，浙江省汪建红名师网络工作室第二次活动在绍兴越城区马山中学举行。本次活动携手绍兴市钱永茂名师工作室成员，越城区学科新秀成员，共同探讨新课改背景下的课堂教学的设计和方法教学。工作室成员沈强执教“电路的复习——类比思维法初始课”，沈老师以八年级上第四章电学复习为载体，将类比思维法分别运用在概念理解、规律类推、比值定义法以及试题解答四个方面，汪建红特级教师做了《学会教学》的专题讲座。此次研讨活动增强了西湖区名师工作室与绍兴市越城区工作室之间的交流，为教师进一步发展搭建了平台，增强了工作室成员之间的合作交流，为教师在新课改的背景下的教科研指明了前进的方向！

2016年10月27日，王曜君特级教师网络名师工作室成员齐聚温州市第二外国语学校，进行“导学式”阅读教学的研讨交流。上午由工作室成员温州实验中学的朱彬如老师、新昌城关中学的陈泾霞老师、温州新星学校的郭进贵老师分别展示了三节阅读教学导学课，充分体现了王曜君特级教师网络工作室的主要教学理念，将课堂还给孩子，将精彩还给孩子。朱彬如老师亲切自然，执教说明文巧妙地从文本对比入手，引发学生对说明文本的细度和延伸；陈泾霞老师大气洒脱，在和学生亲切自然地沟通中，抓住文本中的环境描写引导学生对曹文轩的作品进行深入思考；郭进贵老师气定神闲，通过精妙的设计，深入文本，从朗读、换词等语言角度切入说明文的实质。

2. 送教下校

名师工作室定期组织成员到“老少边穷”地区支教、乡镇薄弱学校帮教，同时也可以利用网络平台开展线上与线下混合互动的送教下校活动，让优势教学资源走出工作室，打破工作室之间、学校之间、地区之间、城乡之间的壁垒，实现资源的协同整合，教育的均衡发展。

案例 5-11

2016年9月24日，西湖区教育局副局长黄志元带队，区教师进修学校副校长阮筱珠、区装备中心信息负责人、省特级教师、区“首席班主任”、首席教师、中小学(幼)校长及骨干教师组成的一行十六人支教队伍远赴贵州镇远，开展为期一周的帮扶支教活动。支教团队还分别前往镇远三中、镇远二中等25所中小学、幼儿园，送去了29场大小规模讲座、27节示范课、8个观点报告，并连续三天下校，听课17节、评课指导17节。讲座内容涵盖镇远迫切需要的教育信息化管理、青年教师培养实践策略、校园文化建设、科研研究、班级管理、学生行为规范教育、音乐活动开展等。

2016年10月17日，西湖区教育局党委委员、组织人事科科长郑树叶带队，区教师进修学校校长、科学首席教师周华松，学科教研员，区首席教师，结对学校的校长及骨干教师组成的一行18人支教队伍远赴青海德令哈，开展为期一周的帮扶支教活动。支教团队为德令哈一中、二中、三中、五中、六中等9所学校送去了24节示范课和28场大小规模讲座，听课评课15节，内容涵盖学科教学、拓展性课程开发和实施、骨干教师培养、青年教师培养、校园文化建设、科研研究、班级管理等教育教学和教师培养的方方面面。语文首席教师翟海燕的《记承天寺夜游》通过咏读、译读、赏读、创读、悟读几个环节，立足学生主体，引领启迪学生读出了文章的逻辑、意味和意境，读出了作者当时的心情、心境和心态，上出了语文课的意境和韵味……

（二）专题研讨

名师工作室组织成员围绕核心素养、课程建设、课型范式、美丽班组、班组文化建设、班主任专业化、师生发展性评价等核心问题、热点问题，开展诸如学科核心素养的有效转化、"五学五化"课型范式、拓展课程开发与实施、班组文化建设与深化、教学疑难问题解决、作业设置与优化、学业质量评价等专项研究活动，运用课堂观摩研讨、主题现场会观摩研讨、主题班会研讨等丰富多彩的研讨形式，分享名师工作室的集体智慧。

案例 5-12

探讨核心素养与课型范式有效融合的路径与策略

2016 年 11 月 9 日，江绪先首席教师工作室在浙工大附实举行主题为"聚焦学科核心素养研究，优化'五学五化'课型范式"的主题研讨活动。十五中的贾慧老师展示了一堂极具史韵的高效导学课——"历史的审判：解密杭州抗战档案"。贾慧老师以东京审判视频为导入，充分调动学生学习积极性。自主学习——图尺梳史部分，采用地图与年代尺相结合的方式，有效回顾了旧知，培养了学生的时空观念；合作探究——史料证史环节中，贾慧老师收集、采用了大量日军侵略杭州各城区的史料，以图片、视频、口述资料等形式展示，充分使学科本土化，拉近了学生与所授知识的距离，激发了学习兴趣，自然而然地引导着学生走进历史，了解家乡；拓展提升——思考明史环节中，贾慧老师引中国法官梅汝璈日记中的话来引导学生树立正确的历史观念：面向未来、以史为鉴、铭记历史、重视历史。

同时卢红泽老师、陆杰老师、曹群老师分别做了题为《历史学科核心素养在"两学两化"中培养的策略》《一种素养两体构建三方合力四步出型——基于"国家认同"素养的农村初中时政专题学习研究》《五"W"修炼：地理核心素养落地生根的策略》的核心素养培育策略研究的专题发言。

最后，首席教师江绪先老师做了题为《求真·求智·求善：初中生历史学科素养的培育路径与策略》的专题讲座。首先是年代尺的绘制：神入现场、纵横经纬——学会从历史时空角度建构历史；其次为史料的收集、考证：慧眼识珠、去伪存真——学会用集证辨析的角度考证历史；再次为透析图表、提炼热词：设身处地、换位共情——学会用证史的角度解读历史；最后是撰写人物评述、编排历史小报：微言大义、价值引领——学会从多元角度评价历史。

本次专题研讨活动为西湖区中学社会·思品学科核心素养与课型范式的有效融合提供了行之有效的研究思路和实践策略。

案例 5-13

探讨拓展课程开发与实施的路径与策略

2016 年 10 月 20 日，张央林、许小娟首席教师工作室举行了一次小学数学“拓展性课程的开发与实践”的研讨活动。吴伊甸和程黎老师展示了两堂有趣的数学拓展课——“停车场的奥秘”和“掷一掷”。嘉绿苑小学数学教研组长张琴琴老师向全体老师介绍了各年级组拓展性课程开展情况，并与大家分享了“漫游数学王国”“我们的身体尺”“认识时间，你准备好了吗?”“世界欧洲杯”“车位的奥秘”“节约用水”六个拓展性主题设计。

2016 年 5 月 12 日，潘云芳特级教师工作室在三墩中学录播教室举行了中学数学拓展性课程教学研讨活动。首先是课堂教学展示，分别由来自桐乡现代实验学校的彭延盛老师带来“矩形”和潘云芳特级教师工作室成员徐小娜老师的“‘纸’来‘直’往——平行线中的折纸问题”的拓展性课程展示，不仅是让学生耳目一新，更是让与会教师有种耳目一新的感觉。潘云芳特级教师进行了点评：徐小娜老师的课是属于综合实践类的拓展性课程中的课，徐老师整堂课通过让学生在动手折纸的过程中感受其中蕴含的几何知识，并把相关的几何知识通过直观的折纸活动得到应用和体现，再在折纸的过程中，挖掘相关的结论，运用所学知识进行推理证明，培养和提升了学生的演绎推理能力。

同时，林上双、金阳兵两位首席班主任组织成员开展了主题班会、美丽班组建设等系列专题研讨会，引领全区年轻班主任的专业成长；唐跃华科学特级教师、郑亚林科学首席教师联袂开设了“初中科学习题的精选与改编”一系列研讨活动，引领初中科学学业评价的深度研究；田巧玲、赖爱娥、姚国娟、翁静芳首席教师工作室联袂开展了小学语文有效复习的专题研讨活动……

七、构建团队评价动力场，激发教师专业发展力

为了有效促进名师工作室的持续发展，西湖区教育局制定并出台了《关于进一步推进名师资源共享、实现教育均衡优质发展的意见（西政发〔2014〕48 号）》和《西湖区名师工作室管理细则（西教发〔2015〕78 号）》两个文件，构建了完善的名师工作室考核评估机制，即教育局考核评估名师工作室领衔人，名师工作室领衔人考核成员教师，从而激发教师专业发展动力。

（一）名师工作室领衔人发展性考核评价

教育局对名师工作室领衔人按照“日常教学情况、承担公开课情况、获奖情况、师德方面的主要事迹、教育教学研究方面主要成绩、工作室运行情

况及主要成绩”等方面进行综合考核，考核结果分为优秀、合格、不合格三个等级，考核优秀者予以通报表彰。

案例 5-14

关于公布 2015 年度西湖区首席教师（班主任）工作室领衔人考核结果的通知

各中小学、幼儿园、社区学院、直属单位：

根据《关于开展西湖区一星级学科带头人、首席教师（班主任）工作室领衔人年度考核工作的通知》（西教发〔2015〕170 号）精神，经个人申报，学校公示，教育局考核、公示，确定 2015 年度西湖区首席教师（班主任）工作室领衔人考核优秀 30 人，考核合格 32 人，现将考核结果予以公布（名单附后）。

（二）名师工作室成员发展性考核评价

名师工作室领衔人根据本工作室的发展目标，制定相应的考核标准，从“师德师风、日常教育教学情况、承担公开课、教育教学科研获奖、课题立项、各类综合荣誉”等方面进行综合考核，考核结果分为“优秀、合格、不合格”三个等级，每年评选优秀学员等，以此激励教师不断追求卓越（见表 5-3）。

表 5-3　浙江省名师网络工作室学科带头人年度考核表

评估日期：　　年　　月　　　　　　　　　工作室负责人签名：

一级指标	二级指标	赋值	自评	复评
日常工作 35 分	积极参与工作室建设方案的制订工作，并有个人发展计划。	5		
	认真完成工作室负责人指定的各项任务。	10		
	积极参加工作室组织的线上与线下活动。	10		
	积极发表各种培训体会、反思、论文等，上传网络工作室的每篇得 1 分；或文章在市级及以上刊物发表或获奖，每篇得 5 分。	10		
能力提升 20 分	在名师指导下，完成校级以上公开课 1 次（有开课视频或提供相关材料；或在“一师一优课”平台上晒课 1 次）。	10		
	独立主持或参与学校、工作室的教学研究课题 1 项（有相关成果）。	5		
	积极参与工作室的微课研发活动，提交符合要求的微课至少 2 个。	5		

续表

一级指标	二级指标	赋值	自评	复评
研修活动 25 分	主持工作室网络教研活动 1 次及以上(包括网络工作室的教研活动和有主题研修的在线交流等);或参与有主题研修的在线交流不少于 5 次。	10		
	积极参加工作站、市级及以上教研部门举办的培训研修活动不少于 1 次。	5		
	在县(市、区)及以上的教研活动或名师工作站举办的活动中做教学展示或主题讲座 1 次:县级得 2 分,市级或工作室层面得 3 分,省级或工作站层面得 5 分(不同内容可以累加,但不得超过 10 分)。	10		
空间建设 20 分	依托浙江教育资源公共服务平台开通个人网络学习空间,并完成头像设置、页面装扮等基础建设工作,围绕学科或名师工作室研修主题初步建成对外展示空间。	5		
	依托空间积极开展资源建设工作,个人空间资源数达到 100 条,在所属的名师工作室发布教育教学资源数量不少于 50 条。	5		
	依托空间积极开展网络研修和分享交流活动,形成好友圈,好友关注数达到 50 人以上。	5		
	个人空间访问量达到 2000 人次。	5		
总分		100		

总之,名师工作室是西湖区推进区域教育均衡化发展的助推器,是提升教师教学能力的磨刀石,是促进教师教研破茧成蝶的舞台,是推动优质教育资源辐射的中心。

第六章　紧密型教育共同体：教育高位均衡发展的融合创生

“紧密型教育共同体”是以优秀管理团队输出为特征的优质教育资源拓展新形式，实行“捆绑式”结对，推进城乡学校理念、特色、管理的一体化，让更多的孩子共享优质教育资源。

大力统筹城乡区域一体化发展是杭州市委市政府做出的重大战略部署，也是打造东方品质之城建设幸福和谐杭州的重要抓手。迈入“十二五”，西湖区推出以优秀管理团队输出为特征的“紧密型教育共同体”，2011 年 7 月至今，西湖区教育局已组建四批 13 组紧密型教育共同体。近年来，共同体双方基本形成共同发展通道，资源共享、优势互补，走出了一条富有特色的教育均衡发展之路。

第一节　紧密型教育共同体的内在动因

一、现实背景：西湖区教育在新形势下面临的新挑战

西湖区教育经过近年来的跨越式发展，整体取得了明显进步，并率先通过了教育强区评估。西湖区是浙江省首批教育强区、教育部现代教育技术示范区、教育部《幼儿园教育指导纲要》实验区和浙江省新课程改革实验区。××教育在硬件高标准配备、优质教育有效拓展、优秀教师交流共享机制探索、素质教育创新、智慧教育建设等方面取得了优异成绩，有力助推了教育高水平均衡发展。然而，教育均衡是动态发展的过程，经过近年来发展，××教育在新形势下也面临新的挑战。

（一）区域辖区范围大且农村学校的数量较多

西湖区总面积 312 平方千米，辖 2 个镇、9 个街道，132 个社区和 48 个行政村。既有高度城市化的杭州城市核心区，也有在 20 世纪 80 年代、90 年代，21 世纪 00 年代和今天依然在城市化过程中的城郊接合部，还有尚是农

村片区的普通城镇和农村。辖区内有各级各类幼儿园53所，小学34所(含5所九年一贯制学校)，中学19所(含5所九年一贯制学校)，成教学院3所，特殊教育学校、区教师进修学校和青少年宫各1所。西湖区既有主城区，又有城郊接合部，还有农村地区，农村中小学学校高达20余所。如何实现城乡教育均衡，成为西湖区教育局近年来的一大难题。

(二)农民工随迁子女的数量较多且相对集中

西湖区外来人口急剧增加，西湖教育在经济社会发展中所发挥的特殊贡献日渐显现，优质教育的作用已不仅仅局限于为上一级学校输送优质资源，更是辐射到了政治、经济、文化、生态、社会等各个领域，有效推进了城市化、现代化、生态化和文明化。调查显示，农民工随迁子女大多集中在农村学校和民办学校，农村小学农民工随迁子女数平均达到900余人，远远高于城区小学。这些学生的家庭文化资本相对城区学生较弱，一定程度上造成了城乡学校学生生源质量的差异。现在公办中小学的办学规模已远远不能满足适龄农民工子女就近入学的需求，民办学校接收了相当一部分农民工子女入学就读。

(三)学生家长文化程度差异显著且分布不均

人民群众对优质教育的需求日益增长，更普遍地要求高质量、均衡化、多样性的教育。尤其是农村地区，由于历史原因，已经成为区域整体优质均衡的发展“短板”。调查数据显示，农村学校学生家长的文化程度普遍较低，高中及以下文化程度占85%以上，本科及以上仅占14%。城区学校学生家长文化程度普遍较高，高中及以上文化程度约占80%。因此，父母文化程度对学生的影响，主要还是文化修养层次的不同，导致了家庭教育的不同，如家庭文化生活，学习指导，还有父母对教育的态度以及教养方式等。

二、深度思考：西湖区教育高位均衡发展内在需求

新形势下，需要有更好的模式来适应更大范围的均衡发展需要，来破解新的不均衡现象。

(一)改进薄弱学校适应零择校政策的需要

2012年，浙江省教育厅要求各地合理划定中小学学区，努力把公办中小学择校率降到5%以下或做到大幅度下降。接着，杭州市教育局制定了《主城区2012年初中、小学招生办法》，明确要求不能招收择校生。零择校政策带给教育行政部门最大的压力就是要办优质均衡的学校，满足广大群众让孩子接受优质教育的需求。然而，在发达地区的城市区域，尽管学校之间在办学条件方面已经没有太大差距，“择校”现象却依然十分普遍。为此，西湖

区教育局积极探索以优秀管理团队输出为特征的优质教育资源拓展新形式，推进城乡学校理念、特色、管理的一体化，让薄弱学校真正享受到名校的教育"精髓"，让更多的孩子在家门口共享优质教育资源。那么，家长就不会再为"择校"而烦心，就近入学就会成为家长的自觉选择。

（二）突破发展瓶颈实现品牌增值的需要

"教育行政部门要加强宏观指导管理，注意解决教育结构、资源布局的均衡性、协调性。"①通过不懈努力，西湖区培育了一批积聚优质制度、师资、文化和特色的名校，造就了一批集先进教育思想、丰富教育经验于一身的名师名校长。依托丰富名师名校资源，西湖区1999年探索连锁办学，实施"一法人多校区"管理，2002年在全国首创名校集团化办学模式，现有教育集团12个。中小学名校集团效果好，但办学跨度不宜过大，否则管理就会带来许多困难。同时城市化对区域教育提出了整体提升的要求，一批原有老校面临着改造提升。西湖区推出紧密型教育共同体，既不打破现有办学格局，又能突破现行体制下学校人、财、物等资源难以跨校流动的瓶颈，形成了优质教育资源拓展的新思路。

（三）实现共融发展打造多元教育的需要

随着经济社会发展，三墩、蒋村、留下、之江、双浦等新区建设大力推进，未来进入西湖区的各类人才、外来务工人员将不断增多。大量"新城市人"带来了文化背景、生活方式的差异，产生了多元化教育需求。紧密型教育共同体是支持受援学校共赢的平台，双方具有明显的层次性，有着丰富的差异性资源，就发展贡献来看，强调不同学校发展的潜力、创造和特色，弱势学校也并非只是"吸收"的一方，也可能对优势学校发展提供启发性经验；就发展形势来看，强调校际开放式合作，在开放式研讨中不同学校优势可以对其他学校发展产生辐射性影响。

三、必然选择：紧密型教育共同体的实践价值

（一）创新了政府管理基础学校的新模式

"贯彻落实十八大和十八届三中全会精神，深化教育领域综合改革，必须紧紧围绕推进治理现代化这一总目标、总要求。"②紧密型教育共同体的创建，在保持各个学校独立法人和运作独立的前提下，将政府对学校的直接管理，转变为了间接管理，实施管办评分离，加强专业化运作，为学校改革发展

① 李世庄.建立宏观调控和弱势补偿机制[J].四川教育，2004(1).
② 王湛.教育治理现代化与教育家办学[J].人民教育，2014(7).

释放了巨大的创新空间。这一新模式,是继2002年全国首创名校集团化后,西湖区对全国教育的又一大重要的地方教育政策创新。

(二)创建了优质教育资源跨校流动平台

紧密型教育共同体彰显出鲜明的“破壁”功能:它打通了学校之间的文化界限,分享校与校之间的优质教育资源,交流校与校之间的优秀管理理念;它突破学科之间的知识界限,一切着眼于学生的发展,一切着眼于教育理想的构筑,促进教学智慧分享;它放大了教师的角色效应,从学校本位走向共同体本位,从“学校教师”角色走向“区域教师”角色。

(三)高效低成本推进薄弱学校的优质发展

一所学校仅依托自身内部的力量实现卓越发展,需要长期持续的投入与改革创新,才有可能发展成为一所知名的学校。通过紧密型教育共同体这一模式,由优质学校富有思想、改革经验和发展思路的新团队接手受援学校的管理,结合政府资源的倾斜性投入,可以比较有效地激活学校的办学活力,高效地推进改革与创新。实践的检验表明,这一模式实现了用相对“短、平、快”、相对低成本的方式,促进了薄弱学校的发展。

第二节　紧密型教育共同体的意蕴解读

一、紧密型教育共同体的概念阐释

紧密型教育共同体是指以科学发展观为指导,统筹城乡教育资源,以品牌化带动优质化、均衡化,突破现行体制机制下学校人、财、物等资源难以跨校流动的瓶颈,实施捆绑式共同发展,加大农村学校或相对受援学校内涵建设力度,实现教育均衡发展。西湖区创造性地提出“紧密型教育共同体”,即支援学校派出管理团队6～8人到受援学校,包括校级干部、中层干部和骨干教师等多个梯队,共同体学校实施共同的绩效考核、共同的绩效奖励、共同的进退机制。紧密型教育共同体呈现出以下显著特征:

(一)紧密型教育共同体以制度建设为保障

以制度建设为保障,夯实规范管理基础。针对共同体推进过程中出现的新情况、新问题,特别是发展中遇到的共性问题,深刻剖析原因,以贯彻落实各项制度为保障。正是由于规范化、精细化管理制度的构建,加之人性化元素的融入,受援学校才能够实现日常工作的规范化、集体教研的常态化、听评课的制度化等状态。

(二)紧密型教育共同体以差异合作为理念

紧密型教育共同体是基于学校之间的个性化差异,当这种个性化差异转变为合作学校之间的公共资源时,校际合作的利益基础就建立起来了。在差异合作制度框架中,校际合作的空间被充分拓展。差异合作模式的关键是,学校不再被事先贴上"优质学校"或"薄弱学校"的标签,而是学校之间共同拥有全部公共教育资源。

(三)紧密型教育共同体以资源共享为途径

紧密型教育共同体学校之间资源共享体系的建立,无形中扩大了学生的选择空间而又不会与国家现行"就近入学"政策发生直接冲突,从而找到了一条在现实制度约束下,把义务教育高水平均衡发展真正建立在促进每一个学生的自由而充分发展基础之上的现实途径。

(四)紧密型教育共同体以校本实施为核心

紧密型教育共同体成功与否,很大程度上取决于紧密型教育共同体学校的校本实施情况。紧密型教育共同体学校通过文化融合、教研联动、名师辐射,形成了工作合力,激励紧密型教育共同体工作步入自主、科学、实效、常态化发展轨道。

(五)紧密型教育共同体以捆绑评估为导向

紧密型教育共同体以推进共同发展为目标,以捆绑评估为方式,不断改善教育教学管理和方法,有利于全面提高教育质量。捆绑评估真正体现了文化共建、任务共担、困难共当、成果共享,给学校合作与发展以一定的动力与鞭策,凝聚成为一个有共同联系、共同追求的教育共同体。

二、紧密型教育共同体的理性认识

(一)紧密型教育共同体是培育学校的精神共同体

虽然在组织形式、办学目标、文化类型等方面有着各自的风格和特点,但在教育教学质量的追求上,它们却有着共同的目标和使命。这种"共同性"不仅满足了共同体各成员之间的情感需求,更为重要的是它使共同体具有了强烈的精神特质。共同体成员和睦相处,相互理解,相互支持,相互帮助。紧密型教育共同体就是这样一个群体,共同体成员有着共同的价值追求,他们都在为教育事业而谋划,而奋斗。①

---

① 张增田,赵庆来.教师教育共同体:内涵、意蕴与策略[J].首都师范大学学报(社会科学版),2012(6):136—135.

(二)紧密型教育共同体是学校共赢的合作共同体

鉴于共同体学校之间办学目标的区别,两者在具体的教育实践过程中表现出了明显的不同。这种不同包括专业生活方式、学校文化特质以及自身智慧类型的不同。这些差异使得学校在各自拥有自身优势的同时,又都暴露出自身无法克服的不足。因此,走向合作,以弥补自身不足获得共同发展自然成了双方的一致选择。共同体成员之间要想获得共同发展,必须相互尊重,相互学习,弥补不足,优势互补,合作共赢,共通共融,共建共享,共进共强。

(三)紧密型教育共同体是改革创新的发展共同体

紧密型教育共同体秉持实践论的思维方式,致力于关注教育教学实践中的现实问题,推进区域教育均衡发展,并以此作为考察问题的出发点,分析问题根源,探索解决之路。探求共同体基本构成、组织框架、运作方式、合作模式、协同发展、评估服务等实践改革创新,教育行政部门、共同体学校、评估第三方等共同体创新力量的协同发展。在相互介入、相互开放的合作实践中,共同体成员实现着一定程度的资源共享,并在这一过程中共同发展、共同成长。①

(四)紧密型教育共同体是休戚与共的命运共同体

随着经济社会的快速发展,学校面临的共同挑战和外部性问题日益增多。因此,对紧密型教育共同体的理解和认识也应超越互助合作的范畴,追求更高层面、更深层次的命运共同体。"命运共同体"的核心理念是正向互动,最终诉求是共同发展。它包含平等互信的新型权力观、合作共赢的共同利益观以及包容互鉴的文化发展观。基于共同利益、休戚与共的"命运共同体"目标,倡导携手共建,同舟共济,权责共担,一荣俱荣,一损俱损。

三、紧密型教育共同体的内在逻辑

(一)普世追求:紧密型教育共同体之价值取向

"紧密型教育共同体",不是削弱名校的优质资源来"均衡"薄弱的学校,而是以"分享合作,高位发展"为根本目标,以"每一位师生的共同发展"为价值追求,这种追求引导紧密型教育共同体中的每所学校改进发展思路,每个教师改变行走方式,每个学生改善生存状态,一切着眼于教育理想的构筑,创新区域义务教育均衡发展机制,在区域内达到教育均衡、持续、高效发展,

① 许新海,吴勇.海门新教育共同体建设的实践与研究[J].江苏教育研究(专题版),2009(4).

让每个孩子在家门口享受优质教育，实现教育公平。

（二）本质特征：紧密型教育共同体之内在精髓

紧密型教育共同体以制度建设为保障，以差异合作为理念，以资源共享为途径，以校本实施为核心，以捆绑评估为导向。它是支援学校和受援学校共赢的平台，打破了各自为政、自成一统的办学格局，通过管理互鉴、文化共建、师资共享、研讨联动的"大家庭"，真正实现了名校与弱校的互助，名师与普通教师的互动，城区学生与乡镇学生互学，让学校的"单干"发展走向"共同发展"，使教育"盆景"成长为连片的"风景"。

（三）改革核心：紧密型教育共同体之制度创新

一是实施共同管理，由支援学校和受援学校校级领导分别担任紧密型共同体实施正副组长，支援学校所派优秀管理团队承担受援学校行政管理和教育教学管理职责；二是促进资源共享，在教师发展、课程改革、社团建设、德育工作等方面深入实践，让薄弱学校全方位享受名校资源，分享合作，共融共进；三是推行捆绑评估，依托浙江大学专家团队实施第三方评估，按学年进行捆绑考核。

四、紧密型教育共同体的发展理念

（一）让每一所学校同样优质

"作为一个项目，紧密型教育共同体推进的时间性很强，三年一个周期，接下来，项目组还将创造更多高效的方式。基于顶层设计的政策保障机制，通过行政推动、制度保障，促进区域新优质学校推进的特色发展等，让更多学校在紧密型教育共同体中获益，让每一所家门口的学校都成为让老百姓满意的优质学校。"

（二）让每一位教师共生共荣

师资是学校最大的资源，紧密型教育共同体组建后，名校优秀师资不仅是一所学校的资源，而且成了共同体学校共有的资源，使名优师资从支援学校走向受援学校，在教育教学中的示范、辐射作用得到了最大限度的发挥，有力地推进教师队伍整体水平的提升。基于多维立体的联动教研机制，多向度、全方位地丰富教师的内蕴，让每位教师在不断丰富自我、提升自我、修正自我和超越自我的过程中成为富有个性、充满魅力的教师。

（三）让每一个学生自主发展

真正优质的教育要充分敬畏、尊重每一个学生，使每一个学生得到适切、积极、健康的发展。自主发展是人发展的至高境界。自主发展的人是有

清晰的自我认识、有积极的自我形象、悦纳自我的人，是有明确的努力目标、有内在的学习需要与成长渴望、有良好的学习策略与学习习惯的人。让每一个学生自主发展是紧密型教育共同体对生命个体最真切的关怀！

五、紧密型教育共同体的要素分析

随着我国教育进入内涵发展阶段，以教育资源流动与共享为特征的校际合作成为教育均衡进程中的“新动向”。校际合作通常表现为优质学校与薄弱学校、城郊新校、农村学校的联合，本着以强带弱的思路，前者通过输出品牌、师资、办学理念、管理方式等资源带动后者共同发展。紧密型教育共同体的实践令人激动，基于此，我们试着找出紧密型教育共同体的关键要素，来分析紧密型教育共同体究竟是如何生成的。

（一）紧密型教育共同体中的共性因素

有一种特殊的凝聚力把共同体中的各个成员要素联系在一起，这种凝聚力来源于共同愿景和对共同愿景起着支撑作用的专业支持力量。

1.共同愿景

帕尔默这样描述共同体：“共同体是个体内部不可见的魅力的外部可见标志，是自身认同和自身完整与世界联系的交融”；“（共同体中的各个主体）会聚集在一个共同的主体周围，并会遵守它们以同样的方式去接近这个主体的共同规则和解释”。① 那么，这个共同的主体是什么呢？

帕尔默的回答是“伟大事物”，对于教师的教学这件事，这样的伟大事物“是求知者永远聚集其周围的主体……是这些视为主体的事物本身……它们是生物学的基因和生态系统、哲学和神学的隐喻和参照系、文学素材中背叛与宽恕以及爱与失的原型、人类学的人为现象和族裔、工程学的原料的限制和潜能、管理学的系统逻辑、音乐和艺术的形状和颜色、历史学的奇特和模式，以及法学领域里难以捉摸的正义观……”②我们不妨依此类推，合作学校为什么而合作？他们围绕着怎样的共同主体？从整体来说，学校结合在一起，他们有提升教育质量的共同愿景，而且把关注的焦点几乎都集中在课堂。不论是“有效教学”还是“高效课堂”；不论是“让课堂焕发出生命活力”还是“生命的狂欢”，他们都希望在解决传统低效课堂症结的同时，创造出让学生生命成长、让教师生命成长的舞台。而且，很重要的一点是，他们对教

① ［美］帕克·帕尔默．教学勇气——漫步教育心灵［M］．吴国珍，余魏，等译．上海：华东师范大学出版社，2005：102．

② ［美］帕克·帕尔默．教学勇气——漫步教育心灵［M］．吴国珍，余魏，等译．上海：华东师范大学出版社，2005：107．

育有着真正的信仰和敬畏，他们追求教育的卓越而非平庸，他们关注真实的教育实践及其效率。

在此共性之下，每一个共同体所追求的“共同愿景”是不同的。在有着启蒙使命感的新教育实验研究者眼里，他们追求的是“教学的正确的内容”，因此，他们将课堂的评价标准定位在文本解读的准确性上，途径是通过阅读促进教师的专业化成长，学生的全面发展是他们追求的目标。杜郎口·中国名校共同体所信奉的是学生“生命的狂欢”，如此，“展示”成为课堂中的重要环节，教师主要的工作就是查漏补缺，帮助学生解决他们解决不了的问题。新基础教育相信“生命与实践的不可分离”，课堂所表现出的是一种自然的生命力、常态化的教学与生活，而教师的品质则被叶澜教授概括为“热情＋责任＋智慧”。“我们围着圆圈起舞，但是秘密就坐在中间且知悉一切。”①这个秘密在实践中一层层地剥离出来，全体教师对于共同体之中有关学习、合作、教学性质等的认识逐步深化，并发展成对共同体的共同愿景、学校发展、个人成长和教育使命的共识。没有实践，秘密只能永远藏于内核。

2. 专业支持力量

如果说，共同愿景是一种信仰，那么，作为一个实体的专业支持力量对共同愿景则起着实实在在的支撑作用。紧密型教育共同体在大多数情况下并不是一个稳定的教育实体，只能算作一个松散的联合体，但是，整个共同体的成长必然有一个核心机构来引领，它可能是一个研究中心，可能是一个龙头学校，可能是教育行政部门中的某一个机构，也可能是合作学校自发形成的一个权威中心。它关注共同体的内外发展，把握共同体的发展动向，产生观点并有效传播，提出问题并引出思考，在精神和理念上奠定共同体的发展基调，在教学改革策略上率先垂范。

在目前众多的校际合作中，主导者往往指定某个龙头学校、某个知名校长为联合体的中心，认为业已形成的学术权威能够自然地起到引领作用。但这种形式基本上都达不到持久合作的目标。紧密型教育共同体的相互作用牵一发而动全身，需要完善的行动理论和教育理论的支撑。但在参与各种改革项目的人群中真正了解改革理论依据的人非常少，所以实践中一旦遭遇挫折，就会将矛头指向各种不可控的外部因素。因此，持续的专业引领就显得特别重要，目前广泛展开的大学—中小学协作共同体就充分地说明了这一点。

紧密型教育共同体专业支持力量的另一项重要工作就是管理智慧、教

① [美]帕克·帕尔默. 教学勇气——漫步教育心灵[M]. 吴国珍，余魏，等译. 上海：华东师范大学出版社，2005：105.

学智慧的研究、提炼和推广。实践工作者知道的东西总比他们说出来的东西多得多，但由于没有及时总结和推广，许多智慧只能成为他们的个人财富，或仅仅通过师徒关系口耳相传，效率很低。专业工作者的进入可以使这些分散的智慧集中起来，归纳出整体性的行动策略加以推广。同时，通过与实践相结合的理论学习，实践工作者的理论水平逐渐提升，开始将实践中的行动策略自觉地与教育理论相结合。完善的行动理论加上教育理论，才会促成有意义的改革。在这个过程中，专业工作者的收获同样丰沛，既能使理论得到更新，又能使理论与实践相互滋养。

（二）紧密型教育共同体中的个性因素

共同愿景和专业支持力量构成了共同体存在的基础。但个性化、多元化才是共同体的生命力。这种生命力来自共同体中的学校和教师。这里我们以学校为单位来探讨个性因素在紧密型教育共同体中的作用。在共同愿景的指导下，学校为共同体提供差异性的合作资源，用以丰富共同体的经验与实践。恰如帕斯卡莱所言："内部的差异通过产生新的观点，通过促进不平衡和适应，能够扩大一个机构做出选择的范围。"[①]这是典型的"1＋1＞2"的社会行为，共同体内部的学校单位能否体现出多样性是共同体对外作为一个整体发挥作用的重要因素。

在共同体中保持个性的独立，有几个情况应注意避免。一是不应过分亲密。亲密是安全感的来源。"当一切关系都以亲密与否为判断基准时，我们的世界会收缩成一个逐渐消失的小点。如果在共同体之中就等于亲密的话，我们再也接触不到共同体之外的其他人和其他事。当亲密变成基准时，我们开始失去与日新月异的事物建立关联的能力，而这正是教育的核心。"[②]在这种亲密关系中，我们自己的思想被湮没了。二是不应过分服从权威。共同体中需要权威，它的作用是带领共同体走向一个正确的方向。但权威不一定代表着正确，更不一定可以传播和操作。共同愿景的传播过程必须在民主的参与和决策中进行，在这里，权威存在着，但它不直接发挥作用。

（三）紧密型教育共同体的生成关系

在上面的讨论中我们看到：学校、教师、共同愿景（伟大事物）、专业支持力量这些基本因素在紧密型教育共同体中各自发挥着独立作用。在现实的校际合作中，还要考虑教育行政部门、家庭和社会等影响共同体发展的其他因素。所有因素间都是相互作用的，所以，理解共同体，除了要强调"真正"

① ［加］迈克尔·富兰．变革的力量——深度变革［M］．北京：教育科学出版社，2004：47．

② ［美］帕克·帕尔默．教学勇气——漫步教育心灵［M］．吴国珍，余巍，等译．上海：华东师范大学出版社，2005：92．

二字，即真正的共同愿景、真正的专业支持力量等，还要理解这些因素间的生成性关系。我们通过几个主要因素间的相互作用来看诸因素间错综复杂的生成关系。

1. 共同体与学校个体之间的生成关系

教育的目标大多是相似的，只是基于不同的境遇和认识，人们提出了各自的解决路径，这些思想通过一定的传播途径获得同道中人的认可，其中一部分人逐渐确立其学术权威。在强调开放的共同体中，人们有意识地创造一个平等交流的空间，用各自的理念和实践丰富着思想，并逐渐成为人们的共同愿景，形成共同体的雏形。

共同体开始时只是一个小小的实验中心，但成功有一种巨大的激励力量，不仅激发着参与者的使命感，也激发着他们渴望成功的力量。游动于各个基地学校的来访者说明了这种强大的改革意愿。在共同体模式的推广过程中，会有很多新问题、新矛盾，但会获得更多的经验与智慧。

2. 专业支持力量与实验者之间的生成关系

专业支持力量是共同体的智囊组织，它依托基地学校的个体实践而不断成熟。一般来说，有两类学校更乐于改革，一类是居于顶端的优秀学校，另一类是处于生存危机关口的薄弱学校，前者不改革不足以图自新，后者则是不改革不足以图自存。基地学校是专业支持力量成长的摇篮。基地学校为研究者提供了一个检验的平台，研教、研课成为共同的生活方式，这个过程持续时间很长，只有极少数团队能坚持下来，并且在理论与实践的相互滋养中不断更新教育理念，提高理论与实践的境界，开发出为共同体成员所共同拥有的教育财富。

3. 共同体与外部社会资源之间的生成关系

共同体不仅扩大了学校之间的合作、学校与家长之间的合作，还扩大了学校与社区、学校与政府、大学与社会其他机构部门之间的合作。加拿大安大略省教师联合会在1992年完成的报告《光辉的言辞之外：在我们的学校中形成真正的协作》中强调："教育由不同利益的掌握者所塑造和拥有"，"把学校、教室和社会看作是互不联系的孤立的单位的时期已经过去"。① 更多的社会资源，除了可以丰富学校的资源结构之外，更在于可以以其对于教育的看法，包括严厉的批评与真诚的帮助来促进教育的革新。而共同体因之而获得的力量，将大大影响我国教育改革的进程。

综上所述，不断生成中的共同体，表现出这样一种状态：既相互依存，又彼此独立；既享有安全和信赖，又时刻保持冲突和紧张；既呈现出一定的稳

① [加]迈克尔·富兰. 变革的力量——深度变革[M]. 北京：教育科学出版社，2004：114.

定性，又时时刻刻在变化，不断发展出新的关系……正是这种丰富性、多元性，使得共同体自身在秩序和混沌的边缘不断发生作用，从不同侧面丰富和滋养着共同体成员，使他们不断地从他人那里获得启发，在群体中学习，激发出新的灵感，成为新知识、新创造的源泉。

第三节　紧密型教育共同体的运作机制

在紧密型教育共同体运行中，受援学校保留“法人独立性质、人员属性、工资待遇、经费渠道和财产所有权”五不变，通过共建、共进、共享和共荣的实践路径，实现互利共赢。

一、共建：基于顶层设计的政策导进

西湖区教育局从区情实际出发，着力抓好教育顶层设计，通过深入蹲点调研、座谈交流、广泛征求意见和建议，厘定了一套紧密型共同体管理的基本程序，推动政府运用政策、标准、资源配置、评估等手段，由外到内的推动紧密型教育共同体的公平高效推进。

（一）行政推动，构筑共同体组织框架

1.研制政策制度。在积极借鉴上海等教育发达地区经验的基础上，出台《西湖区进一步推进教育优质均衡发展战略实施意见》《关于推进紧密型教育共同体建设的实施意见》《关于加强教师队伍建设推进教育均衡发展的实施意见》等文件，为紧密型教育共同体的出炉提供政策保障。在《关于推进紧密型教育共同体建设的实施意见》中，对紧密型教育共同体的指导思想、工作目标、实施步骤、主要职责和保障措施做了明确规定。

2.选定双方学校。综合分析区内学校的人力资源储备，学校管理水平、社会声誉、办学经验、办学特色、教育质量和近年来稳定发展情况等综合因素，有选择性地确定一定数量的学校作为优秀管理团队输出学校（支援学校）。同时，也确定一定数量的近期需要帮助且有较大发展和提升空间的学校，作为优秀管理团队输入学校（受援学校）。

案例 6-1

关于推进紧密型教育共同体建设的实施意见（节选 1）

●确定优秀管理团队输出学校（支援学校）。综合分析区内学校的人力资源储备、学校管理水平、社会声誉、办学经验、办学特色、教育质量、近年来稳定发展情况等综合因素，经区教育局党政班子研究、筛选，有选择性地确定一定数量的学校作为优秀管理团队输出的学校（支援学校）。

●确定优秀管理团队输入学校(受援学校)。结合区域内教育差异特点和校园文化背景,综合考虑学校管理水平、教育质量、社会影响等因素,经区教育局党政班子研究,确定一定数量的近期需要优质品牌学校支援而且有较大发展和提升空间的学校,作为优秀管理团队输入的学校(受援学校)。

选定学校要坚持系统设计,整体规划,整合利用各种资源,统筹协调各方力量,同时,还必须经过深入的调研,并依据一定的标准和原则来最终确定支援学校和受援学校。

3.选派管理团队。支援学校根据实际选派优秀管理团队6～8人,到受援学校任职,负责指导、帮助和管理受援学校的行政和教育教学工作,任期2～3年。支援学校派来的新校长有足够的行政权,对办学理念、办学目标、办学特色等能主动进行全方位思考与运作。由于所派团队由校级干部、中层干部和骨干教师组成,能深度介入受援学校管理和教育教学工作,在管理结构上形成校级领导—中层干部—教研组—教师间的上下有效呼应。同时,还安排受援学校干部、骨干教师等到支援学校进行为期1～2年的浸润式培训,成为未来受援学校建设的核心力量。

案例6-2

关于推进紧密型教育共同体建设的实施意见(节选2)

●支援学校所派优秀管理团队的人员组成。支援学校和受援学校双方结成紧密型教育共同体,支援学校派出优秀管理团队6～8人,由校级干部、中层干部和骨干教师组成,到受援学校任职,负责指导、帮助和管理受援学校的行政和教育教学工作。

●优秀管理团队选派的期限。支援学校选派的优秀管理团队到受援学校任期2～3年(以学年为单位),以区教育局党委、行政下发文件为准。

●优秀管理团队人员的管理。优秀管理团队人员中,校级干部由区教育局统一考核、管理,其他人员由共同体学校考核、管理。

4.明确双方权责。共同体学校管理体制改革的目标,是形成权责一致、分工合理、决策科学、执行顺畅、监督有力的学校管理体制。按照这一目标的要求推进共同体学校管理体制改革,一个核心问题是理顺共同体双方的权力与责任关系。构建紧密型教育共同体,必须明确双方权责、理顺关系、优化结构、提高管理效能。

案例 6-3

关于推进紧密型教育共同体建设的实施意见(节选 3)

● 支援学校主要职责

向受援学校派出优秀管理团队,并承担相应的管理责任;

指导、帮助和推进受援学校管理机制建设和干部队伍建设,提升受援学校管理水平;

强化名师资源向受援学校的辐射带动,指导、帮助和推进受援学校教师队伍建设,提升受援学校师资队伍素质;

经常性地与受援学校共同开展课程教学研讨活动,指导、帮助和推进受援学校课程教学改革,提升受援学校教学质量;

不断向受援学校输入先进教育理念和教育经验,指导、帮助和推进受援学校学生充分发展,提升受援学校学生素质;

指导、帮助和推进受援学校校园文化建设;

依法对受援学校的办学管理行为进行监控和评估;

依法对受援学校教育和教学质量等工作进行考核和评估。

● 受援学校主要职责

接受支援学校所派优秀管理团队的帮助和管理,为优秀管理团队开展工作提供便利;

享有充分的办学自主权,在支援学校所派管理团队 2～3 年任期中,受援学校依法组织实施教育、教学等各项管理工作;

受援学校在国家和省市相关规定政策的前提下,积极探索改革创新的方案,在支援学校的指导下,提出教育、教学创新思路和人、财、物等方面的改革举措方案,并提出要支援学校帮助协调、支持的申请和具体的要求。

根据区教育督导部门对受援学校初始状况评估意见和支援学校提出的要求,制订教育教学活动和各项管理工作规划,接受支援学校对学校办学水平、教学质量、教育管理工作的监控和评估。

通过明确定义双方权责,并建立一个明确的合作流程,让双方学校能够在拥有权限的同时,可以独立负责和彼此负责,这样才不会出现管理上的混乱。

(二)职能转型,提升共同体管理效益

“贯彻落实十八大和十八届三中全会精神,深化教育领域综合改革,必须紧紧围绕推进治理现代化这一总目标、总要求。”[①]西湖区推进紧密型教育

① 王湛. 教育治理现代化与教育家办学[J]. 人民教育,2014(7).

共同体的实践，即是在教育新公共管理的理念下，推进教育局治理能力的现代化，加快“无限责任政府”向“有限责任政府”的职能转变。

1.引入“弱势补偿机制”，促进援助帮扶。一是加大对薄弱学校的倾斜性支持，通过设立专项资金、调高相关经费标准、提供特定政策等方式，为薄弱学校的发展提供空间。二是加大其他学校对薄弱学校的支持，共同以契约形式签订优质学校与薄弱学校的共同体协议，在办学理念、思路、教研、科研、师资培训等方面实施全面的战略伙伴关系，依据薄弱学校的特定需求，提供相应帮助。

2.“管办评”分离，推进教育治理现代化。紧密型教育共同体的基本模型设计是“管、办、评”三者分立联动，由政府出资购买服务，以契约的形式，将受援学校的办学权转移至支援机构，通过优质资源的流入、嫁接和碰撞，全面提升受援学校的教育教学质量。同时，引入第三方教育评估机构，对受援学校办学绩效进行评估，形成绩效问责机制。

3.实施差异合作，促进学校双方共融共赢。基于“差异合作”的共同体模式，使得本项目的实践的“可持续性”有了生存之基，共同体双方更多地以实现自身更好的发展，来看待各自的付出，彼此更为理解、自信，并实现共融发展。共同体学校之间学科教师差异合作，互补共进的理念充分彰显。

4.健全保障，确保共同体有序运行

(1)改变工作方略。区级层面成立由教育局局长任组长的紧密型教育共同体建设工作领导小组，定期召开专题会议进行研究，加大对共同体办学的宏观调控和指导力度，协调解决存在的问题；各共同体成立以支援学校校长任组长的紧密型教育共同体工作机构，每月至少召开一次校级领导班子会议，科学制定实施方案，协调解决日常工作中遇到的困难和问题；派出的优秀管理团队负责受援学校行政管理、人事管理、教育教学、教科研交流等工作的实施。七对共同体学校根据实际制订了共同体章程，明确共同体工作的指导思想、总体目标、组织机构、工作内容、工作职责和义务。

(2)实施倾斜政策。为确保优秀管理团队派出学校的办学质量，保持其品牌价值，确保名校教育资源不稀释，对优秀管理团队派出学校适当增加相应的公办编制(由支援学校提出方案，经区教育局审核后确定增加编制)。根据上级教育行政部门关于干部、教师流动的意见和精神，支援学校所派出的优秀管理团队成员在各类先进推荐和中高级职称聘任时，同等情况下优先考虑。对建立紧密型教育共同体的农村初中高级职称、小学中级职称比例结构分别提高10%，专项用于优秀管理团队中骨干教师高、中级职称的申报；支教2～3年及以上的申报小学、中学高级职称，可不受结构比例的限制。根据需要，区教育局按学年下拨工作业务经费20万元，单列核算，专款用于

支援学校派出团队中的管理人员和教师参与受援学校管理过程中所产生的工作业务费用。

(3)推行动态管理。经学年共同体绩效考核评估,推行动态管理,对结论为不合格的紧密型教育共同体,双方解除紧密型教育共同体关系。共同体聘期结束后,由区教育督导部门会同教师进修学校、幼教办等,进行一次共同体建设情况综合考评。经区教育局党政班子研究,要继续开展紧密型教育共同体建设的,重新确定优秀管理团队人员和聘任期限。

二、共进:基于典型引路的校本实施

为充分发挥先进典型的示范、引领作用,推动共同体学校整体工作快速发展,西湖区教育局着重在文化融合、教研联动、名师辐射方面分别培育了一批典型学校,并形成富于区域特色的校本实施策略。

(一)文化融合:促进共同体学校的内涵式发展

文化融合被各共同体学校看作是"生命线",注重对学校原有文化的传承和创新,逐步构建丰富而有个性特色的学校文化。共同体"文化融合创生",是指受援学校要在传承自身优秀历史文化基础上,吸纳支援学校的先进理念,借鉴培育经营优质学校的科学思路和有效经验,创建适应现代发展需要的新文化。

1. 基于"五行文化"修炼的文化创生

文化融合创生是全面提升学校师生精神的需要,并且以学校文化建设来统领学校全方位的发展,创生共同体学校新的师生形象,为重塑受援学校的优质品牌提供一条科学的可持续的路径。

(1)真诚融入,打造情感认同共同体

十五中教育集团与袁浦中学共同体组建初期,受援学校老师排斥、抵触、怀疑情绪比较强烈,这是摆在派出管理团队面前的基础性问题,所以真诚融入,读懂受援学校显得非常重要。由此可见,没有融入,就没有融合,融入的过程蕴含了融合,融入的深度也就决定了融合的程度,融入贯穿了共同体建设的全过程。

(2)互信融洽,打造协作互助共同体

即便共同体两所学校定位为支援和受援关系,但是要遵从平等原则,注重双方参与互动。在受援学校内部,派出管理团队在涉及学校重大事项决策、制度修订、教育教学改革和考核评优、职称晋升等工作中,都能做到民主公开,广泛征求教师的意见,吸取教师参与并监督,真正让教师成为学校的发展主体;在日常管理、学科教研、集体备课和各类大型活动中,管理团队都能和老师们共同参与、平等交流、互助成长。

(3)深度融合,打造文化融合共同体

3年来,十五中教育集团—袁浦中学以传承袁浦中学优秀精神为基础,以十五中“对每位学生负责,对学生终身发展负责”办学核心价值理念为引领,全面融合建设,创新推进,创生了富有个性特色的“五行”校园文化。由此可见,共同体建设不是归零建设,也不是覆盖式发展,而是传承历史的融合创生发展,改进完善地发展。

十五中·袁浦中学紧密型教育共同体经过3年的共谋共建,构建了“五行”校园文化建设的基本体系,如表6-1所示。

表6-1 “五行”校园文化建设的基本体系

<table>
<tr><td colspan="6">理念价值引领:对每位学生负责,对学生终身发展负责</td></tr>
<tr><td rowspan="7">“五行”校园文化建设</td><td colspan="2">路径设计</td><td>文化载体</td><td>培育目标</td><td>策略方式</td></tr>
<tr><td colspan="2">理念系统</td><td>校训、教风、学风、校风、领导作风</td><td>实现先进教育理念和精神价值引导</td><td>注重传承,师生参与,集体认同</td></tr>
<tr><td rowspan="3">共同愿景</td><td>学生发展</td><td>健康、品德、能力</td><td>身心健康,阳光自信,勤奋乐学,勇于担当,合作互助,具有较强的学习能力和实践能力,个性发展</td><td>加强体质健康和心理辅导工作,创省优秀心理辅导站;扎实课改,创设丰富活动载体,创新学生及评价,评选“五行”魅力学生</td></tr>
<tr><td>教师发展</td><td>师德、师能</td><td>培养师德高尚,业务精湛,团队合作,绩效突出的教师队伍和务实、勤奋、执行高效、勇于创新的管理队伍</td><td>加强师德师风教育,扎实校本研修和科研工作,重视教师外出培训学习,提高教师的师德修养、学习能力、实践能力、研究能力,突出团队建设,评选“五行”魅力教师及团队</td></tr>
<tr><td>学校发展</td><td>硬件、管理、质量</td><td>设施设备标准化,管理规范精细化,凝聚和谐,质量同类学校领先,校园文化富有特色,学校满意度高</td><td>制定5年规划、3年行动计划,加快实验综合楼改造装修,创建市文明学校,实施361质量工程</td></tr>
<tr><td colspan="2" rowspan="2">章程制度文化系统</td><td>章程建设</td><td rowspan="2">依法办学,建立管理及发展的长效机制</td><td rowspan="2">发扬民主法制精神,制定学校章程,完善管理规章,规范召开教代会和校务公开,依章办事,规范管理,公正评价</td></tr>
<tr><td>管理制度建设</td></tr>
</table>

续表

	路径设计	文化载体	培育目标	策略方式
“五行”校园文化建设	物质环境系统	文化墙	打造美丽班级，建设美丽校园。让环境充满文化气息，发挥环境育人作用	用“五行”命名建筑
		雕塑		承载“五行”文化内涵，与中国美院联合原创作品征集，师生参与投票
		连廊		装饰优秀书画，制作教育名言警句
		橱窗		定期制作主题宣传，表彰优秀师生
		教室文化		学生主体参与，体现个性
	课程文化系统	课堂文化	构建乐学高效的小组合作学习课堂	课堂教学改革
		社团建设	学生个性充分发展	创设多元个性的社团群
		校园活动	让学生拥有高品质的校园生活	设立读书节、体育节、艺术节、科技节
		校本德育	构建具有“五行”文化特色的校本德育课程	德育创新，编制“五行”主题德育校本教材，实施“德育精品工程”
	评价文化系统	教师评价	构建过程与绩效相结合的考核评价体系	完善教师综合考核办法，制定教师奖励制度，组织评选“五行”魅力教师及团队
		学生评价	构建多元个性评价体系	实施晋级式学生发展性评价，实施周评、月表彰、学期总评机制

2. 基于“幸福文化”培育的文化转型

紧密型教育共同体环境下的受援学校的文化是在支援学校的优势强势注入，引发蝴蝶效应后，实现文化的转型，在转型的过程首先是文化融合，受援学校汲取优势文化的优质文化要素，结合自身文化的整体要素，再加上学校愿景文化的文化再造，产生新的学校文化的过程。

(1)重塑学校幸福理念文化

文化的核心问题是价值观问题。学校要把社会主义核心价值体系融入共同体学校文化内涵建设之中。如转塘小学核心办学理念大讨论分三个层次四个阶段展开，一是在学校校长室与教科室等顶层管理团队中展开；二是在青年教师宣讲中展开；三是在“三长”中进行深入解读；四是面向全体老师进行诠释。在讨论中，首先基于学军小学的“童心文化”的内涵展开讨论，把学军小学的童心理念与转塘小学的“绿色科技”文化结合起来进行融合，尤其要结合新校区建设的特点进行聚核提炼，提出新的理念：成为最好的自己成就幸福人生。然后，对这一理念进行详细的诠释，在诠释中讨论，在讨论中实践，在实践与讨论的过程中，把新理念文化渗透到每一位教师教学思想之中。

(2)建设学校幸福课程文化

课程文化是落实文化融合的重要载体。主要从课程、教师、课堂三个层面来建设课程文化，建立内容多元的课程体系，建设风格各异的教师队伍，构建形式多样的社团文化，体现兼收并蓄、博采众长、融合互补的特点。紧密型教育共同体的环境下，转塘小学利用学军小学的童心课程建设的经验，结合学校自身的办学理念，有效地启动了幸福课程的建设。幸福课程包含两个方面的内容，一是国家课程的校本化建设；二是基于学生特色发展的校本化课程的建设。为了适应学校选修课程、个性课程、弹性课程的实施需要，学校教育教学的组织方面发生了一些大的变化：从单一的班级授课制，向小班制、选班制、走班制等更多样的更弹性的方向发展，以便为学生提供更切合、更个性化的教育。依据学生的不同爱好，学校创建了106个社团班，其中20个特长班，86个普及班，这些班里有棋类的，有音乐的，有体育的，有科学的……做到让每一位学生都能找到适合自己的社团，让每一个孩子在自己喜欢的社团获得成功的快乐。

(3)实现学校制度文化发展

制度是学校依法办学的基础，是学校文化的基本体现，是学校办学理念的条例性诠释，是落实文化融合的保障机制。一部好的学校制度集，可以发展教师，进而发展学校。转塘小学的“三长”及以上的领导充分利用暑假或节假日，认真学习学军小学的纸质化的学校制度集，在此基础上分组整理修正转塘小学的各项制度，融入学军小学的教育理念，完成了转塘小学制度集的编撰出版工作，并把新制度集发放到每一位教师手中，实现制度的基本内容、基本思想在教师中的普遍化。对于一些安全类制度实现了程序化、预案化，让老师们知道操作的流程。

(4)发展学校体验环境文化

以“成为最好的自己，成就幸福人生”为核心的学校文化，决定学校发展的高品位、高水平，随着“打造科技体验艺术浸润型学校”的学校品牌意识的形成而使学校内部各要素获得了充实和提升，首先体现在学校环境的独特展现，转塘小学独有的倾向性的表现形式和特有的潜移默化式教育赋予学校独特的风采。转塘小学主要通过少年科学院及下属的十二大科技型社团：天文观测台、星象演示廊、航模基地、PM2.5环境监测站、学校气象台、广播电视台、微型海洋馆、模拟实验室、数控水循环系统、数控太阳能照明系

统、数控天台农艺室、数字化绿化滴灌系统等基于数字技术的科技体验实验平台，发展学校体验性环境文化。

总之，无论是理念文化、课程文化、制度文化，还是环境文化，都要不断地建构新的联系，组合新的能量，实现学校文化转型。

3. 基于“文化交流”分享的文化培育

“WS 教育集团 · JL 小学共同体”成立伊始就在考虑要从行政共同走向形式共同，最终转化为文化共同，为此要以营造优良的文化氛围为根本，这既是共同体发展的根基，也是共同体建设的归宿。

(1)圆桌会议——多元主体的决策方式

作为城区小学的九莲小学在发展历史过程中有着自身的优势，当然多年来因为管理上的种种问题也存在着多种弊端。同时尽管是紧密型教育共同体，但它的组织者也是多元化，因此要求其决策具有开放性、民主性，支援学校不能因为拥有优势，就可以处处以领导者自居，独自决策，指挥一切，受援学校也不能因为自己受援而盲从；委派的领导班子不能因权力在手而随意指手画脚，各方面应当在决策时展开充分的协商，经过认真对话，做出各方都认可的决策。

圆桌会议隐喻下的教育共同体为教师专业发展提供了一个亲切的、具有激励性的专业生活场景。正是在这种专业生活场景中，教育共同体的成员能够首先得到彼此的尊重和信任，得到自主表达的机会，受援学校不因受援而受忽视，受援学校的教师也不因受援而不被重视。

(2)集体记忆——文化养育的最佳方式

集体记忆，即共同的生活世界的感知、经验，是教育共同体建立的基础。增加集体记忆，是形成教育共同体的有效途径，集体记忆指的是在集体活动中，个体意识到个体之于集体的价值，本质意志得到外在的共鸣。对集体的认识只能通过所参与的集体活动，在活动中产生某种心理上的归属感，这种归属感是人们追寻的共同目标。

案例 6-4

“文三教育集团 · 九莲小学”中秋茶话会

十五的月亮十六圆，在传统佳节，“WS 教育集团 · JL 学校共同体”部分老师和学校领导欢聚在 WSJ 小学的会议室，共赏明月，共品茶点，共同度过了愉快的中秋茶话会的夜晚。

茶话会热烈而温馨。教师们畅所欲言，将开学近一个月来所有快乐的点滴，与大家分享。有的为了学生的小小进步感到欣喜万分，有的因为受到学生与家长的肯定而感到比吃了蜜还甜……

在集体活动中，情感交流的作用同样重要，所体验到的信任、合作、利他的精神能使个体感受到整个群体的支撑力量，并会在行动时试图实现群体的利益。当个体意识到他的行为不只是为了自己，更是为了整个群体，这种带有群体信仰意义的责任感就是文化共同体。

(3)活动共进——促进文化体系共完善

九莲小学充分借鉴文三教育集团丰富多彩的校园活动文化，除了推进百优学生评比活动，还借鉴推行“免考制度”和各学科的拓展实践活动，结合学校原有的丰收节、动漫节，设立校园英语日、科技活动周、体育达标月，建设“星光小舞台”“QQ 种植园”，开展“晨诵、午读、暮省”活动，提升学生综合素养。双方学校共同举办的运动会、春秋游活动，更是给学生创设了一个未曾见识的大平台，让学生不仅得到了身心的历练，更增强了他们的进取心和荣誉感。

(二)教研联动：提升共同体学校教研活动实效

学科教研联动是一种以新课程实施过程中紧密型教育共同体学校所面临的各种共性问题为研究对象，以共同体学校教师组建而成的团队为研究主体，以课堂为研究现场的教研实践活动。其特点是强调共性问题的解决、跨校教师间的合作、本土化“专家”的引领、系统化的活动操作。学科联动教研是自下而上的主动区域校本教研模式，具有互动性强、形式开放的特点，这种教研形式针对性强，能贴近一线教师的教育教学实际，为教师的专业发展提速，为学生的能力提高助力，是整个区域的学科教学水平发展的推进器，是区域校本教研的应然走向。

1.“主题研讨式”教研联动

所谓“主题研讨式”教研联动，是指将新课程实施过程中所遇到的课堂典型问题提炼为教学研究的主题，发动共同体双方教师的力量，围绕这一主题开展的一系列系统性的、有针对性的教学研究活动。

(1)以“联合研讨”的方式提炼主题菜单

教研形式完善是第一步，接下来我们思考的是教研内容的进一步规划。从开始的各学科自己确定主题，到后来的两校共同商讨，在期初就整体规划联合研讨活动的“主菜单”。

一是“自下而上”的方式“提炼主题”。主菜单中的内容可以先从教研组的具体研讨开始(子菜单)，再逐渐提炼成学校层面的核心探讨(主菜单)，这种自下而上的菜单内容，有助于两校教师对问题的共同聚焦(见表 6-2)。

表 6-2　学科主题菜单示例

组别	学习主题
语文组	语用视野下阅读教学的有效性
数学组	小学数学问题解决教学的策略研究
英语组	新课程标准小学英语语音教学的实践与研究
科学组	利用身边资源，开展科学课堂实验探究活动
音乐组	感受与欣赏的研究
体育组	跑类教材教学问题的梳理与研究
美术组	研究色彩课程的教学目标的整体性、连贯性
信息组	做中学，以实践活动提升学生信息素养
品德组	品德课程的活动性和实践性
综合实践组	学校综合实践活动的开发

二是“自上而下”的方式“提炼主题”。从学校层面整体策划大主题（主菜单），再分解到各个学科组，形成具有学科特色的小主题（子菜单），这种形式更能激发组内教师的共同参与热情。例如，求是教育集团和西溪实验学校制定的研讨大主题是“以课标为抓手，改变教学理念，提升教学质量”，围绕主题，两校覆盖 10 个学科，共有 37 名骨干教师进行了联合论坛，在观点碰撞中更深入的理解《课标》理念。

（2）以“校本教研”的方式寻求解决策略

要想在联动开课的环节对于研究主题有一定的突破，首先要解决的问题是让每一所学校通过校本教研的方式进行自主探索，寻求自己解决问题的策略。

一是开展分校聊天式的校本教研。学校要求联动学校的教研组长组织全体教研组成员开展一次聊天式的校本教研活动。让每一位教师在宽松的教研氛围中说出发生在自己课堂中的“真实问题”。这样的一种方式，在于培养教师参与、介入学校课题的态度，让他们成为课题的“参与者”，而不是“旁观者”。

二是创意开展 BKZ 式校本教研。本着跳出学科看学科和切实开展深度教研的想法，翠苑二小对联合教研形式进行了创新设计：BKZ 式教研。“B”是指本学科，指文一和翠二教研大组成员，“K”是指跨学科，由于利用了周五的教师会时间，因此有机会邀请到学校其他学科的所有老师参与此次活动。“Z”是指专家引领。

(3)以“同课异构”的方式实现智慧碰撞

“同课异构”，顾名思义，用不同的结构、手段和模式来上课，就是同一年级同一教学内容由不同的教师上课，比较其对教材的分析、教学设计和教学风格的不同，达到相互学习的目的，更具可比性。通过“同课异构”活动，可以具体探讨某一类教材的教学方法，相互学习不同的教学理念和教学风格。具体操作要点如下：

一是以同一主题为核心。同课异构的基础是“同课”，即同一教学内容。只有确定这一主题，才能保证教师有一个共同的基础进行比较式的研讨。共性与个性是事物之间普遍存在的一种客观联系，比较的过程追求“同中求异”“异中求同”，没有了“同课”这一“同”，比较就失去了基础，就不能称其为同课异构，就失去了同课异构的价值。

二是以行动研究为基础。行动研究的目的就是应用科学的方法，解决教学中的问题。它关注的是特定情境中的特定问题，无须重视研究结果是否可以推广到其他不同情境，无须关注研究变量的控制与操作。行动研究的主要目的就在于解决特定的问题，强调在研究的过程中，立足于自己的教学实际，把自己遇到的教学问题转化为教学研究的“小课题”，基于“教学问题”进行研究，基于“有效教学”进行教学设计，不断对教学行为进行反思，不断提升自己的教学智慧，提高自己的教育教学水平。

三是以微格分析为手段。没有细致的观察就没有精细的分析，没有精细的分析就难有问题的发现，没有问题的发现与解决就难以取得进步。所以，我们借鉴微格教学的方式来进行微格分析。一方面，利用了现代视听设备作为课堂记录手段，真实而准确地记录了教学的全过程，帮助教师直接从记录中观察自己的教学活动，收到“旁观者清”的效果；另一方面，其他教师注意在课堂中就某一主题进行观课议课，帮助上课教师从指导教师和同伴那里得到信息，更为全面地看到本人上课的过程。

四是以解决问题为目标。同课异构中会不断地发现问题，教师的课堂教学水平、课堂教学智慧只有在不断的问题解决的过程中才能逐步提高。所以，在发现问题之后，教师需要进而明确问题的关键，决定问题解决的方向；在分析问题的基础上提出问题解决的方案，包括问题解决的方法和途径；最后通过一定的方法，确定所提出的假设是否可以有效地解决问题。问题解决的过程是一个复杂的心理过程。在同课异构中，由于教学的不可预测、对于面临的“未来”一无所知，我们可能会不断地尝试错误，通过尝试错误，发现解决问题的方法。当然，我们也可以把总目标分成一系列子目标，如把教学设计分为多个环节，针对某些环节采用针对性的方法和手段进行尝试，从而实现教学构想，解决教学中不断出现的问题，最终解决所有问题，

呈现出一节近似完美的课。

2."循环跟进式"的教研联动

所谓"循环跟进式"联动教研是在确定执教年级、执教科目、执教内容之后,发动共同体双方相关学科教师采用设计、授课、研讨、再设计、再授课、再研讨……这样一种循环实践、反思、跟进的教研方式。我们认为,这样的一种教研方式强调的是联动教研的过程,在过程中学习,在过程中进步,有利于拓宽教师的教学思路,有利于展现教师的教学风格。

(1)以"邮件交流"的方式实现联合设计

"循环跟进式"联动教研耗时较长,一个循环持续一周时间,三个循环就要持续三周时间。共同体学校教师由于课务等工作因素不可能经常性的集中在一起,为了让大家能从教学设计这第一个环节就联动起来,学校采用了邮件交流的方式。

一是设计"起始稿"。交流、研讨是需要载体的。确定教师设计"起始稿"(又称"第一稿"),正是为了提供一个交流、研讨的载体,让起始稿在联动学校相关学科、年级教师的雕琢中逐步完善。在操作过程中,根据活动总体安排,在联动学校内部确定一名教师执笔起始稿的设计,再在规定的时间内用邮件的方式发送到其他联动学校。

二是修改"起始稿"。各联动学校在收到"起始稿"邮件后,由教研组长集中相应学科、年级的教师进行集体研讨:目标定位是否准确,教学板块安排是否合理,教学重难点的处理是否精当,等等。关注教学预案中的精妙之处,留下备课组的体会;关注教学预案中争议之处,留下备课组的建议。再由各校教研组长执笔将集体备课中的教师发言整理成文后在规定的时间内以邮件的方式发回给"起始稿"设计者。我们联动学校共有七所,便形成了这样的七份文体材料。接着由"起始稿"设计者综合大家的建议,结合自己的认识形成第二稿。

(2)以"循环实践"的方式实现行动跟进

"循环实践"式教研即尝试构建一种更为持续、有效的活动模式,通过一段时间对一位教师某一个专题的"多轮执教",进行反复的研究,提升教师设计和实施教学的能力,特别是年轻教师的能力,变独立为合作,变说教为实践,变客串为主角,变指令为参与。循环开课是让不同学校的教师分别执教二稿、三稿……在这样的一种联动教研状态下,教学设计不断地改善得到优化,教学行为不断地变化得到跟进。

一是在联动学校内部确定循环实践的顺序,确定各校开课的教师,确定各校开课、研讨的时间,确定全程参与活动的人员,确定各校活动的临时组织者。

二是要注重课堂观察和教学研讨，要以教学预案为蓝本从四个方面进行观察与研讨：哪些行动是跟进了的？哪些行动是未跟进的？哪些行动是需要细化处理的？哪些行动具有执教老师个人风格的？

以“教学预案”为蓝本是因为这一教案是集中联动学校许多教师建议之后的综合化的成果，关注教案就等于关注集体的思维成果；关注“跟进了的行动”是为下站的执教者提供继续操作的范例；关注“未跟进的行动”是为下站的执教者提供实践探究、行动跟进的余地；关注“细节的处理”是为了提高教师课堂驾驭能力、娴熟地掌握课堂教学技能；关注教师的“个人风格”是为了彰显教师的个性，循环开课的目的不仅在于求同，也需要求异。

(3)以“集中研讨”的方式实现“深度反思”

通过持续的联动教研，到活动临结束时，参与全过程的教师们再回过头去反思我们的教学内容、教学行为时，会有更深刻的体验。

对于教学中的焦点问题、难点问题，老师们有什么困惑，又有什么好的想法？在联合教研活动中，共同体结对学校还采用了沙龙研讨的形式。两个学校的学科教师围坐在圆桌边，一起探讨，智慧分享。当联动教研到最后环节时，他们更应跳出具体的课例，反思行动的过程，寻求建构些新的操作行为，用以指导以后的课堂教学。

3.“精品展示式”的教研联动

所谓“精品展示式”联动教研，是指在确定执教年级、执教学科、执教内容的基础上，发动共同体学校双方教师的力量从设计、磨课、展示三个阶段全程参与的一种联动教研方式。

(1)以“联动备课”的方式整合设计方案

集体备课是校本教研中常用的一种方式，它是集合众人的力量进行教学设计，是开好课的前提。在联动式教研活动中，为了让更多的教师来献计献策，主要采用“校本备课—联动备课—个性化综合”3个步骤。

校本备课，即在确定开课内容之后，先由联动学校的相应教研组组织校内的相关学科教师进行集体性备课，并确定一位教师作为“主备”执笔拿出代表自己学校成果的教学预案。并且附上每个环节的设计意图，供交流之用。

联动备课，即在确定时间、确定的地点，共同体支援学校的教研组长和受援学校的主备教师集合在一起围绕规定的执教内容谈一谈各校教学预案的板块设计、操作方式及设计意图。

个性化综合，即每一所学校在教学设计上都有自己的理解和独特之处，如何来整合？我们认为最好的教学预案并非全在于它设计的周全，操作的独特，还有很重要的一点就是要适合执教者的教学风格。因此，在各校主备

教师充分展示各校的教学设计优势之后，由本课内容的执教者自己去整合。

(2)以“异地磨课”的方式进行重新设计

“请进来指导”和“走出去请教”是教研活动的两种重要形式，但“请进来指导”往往局限于请进来一两名教师，而“走出去请教”往往能获得一大批教师的支持。

一是异地磨课。7组紧密型教育共同体学校各有特色，但从教学研究的角度来看，学军小学—转塘小学是最出色的。他们学校的教师有一大批是学科带头人、骨干教师、教坛新秀，他们的校本教研活动始终处于一种高位的运行状态。学校把磨课活动放在了转塘小学，由开课老师进行异地磨课活动。所有参与联动备课的教研组长和教师一起到转塘小学参加活动，同时邀请转塘小学更多的教师参与听课研讨活动，还特别邀请了“本土专家”，一起来参与磨课活动。

二是重新设计。通过异地磨课接受了大量的信息，必须要把这些信息通过自己的处理落实到新的教学设计中去，必须化成自己的实际行动。学校请本课的执教者进行二度备课，将异地磨课中处理得比较好的环节继续保留，将异地磨课中出现问题的环节结合听课教师的建议进行重新设计。

(3)以“公开展示”的方式实现成效检验

通过集体备课活动，吸取了紧密型教育共同体学校教师的优秀设计；通过异地磨课，接受了众多优秀教师的实践智慧。无论是开课教师还是参与全过程的教师在不断地修正教案与改变教学行为的过程中得到了长足的发展。最后一个环节是“公开展示”，试图通过公开展示的方式，邀请本区域内更多的教师来参与活动，既是对前期成果的呈现，也是为了获取更多的教学建议。

总之，联动教研广泛性和开放性的特点，极大地弥补了传统教研活动的不足，所以在开展传统教研的同时，要专注于联动式校本教研，以获取更为广泛的教学技能和教研教改信息，促进区域校本教研向纵深发展。

(三)名师辐射：促进共同体学校教师共成长

1. 名师带徒“1＋1”

支援学校的名师与受援学校的优秀教师结对，建立师徒关系，受援学校的被指导教师与本校的一名教师再结成师徒关系，达成名师带徒“1＋1”的效果。共同体学校还积极开展同伴互助“1＋1”活动，引领教师专业发展。整合支援学校教师专业发展优势资源，在课堂教学、课题研究、中考研究等方面开展同伴互助式学习。譬如：十五中教育集团要求校内特级教师、首席教师等名师每人至少与袁浦中学1名教师结对，出台教师成长“1＋1”考核规定，并制定3年专业发展规划，进行捆绑式考核，有力地促进了袁浦中学骨干教师队伍建设。

2. 名师活动"一连三"

依托名师工作室活动(每学期至少3次),双方学校合作开展科研课题研究和教师校本培训,如共同举办学术论坛、教学沙龙、业务培训等活动,交流先进教育理念、教学方法。充分整合各联盟学校的名师资源,放大名师效应,深入开展名师带徒、带教研(备课)组、带课题的"三带"活动。

3. 名师分站"一带五"

3年来,支援学校名师工作室在受援学校设立分站30个,吸收150名受援学校教师为成员,平均每个分站吸收5名受援学校的教师,定期开展活动,健全教师成长导师制。通过一个师傅带几个徒弟的传帮带形式,西湖区将名师资源转化成了培训资源,发挥了名师的引领作用,让更多的一线教师,尤其是青年教师有了新的成长平台。

三、共享:基于资源共享的协同发展

为进一步整合优质教育资源,发挥校与校之间的互补和促进作用,全面提升受援学校的教育质量,西湖区教育局依托紧密型教育共同体,创建资源共享平台,推进区域教育高位均衡发展。

(一)定期例会:保证资源统筹

1. 一学期两研讨:研究解决共同体发展难题

建立由区教育局和所有共同体学校校长组成的共同体工作领导机构,研究制定共同体行动规划,负责共同体活动的组织实施。共同体领导机构实行例会制,定期组织召开总结交流会,讨论决策共同体重大事项,研究解决共同体难点问题,协调解决成员学校发展的突出问题,统一思想行动,明确发展措施。深入推进共同体制度建设,建立起适合共同体学校共同发展的行政管理、教学管理、学生日常管理、后勤管理、安全管理和绩效考评等制度体系。

2. 一个月两上吧:展示共同体学校特色愿景

教育局发动组织"校长智慧吧",成员由专家、教育行政、紧密型共同体校长组成,以自由、开放、分享、合作为共同价值取向,以沙龙、论坛为校长俱乐部的主要方式,以每月活动两次为基本制度,每次活动都到一所不同的学校、都有自由论坛的机会、都有共同的话题、都有与专家的对话,努力把它办成思想者的智慧吧。

（二）定期交流，保证资源推广

1. 一月一专题：搭建学术交流平台

区教师进修学校通过定期组织专题研讨、科研大讲堂、经验交流等多种学术交流形式，积极推介学校之间包括管理制度、学校文化、办学特色、师资培训、学生管理、学校课程、教育科研成果等方面的优秀资源。如围绕黄志元副局长领衔的省规划课题"区域促进优质均衡的紧密型教育共同体的运作机制研究"，组织开展一系列专题研讨活动（见表6-3）。

表6-3 省规划课题系列研讨活动菜单

论坛	论坛时间	论坛主题
一	2012年4月19日	紧密型教育共同体的运作机制课题推进会
二	2012年5月2日	紧密型教育共同体运作机制课题开题论证会
三	2012年10月25日	制度与文化建设论坛
四	2012年11月19日	课堂教学改革专题研讨
五	2013年1月29日	教师队伍建设与校际资源共享
六	2013年3月18日	紧密型教育共同体的有效评价机制
七	2014年4月22日	紧密型教育共同体联动教研活动的创新
八	2014年6月19日	紧密型教育共同体周期性评估
九	2014年9月26日	如何在"传承与创新"中实现优势互补
十	2014年10月26日	紧密型教育共同体评估反馈
……		

这些研讨活动从理论和实践层面同步推进对紧密型教育共同体运行的研究，改善紧密型教育共同体内学校共同发展的相关行为，更好地促进共同体成员学校的内涵发展，为推进城乡教育一体化、实现教育均衡发展提供一种新的视角。

2. 一月一联谊：实现优势资源互补

区教育局要求各共同体定期组织校级领导集中研讨活动，研究学校管理的方法与策略，提高校长学校管理的能力与水平。要求各共同体成立由成员学校学科名师组成的学科教研中心，制定学科教研活动方案，定期组织学科教研组成员开展听课、评课、送课、同课异构、教学研讨、集体备课、专题论坛、师资培训等活动。同时，各共同体要依托节庆日、专题活动、综合实践活动等载体，开展校际学生间的观摩学习、才艺展示、榜样示范、经验传递、爱心互助等联谊活动，加强学生间的交流互动。

（三）信息互通：保证资源共用

1. 加强信息化基础设施建设

科学规划教育信息与装备中心职能和运作体系，统筹信息化设备和软件建设与应用，高标准建设中心机房、培训机房、录播室、访谈室等功能室。做好紧密型教育共同体学校的信息化配备的技术支撑工作。加强共同体学校电子阅览室、综合实践活动室、录播室建设，推进电子白板等现代教育装备进教室工程。紧密型教育共同体学校建网率 100%，均接入城域网和因特网，所有共同体学校均实现了“校校通”“园园通”和“班班通”。成功建设了西湖区教育装备“建配管用”一体化数字管理系统，实现了全区 140 多家教育单位装备“建设、配备、管理、应用”等一体化、规范化、数字化管理。

案例 6-5

西湖区教育技术装备规范管理区创建工作进展情况汇报（摘选）

实施教育技术装备网络化、数字化管理，完成了平台建设，西湖区将教育技术装备网络化、数字化管理项目，作为技术装备规范化区创建的主抓手。建设完成了“西湖区教育装备管理平台”，组织四所不同类型的学校历时三个月进行平台装备目录调适、装备数据录入、资产处理的试点，核定技术装备 6 大类设置、融合省教育技术装备配置标准细目，核定装备数字化录入的基本框架，并于 2016 年 6 月份进行了全区中小学校推广，至 8 月份，全区中小学已完成教育技术装备平台中的期始建账工作，在平台中可以查询每一大类、每一所学校技术装备配置情况。

西湖区教育装备管理系统的推广和应用，在浙江省乃至全国城市装备论坛等各种平台、会议中得到了认可和推广。同时接待了来自全国各地的教育同仁参观交流。

2. 加强信息资源与平台建设

区教育局创建了西湖教育发展研究网、西湖教育汇智网和党建信息网。建成了以经典资源库、网上名师工作室、学校特色教研为基础，涵盖各级各类学校、所有学科的多层次、智能化、开放式数字化教育教学经典资源库和过程性优质资源学习共享平台。通过利用网络平台，共享优秀教学设计、优秀课件、精选习题、教科研成果等教育资源。同时，共同体学校内部之间在教育资源共享上也已经实现了同步，包括常规考试、教学资源、ftp 资源等。部分学校甚至实现了更高水平的共享，例如袁浦中学投入资金建立了远程视频教学、会议共享系统；周浦中学学生可方便的共享本校没有但共同体学校有的专业实验室。

案例 6-6

西湖区利用 Moodle 平台积累学生数据

Moodle 以学习者为中心，为教育工作者和学生创建灵活、资源丰富、个性化的学习环境，强调学习者的主动建构，适合于在线学习。Moodle 的核心部分包含了活动和资源。大约有 20 种活动可以使用，包括论坛、词汇表、wiki、作业、测试、选择、问卷调查、数据库等，并且每一种可以被很好地个性化。另外还有一些其他的工具可以帮助教师更加容易的建设学生的社区，比如博客、消息、参加人员列表、分数、报告等。Moodle 的在线教学模块采用可自由组合的动态模块化设计，教师组织在线教学的过程可以比喻为搭积木一样，将需要的模块或者插件按照一定的教学设计组织起来。Moodle 支持多种教学模式，可应用在多种不同领域。2013 年西湖区开始建立了 Moodle 平台，在信息技术学科上，进行了数据积累的实践，Moodle 可以记录每次学生的登录学习情况，特别是信息技术课全程在平台上开展教学，学生通过 Moodle 平台下载资料，进行交流，并通过平台提交自己的学习成果，利用平台进行学习效果检测。

基于 Moodle 进行学习分析，一方面可以使用 Moodle 自带的数据分析功能进行相对简单的分析，另一方面也可以在数据挖掘的基础之上，进行更为深入、复杂的分析。

四、共荣：基于动态跟踪的评估服务

西湖区教育局建立了全面的、科学的、有效的动态评估机制，在评价指标、评价方式、评价激励等环节上和谐建构、互为依托、整体推进，有效激发了学校内在发展的动力。

（一）紧密型教育共同体评估的价值定位

紧密型教育共同体学校评估，旨在项目改革过程中，更大力度地促进学校的发展，即能够动态把握学校发展现状与动向，客观评估不同改革措施成效，肯定学校发展的正确方向，并合理优化及解决学校发展中出现的问题与不足，起到“以评促建，评建结合，重在建设” 的作用。其评估不在于等级鉴定，而在于由评估引领学校卓越发展。

1. 促进“互利”和“持续发展”

受援学校需要内涵式成长，是一个长期性持续过程，学校的发展是“以今天为起点，但更着眼于明天，侧重于发展”。它关注三大方面的“发展”。一是它强调“为了发展的评估”，即终极性追求上以学校实际发展和自主发展能力的形成为目的。二是它关注“什么发展了的评估”，关注学校在办学过程中究竟在哪些方面采取措施，促进了以学生、教师、校长及学校为重点的发展。三是“在发展过程中”的评估，强调在学校成长过程中开展动态评估。

2. 寻求“共性”加“特长选择”

参与紧密型共同体的学校，由纯小学、九年一贯制学校、纯初中等三种类型，本身具有一定的差异性。因此，面向这些对象的学校评估，摒除以往“一把尺”评估的常规做法，实施“一把尺”和“多把尺”有机结合的评估方式。项目实施全面评估，即对所有学校的初始状态开展全面的评估，综合诊断学校的发展现状。在阶段性评估中，项目结合不同学校的实际，例如课改特色学校、体艺特色学校等的不同实际情况，开展学校有选择性的特色评估，满足不同学校的多元发展选择需要。

3. 创建“动态”与“捆绑”评价

紧密型教育共同体学校的评估，其评估对象并非只有一所学校，而是受援学校、支援学校都应成为评估的对象，实施捆绑评价，充分调动双方的主动性、积极性，落实各自的责任与工作使命。其关注点是：一是鉴于共同体双方学校的工作模式，面向支援学校办学成效的评估，应将受援学校的办学成效作为重要的评估指标之一，考察支援学校的支持力度是否到位。二是受援学校的评估中，要关注双方各类资源的合理整合、优化利用，重点评估受援学校对支援学校的支援是否充分发挥功能。三是也要关注支援学校自身的后续办学成效，重点关注是否产生了“牛奶稀释效应”，从而影响了支援学校自身的发展。

（二）紧密型教育共同体评估的操作流程

1. 构建新型共同体“发展服务”的评估关系

伴随发展性导向的学校评估的实施，围绕学校发展构建形成新的服务关系。区教育局为学校的发展提供更多自主空间，提升学校发展的专业自主和个性化。学校评估团队，由纯粹的“评估方”转变为学校发展的“共同促进者”。[①] 项目的评估实践，除一般意义上对受援学校展开客观评估外，更为强调在宏观总体发展愿景的引领下，诊断学校发展的现状与问题、动力与生长点，需要确定对学校具有现实意义的发展方向，并提供具有建设性的发展建议。

2. 依据评价理论设计“客观综合”的评估体系

紧密型教育共同体评估指标体系，以现代学校评价理论为指导，以促进

---

① 陶西平. 教育评价辞典[M]. 北京：北京师范大学出版社，1998：87.

受援学校内涵式发展为目的，对受援学校的共同体工作开展、办学理念与发展规划、组织与领导、学校文化建设、教师专业发展、教育教学管理、学生发展水平、公共关系与评价、学校特色等九大方面开展客观性的综合评估，以全面了解和把握受援学校的办学现状与水平（见表 6-4）。

表 6-4　紧密型教育共同体评估指标体系

一级指标	二级指标
A1：共同体工作开展（20 分）	B1：搭建共同体运作机制（6 分）
	B2：共同体工作有序高效推进（8 分）
	B3：目标实现水平（6 分）
A2：办学理念与发展规划（10 分）	B4：理念与愿景（4 分）
	B5：发展规划与实施（6 分）
A3：学校组织与领导（10 分）	B6：制度建设（5 分）
	B7：管理团队（5 分）
A4：学校文化建设（10 分）	B8：信息化建设（3 分）
	B9：整体校园环境（3 分）
	B10：学生活动（4 分）
A5：教师专业发展（15 分）	B11：梯队结构（4 分）
	B12：精神面貌（5 分）
	B13：专业研训（6 分）
A6：教育教学管理（20 分）	B14：教学常规管理（6 分）
	B15：课堂教学质量（8 分）
	B16：学校课程体系（6 分）
A7：学生发展水平（20 分）	B17：思想品德（5 分）
	B18：学业水平（6 分）
	B19：身心健康（5 分）
	B20：多元发展（4 分）
A8：公共关系与评价（10 分）	B21：外部资源（4 分）
	B22：社会满意度（6 分）
A9：学校特色（5 分）	B23：特色项目（5 分）

3.依托专家团队开展“动态跟踪”的评估方式

建立第三方监督体系，依托浙江大学教育领导与政策研究所专家团队力量实施第三方评估，分三年对紧密型教育共同体进行全程跟踪、动态评估，即初期、中期和终期分别对管理、教育、教学等各个方面进行初态评估、中期评估以及周期评估，并提供相关发展性建议。2011 年 9 月，评估监测中心会同浙江大学教育领导与政策研究所进行了“紧密型教育共同体”成员运作初态调研；2011 年 12 月，专家团队对四所共同体受援学校进行了初态评估，评估内容包括共同体工作开展、学校办学理念与发展规划、学校组织与领导、学校文化建设、教师专业发展、教育教学管理、学生发展水平、公共关系与评价、学校特色九个维度。2013 年完成 4 个紧密型共同体中期评估，完成 3 个紧密型共同体初态评估。2014 年完成 4 个紧密型共同体周期性评估，完成 3 个紧密型共同体阶段性评估。2015 年完成 3 个紧密型教育共同体的周期性评估。

4.多元适时采集“利益相关者”的评估信息

本项目评估进行的过程中，为更多方面的听取利益相关者的信息，也为更好地满足社会科学研究中“三角印证”原理，评估信息的具体操作，主张信息的多元性，即是评估对象及有关人员都有机会表达他们自己的意见、需求及存在的问题，而不受评估者价值观影响，实现信息价值的平等。① 本课题通过现场访谈，教师、学生、家长问卷调查，学校现场考察，学校管理层工作汇报，学校文本查阅等多种方式进行信息收集，旨在通过对不同个体收集的信息、来自不同对象的信息以及通过不同渠道收集的信息进行比较验证，提高评估信息的客观性。同时，强调信息的适时收集。紧密型教育共同体学校在项目进行过程中，始终处于动态发展，不断成长的状态，为持续跟踪并发现不同阶段学校所取得的成就和面临的调整，以及结合上级机构对学校了解的需求。以首批四组紧密型教育共同体评估为例，据不完全统计，在专家评估环节中，就访谈和座谈的情况而言，访谈超过 300 人次，召开 100 多个座谈会。

5.结合督导监测进行“及时有效”的评估反馈

评估工作实施后，第三方评估机构将形成评估报告，并向教育行政部门、学校等做评估反馈，使教育质量监测和学校发展评估相结合，更好地为教育行政部门和学校制订政策、改革教育教学、提高教育教学质量提供更大的帮助，并进一步提高教育督导的科学性和针对性。此外，各部门还可对评

---

① 黄丹凤.基础教育阶段学校委托管理评估的基本框架及特征分析[J].教育测量与评价，2014(2).

估结论、政策意见的有效性进行分析与反馈，进而调整改进紧密型教育共同体评估体系的内容与实施。并且，通过动态评估结论，各部门将以数据库为基础进行纵向比较，清晰地勾勒出共同体学校的发展路线。

6. 依托评估方案进行“捆绑式”的考核奖励

出台紧密型教育共同体考核评估方案，每学年末，由区教育督导部门会同教师进修学校，组织专家开展紧密型教育共同体学校“捆绑式”评估。经绩效考核评估，对结论为不合格的，双方解除紧密型教育共同体关系。共同体聘期结束后，由区教育督导部门会同相关部门再次进行共同体建设情况综合考评。建立有效的共同体绩效激励机制，在“捆绑式”考核评估后，每学年给紧密型教育共同体学校分别奖励 20 万～30 万元，用于学校在骨干教师的培养经费补充和在紧密型教育共同体建设中做出突出贡献的个人的奖励，以提高共同体学校的积极性。通过专门安排紧密型教育共同体工作业务经费、绩效激励经费等专项经费，为这项工作有序开展提供保障。

（三）紧密型教育共同体评估的配套措施

紧密型教育共同体评估的实施需要建立起相应的机制予以保障，“组织机制”的建立解决了“评估由谁来做”的问题，保障了评估的专业团队的形成；“协同机制”的建立促进了专业团队间的分工与合作，这是顺利实施动态评估、形成评估报告的重要保证；而“反馈机制”则有助于评估结果的合理使用，同时，对于进一步修订评估体系具有积极作用。

1. 创建组织架构

紧密型教育共同体评估是一项专业性极强的前沿性工作，不仅需要有专业的区级教育质量评估人员进行研究，还需要整合国内外一大批教育学、心理学、学科教育等方面的专业资源，向科研院校和高校引智汇智。同时也需要政府与行政部门的支持与保障。紧密型教育共同体评估项目引入了第三方评估机构，项目委托浙江大学教育学院，成立专门评估研究小组，专案对紧密型教育共同体的初期阶段和三年总结性评估，以发展性评估为总体理念，提供专业的跟踪式评估服务。

2. 多方协同推进

紧密型教育共同体评估体系的建构与实施需要多方资源的协同与配合。首先，以政府保障为基础，对共同体学校的教育教学质量进行全方位的掌控，监督、引导教育教学活动的良性发展。其次，以区教师进修学校为主导，委托浙江大学教育学院研制评估指标、设计评估量表，并通过专业机构进行数据处理与统计等工作，对紧密型教育共同体学校开展客观、全面的监测与评估。最后，以区域内紧密型教育共同体学校为支持，转变教育质量观，对教育教学活动质量进行有效管控，助推共同体学校发展。

3. 开展专项督导

教育局和教师进修学校应当全程介入紧密型教育共同体的实施过程：在学校制定发展规划阶段重点把握办学方向，帮助进行项目的可行性分析；在实施过程中针对素质教育的关键环节和热点问题，加强随访性督导、开展专项督导，及时对学校管理中出现的问题进行诊断和矫正；在实施结束后应开展综合性督导，侧重调研和诊断，提出合理化建议；在下一阶段目标管理中加强整改追踪，并将整改成效纳入下次督导评估结果中。

综上所述，有区域政府主导的紧密型教育共同体实践，倍增了优质教育的正能量，在一定程度上突破了现有管理体制下教育资源流动的障碍，取得了显著的实践成效。"紧密型教育共同体"向社会交出了一份漂亮的成绩单，受援和支援学校双方收获满满，成为杭城统筹教育均衡发展的又一典型范本。2014 年，浙江省委主要领导批示：方向对，要坚持抓下去。2015 年 4 月，杭州市委主要领导批示：西湖区通过创新实践名优教师交流共享机制，打造城乡紧密型教育共同体，为城乡教育均衡发展开辟了一条新路。杭州市教育局还在西湖区召开紧密型教育共同体现场会。2016 年 1 月，浙江省规划课题研究成果"共建 · 共进 · 共享 · 共荣——'紧密型教育共同体'促进区域教育优质均衡发展的运作机制研究"荣获浙江省 2015 年教育科研优秀成果一等奖。此外，对紧密型教育共同体所取得的成效，浙江电视台、杭州电视台、《钱江晚报》、《杭州日报》、《都市快报》等媒体多有报道。这是激励，是鞭策，是信心，鼓舞西湖教育人风雨兼程去实践，披荆斩棘去创新。这一教育智慧之作的累累硕果，值得细细品味。当然，紧密型教育共同体是一项新的改革实践，很多方面需要在改革中不断探索前进。

第七章　创新集团化办学：教育高位均衡发展的文化传承

集团化办学是学校与学校、学校与其他相关利益主体之间在多个领域形成的稳定合作，学校需要在资源共享、责任共担、与社会互动中做出全新思考，在竞争与合作中寻求主动发展。

第一节　集团化办学的内涵与特征

1999 年，杭州市西湖区求是小学试行“连锁办学”，接管竞舟校区，在全国最早开启了义务教育公办名校集团化办学的探索。2002 年 10 月，经西湖区人民政府批准，杭州求是教育集团正式建立，成为浙江省首个公办基础教育集团。

一、集团化办学兴起的背景

随着社会经济的不断发展，生活水平的不断提高，人们对教育也提出了更高的要求，让孩子接受尽可能好的教育，上好学校、上名校，让孩子通过教育获得更好的发展，成为家长们的共同目标和理想。

“求是村现象”

求是村临近浙江大学玉泉校区，原属浙江大学的教工社区。求是村的生活圈，有浙江大学幼儿园、浙大附小、十五中、浙大附中一系列优秀的学校，还有著名的浙江大学，有人戏称这里铺就一条从摇篮到大学的名校之路。许多老教授的子女，实际早就在外面购房居住，但却不愿把户口迁移到居住地，尤其不愿意让孩子随父母住到外面去。原因在于，在求是村从幼儿园、小学到中学都有很好的学校可以选择，而其他地方，虽然房子更大，但却鲜有优秀的教育配套。这种扎堆把户口集中落在求是村，以享受优质教育的现象，被戏称为“求是村现象”。

随着城市建设的不断发展，城市区块功能将被重新规划调整。由于市中心地区商业价值的不断攀升，城市交通快速发展以及人们环保、生态意识的不断增强，老城市中心将原来居住为主的区块逐步规划过渡到商业和公务为主的区块，大量市中心人口将被合理规划疏散到城市周边区块，这种现象被称为“城市空壳”现象。每个地区或多或少都有几所久负盛名的名校，这些学校在几十年甚至上百年的办学实践中积累丰富的办学经验，形成丰厚的教育文化底蕴，代表着本地先进的教育发展方向，在本地区具有强大的影响力。而这些学校一般都位于老城区，随着城市化建设的发展，城市区块工程被重新调整，享受这些优质教育资源的人数也越来越少，优质学校的规模和入学人数也逐年下降，部分优势教育资源终将面临消失的危险。

城市周边兴建了大量住宅小区，新的城区不断地有新的学校配套建成，拥有良好的硬件设施，但缺乏优质的教育资源，住在新城区的孩子期望接受优质的教育。但城市规划建成的配套学校，并没有得到当地居民的认可。教育配套不是数量上的问题，而是质量上的问题。城市化提供的基础教育，很多只是造学校，满足孩子“有书读”的需求，而不能让学校得到居民的信任，使孩子“读好书”。教育管理部适应城市化发展的要求，提出优质的教育需要“文化积淀”，学校需要历史和文化，优秀的学校需要积累和磨砺。

一边是老城区优质教育资源的半开发，一边是新城区教育资源的未开发，导致的后果是新兴住宅小区周边的配套学校因为办学历史和办学质量等原因得不到家长的认可，家长仍希望孩子能到老城区的“名校”就读。因此，杭城择校之风日盛，家长对名校的趋之若鹜，导致名校入学资格一票难求，严重影响教育公平化。名校是一种稀缺的、宝贵的公共资源，实现名校资源利用效益最大化，是实现优质教育优质平价的必由之路，也是各级党政领导、教育主管部门和学校校长的社会责任。杭州市基础教育发展面临的不仅是要让在杭的少年儿童“好上学”，更要让他们能“上好学”。为满足社会对教育资源的公平化，为进一步加快基础教育均衡化、优质化进程，努力破解“上好学”难的突出问题，杭州市教育主管部门致力于扩充名校优质资源，实现优质教育平民化、普及化，让更多的人接受更好的教育。

西湖区求是教育集团自 1999 年开始的连锁办学集团化发展实践，为解决以上困难提供了契机。求是教育集团 1999 年成立的求是竞舟小学只用了两年就达到 24 班的满编规模。2001 年成立的求是星洲小学也很快达到 31 班规模。集团教师也从 70 名发展到了 240 名，在集团化过程中，老校区完成改造工程，教师资源结构得到优化，为城市化发展解决教育配套问题，为老城区优质名校创造再发展的机遇，对促进区域教育优质均衡发展有极其重要的现实意义。

二、集团化办学的发展历程

2001 年 11 月 7 日，浙江省人民政府办公厅转发省教育厅等单位《关于进一步拓宽教育融资渠道加快教育事业发展的意见》(省教育厅、省计委、省财政厅、省国土资源厅、省地税局、省工商局、人行杭州中心支行 2001 年 11 月 6 日)(浙政办发〔2001〕78 号)，其中规定："组建教育集团，扩大优质教育资源。为扩大优质教育资源，加快教育事业发展，各地可探索组建以优秀学校为龙头，跨地区、跨类别学校的教育集团。教育集团要以资产和教育教学为纽带，充分发挥优秀学校的教育教学优势和品牌效应，通过资产和人员重组、输出教育管理，实行连锁办学，盘活学校存量资产，优化教育资源配置，改造薄弱学校，扩大教育规模，提高教育质量和办学效益。"

1999 年，求是小学试行"连锁办学"，接管竞舟校区，在全国最早开启了义务教育公办名校集团化办学的探索。

2000 年，求是小学接管星洲校区，教育集团初见雏形。

2002 年 10 月，经西湖区人民政府批准，杭州求是教育集团正式建立，为浙江省首个公办基础教育集团。

三、集团化办学的内涵

集团顾名思义是指将单个个体集合形成团体。本文中的集团化办学是指在基础教育阶段实施集团化战略，通过名校输出品牌、办学理念、管理方式，将学生集合成为集团，资源共享，共同进步。具体运作方式为：以行政指令为主，兼顾学校共同意愿，将一所名校和若干所学校组成学校共同体(名校集团)，以名校为龙头，在教育理念、学校管理、教育科研、信息技术、教育评价、校产管理等方面统一管理，实现管理、师资、设备等优质教育资源的共享。各名校集团以名校校长为领衔校长，由专家顾问、各校区校长组成的决策机构负责学校共同体的整体规划，并形成相应的执行系统、监督反馈系统。名校和各校之间既有统一的协调和管理，以保证同样的教育品质，各校之间又相对独立，追求各自的办学特色，实现互惠互助，共同成长。

集团化办学模式一般经历移植、合成、新生三个阶段：(1)移植，即薄弱学校成为"子体"，依托名校这一"母体"立校，成为名校的分校或校区，并移植母体的办学理念、办学模式，共享母体的师资和教学设施、互联网络、融资渠道、生源等。(2)合成，即"子体"在积极消化吸收"母体"优势的同时，努力通过定向培训、联合科研等形式培养本校有发展潜力的教师队伍，培育自我发展和可持续发展的能力。母校和各校区同听一堂课、同读一本书，并请有经验的教师以一帮一的形式，辅导青年教师，从而进一步缩短各校区之间的差距。(3)新生,即“子体”在获得可持续发展后脱离“母体”,成为新的个体,在校园文化建设等方面打响自己的品牌,形成自身的特色与自我生存发展的能力。

实施名校集团化办学,改变了公办学校单一的办学体制,打破了多年来办学经费来源主要靠政府财政拨款的格局,为解决“钱从哪里来”的难题找到了新的突破口。名校在集团化办学过程中,为了自身的发展,为了担负起历史和社会的责任,办学积极性得到了空前的调动,利用名校品牌的无形资源、先进的管理方式、优良的师资队伍以及必要的学校资金,投入办学,不断扩大优质的教育资源。办学形式灵活多样,并吸纳了一些社会资金来投资办学,缓解了政府办学的经费困难。

教育资源配置的创新。通过实施名校集团化办学,盘活了教育资源。名校这种优质教育资源,由单位资源、部门资源、个人资源,变成了国家、社会特别是家长、学生的社会财富,成为一种大众的、普及的、平价的公共资源。这种资源被配置到不同区域、不同学校和不同学生,逐步实现了公共教育资源效益的最大化。

学校管理机制的创新。名校集团化办学,引入市场经济的理念,借鉴现代企业的管理制度和运行机制,逐步建立起了符合集团化发展的内部管理制度,缩短了新校的发展周期,成功实现优质教育资源的快速扩张,满足老百姓在家门口享受优质教育的需求。杭州通过实施名校集团化办学,引入市场经济的理念,借鉴现代企业的管理制度和运行机制,不断创新学校的管理机制,逐步建立起了符合集团化发展的内部管理制度。一是扁平化管理,管理层次少、简政放权、统一指挥、消除内耗,管理幅度大,管理效能高,是一种人性化的新型管理模式。二是网络化管理。三是全面质量管理,名校集团都建立了一整套管理标准和制度,使集团内部管理更加专业化、现代化、标准化、制度化。

集团化办学这一举措,以龙头学校为引领,扩大了优质教育资源在区域内的覆盖,引起了杭城区域内教育资源整合、教育品牌扩张和学校教育在办学机制、学校管理、学校文化、教师发展等方面的变革,在最短时间,以最快速度,高起点地解决了区域内优质教育均衡发展的重大课题,实现了基础教育公平与效率的双赢,无疑是一个教育创举。名校教育集团是对现行学校组织的创新,集团化办学创新了基础教育的办学模式,产生了一种特殊的学校组织形式,形成了独特的运行和管理机制,必将对中国基础教育的改革与发展做出借鉴和贡献。

四、集团化办学的特征

基础教育领域集团化办学的特点是:(1)通过集团形式,使优质教育资源的辐射作用得以固化,有利于基础薄弱学校的教育水平的提升。(2)使集团内的招生范围相对稳定,在就近入学的前提下,学生可以在集团内的学校适度流动,有利于缓解择校矛盾。(3)拓宽学校的教育视野,促进学校的优势互补,通过加强集团内的校际沟通,使信息交流渠道更加畅通,大家相互激励、相互促进。因此,集团化办学是在新形势下促进我国基础教育健康发展的有益探索。其特点如下。

(一)管理突破

集团化学校成型初期,往往是以老带新的管理格局。管理战略主要是将老学校拥有的优质教育资源向新学校输出,短时间内促成新学校的发展,相应地使学校整体资源得到优化,扩大优质教育资源规模。学校由一套领导班子负责决策,统一调配资源,全力支持新学校的发展,使新学校在教育资源配置上能较快跟上老校。在操作层面采用整合领导,如设置正副教研组长、年级组长、班主任,由老学校教师担任正职,新学校教师担任副职。采用帮带配置保证教学与管理的质量,确保教学管理实施质量的一致,使新学校的管理力量在较短时间内得到培养和锻炼,并为集团学校进一步发展打下基础。

集团化学校经过一段时间的发展以后,学校之间的发展较为均衡,该阶段管理战略重心在发挥管理的规模效益,增强管理的专业化程度,同时保持管理的高效精简。采取条块相辅的整合管理结构,将专业工作的"条"和各校工作的"块"整合在一起,增强决策的专业性,使学校决策层和执行层紧密联系,减少管理中间环节,提高管理效率。

当集团化进一步发展成长,各校拥有更多的管理自主权后,管理的战略重心在于完善调整,突破普通学校的管理组织结构,建立现代教育集团的管理组织结构框架,管理倾向于建立网络矩阵管理组织结构。在条块相辅的整合管理结构上进一步发展与完善,依托学校现代网络信息办公系统,使得高级管理层进一步整合,设立研究发展中心,发挥集体规模效益,使中心逐步成为具有教育、研究、培训、开发功能的核心战略部门,并成为集团发展的孵化器与发动机。

(二)制度规范

规范制度的标准化管理,是真正造就集团化品牌效应的保证。以往的学校管理依赖于现场的、经验性的、会议布置式的"人治"管理,每一个管理环节都不能缺少管理者，而实际操作中，教师往往处于被动地位。造成教师缺乏主人翁意识，缺乏创造性。集团化办学必须走出“人治”的陈旧管理模式，通过标准化的工作流程，来保证各个学校的教学质量。通过健全的制度保障，促进集团各个学校的均衡发展。

让广大教师拥有广泛的自主权，使学校的民主化管理成为可能。每一位教师，都明确自己应当承担的责任和享有的权利，激发教师的主观能动性。健全民主化评价制度，组织做好校级领导及中层干部的民主测评工作，把干部的评价权交给老师，定期做好校级后备干部民主推荐及中层干部的选拔工作，把干部的宣布任用权交给老师。建立学校学术评委库，把学术评价和教学质量评价权交给学校的教学专家；制定学校岗位服务满意率评价制度，每学期期中通过问卷调查，让学生和家长共同参与班主任和教学工作。

（三）教师发展

加强教师的校际流动。集团化办学，家长们最担心的是学校之间质量不均衡，老校区有老教师，高质量，而新学校新教师，质量低。通过教师的校际交流，让老师们流动起来，新的环境、新的机会、新的发展。同时不拘一格引进人才，抓住集团化办学的契机，从全国各地引进优秀教师，充实集团各个岗位，为集团的均衡发展和持续发展提供保障。

对于年轻教师，充分利用集体的力量，让备课组、教研组、年级组形成合力，共同帮助年轻教师成长。充分发挥老学校优秀教师的力量，每年调动骨干教师和熟练教师到新校，担任年轻教师的指导教师，采用师徒制、分层培养制、特色教研活动等方式快速培养人才。同时，引进的新教师按一定比例分配到老校，使老学校融入新的活力，也让新教师体验老校的传统精神和历史。实行导师制、人才工程、名师工程，对青年教师提出“一年熟悉，三年胜任，六年挑大梁”的奋斗目标，成立“教学顾问团”，聘请特级教师，省市区教研员，教育界有识之士，担任顾问工作，为教师的成长搭建桥梁。

（四）质量全面

集团化办学在规模扩张的过程中，既要充分发挥名校的品牌效应，又要充分利用名校的教育教学优势，在输出品牌的同时，积极输出先进的教育教学理念和完善的管理制度以及优秀的管理人才和教育教学骨干，以提高集团内部的教育质量。教学工作是学校工作的中心，教学质量是学校工作的立足之本，集团化办学需要建立统一的质量标准，明确培养目标，通过有效的课程建设，健全的质量监控，达成集团下属学校的育人目标。各集团都十分重视质量监控，通过建立教学质量的运行体系和监控体系，来保证名校扩

张后，教学质量不受影响。教育集团的教学质量运行监控体系，主要采用了以下操作流程：运行—评审—改进—再运行—再评审—再改进，在这个流程中，突出了评审与改进。评审有两种：一是教学质量评审。教学质量审核主要是检查各集团所属成员是否按教学质量管理的相关规定开展各项教学活动，其目的是确保教学质量管理体系及其标准得到执行。教学质量评审的具体内容有三方面：(1)确定所建立的教学质量管理体系是否适合本教育集团的实际情况，是否达到了预期的组织目标。(2)确定本教育集团开展的质量活动是否符合质量管理体系的要求。(3)确定对教学过程的控制是否有效，教学质量是否达到了预定的目标和要求。教学质量评审通常由教学副校长或负责质量管理的专人负责，有的教育集团已经设置了专门的质量管理部门，由他们具体操作，如果没有专门的质量管理部门，则由教务处具体操作。

第二节　集团化办学的类型与模式

一、集团化办学的组合方式

集团化办学的组合方式可从两个角度来看，横向由于优质基础教育资源主要集中在公办名校，“名校＋X”就成为中小学教育集团化的主导形态，主要包括三类。第一类是“名校＋新校”，由名校直接帮助新校发展，实现名校教育资源的再生。此种形态始于1999年杭州市求是小学接管新校竞舟路小学，以此为基础，下属三所小学的杭州市求是教育集团于2002年成立。第二类是“名校＋民校”。民办学校有着公办学校所不具备的优势，可有效弥补公办学校的不足，但我国民办中小学在质和量上都明显不足，此种形态不仅能推动民办中小学的发展，还能通过吸收民间资本办学，为整个基础教育的发展提供更多的资源支持。第三类是“名校＋农校”，鉴于城乡中小学在硬件设施与师资等方面存在很大差异，此种形态对于改善城乡教育资源分布不平衡的状况具有重要意义。此三类之外，还可以分出两类，即“名校＋弱校”和“名校＋名校”。不过前者和以上三类有所交叉，三种形态类别中新校、民校及农校往往都是弱校；后者是名校间的强强联合，此类教育集团数量很少。

纵向来看，集团化办学的组合方式可以由以下几种：“幼儿＋小学”“小学＋初中”“幼儿＋小学＋初中”几种形式。“幼儿＋小学”模式的集团办学主要注重幼小衔接，注重学生刚入学的九年。“小学＋初中”模式比较常见，很多九年一贯制的学校本身就具备该功能。“幼儿＋小学＋初中”模式关注儿童的成长状态。

二、集团化办学的管理方式

从管理方式上看，可分为两大类别：第一类是“大一统”式，集团内部各成员校只有同一个法人代表，其中有的集团内各校均为独立法人，有的集团则不是。但两者由于集团内各校都只有一个法人代表，所以管理方式大体相同，“各成员校的执行校长代为管理行政事务，但却不能代表学校行使独立的法人权利，‘总校长’兼任集团各成员校的法人代表，只有‘总校长’才能代表成员校行使法人权利，如内部文件审批、财务签字盖章等”。第二类可称之为“独联体”式，“集团内部各个成员校均是独立的法人，并且都有自己的法人代表，集团内各校不但具有独立的行政管理权，而且财务、人事关系等保持独立。”

（一）制度化管理

集团化办学模式有一套完备的制度管理体制，使教研在这样的制度体制下有条不紊的展开。杭州求是教育集团在集团办学的过程中，不断研究改善职权设置，依靠网络，建立起以年级组和教研组为重心的扁平化管理结构，保持管理的精简高效。迄今为止，学校党、政、工等校级领导一直保持着4～5人；集团所属学校只设中层部门；每个总校长都充分发挥综合管理能力，分别兼任各个学校的校长、工会主席、总支书记等职务，分管一条线，兼管一个校区。信息技术的支持是集团管理顺利运转的关键，它弥补了集团下属学校在分布空间上的不便。集团开发了校园信息平台、内部管理平台、家校联系平台、教学资源管理平台，为集团实施扁平化管理提供了技术平台和支持。

（二）团队优势

集团化办学模式下的教研组呈现总分总相结合的模式，既有集团大教研组，又分各校小教研组，既有大教研组教研又有小教研组教研，形式多样，比如学校考核评价标准，校园文化，俱乐部发展，新课程研修，教学质量分析，集团层面的各种教师技能评比，学生的比赛等都由大教研组共同讨论，协调一致开展工作。而校本教研，教师个人规划，以及大组通过的方案具体实施都由小教研组根据学校具体情况相应完成。集团化办学教师比较多，层次能力各有不同，取长补短，共同发展。既有小团队又有大团队，使教研有了“1＋1＞2”的效果。

（三）资源共享，合作特色

1. 集团内部合作，大组进行教研活动，集中力量办大事。校本教材的开发，评价体系的建设，集团体育节的开展，集团校园文化的打造，教材教案的合作编辑整理，教学重点难点攻克等等都体现了合作。

2. 校与校之间的合作，各分校之间的团队合作。除集团大组内部合作外，各分校之间也有多变灵活的合作，校级间的经验交流，特别是某一校区某一方面比较突出可以直接指导和帮助在该环节较薄弱的校区。

3. 教师之间的合作，本校教师间，特别是跨校教师间的合作。教师直接的合作主要包括同校教师合作，师徒之间的合作，各校区教研组长的合作，不同校区同年级教师的合作，等等。合作的内容也很广泛，主要包括，教材开发，教学方法手段研究，教学技能研究，教研管理研究，训练手段研究，教学重难点研究。

三、西湖区集团化办学的各种形式

对西湖区各种集团化办学的学校进行罗列，整理出各类集团化办学的具体实例，总体从横向角度进行论述（见表 7-1）。

表 7-1　名校集团化办学的实践样态统计

总体类型	具体类型	类型阐释	实例说明
名校＋新校	名校—新校	由名校接手新开发小区配套学区学校	求是浙大附小—求是竞舟
	（名校—新校）—新校	名校接手新校组建成集团后，由集团接手新开发小区配套学区学校	求是教育集团—求是和家园
	名校—新校—新名校—新校	名校接手新校后，把新校建成新名校，由新校独立接手新开发小区配套学区学校	求是浙大附小—竞舟小学 竞舟小学—河滨之城校区
	名校＋名校—新校	由区域内各个名校共同接手新学校。	学军小学＋求是小学＋十五中—钱塘外国语学校
名校＋弱校	名校—弱校	由名校接手弱校，变弱为强	学军小学—转塘小学
	名校—弱校＋新校	由名校接手弱校，整合新校	学军小学—转塘小学（回龙校区）
	名校—新校—弱校	由名校接手新校，由新校接手弱校	求是浙大附小—求是星洲小学—大禹路小学
名校＋农校	名校—农校	由名校接手农校。	求是浙大附小—西溪实验学校
	名校—新校—农校	由名校接手新校，由新校接手农校	求是浙大附小—求是竞舟小学—杭州市周浦小学
	名校—农校＋新校	由名校接手农校，变农校为新校区更新原新校	学军小学—转塘小学（象山校区）

1. 名校—新校：该模式是最早出现的集团化办学模式，也是最为常见的集团化办学模式。1999 年，杭州市西湖区求是小学试行“连锁办学”，接管竞舟校区，采用的就是该模式。由名校接手新开发小区配套小区学校，该模式的优点为扩张速度快，名校直接入手，见效也快。后期很多房地产开发商为了房产销售和广告效应，直接由开发商根据学校规划的规模和类型，在小区内兴建学校，进行交付。

2. 名校—新校—新校：该模式为上述模式的延伸。名校接手新校（弱校）后，组建成集团，经过几年的发展，由集团再接手新的学校，扩充集团成员。西湖区求是教育集团先接手竞舟、星洲两个校区后，经过多年的发展，各个校区教学质量已经较为均衡，实力有了大幅提升。在此基础上，接手和家园校区，从三校抽调骨干力量，入手新校区。集团本身盘口较大，这样对原来校区影响较小，并且对新校区的支持力度也更大。

3. 名校—新校—新名校（独立）—新校：该模式为第一、二种模式的延伸。名校集团化发展经历一段时间后，集团各个学校实力显著增长，已经可以独当一面时，有集团下属学校独立为新的名校，再由新的名校接手新的学校，达成名校孵化作用。1999 年浙大附小接手竞舟校区，成立浙江省第一所基础教育集团，经历十多年的集团化办学，求是竞舟的教学质量，管理水平都已经具备名校的能力，把竞舟小学从原来的集团中脱离出去，成为新的母体学校，再去接手河滨之城校区，组建新的教育集团。

4. 名校＋名校—新校：由互相独立的各个名校合力组建新的学校，实行多元化管理。突破学校管理的各种禁区。由学军小学、求是教育集团和十五中合力组建钱塘外国语学校，进行多元管理。钱塘外国语学校有校长和管理层，而原学军小学、求是教育集团和十五中也对自己下属的教职工进行管理，集合各方合力，发展校园的多元文化。

5. 名校—弱校：名校集团化办学的另一条思路为，由名校扶持弱校，通过统一法人，统一管理的模式，人员交流等手段变弱为强，组建新型教育集团。学军小学接手转塘小学，学军小学为西湖区老牌名校，通过人员流动，管理革新等手段，接手农村学校转塘小学，达成变弱为强的目的。

6. 名校—弱校＋新校：名校集团化办学后，通过对原来弱校的强化，在弱校的周边，以名校的形式再接手新的校区，达成快速强化弱校的目的。原转塘小学接手新的回龙校区，学军小学接手转塘小学后，由学军小学和转塘小学共同接手和管理回龙校区。回龙校区不仅成为转塘小学的分校，同时也受到学军集团的影响，发展速度更快。

7. 名校—新校—弱校：名校集团化后，接手新校。新校由弱变强后，由新校单独接手弱校，组建新的教育集团，推进弱校变强。浙大附小接手星洲

校区后，经过几年的发展，各校实力得到均衡发展，星洲独立后，接手大禹路小学，把集团的管理要求和质量标准贯彻到新的学校，促进新校大力发展。

8. 名校—农校：由名校教育集团接手农校，促进城区标准和乡镇标准的统一。求是教育集团接手竞舟、星洲和和家园后，经过几年的发展，集团实力得到快速提升，各校都有长足的进步。借助集团的力量，接手农村学校西溪实验学校，把集团的要求带向农村，通过管理要求提升、人员调整等方法，促进农村学校发展。

9. 名校—新校—农校：该模式同上述第七种模式有些类似，名校接手新校后，把新校办成名校，再由新校独立接手农校，促进农校大力发展。原求是教育集团下属竞舟小学，实力得到快速发展后，由新的学校接手农村小学，通过城区和乡镇的一体化发展，把集团要求延伸到乡镇学校，促进农校大力发展。

10. 名校—农校＋新校：该模式与名校—新校和名校—农校有些类似，由名校接手新校同时合并相应农校，把农校和新校整合在一起，充分利用名校的教育资源，一步到位，促进新小学的发展，同时带动农校发展。学军小学接手转塘小学象山校区后，共同推进转塘小学象山校区的建立和开发，把名校的管理理念和办学标准落实在新学校中，促进新校发展。

四、后集团化办学的发展规划

从 1999 年集团化办学开始至今已经过去近 20 年，集团化办学经历各个阶段，收获满满，但随着时代的发展，许多事物有了不同的变化，新时代背景下集团化办学，有了新的规划。

第一，历史文化续传承。学校文化是学校成员在长期的教育实践中普遍认同和遵循的价值准则，以及在这些准则指导下学校成员的行为、心理取向和精神风貌。学校文化是学校的灵魂，对于学校品牌、特色的形成，对于教师的教和学生的学，都具有深远的影响。名校集团办学不同于单体学校，各加盟学校都或多或少带有自身的学校文化，具体体现在不同的学校制度、管理办法、育人理念以及教师精神等方面。解决好各成员学校之间文化的传承和建设、融合和发展的问题，是名校集团办学的基础，最终达到共同发展的目标。

第二，职业精神再锻造。现代学校制度建设具有丰富的内涵，其本质是体制创新，核心是学校内部管理制度的建设，现代学校制度建设是一个动态完善的过程。实施集团化办学，建立现代学校制度，可以更好地规范学校并创新内部管理机制，建立以共同愿景为灵魂，以制度体系为框架，以规则程序为细节的集团化办学运行机制，理顺集团内部决策、执行、监督、保障等环节之间的关系。现代学校制度建设的本质是体制创新，涉及教育行政部门、学校和社区之间关系的合理调整，涉及学校组织管理机构的合理设置和规范运行。

第三，担当精神重培育。随着义务教育阶段教师流动机制的出台，教师的担当精神和奉献精神将更加凸显。后集团化办学时代，亟待有一批优秀干部去挑起学校管理的重担，亟待一大批优秀教师在新的岗位开辟新的天地。教师职业精神来自人内心对于自己工作本身的尊重，树立正确的职业态度是教师做好本职工作的前提，教师积极性的高低和履行工作岗位的好坏，取决于他的职业价值观念。

第四，教师专业上发展。以教育公平为诉求、以优质均衡为目标的名校集团化战略实施以来，基础教育资源得到有效整合和优化，优质教育资源的覆盖率不断扩大，各级各类学校的办学水平不断提高。要真正解决优质教育资源紧张的问题，还应该落实到教师素质的提升上来。在集团化办学过程中，促进教师的专业发展是缓解教育矛盾的根本之道，也是提升名校集团办学品质的关键。

第三节　集团化办学的实践与创新

集团化办学自1999年来已经经历近20年的发展，期间集团化办学已经风靡全国，各类集团化学校已经层出不穷，然而作为集团化办学思维的首创者，西湖区已经开始思考后集团化办学的发展方向。经历集团化办学后，许多学校各方面有了显著的提升，成为新的名校。

一、新母体学校顺势而生

集团化办学取得了显著成效。为进一步解决优质教育资源紧缺与经济持续发展之间的矛盾，有效推进全区教育均衡发展，进一步实现优质教育均衡化、平民化、最大化。在上级行政部门的领导下，积极革新体制机制，实施多型共生，多校共融集团化办学新探索。集团化办学新机制是社会需求、教育资源均衡、集团化办学模式等因素共同孵化出来的结果。然时代在进步，集团化办学必将迎来新的挑战。在此背景下新母体学校应运而生。新母体学校是指，集团化办学过程中形成的成熟子体学校，通过学校自身的再发展，具有固定支持下一代子体学校能力的完善型学校。新母体学校将在遗传其母体学校先进教育理念基础上，具有自身学校办学的特色。

第一，集团化办学新机制是社会发展对教育的新要求。当前城市化进程不断加速，新的配套学校不断增加，教育能否为城市化迅速发展提供优质

的教育配套，达到区域教育均衡优质发展，是摆在我们面前的一个迫切的问题。日益增长的优质教育需求与优质教育资源不足的矛盾开始逐步凸显。集团化办学的成功实践，实现了集团各校优质均衡发展。如何对集团化办学模式进行再开发，实现优质教育均衡的再发展，已然成为我们面临的一大考验。

第二，集团化办学新机制是优质教育资源共享的需求。优质教育资源是学校的立校之本，是教师发展的沃土，学校发展的原动力。优质教育资源的共享与再开发是未来教育发展的必由之路，也是现代教育发展的需求。在集团化办学的过程中，已经整合、开发、共享了大量的优质教育资源，并实践了适合于现代集团化办学需要的集团化学校管理模式。集团化办学新机制将有利于优质教育资源的二次辐射，更有利于现有教育资源的再开发。

第三，集团化办学新机制是集团化办学发展的再创造。教育集团随着连锁办学规模的不断扩大，地域空间的距离加大，学生数量的不断上升，教师数量的增加，协调管理的工作日趋烦琐。受到当前学校教育管理体制的约束，集团化办学出现了基层运作与顶层决策不匹配、管理节点负担过重、个别部门负荷过大的现象，这极大地阻碍了教育集团继续进行连锁办学规模的延续。集团化办学新机制将一定程度上改变现状，让“子体学校”成为新的母体学校，为名校集团化连锁办学规模延续提供了新的概念，是名校集团化办学发展的再创造。

二、新母体学校面临的困难

集团化办学取得了显著成效。为进一步解决优质教育资源紧缺与经济持续发展之间的矛盾，有效推进全区教育均衡发展，进一步实现优质教育均衡化、平民化、最大化。在上级行政部门的领导下，积极革新体制机制，实施多型共生，多校共融的集团化办学新探索。集团化办学新机制对于新母体学校而言，是一种挑战、一次机遇，更是一份责任。

第一，新母体学校缺乏办学的稳定环境。2013 年 2 月，杭州市求是教育集团在上级行政部门的领导下，积极革新体制机制，实施多型共生、多校共融的集团化办学新探索。集团下属学校，设置独立法人，从集团统一的人、财、物管理到下属学校之间独立管理，下属学校成为集团化办学新母体学校。由于突然进行的办学机制的调整，对于学校管理层面、教师层面、家长层面，甚至是学生层面，大家都觉得很不适应。校内外议论最多的就是“我们是否是名校、教学质量是否会下降等一系列问题”，管理层、教师、家长、甚至是学生，都人心惶惶，学校的教育环境十分不稳定。

第二，新母体学校缺乏教师的输出能力。在现行的学校管理模式下，子体学校的物力、财力都将获得教育行政部门的支持和保障。作为新母体学校，对于子体学校最重要的输出在于教师的输出。教师的输出不仅仅是教师输出的数量、更在于教师输出的质量。从当前学校教师储备的情况来看，存在教研组长、年级组长年龄两极分化、管理型教师缺乏；具备指导能力的骨干教师老龄化、骨干教师缺乏指导能力，指导型教师输出能力差；各学科骨干教师分布不均，骨干教师输出不全面等现状。从目前而言，学校不具备向子体学校长期、稳定、持续的输出教师的能力。

第三，新母体学校缺乏自身的教育品牌。学校特色教育品牌是优质学校的标志，学校特色教育品牌有助于提升办学质量，提升办学效益，实现学校更高更快发展。但是随着新母体学校的建立，原本依托于集团化办学形成的学校特色教育品牌影响力逐渐减弱甚至丧失，部分特色教育品牌在集团化办学新机制下难以实施，失去了原本的功能和意义。新母体学校的发展，迫切需要发展形成符合学校自身特色的教育品牌，引领学校的教育教学活动，从而保证未来新母体学校优质教育资源的输出。

三、新母体学校的过渡策略

（一）稳定新母体学校过渡关键期

新母体学校成立后的 3 个月，是新母体学校过渡的关键期。在上级行政部门的领导下，积极革新体制机制，实施多型共生的集团化办学新探索后。集团下属学校设置独立法人，下属学校成为集团化办学新母体学校。由于办学机制的调整，对于学校管理层、教师层面、家长层面，甚至是学生层面，大家都觉得很不适应。学校管理层，及时进行讨论，从顾全大局出发，从各个层面进行稳定办学环境的工作。

1. 顾全大局，着眼学校未来发展

第一时间，管理层针对学校当前碰到的困难和外界对学校关注的几个问题进行了分析和讨论。决定从顾全大局出发，着眼学校未来发展，提出了新母体学校的概念和当前急需要解决的几个问题。

学校办学机制保持不变。集团化办学新机制下，学校总体的办学理念和办学方针保持不变，维持原有的绩效工资制度、教师管理制度、学科质量标准、总务后勤管理制度、学生评价制度等。

学校署名阶段性的过渡。在当前，学校办学环境不太稳定的情况下，进行阶段性的过渡，保持“集团＋学校”的原校名。待稳定以后，在区内进行校名更改。区外和区级以上层面，仍保持“集团＋学校”的原校名。

集团学校之间业务共建。在新机制人、财、物独立管理的情况下，各线各块工作，要积极与集团下属各校进行交流和共享。尤其是学科教学方面，

积极开展课程建设、集体备课、教学交流、集中命题等业务交流和学科共建活动。

2. 三稳同步,着力稳定办学环境

稳定的办学环境,对于新母体学校而言是至关重要的。原因在于集团脱钩的时候,管理层有着对自身管理职责的不适应。教师层面,有着对新机制的不理解和学校发展的担忧。家长层面,存在着离开名校的心理落差和对当前学校办学质量的担忧。林林总总,都需要新母体学校的管理来加以稳定。

稳住管理:共同讨论什么是新母体学校,新母体学校当前的困境和解决办法,畅想新母体学校的发展未来。让管理团队做到:心里清楚,充满希望。统一对教师、家长解释新机制的口径,并对自身工作的职责进行明确。

稳住教师:采用集体学习和个别交流的形式,稳定教师团队。在第一次教师大会上,学校校长就办学机制调整的背景、意义进行了介绍,并着重对“学校机制基本保持不变”的要求进行了说明。并希望教师做好办学新机制的稳定工作。

稳住家长:实事求是、开诚布公的与家长交流办学新机制的变化。对关心学校办学机制调整的家长做好解答和交流工作。并通过期初的学校家委会工作例会和全校家长会,向所有家长介绍办学新机制以及学校对提高教学质量和打造自身特色方面的有益做法。

3. 抓住契机,梳理学校办学历程

集团化办学新机制的出现,对于新母体学校而言,是挑战更是机遇。当所有教职员工都理解办学新机制,都稳定住不安的情绪以后。自然而然的产生了一种众志成城的氛围,因为大家都希望在集团化下属学校独立后,自己能够成为最好。在感受到这种氛围以后,学校开展了一系列对新母体学校未来发展有益的积淀活动。如学校办学历程回顾、学校特质大讨论、最美××人等活动。

(二)明晰新母体学校部门职责

新母体学校建立以后,突然发现原本汇报工作的领导,却在别的校区。这是新母体学校管理初期,常碰到的问题。做到“人人有事管,事事有人管”,进一步明确新母体学校的管理路径。在明确管理路径的同时,还加强管理团队管理能力的针对性培训,开展管理团队理论学习、管理团队管理案例分享。同时开展年级组长、教研组长等管理团队的学习,明确管理职责、明确管理的路径。通过管理学习,使新母体学校的管理路径更加明确,完成了集团化的条块管理向新母体学校的扁平化线性管理过渡的阶段。

学校细致划分各线工作内容及工作职责。由校长室统一协调、统筹安排各线工作。各校长助理分管相应线条工作，由教导处、科研室、总务处等部门具体落实相关工作，各部门有详细的工作内容、明确的工作职责。从而实现线路清晰、职责明确的管理组织结构体系。

（三）改进新母体学校管理行为

1. 理清思路，形成共同管理理念

一支管理团队，在同一管理的理念下工作，将有利于提升管理效率，也有利于形成学校管理文化。学校以“0.8管理哲学”思想为管理指导思想，倡导自主管理文化，旨在探索学校管理的核心和重点。学校是一个圆，教师是这个圆的中心，而教师的精神需求和内驱动力又是圆心的核心。管理者要追寻管理本质，注重教师精神激励，回归学校的人文本性。

建立主动学习机制：坚持定期主题学习，研究管理问题，汲取管理智慧，提高管理者个体和团队的学习力、思考力和文化力。能严于律己，乐于服务，善于思考，长于执行。

建立民主决策机制：坚持会议研讨、教代会展示、民主推荐与评议等集体决策，保证教师的主人翁地位和民主管理权力，群策群力，凝聚智慧。在民主的环境中，提升学校办学品质。

探索人文管理机制：营造“尊重、信任、合作、激励”的管理文化，研究教师精神需求，注重激发内驱动力。优化管理言行，激励教师自主发展，形成分管工作的思想和特色。

探索共同体办学模式：选派管理人员和骨干教师，进行两校教育教学管理交流和学生互动活动等，推动学校优质教育资源的辐射，获得共同发展。

2. 三法共进，优化行政管理行为

让每位教师都乐意奉献智慧，甚至“交心”。很多时候，仅需调整管理的方式，给予教师更多的期待、关心和指导，就能更有效地发挥整个团队功能。优化管理行为，以服务代替要求；以合作代替命令；以关心代替干涉；以勉励代替责怪。多运用“皮格马利翁效应”，尊重和信任每位教师，让他们具有心理的安全感和精神的愉悦与自由。在一种被期待、褒奖、支持、信任的环境中工作，创造性是最高的，也是最容易出成果的。

方法一：制定岗位目标，奠定自主发展的基石。依法治校，民主管理。完善一整套推动学校发展和教师发展的较为完备的规章制度，增强制度的科学性、操作性和激励性，充分发挥制度的导向功能、教育功能、激励功能和约束功能。

方法二：尊重专业地位，搭建自主发展的平台。让专业的人做专业的事。研究教师工作的特性和学校管理的规律，少一些行政干预，多一些学术引领，确立“以学为本，教师治校”的管理导向，尊重教师的专业地位。让所

有人做擅长的事。

方法三：考评多元激励，注入自主发展的动力。分层考评，多元综合。个人目标考核和团队考核结合，年度评优与星级教师考核结合，量化评价和质性评价结合，过程评价和结果评价结合，力求客观公平，全面综合，发挥评价的激励功能和导向功能，成为教师自主发展的"加油站"。

3. 凝练创新，打造学校管理特色

学校管理团队，着力打造"0.8 管理特色"。学校以"0.8 哲学"为指导思想，探求学校管理中最内隐、最核心的问题——教师自主精神、内驱动力的激发。形成"以人为本""教师第一"的管理观，激励教师"自主规划，自主发展"，使之成为学校成员普遍认同和遵循的价值准则，凝聚学校文化。学校管理者要确立正确的管理理念，注重教师精神激励，回归学校人文本性。实践中努力做到：待人要平和有礼，论理要中道有分，做事要精简有道，领众要融合有义。管理特色是学校办学的内涵，是学校发展的原动力。

四、新母体学校的教师培养策略

（一）整体规划教师发展路径

1. 分析新母体学校教师发展现状

一流的学校靠一流的教师队伍支撑，学校的发展离不开教师的发展。作为新母体学校，预示未来师资输出的需求。我们针对新母体学校发展需求，提出"成熟型教师为支撑，骨干教师为引领，年轻教师为发展"的教师梯队结构。首先有成熟型的教师作为中坚力量，支撑团队的发展。然后有骨干教师从教学理念、教学方法、教学方式等起到引领示范作用。最后，有年轻教师作为后备力量，可以源源不断地充实到成熟型教师的队伍中去，并逐渐成为骨干教师、名优教师。

2. 定位新母体学校教师发展目标

教师培养目标指引教师培养过程，我们基于学校的具体情况，确定新母体学校教师的培养目标。

（1）培育高尚师德，增强教育素养。教师能够拥有高尚的师德和较高的个人素养，律己感恩，积极平和，教师具有大爱、大教育、大事业的教育观，从教做真人出发的教育基点和理念。

（2）锤炼教学能力，提升学科素养。教师具有全面的教学素养。理解本学科先进的教育思想、系统掌握本学科的教学体系、熟练运用各种教学方法。自身专业能力过硬，具有一定的自身教学特色。

（3）发展个人素养，展现多维魅力。教师具有较强的自我发展意识和学习能力。能够通过理论学习、教育实践、自我反思等多种形式，不断完善和提升个人素养，成为一名有魅力的教师。

3. 设计新母体学校教师培养路径

基本培养目标和学校现状，确定新母体学校教师培养的路径和方法。首先了解每个教师的发展愿望，针对教师的发展诉求，结合教师的自身情况和学科发展特点，制定具体的行动规划。以团队互助、师徒结对等形式，并在大量的教学活动中推进，形成一个短期发展计划和中期发展规划。

基于教师、学科和学校，通过团队、师徒和活动推进教师学科能力、教育智慧和个人素养，同时以目标考核、星级教师评定和全面的单项奖励，对培养目标达成情况进行反馈和巩固，最终达成新母体学校教师培养目标的达成。

（二）以教师能力发展为重，针对性提升其综合素养

教学能力是教师的基本素养之一。学校以教研活动、展示交流活动、联合教研活动等多种形式，搭建学习平台，提升教师学科专业素养。教师的科研素养是综合素养的重要组成部分。学校从优化科研过程入手，形成了论文评比、校级课题立项、教育故事以及各级论文、课题成果评比为载体的，贯穿整年的教师系统研究路径。并注重激发教师的科研意识、指导教师科研实践，为教师教育科研活动提供多种条件，提高教育科研实效。

交流素养是教师自身学习和发展的重要素养之一。学校为教师提供交流、反思、梳理的时间与空间。促进教师进行自身教育教学理念、教育教学方法的梳理和反思，促进教师进行实践、交流和学习。同时有利于激发教师的自信心和成就感。交流与展示的过程其实是教师自我认同的过程，是自我总结、提升和感悟的过程。交流素养的提升，对教师的指导能力有着极其重要的培养作用。人文素养是教师能力发展的重要组成部分。教师的能力结构是综合的能力结构，不仅仅包含教学、科研等这些人们熟知的能力，也体现在个人的人文、审美等方面的素养。学校非常注重培养教师的人文素养。

（三）以教育教学常规为纲，解决教育教学实际问题

教育教学能力是教师最基础和最重要的一项能力。而教师教育教学常规的管理能力，是教育教学能力发展的基点。加强师资队伍建设，大力培养教师团队，整体提升教师教书育人的水平；落实教学严谨，提升教师的专业能力，为学校进行教育输出储备人才。

1. 入手：学习常规——提升教师常规认识。学习常规，是学生高效学习的基础，是学生健康成长的重要保证和标志，学生扎实严谨、健康向上的优良学风，是高效课堂的重要保障。以培养学生学习常规为中心，以提升教师

常规建设能力为目标,有计划、有目的、有反馈的开展学习常规的建设。

2. 抓手:教学常规——提高常规建设能力。教学常规是教师教育教学能力提升最有效、最基础和最直接的方式。加强教学常规建设,规范教学行为,提倡教师深入钻研教材,严谨治学,强化教学工作"五认真"。组织各科教学常规、质量标准学习讨论活动,彰显学科特色,提升教学质量。

3. 扶手:教育偶发事件处理——丰富教师处理经验。校园偶发事件,是指在校园内突然发生的,影响学生和教师正常教育教学活动的事件。在日常教育教学中,教师,尤其是班主任老师,常常被一些偶发事件困扰。本课题在研究过程中,以提高教师偶发事件处理能力为目的,开展了一系列的活动。帮助教师提升偶发事件的处理能力。

4. 推手:规范教研活动流程——提升教师学习效率。教研活动,是一线教师教学、科研、学科素养等综合素养发展的有效平台。课题研究过程中,从规范日常教研活动流程为基础,通过制定活动方案、创新活动形式、行政全程参与、及时反馈评价等措施。提高教研活动的规范性、有效性,为教师素养的提升创设良好环境,有效促进教师发展。规范性的开展教研组教研活动,对教师学科素养、教育素养有着积极的作用。教导处通过主题设计指导、活动过程协助、活动后勤保障、活动成效交流的形式,对教研组教研活动给予充分的支持,从而促进教师教育教学能力的提升,尤其是对年轻教师的培养上效果明显。

5. 放手:教研组丰富多彩的活动。在"搭建平台、参与体验、反思成长"教研活动总体思想指导下,各教研组积极组织和参与各级各类的教研活动。

(四)以教学研讨活动为点,整体提升教师协作能力

我们通常把6～20年教龄教师称为成熟型教师。成熟型教师是学校教师的中坚力量,占学校教师总人数的48%,是教师发展的重点。成熟型教师的发展源于本源:目的性的思考、针对性的听取、观点鲜明的发言是促进成熟型教师发展的有效途径,成熟型教师的发展源于自身的思考、实践与反思,是源于自身的。

成熟型教师的发展源于交流:思则辩,辩则进。在老师们围绕着同一个话题,进行思辨的过程中,观点的碰撞、理念的革新、方法的优化才得以真正地实现与内化。成熟型教师的发展源于捆绑:通过某种教师心甘情愿的方式,将教师之间捆绑起来,从而引发教师的主动合作。捆绑有利于教师主观能动性的提升、有利于压力的转移、有利于有效合作的实现。

(五)以打造名优教师为题,改良名优教师评价制度

在对教师进行评价考核的过程,践行"人人都能做名师"理念。发挥评

价促进教师培养的功能，对教师发展规划的回顾和反馈。针对新母体学校教师培养机制，评价机制随之变化与革新。

1. 优化目标考核制度，实现规约发展

制定《教职工学期岗位目标考核奖励制度》，全面、科学、合理地考核教职员工一学期的工作情况，规范管理，明确职责。随着时间的推移，部分目标考核办法已经不适应教师发展。对目标考核制度进行了系统优化。优化主要从以下几个角度展开：

(1)化繁为简：将目标考核条目进行整合，整理出符合当下教师发展的内容，明确自身努力方向。

(2)强化操作：新目标考核简约明了把描述性要求变得更为具体化，使考核更为公平、公正。

(3)因岗而异：新考核制度根据不同的学科和岗位，进行调整，体现公平的基础上，也体现差异。

(4)适度激励：为了让教师工作更有动力，成就等级更强，对考核的奖励也大幅提高。

2. 设立星级教师考核，实现名师愿望

为了切实加快学校的教师队伍建设，有效促进教师专业发展，充分发挥优秀教师的引领、示范和辐射作用，强力打造一支师德高尚、业务精湛、实绩突出、积极进取、影响广泛的教师队伍，设立星级教师考核制度。考核以学年为周期，每学年结束进行学校星级教师考核。评选的范围和对象是指学校在职在编的教职工，见习期教师不在评比范围，符合条件的教职工均可以申报。

3. 设立单项奖励机制，实现特色发展

除去这些教师个人的全面考核方法，另外还针对不同岗位设置特殊的单项奖励制度。优秀班主任，为勤勤恳恳的班主任单独设置；耕耘奖则奖励给为教育事业多年奋斗的老教师；学生最喜爱教师，则从学生层面对教师进行评价；校长特别奖则奖励给对学校做出特殊贡献的个人或团体。

五、新母体学校的育人策略

在新母体学校初期，学校从实际出发结合自身长处和将来发展需要，进行合理特色定位，逐渐形成了以“阳光体艺”“轻负高质教学”“社团活动”为特色的教育品牌，在课题实施过程中，学校以“阳光学子工程”为办学特色建设的核心，通过整体规划、规范落实、把握节奏，稳步推进学校品牌发展。

(一)基于系统规划，设计“阳光”育人模式

打造“阳光学子”工程是复杂而系统的工程，首先对“阳光学子”工程进

行了系统规划，明确阳光学子概念，使活动整体实现系列化、操作化及规范化。

1. 阳光学子育人概念的明确化：学校通过学生问卷、教师问卷、家长问卷等，明确阳光学子要求和体艺活动培育目标。为下一轮阳光体艺活动的开展提供了理念支持，指明了方向，意义非同一般。

2. 阳光活动培养目标的系列化：以阳光学子培养目标为核心，以学校体艺活动为载体，构建了学校阳光体艺活动目标培养体系。为学校各项活动明确了育人培养目标，提高体艺活动育人目标的系统性。

3. 阳光体艺活动内容的操作化：为目标寻找落脚点是难点。以体艺联动的视角、内容易操作的活动要求，制定学校全年体艺活动规划。提出目标多元、形式多样、活动常态、人人参与的活动组织要求。

4. 阳光体艺活动设计的规范化：围绕体艺活动特点，建立体艺活动设计常态模型。搭建“三组一处”的活动职责，创新“阳光体艺活动设计 12 步规范”，从步骤和要求的维度实现阳光体艺活动的规范性。

（二）基于常态活动，创设“阳光”育人平台

阳光学子工程的落实，使学生在校闲暇时间增多。如何将学生的闲暇时间利用好，将学生从无序玩耍引导到有序的体育、艺术活动中来，并在体育艺术活动中获得发展是研究的重点。“大课间体育活动”是课外体育资源开发与利用的重要内容，它是落实学生每天一小时体育锻炼时间的保证。

1. 有心插柳：阳光育人平台的整体架构。在构建学校体艺活动中兼顾活动目的、活动主题、时间、场地、器材、年级、教师等等方面的关系，创造性的构建了学校特色的常态体艺活动整体框架。积极创造条件，充分发挥学生的主体地位，为确保活动的开展提供保障。

2. 快乐塑体：热火朝天的阳光体育舞台。学校以“每天快乐健体一小时”为体育工作主线，以“阳光学习培育目标”为重点，以“体育大课间活动”为主要抓手，设计了融“娱乐、健体、竞赛”为一体的体育育人活动，创造性地提出了目标锻炼的活动方式。

3. 愉悦养性：会声会影的阳光艺术舞台。在每周的周二中午学校利用金鹰电视台，为孩子搭建了会声会影的阳光艺术舞台。孩子通过自主报名、同伴推荐、班级选秀、社团展示等机会参加展示活动。在活动中学生展现自己的个性、特长、爱好，在活动中得到身心的愉悦。

4. 沟通育情：丰富多彩的阳光午间展台。为增加学生自主活动、自主沟通的时间、空间、内容和方式，学校利用中午休息时间设计了全员参与的、全年开展的午间体艺展示活动。通过有效的安全保障和有目的的小型竞赛拉动，午间阳光体艺活动已经成为学校的一个特色，内容丰富自主性强。

（三）基于社团活动，搭建“阳光”育人熔炉

学生社团是校园文化生活的重要组成部分，是学生课余文化的主要载体，是学生素质拓展的重要舞台。学校从优化社团活动整体流程入手，形成了“学生安排申报—社团活动开展—多元展示评价”为一体的社团建设程序。在此过程中，学校为学生设置内容丰富、涵盖面广泛的社团活动，规范社团活动过程，并为学生创设了多种形式的展示机会，使学生在活动中获得成功的体验

学校以促进学生个性发展为导向，着力打造以培养阳光学子为目标的特色社团实践活动。设置了乐、托、展、趣、灵等为特色的社团，社团组织者紧紧围绕社团特色展开社团的教学、实践、竞赛和评比。

（四）基于节日活动，创设“阳光”育人展台

1. 主题创新：主题是活动的眼睛，主题的创新有利于活动整体价值的提升。如学校进行了艺术节“超级变变变”的活动主题创新，受到了不错的活动效果和育人成效。

2. 内容创新：内容是活动的身材，内容的创新有利于活动育人效果的提升。如学校进行了体育节活动内容的创新，设置了“人人400米跑”的活动内容，“我为班级多快一秒钟”的口号孕育而生，育人效果斐然。

3. 形式创新：形式是活动的声音，形式创新有利于活动体验大小的改变。如学校对体育节田径运动会活动形式创新，召开有近万人参与，教师、学生、家长同台竞技的田径运动会新形式。

4. 评价创新：评价是活动的气质，评价创新有利于活动体验效果的改变。如学校在艺术节中进行个人画展评价创新，让学生敢于展示和介绍自己的作品。学校基于作品和交流情况进行评价。

（五）基于正面引导，实施“阳光”多元评价

评价是“阳光学子工程建设”最后一个环节，评价的目的是更好地激励学生谋求自身发展，激发新一轮发展的欲望，同时也为引导学生自省发展的内容，促进评价的科学性。评价环节通过两种方式进行，一是激励评价；二是自省评价。支撑评价反馈路径的主要载体有“阳光学子每月评价”“阳光使者每周评价”“学生心得”等。

1. 领：学校阳光学子的月评价。制定学校阳光学子行为标准，通过标准的实施引领孩子进行自我对照，发现自身长处，反思自身不足。将阳光学子标准作为引领学生发展的目标和方向。

2. 引：学校阳光使者的周评价。阳光使者以激励学校和班级内有进步表现的人、事和集体，起到激励学生进步，引导学生发展，树立努力目标的作用。

3. 省:体艺活动学生自省评价。自省评价以活动中自身的表现为自省载体,回顾在活动中自己行为和心理上的优异表现和不足之处,以达到明确优缺点的目的。自省评价分口头评价和书面评价。

第八章 培育新优质学校：教育高位均衡发展的固本开新

要实现义务教育的高位均衡发展，必须关注所有学校内驱力的提升，这就要求学校摆脱功利、克服异化、摒弃浮躁。西湖区推进“新优质学校”建设直面问题，聚焦突破，以项目形式增进学校的办学内涵。

在西湖区，有一批学校共享着一个共同的名字——新优质学校。这些学校都立足于各自的历史渊源、文化积淀、育人理念，走出了特色化的办学之路，他们不断拓展优质教育资源，最终实现百花齐放的出彩格局。

第一节 新优质学校的发展内涵

一、新优质学校的背景溯源

西湖区的教育可以称作是一张“金名片”。近年来教育经费大量投入，使得区内教育资源的配置达到了较高水平，许多学校也呈现出整体发展良好的势头。但是对全区学校进行调研，不难发现区域内不同学校发展差异较大，老百姓对于区内教育也是褒贬不一。西湖教育在取得很多成绩的同时，也存在一些不足。

（一）优质学校独领风骚

西湖区少数学校在历史上有一定积淀，发展成为重点学校后又获得了较好的师资和相对优厚的物力、财力支持，并能吸引到较好的生源。良性循环让他们很快就成为优质学校。这些学校多年来不断开展实践探索，在教育教学、教师发展、课程开发等领域获得了很多成就，为西湖教育整体水平的提升做出了突出的贡献。但优质学校拥有的优质资源和历史积淀不具有模仿性，很难成为引领当今广大义务教育学校走向均衡优质的榜样。

（二）部分学校缺乏活力

西湖区部分学校的管理存在问题，主要表现在以下几个方面：(1)学校制度管理脱离校本实际，执行力弱；(2)课程建构管理缺少校本特色，大同小异；(3)师资发展管理缺少校本针对，止步不前；(4)学生活动管理缺少校本学情，成效低下。以上问题导致学校的管理缺乏生机与活力，每日的工作机械重复，按部就班。

（三）教育公平呼声高涨

随着社会的发展和科技的进步，教育问题日益受到老百姓的关注，甚至关系到国计民生。义务教育是重要的基础教育，近年来却因资源分配、应试体制等饱受诟病。人们对优质教育的渴求空前迫切，家长都希望儿女能接受优质教育。现有的品牌学校其优质教育资源远远不能满足老百姓的需要，人们对教育公平的呼声日益高涨。

二、新优质学校的现实意义

为了推进义务教育均衡发展，教育部2012年召开主题为“努力为每个孩子提供适合的教育”新闻通气会，基础教育司高洪司长提出：实施素质教育、提高教育质量是推进义务教育均衡发展的本质要求。北京教育委员会冯洪荣提出：可以让每一所学校变成优质学校，发展学校特色，让每所学校都有自己的品牌，为每个孩子提供适合的教育。二者都认同将教育关怀公平地惠及来自不同社群的全体学生，这与两千多年前教育家孔子所提倡的“有教无类”别无二致。新优质学校的打造给一些普通学校或者薄弱学校带来发展契机，具有极大的现实意义。

（一）发掘优势，培育特色，在准确定位中持续成长

每所学校都有自身的特点与优势。借参与“新优质学校”的创建时机，学校可以对自身的传统特色、优势弱点、特色资源等进行全面梳理。找出影响学校发展的制约因素，并发掘推动学校发展的特色条件。组织全体教师共同商讨，明晰发展定位，找准新的生长点。有学校特色的发展才能更持久。

（二）重塑课程，再造课堂，在积极改革中特色成长

现在的基础教育走到了内涵发展的阶段，课程改革也随之步入“深水区”。课程与课题是基础教育最核心的内涵问题，也是改革的主战场。课程的建设决定着学校教育的质量和教育品质。学校借“新优质学校”的创建时机，重新架构学校的课程体系，基于优势资源形成具有学校特色的课程群，丰富课堂学习方式，实现学校特色发展。

（三）钻研业务，提升素质，在学习练兵中专业成长

教师是学校存在和发展的核心力量，是教学改革成功的重要保障。在新优质学校的打造过程中，营造出教师乐学、爱学的氛围。同时，通过师徒结对、成长联盟等形式，最大限度地发挥不同教龄、不同学科教师所长，通过评优课、展示课等为教师提供展示自我的舞台。最终帮助中老年教师突破“高原”，青年教师跨越“门槛”，实现专业化成长。

（四）重整活动，提高成效，在参与体验中个性成长

尊重学生的生命发展规律是一切教育的起点，也是教育回归本质的基本要求。学生是教育活动的主体，学校活动要以学生的需求为设计原则，同时具备系统化和特色化等特点。以“新优质学校”创建为契机，将学校活动与办学理念、学情等有机融合，搭建多彩平台，发展出一系列的特色活动，在活动中形成学生健全的品格，并让学生获得个性化成长。

（五）区域均衡，教育公平，在校本研究中优质成长

新优质学校的培育，能够更大程度地促进区域教育资源的均衡分配，提高学校的硬件配置和“软实力”。不同的学校在基于各自校情、教情和学情的前提下，进行制度完善、课程建构、师资培养和活动管理，实践研究让学校强化自身优势，发展出自身特色，最终实现新优质成长。老百姓的孩子在家门口就可以接受优质教育，教育关怀得到充分实现。

三、新优质学校的概念诠释

“新优质学校”，主要指一些发展相对薄弱的学校，从校情、教情和学情出发，抓住其生长点，探索提升学校办学水平的有效策略，挖掘提升教师专业教学能力的有效方式，追求适应学生差异水平的有效方法。真正关注人的发展，关注如何让文化内涵更丰富，让教师关系更和谐，让学生个性更凸显，这是对人作为生命个体的重新打量和深度审视。因此，“新优质学校”就是能够合理运用自身能力达到教育均衡和学校优质发展的目标，完善课程体系、提升学校文化、改善学校管理和激发教师能量，最终促进学生全面持续发展的学校。需要指出的是，学校的新优质成长不仅在于高质量的结果，更在于持续的、有效的前进过程。综合来说，新优质学校具有以下特点。

（一）传承传统，理念更新

办学理念是一所学校的灵魂，是引领各项工作的方向标，也是一所学校的凝聚力。新优质学校应该在传承优良传统的基础上，更新教育理念，形成响亮的办学理念。如丰潭中学秉承着十三中教育集团的底蕴，在集团文化的引领下努力寻求“五美齐美”的校本特色之路，留下小学传承“西溪私塾”

百年精神创建"道义、雅趣、和谐、开放"的校园文化以不断推动学校的文化品牌建设,星洲小学推出"100%星教育"工程,就是要让学校成为教师发展的乐土,少年儿童健康成长的乐园。

（二）发挥民主，管理更新

主体性教育是教育界的共识，在学生的主体性越来越受到重视的同时，学校管理中教师主体性也日益受到普遍关注。教师主体性在学校管理中得到适当发挥,学校运行机制才能在更符合本校校情的基础上逐步得到健全和完善。[①] 因此在新优质学校的管理中,教师势必发挥了极大的主体作用。如翠苑第二小学自2012年起就广泛调研教师意见,共同制定、修改和完善了管理体制、教师管理、学生管理、教育教学管理、后勤服务等5方面共64项制度。

（三）发掘资源，课程更新

课程是学校新优质发展的重要载体之一。新优质学校要善于发掘学校校本和周边资源等,架构完善的课程体系,形成学校特色。省教研室附小以课程建设为主抓手,推出"优优"成长发展课程,包括墨香书韵课程、环境文化课程、个性社团课程、班级管理课程、综合实践课程和成长发展课程。转塘小学充分发掘西溪湿地资源,让课堂充满西溪风味,如美术课堂开展了《我与西溪的故事》绘本教学研究,去西溪火柿节现场作画,在西溪河渚街办画展,在西溪湿地元宵灯会上展出各类彩灯……

（四）激发潜能，专业更新

在新优质学校,每位教师都得到最大程度的发展,教师的发展是学校发展的助推器。翠苑第二小学以"平地式契约"促全体教师发展,以"攀登式契约"促骨干教师成长,以"三三三"契约促青年教师成长。星洲小学将名优教师拓展到全体教师,核心理念正是倡导人人都是"星教师",这让每一位老师有各自的发展空间,让有个性、有特点的优秀教师冒出来,学校师资队伍水平实现了整体抬升。九莲小学的"漫学园"之童心教师也很出彩,"班主任智囊团""青优社"和"学科领头羊"让每个老师都成为新儿童教育的专家能手。

（五）亮化活动，人格发展

学校活动是学校办学文化和学校精神的最佳载体,它承载着学校、老师、学生和家长的共同价值取向。以活动促发展,让孩子在活动中探索研究,合作沟通,锻炼意志;在活动中体验快乐,学会做事,健康成长。九莲小

① 严青川. 以人为本:学校管理的核心理念[J]. 法制与社会,2010(1).

学最自豪的就是学生的成长，九莲小学的"儿童在中央"，让越来越多学生成长发展，动漫小达人、悦读小达人、演艺小达人和健美小达人是学校活动中蕴含的特色评价。星洲小学传统"五大节日"活动：读书节、科技节、艺术节、体育节、贸易节，每个节日给孩子充分展现的舞台，尽情发挥特长。

第二节　新优质学校的发展路径

对西湖区新优质学校的发展、变革过程进行分析，我们发现它们主要体现为两种路径：一种是组织改进路径。教育局或学校通过调研"问诊"发掘问题，采取相应措施解决问题，这些问题的解决让组织运作不良的学校变成组织运作良好的学校；另一种是教育革新路径。这一类的学校比较擅长将西湖区的教育政策、研究者或政策推动者的变革期待转化为学校的革新项目，在课程与教学实践领域发起一些革新，起到引领作用。当然，也有一些新优质学校两种路径都有兼顾。一所学校之所以产生增值，往往是以一种方式为主，综合其他方式共同改进。

一、固本——组织问题的修正路径

新优质学校中大多是原来基础比较薄弱的学校，这些学校往往呈现出共同的组织问题：学校部分制度陈旧缺乏发展性与灵活性，导致执行力弱；师资管理不适合，职业倦怠普遍，骨干教师相对较少；学生活动不适当，活动数量多但零散、随意，缺乏系统性；活动形式单一，缺乏特色，导致成效低下。面对这种状况，部分学校会采用组织问题的修正路径，试图直接解决这些组织问题。[①] 事实证明，上述组织问题的解决也能极大提升学校运作的效率。分析这些学校的策略，主要表现为如下几种形式。

（一）重构学校管理机制

大多数学校转变管理理念，结合学校发展实际，充分调动全体教师的积极性，群策群力更新部分陈旧制度，凸显制度的发展性、灵活性与人文性，切实提高制度的可执行度。如星洲小学营造尊重、信任、民主、科学的管理文化，激发教师和学生发展的主动性和内驱力，探索"协商"管理新机制：学校管理者与教师之间，师生之间建立协商机制，在相互协商中确定教师学生个体发展目标，制订与己相适应的发展规划，以期促进每一个个体的主动发展。

（二）构建教师成长机制

部分学校针对教师职业倦怠等问题，构建新的教师成长机制，激发教师

---

① 夏雪梅. 新优质学校走向哪里：基于43所学校变革路径的分析[J]. 上海教育科研，2013(1).

的成长动力，营造浓郁的学习氛围。如翠苑二小实施契约化管理，包括针对全体教师的“平地式”契约，针对骨干教师的“攀登式”契约和针对青年教师的“阶段式”契约。袁浦中学着力打造“五行”魅力教师队伍。浙工大附实依托“五五”工程，通过“五星教师”评比，促进教师成长，提升教师队伍整体素质。再如九莲小学打造范本型“童心教师”。

（三）盘整学生活动机制

尊重学生的生命发展规律是一切教育的起点，也是教育回归本质的基本要求。为让每一个学生在学习生活中获得巅峰体验，在交往生活中获得归属体验，在休闲生活中获得审美体验，大多数学校都搭建多样活动平台，如竞舟小学坚持“以活动促发展”的办学理念，将活动系统化、操作化、校本化，形成了以“学校节日活动为干，年级常态活动为枝，家庭假日活动为叶”的校本化活动体系，分学期、分活动制订了针对性的育人目标，实现了活动育人效果的最大化。

二、开新——教育革新路径

许多新优质学校产生了各种类型的教育革新。教育革新聚焦于课程教学领域，如引入新的教学项目、设置新的课程类型等。新优质学校通过这些革新项目，提升教师的专业素养，增进学生的学业成就，甚至形成学校的特色。在新优质学校中，教育革新的内容不太一样，主要集中在这样几个方面。

（一）落实课程改革，加强课程体系建设

课程改革是当下教育的热点与难点问题，是实施素质教育的一剂良药。许多学校其实早已在正式课改文件下发之前就开始了课程体系的建设。如求是小学从国际视野的高度，打造阳光课程，即通过适当的课程设置、实施，达到减负增效，充分发挥学生的潜能，在学生多元选择的基础上，实现可持续发展，从而实现学校的育人目标——“培养阳光学子”。西湖高级中学围绕培养具有个性人、成功人、未来人特质的现代公民培养目标，对学校课程进行了顶层设计，构建了新的课程体系，课程分为两大板块：主板课程和辅助课程。转塘小学则丰富课程资源，实现了从“硬件”到“气质”的转变。

（二）营造校园文化，创造优雅的育人环境

优雅的学校环境能够起到润物细无声的教育效果。学校环境建设突出科学性、教育性、优美性。袁浦中学用“五行”命名建筑，让办学理念上墙，根据学校文化内涵设计建设文化墙、雕塑，布置师生榜样宣传橱窗和校务公开橱窗；设计体现学校特色的标识牌、笔记本和练习簿等；用体现学校文化内涵的激励性警句和学生的优秀美术、书法、摄影作品布置连廊……求是和家园小学的校园融合世界文化，注重打造校园环境大气、开放、包容的国际化特色，校园着眼于探究体验，将校园划分为三维导视体验区、自然生态区、数字天文区、情境学习体验区。

(三)改革评价机制，培育积极的评价文化

评价机制对于教师和学生的发展都起着至关重要的作用，许多学校改革了评价机制，以求提高评价实效，促进师生发展。改革学生评价——评价项目淡化综合评价，在全面评价基础上凸显优势评价；评价主体在师评与互评相结合的基础上，强化学生自我评价；在评价内容上淡化期末评价，强调过程评价。改革教师评价——优化教师考核评价细目，增加个性化的评价项目，实现多元评价教师；实现岗位分层考核，凸显基层管理者的评价权；在教师个体评价的基础上，进一步强化教师团队的评价。如袁浦中学健全“三级评价”，翠苑二小的“三三三”阶段式评价等。

第三节　新优质学校的发展策略

新优质学校的培育与发展，既要固本也要开新。本节将主要从人文化制度重构，校本化拓展课程建构与实施，契约化师资管理和特色化活动管理等几个方面介绍新优质学校的发展策略。

一、人文化民主管理促学校机制优质发展

主体性教育是教育界的共识，在学生主体性日益受到重视的同时，学校管理中教师主体性也越来越受到关注。教师主体性在学校管理中得到适当发挥，学校运行机制才能在更符合本校校情的基础上逐步得到健全和完善。

(一)民主决策：金点子征集汇民智

想要发挥教师在管理中的主体性，就需要创造条件激发教师参与管理的积极性，从而促使教师能积极地去参与学校管理，弥补学校管理缺陷，纠正学校管理偏差，从而使学校管理更科学、更有效。“小视野大天地　我为学校献一策”就是翠苑二小实施的一项民主决策活动。

1. 集思广益齐参与

制度的执行主体是教师。要建设执行力高的制度，学校管理者与教师应站在平等的位置上就学校制度中存在的问题进行探讨、商议。“小视野大天地　我为学校献一策”金点子征集活动于2012年开展并延续至今，征集对

象为全体教师。结合区教师进修学校进行的初态评估调研的初步反馈，并依托区教育局提出的修订学校三年行动方案的契机，本着集思广益原则，意图通过金点子征集活动，发动全校教职员工参与到学校管理中来。该活动能集中民智、凝聚民力，深入查找影响学校科学发展的制约因素，探索科学发展的途径，提出规范办学、特色办学的思路方法。

2.事无大小都发声

鉴于当时学校正处于过渡校区，原校舍正在改建过程中，因此，将金点子征集的内容主要设定为两大块：学校管理和新校舍改建（见表8-1）。

表8-1 “金点子”征集范围

学校管理
1. 学校的办学理念体系的科学合理性，如何契合学校实际，彰显学校特色； 2. 学校各类管理制度建设（各类岗位职责、考核制度等）； 3. 教师专业发展（师资队伍建设、校本研修等）； 4. 教学管理（课堂常规、课堂教学等）； 5. 社团建设（校本课程的开发等）； 6. 其他。
新校舍改建
1. 功能区域的合理化分割； 2. 现代化设施设备的配备； 3. 校园环境建设中学校文化特色的体现； 4. 各类教室（专业教室）布局装修中的生本文化及学科特色的体现； 5. 各类办公室（教师办公室、图书室、心理健康教室、会议室等）布局布置； 6.其他。

金点子征集的内容既有学校各类管理制度建设、校本课程开发之类的“大事”“要事”，也有办公室布局布置之类的“小事”“琐事”。不论是哪类事情，每位教师都是管理者，都有权利发出自己的声音。这极大地激发了教师的主人翁意识和强烈的责任感。

3.群策群力共建设

不同学科、不同年龄和不同层级的教师，由于他们观察审视学校的视角不同，自身思考问题的方式不同，实际工作中存在的困难不同，因此提出的建议也不尽相同，但这正是学校管理中需要的。凡是具有建设性意见的金点子均会被采纳，大家共同讨论制定实施方法。在学校校长室的带领下，在参照老师们40多个金点子的基础上修订了学校3年发展规划，总结提炼出核心办学理念“适合教育”。需要指出的是，金点子征集活动并非一次性活动，全体教师每个月都会以办公室为单位不断提出“金点子”，为学校的管理和发展添砖加瓦。

（二）民主管理：办公室建设聚民心

要让每位教师都参与到学校的管理中来，首先需要有一只结构合理的管理队伍。这只管理队伍能够完成“上传下达”的任务，衔接起校领导层与普通教师间的沟通。面对调整，许多学校采用了“人员维持原状、部分分工调整”的中层干部管理思路，就是为了让熟悉校情和师情的中层起到良好的衔接作用。管理团队在各项工作中以“奉献精神”自我要求，处处以身作则。2013年年初，翠苑二小根据实际情况组建完善了以“办公室室长、教研组长、备课组长”为主的学校“三长”队伍，以办公室室长取代年级组长，各项管理工作的开展均由室长上传下达，室长为人文化管理中实现自我管理发挥了重要作用（见表8-2）。

表8-2　办公室室长职责列举

办公室室长岗位部分职责
1.根据学校每学期工作计划和目标任务，制订本办公室工作计划，并认真组织办公室教师实施，定期进行检查和总结，主持群体师德创优活动的具体工作。
2.组织、协调本办公室教育、教学活动，协调好各科教师的关系，尊重和关心教师，把办公室建设成为团结协作、勤奋向上的集体。
3.负责安排办公室困难班、午管班、学生社团等活动，解决本办公室教师三天以内请假或因公外出的代课任务。
4.配合学校各部门对本办公室班主任、任科教师进行工作考勤、考核、考评，学期末对本办公室教师进行客观的评定。
5.负责每学期办公室工作的总结，学校结合群体师德创优工作进行评比。

1.室长牵头，打造温馨家园

在办公室这个团体中，室长起到牵头作用，组织教师参与学校管理。办公室成员与室长没有上下级关系，大家一起协商安排教学日常工作。为了增强教师的主人翁意识，打造多彩的办公室文化，每个办公室在室长的组织下集体出谋划策，拗造型拍“家庭合影”和制定办公室育人口号，设计办公室成员风采展示园地。不同办公室呈出不同的特色：有的办公室构思新颖，布置得有创意；有的办公室温馨和美，洋溢着和谐团结的主旋律；有的办公室注重内容与形式的完美结合，简约而不简单……其中，三年级办公室将全体三年级孩子的照片拼成“成长树”，寓意着在老师的辛勤培育下，学生如大树茁壮成长（见图8-1）。

图 8-1　某校三年级办公室展示园地

2. 群体创优，个体凝聚成团

为进一步深化和拓展师德教育活动，提高教师的整体素质，全面构建和谐校园，每月的月考核都会进行群体师德创优奖的评比，及时表扬老师们的好人好事，树立榜样，营造办公室学先进，争先进的良好氛围；针对存在的问题，也会进行反馈及时整改。每学期末，学校根据方案评选出优秀办公室，根据《教职工奖励性绩效工资分配方案》予以奖励。教师以办公室为单位，采用诗歌、自制报纸和 flash 等方式向大家展示办公室老师们一年来的辛苦工作和呈现出的闪光点，颇受好评。

案例 8-1

师德群体创优列举

群体师德创优的形式由办公室成员集思广益，同一办公室每年的创优形式都各不相同，独具匠心。303 办公室将工作融入三句半这一形式，边打快板边颂唱。

303 办公室三句半总结

重点说说 303，人人都是好教师，个个都是敬业者——不一般
大家工作齐争先，学习先进好模范，正确树立人生观——比奉献
先说咱们的老张，年纪已经一大把，工作总是迎头上
虽然身体不如前，教学总务同在担，样样工作没拖延——真能干
再说咱们的室长，风风火火把活抢，乐乐呵呵天天忙
自身业务也真强，开课讲座科研支教，玩出不少新花样——强强强
接着说说咱小张，谦虚好学有志向，能歌善舞样样强
教师比武她在行，轻松拿下 NO. 1，我们向她讨秘诀——勤练啊
……

群体师德创优增强了教师团队的凝聚力和荣誉感，大家为了共同的目标而努力，感受到合作与共融的快乐。

3. 感动瞬间，榜样就在身边

在办公室这个温暖的家庭中，常常会有一些老师以不经意的举动感动了周围的人。这种感动可能源于一丝温暖，可能是产生了一点敬佩，也可能是形成了一种共鸣……也许让人感动的事很渺小，但它带给我们的力量却是无穷大的。以办公室为单位每月收集"感动瞬间"活动，并由校长在月末的周前会上做"分享感动，温暖你我"的报告。

案例 8-2

"感动瞬间"列举

徐××老师除了班主任工作外，还承担着教科室干事的工作，在自己身体不适、儿子生病的情况下坚持上班，兢兢业业，一丝不苟，忙碌地为老师们安排好校本培训工作……戴××老师在搭班班主任生病的情况下，积极承担班主任管理工作，毫无怨言。同年级组的郑××、陈××两位热心的班主任，毫无保留的帮助并传授经验给戴老师……须××老师，是年级组最小的老师，却承担着多项任务，每天在办公室都碰不到她的面，工作认真，不叫苦叫累，浑身充满着正能量……方×老师每天到学校的第一件事就是拖一拖办公室的地，给每张办公桌洗个脸，时间来得及，她还会给我们的杯子都接满水……

这些小小的故事，发生在我们的身边，感动着我们的老师，温暖着我们的老师，也树立了工作中的楷模。分享感动瞬间，让我们这个大家庭充满了正能量，让我们每一位老师共同携手过好每一天，共创美好家园。

（三）民主监督：校务公开普获民爱

深化校务公开是坚持党的群众路线、全心全意依靠教职工办学的重要举措，是加强学校人文化、科学化管理和监督的有效途径。学校不断提高校务公开工作的针对性和实效性，各校都通过全方位多渠道推行校务公开工作，自觉接受群众监督。

1. 公告栏——提高透明度，认同度高

学校不断提高校务公开工作的针对性和实效性，学校的大事要事都在第一时间征求老师们的意见，及时通过校园网和校务公开栏向全体师生和家长公开。学校在教代会上通过了《校务公开实施意见》《重大事项报告制》，自觉接受群众监督。每月定期公示绩效考核结果和奖金发放。政策法规、人事管理、财务收支、基建维修、物品采购、食堂管理、招生推荐等全部向家长、社会公开。教师考评推优方案、结果也通过校园网站等渠道予以公

开，得到老师们的认同。

2. 行事历——做足提前量，执行力强

“行事历”是学校公开校务、管理透明的最佳载体。学校要求各层级部门都要严格制订学期行事历（内部邮箱公布）、月行事历（校园网校务公开栏公布）和周行事历（校园网周行事历公布）。行事历的发布要做足提前量，让老师们对于要做的事情心中有数，便于对工作事物进行合理的安排。同时，学校坚持“不纳入行事历的工作不做”，强化制度的实施。正是有了这样一套公开透明的管理措施，学校决策的科学性和可执行性得到了保证。

3. 四会制——回顾共规划，实效性好

翠苑二小的“四会”分别指每周四校务会、周五上午行政会、周五下午全校教师会、每月办公室室长例会。校务会由校长与两名副校长共同参加，行政会由校级领导、中层干部参加，全体教师会无须多言。这“三会”的主要内容是回顾过去一周的工作，指出存在的问题，并布置下周重点工作。每月定期召开的办公室室长例会主要由校级领导和全体室长参加，主要是公示绩效考核结果，讨论并回复教师的“金点子”。除此以外，学校还定期召开教研组长会议、紧密型共同体校务会等，为学校管理行走在人文化之路上做出指引。

二、校本化课程管理促课程改革优质落实

在全面执行国家基础性课程的前提下，面向全体学生，优化课程结构，按孩子的想象构建校本课程体系被提到日程。通过开发与整合形成学校特有的校本课程体系，使课程能够培养学生发展性学力、满足个性发展需求、体现教师业务特长兴趣、形成学校品牌特色。接下来将以嘉绿苑中学“鹰课程群”为例进行拓展课程的开发与实施的策略介绍。

（一）基础：“鹰课程群”的构建

学校以“鹰品质”为核心的“三自”（自信、自强、自立）精神为指引，以课程落实核心素养为目标，开发拓展性课程，构建自由、灵动的课程体系，尽最大可能满足每一位孩子的需求，促进师生的适性发展。

1. 拓展课程结构

学校构建的拓展性课程体系包括：基础性课程的拓展、兴趣特长类拓展和综合实践类拓展三部分（见图 8-2）。三类拓展性课程的开发目的都是围绕六大核心素养的培育，但也有侧重。如基于语、数、英、科、社会等的知识类拓展课程以发展学生表达能力为切入点，培养学生善于学习与勤于实践的学习素养，积淀人文底蕴，端正科学精神。基于体育、艺术等兴趣特长类拓展课程旨在培养学生高雅的情趣、开发多元特长、获得健康的身心。

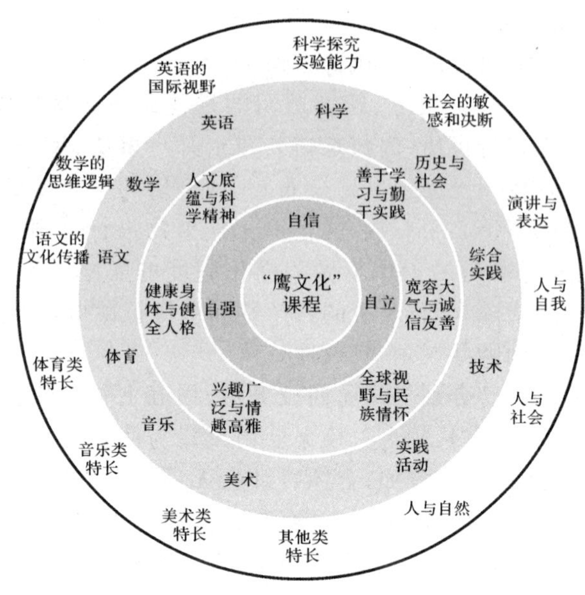

图 8-2　鹰课程群结构

2. 课程管理机制

学校成立课程开发领导小组，负责学校的课程管理与顶层设计，整合教学、科研、社团和综合实践部门。课程开发工作小组，负责日常的课程开发、管理和评价工作，把学生的教学活动、社团和实践活动统一纳入一揽子课程的管理体系中，进行课程管理。学校教导处负责拓展性课程的常规管理，主要负责排课、教师教案的检查、教师上课情况的检查、均衡学生选择性参与科目和班级的选择以及定期组织交流研讨活动。课程开发研究小组定期对课程开发和实施情况进行指导、监控和评价。

3. 课程开发体系

将课程开发寓于科研课题研究之中，充分调动教师参加课程开发的积极性，帮助教师更好地理解课程计划，充分利用校内外的教育资源，大力进行课程的开发。把课程的建设与课题研究、课堂教学、综合实践活动、研究性学习结合起来。课程开发任务落实到教研组，拓展性课程的开发对教研组有一定的要求，从格式、内容、数量上都有规定，在教研组设定的框架内，团队合作共同完成拓展性课程开发，每个备课组开发 12～15 节拓展性课程，并形成系列化、特色化、校本化。课程开发工作小组根据科学性、实践性、创新性、可行性的标准对课程方案进行评价。

(二)关键:课程的校本化实施

1. 建构智慧型翻转课堂

“先学后教、以学定教”的前提是学生学会自主预学,教师善于预学指导。“导学案”就成为重要的载体。在实践中,教师提出了用微课代替部分纸质导学案,开发多样导学方式等举措。学校将进一步以校园数字化和信息化为支撑,积极探索与实践翻转课堂、微课、云视窗等在教育教学中的运用,提升学生小组合作学习的实效性,拓展教育教学的时空。经过两年的实践,建立了翻转课堂学习范式,突出资源的开发和利用,建立互惠共赢的合作学习方式,摒弃教师为主的教学方法,课堂上师生合作、生生合作、教师引导与共进成为新特点(见图 8-3)。

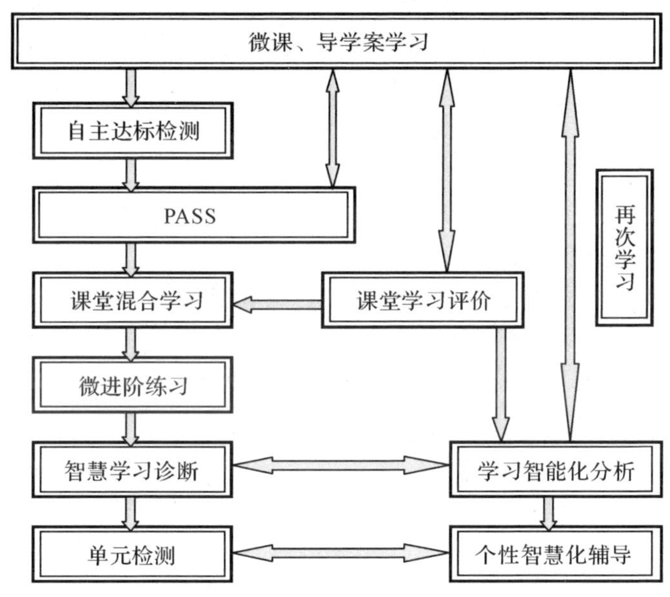

图 8-3　翻转课堂学习过程设计

2. 整合与创新德育课程

学校将德育课程整理成三个板块:主题班会课、大型德育活动和综合实践课。在这三类活动中对学生进行德育教育。德育课程实施的主阵地——主题班会课应一步一步,一个阶段一个阶段地解决学生成长过程中的实际问题。许多主题班会课,是以生动活泼的形式展现出来的,不是板着面孔的说教,而是润物细无声。许多尖锐的问题,是学生自己在帮助自己的小组成员发生着改变。在这里,教育者变成了策划者,教育者变成了幕后者,教育者变成了睿智者。我们出版的《背诵每一个孩子》《孩子创造的学校》《我们在做教育》一系列专著,都是实践经验的物化呈现。

案例 8-3

××学校第二届社团文化节方案片段

让青春飞扬　为自己喝彩

——杭州市××学校社团文化节方案

体现理念：自主・体验・创新・发展

暂定时间：初定4月12日周五下午开幕

活动地点：××中(主会场)

组织机构：××学校第二届社团文化艺术节活动策划组

组　长：

副组长：

成　员：社团指导老师、社长、社团各委员

教师指导团：各校教导处、学生处、团委办公室

活动形式：

一、开幕式：

形　　式：入场式＋一台戏

参加人员：领导专家、社团成员、师生代表、六年级学生和家长等

时　　间：一个半小时(13：00—14：30)

节目暂定：空手道、拉丁舞、配舞朗诵(舞蹈社与文学社合作)、健美操

入场式：同类社团可以选代表合并出场(如车海模、三球等)

入场途中有短时表演或与观众有交互(如击剑、动漫、空手道等)

分　工：

1.搭建舞台和设置观众席

2.校园氛围(学生作品收集和布置、直横幅、彩旗、气球、电子屏等)

……

二、群团荟萃・游园体验(社团特色成果的展示)

参加者：学校多数社团，初一部分学生，教师及六年级部分家长、学生

形　式：每个社团设摊展示特色，同时要设计体验项目，让游园者参与

设计游园护照，体验者可以到社团展示处盖相应的章

……

三、师生同台・共话社团(师生理念发展的展示)

地　点：××中小报告厅

设　想：发展为西湖区团委的活动

形　式：论坛(一个半小时)

话　题：我管社团有方、我心目中的理想社团、我为社团做了什么？

……

四、团团联合·专家点评(社团活动过程的展示)

参加者:绘画社团和陶艺社团联合

设想:邀请区教研员及其他区内邻近学校教师参与,升级为区级教研活动

……

校本课程开发的典范——综合实践活动课程的整合。综合实践活动课有实际性、开放性、自主性、生成性等特点。学生还积极参加各种形式的研究性学习,包括社区服务与社区实践,劳动与技术教育,信息技术教育,社会调查等。实践中心从最初的满足教学要求以外不断充实、发展,衍生出科技教育功能、文化功能、支教功能、示范功能、教研功能、育人功能等。

(三)支持:建构自我突破式评价体系

随着学校课程结构的日益个性化以及课堂教学方式的日益多元化,评价机制也发生变化,更注重于使学生在不断地自评、互评和他评中激发学习的积极性、不断提升学习力、实现学生的自我突破。

1. 自我突破式评价

自我突破式评价,顾名思义即为了促进学生自我突破的综合性评价。这种评价需要具备全面性、发展性、个性化等要求。因此,我们重新设计了学生综合性评价标准的内容,使原来较为抽象、粗线条的评价标准更具体形象,涵盖的面更广,更体现学生的完整学习生活,或者弥补过去学生评价标准中对于学习过程行为评价的缺失等问题;评价形式上更多样化,不仅用评价结果激励学生发展,更希望通过各种不同的评价形式,使学生在参与评价过程中体会到学习的价值,促进他们的自我发展和突破。

2. 评价内容全方位

具体做法包括:制定一套适合学校生源实际情况,并与杭州市综合素质评定体系相匹配的学生学习过程评价标准;实践和探索一种具有可行性、科学性和实效性的评价操作方法,并培训参与此评价的师生熟练地掌握此方法;各学科教师根据自己所教班级的实际情况制定相对稳定的具体化细则,把评价标准具体化并融入班规中;综合学生学习过程评价标准、操作方法、具体细则、班级规范、反馈方法等内容,创建特有的学生学习过程评价系统(评价标准见表8-3)。

表 8-3　杭州××学生个体学习状况评价标准具体细则

项目	要素	关键表现	分值	自评	组内互评	学校评定	总评
(一)道德与素养	Ⅰ诚实守信(12)	1 按时完成预习任务。	3				
		2 准时完成作业。	3				
		3 诚信考试。	3				
		4 能公正、客观地评价自己和他人。	3				
	Ⅱ自我约束(8)	5 能在上课准备铃声响起后做好课前准备,安静等候或认真参与课前朗读。	2				
		6 当老师讲课或同学发言时尊重他人,认真倾听。	3				
		7 课堂小组讨论时,不做无关的事,不说无关的话。	3				
(三)实践与探究	Ⅲ参与意识(13)	8 上课积极发言,主动发表自己的看法。	5				
		9 曾多次作为小组代表上台展示或发言。	4				
		10 积极参与课堂内各种实验、表演或体验活动。	4				
	Ⅳ探究精神(4)	11 能主动提出问题,并乐于在组内进行问题的交流和讨论。	4				
	Ⅴ社会实践(3)	12 积极参与社会实践活动,善于用生活实例说明理论知识。	3				
(四)交流与合作	Ⅵ小组协作(12)	13 能与组内其他成员和睦相处。	3				
		14 在组内担任一定职务,承担一定工作。	3				
		15 愿意在学习和生活上帮助其他组员。	3				
		16 所在小组获得优秀学习小组称号。	3				
	Ⅶ沟通分享(8)	17 积极参与组内讨论,经常提出有用的建议。	3				
		18 能客观、婉转地指出同组成员的缺点。	2				
		19 冷静地面对组员指出的自身的缺点,并能积极改正。	3				

3.评价形式多样化

评价奖项分为星级学生和美丽学生两个层次。星级学生包括：课改五星(参与之星、展示之星、点评之星、勤奋之星、进步之星)；社团之星；服务之星等。在星级学生的基础上再评出“美丽学生”。评比要求公平公正，由自荐和推荐产生候选人，再公开选举，再由学校通过网络、展板进行公布和宣传。学校设计“雏鹰卡”“翔鹰卡”“雄鹰卡”三鹰学生激励制度。三鹰展翅，培育视野宽阔、自强不息、思维敏捷的杰出人才。学校计划制定出一套适合学校生源实际情况，并与杭州市综合素质评定体系相匹配的学生学习过程评价标准。将传统评价标准中忽视的学生学习过程中各种状态的评价重新纳入学生评价系统中去。

三、契约化师资管理促教师专业优质成长

为激发师生发展的内驱力，促使教师个体发挥其自身独特的优势，持守“做最好的自己”的信念，循着自己的发展目标主动成长，并以教师的多元发展促进学生的整体发展，学校携手教师共同制定了发展契约，实施契约化管理。

(一)“平地式”契约，追求全体教师整体成长

教师出现职业倦怠，原因之一就是没目标。“平地式”契约起点较低，每位教师都应签订并达成目标。但这并不意味着教师在制订契约时选择最基本的，易完成的目标就可以了。契约中会有非常细化的内容供教师选择，契约完成情况的考核与奖评是教师前进的强大驱动力。

1.长中短期规划并进，立足现在放眼未来

我们认为，教师应当先制订长期规划，在长期规划的指导下制订中、短期规划，短中长期规划相辅相成，层层推进。因此，教师结合自身情况分别制订五年发展规划、三年发展规划和学年发展规划。制定目标时要求：长期规划要远大，中期规划要清晰，短期规划要详细。长期规划的制订能帮助教师明确发展方向，是教师专业化发展的不竭动力。将长期规划分解细化就是中、短期规划。作为短期规划，学年发展规划的制订更加详尽、具体、可操作。

2.菜单选择自主规划，人尽其才个性发展

每个教师都有自己的特质，有自己的长处，“人尽其才”才能获得更大的发展。学校为了能充分激发教师的潜能，每学年为教师提供了菜单式发展目标，包括基础部分和个性部分。

基础考核主要包含了师德和教学常规等方面。通过签订契约，规范教师的教学行为，去除部分教师松懈、懒散的心态。为保证达成情况，力求做

到教学检查日常化，教学评估常态化，教学检测固定化。目标考核的第二部分体现分层思想，教师可根据自己的情况，选择相应的发展目标，分别发掘教师潜能，增强内驱力。

3. 多级考核完善奖评，激发持续发展热情

在夯实教育教学工作的基础上，每位教师的个人专业发展有不同侧重点。因此，学校对教师的考核也是个性化的，充分考虑各位老师的个人情况和成长增量。学校制定了较为完善的评价机制，评价既重视结果，更注重过程，力求做到公正、公开、公平。通过评议，激励先进，增强教师持续发展的热情。学校既设立了教育科研、轻负高质、班级管理、社团建设、教坛耕耘等先进个人单项奖，又在每学期根据学校重点推进的项目设立特殊贡献奖，既有对教师团队的奖励，也有对教师个体和教职工的奖励。

案例 8-4

特殊贡献奖列举

2015 年学校在健康学校、健康食堂创建中获得高分，经过行政会讨论决定，对后勤保障中心奖励 500 元，公布如下：

1. 奖励缘由

西全健办(2015)5 号文件发文，获区 2015 年健康学校、健康食堂表彰。

2. 奖励对象

后勤保障中心

特殊贡献奖充分肯定了教职工对学校重点工作的支持与付出，为学校各项荣誉的取得起到了一定的助推作用。

(二)"攀登式"契约，实现骨干教师个性成长

当教师在"平地式"契约中表现突出时，可考虑签订"攀登式"契约。"攀登式"契约主要针对教学、管理和科研骨干教师设立，在充分尊重教师个人发展意志的基础上，最大化地提供教师发展空间。

1. 多角度分析，契约制定有依据

许多教师在一些方面具有优势却不自知，因而浪费了自己的潜能。课题组从与教师不同的视角，帮助教师发掘潜能，确定个性发展的方向。为了能使教师发展少走弯路，课题组为教师制定了《教师个人情况自我分析表》，主要分为个人基本情况、个人优势、不足之处、个人最想发展的方向、发展该方向还存在的问题及其他等六方面。希望通过分析，老师们可以清楚地了解自己的现状及为自己提出初步的发展方向(见表 8-5)。

表 8-4　教师个人情况自我分析表

姓　　名	刘××	性　别	女	教　　龄	5
职　　称	无	职　务	科研干事	任教学科	科学
优势与经验	1.学习能力较强，专业知识扎实。 2.钻研能力较强，乐于改进完善。 3.表达能力较强，勤恳认真严谨。				
不足之处	教学水平仍有待提升，创新能力不够强； 科研方面需要开展更扎实的研究。				
发展目标	1.努力成长为一名科学骨干教师。 2.力争成长为一名科研骨干教师。				

2.多层面配合，目标实现有支撑

“攀登式”契约起点高，难度大。为保证教师目标达成情况，需要学校搭建多样平台，提供多种资源，帮助教师树立信心，快速成长。近年来，学校为骨干教师提供更多的机会走出校门参与学习讨论，骨干教师大大开阔了眼界。学校与×××小学结为共同体，有效提高了学校的教研资源，联合教研和培训就变成一种常态。“资源共享 教学共研 互帮互学 共同进步”是我们联合研训的主导思想。通过建立科研大组和名师分站挂牌两种形式借力兄弟学校，增进两校教研组之间的合作，加强名师与老师们的对话、交流。

3.多时机亮相，个性发展有实效

为了激励骨干教师不断成长，体现骨干教师的辐射带动作用，学校提供多样机会帮助骨干教师出“风头”，展示其个性发展的成效。学校重视开拓校本研修的新形式，鼓励骨干教师创造研训新形式，带动全体教师参与。如骨干教师方×承办的“BKZ”（本学科、跨学科、专家点评）校本教研活动，因形式新颖、内容务实而受到了专家和老师的好评。语文组骨干教师潘××利用国培网络平台成立了视频俱乐部，以录像课的形式教研，语文老师互相看视频听课，并跟帖评课，突破了教研活动时空限制。

（三）“阶段式”契约，推动青年教师快速成长

随着学校办学规模的不断扩大，学校的青年教师在不断增加。青年教师不仅决定着学校教育今天的品质，更决定着学校今后的生存与发展。为促使其尽快成为思想过硬、业务精良的教育教学能手，学校为青年教师制订了“阶段式”契约，搭建了成长平台。

1.新愿景：“三三三”规划激发青年教师之原动力

制定出台《杭州市××小学青年教师五年培养“三三三”规划》。搭建三个平台，提出三个要求，达成三个目标。第一年适应期平台；第二、三年成长期平台；第四、五年成熟期平台。制订了培养措施，激发了青年教师成长的

驱动力。

2. 搭平台:"陶苑新青年成长联盟"打造和谐团队

为了更好地促进青年教师的专业化成长,学校为青年教师搭建了一个共同成长的平台——"陶苑新青年教师成长联盟"。在这个平台中,青年教师聚成一团,共同制订活动计划,交流成长经验,互助解答困惑,在教学、科研、班级管理等方面互相促进,实现共同成长。青年教师自主设计盟旗logo:由两棵小杉树和一个变形的"长"字组成。小杉树与学校校标呼应,寓意青年教师在中老年教师的指导下茁壮成长。变形的"长"字既代表了青年教师的成长,又象征着青年教师的成长之路。

3. 大阅兵:"陶苑杯"青年教师评优活动磨砺成才

学校已经连续16年在每年的4月份进行青年教师的评优活动,这为青年教师的专业成长提供了展示与反思的机会。为提高实效,学校邀请区教研员、名师和专家进行听课指导。注重与时俱进,评优活动内容不断充实和丰富,增设了青年教师才艺秀和微课评比等活动,既锻炼了青年教师,又带动了中老年教师的成长热情。评优奖励形式也不断更新,设立了"成长奖"与"成才奖"。青年教师在比赛中有所收获,在收获中有所反思,在反思中稳步前进,在教学实践中不断形成自己的教学个性,为学校的适合教育奉献自己的智慧和力量。

四、特色化活动管理促学生人格美丽成长

学生人格在学校活动中获得不断地成长。针对不同学生的不同个性,学校需搭建各种活动平台,以期发展出一系列的,具有学校特色的活动,在活动中形成学生健全的品格,让学生获得全面的发展。本部分将以十五中的"美丽人格"培育为例开展介绍。

(一)基于角色体验的美丽人格培育

敢于担当,富有责任感,是健康人格的社会化要求,也是一个人人生价值的最高境界。学校一直致力于培养学生的责任感,强调从角色体验中去唤醒学生的责任意识,如利用节假日设立学生"社会调查员"进行社会调查,"少年志愿者"为社会服务。在这一系列活动中,强化学生的角色体验,唤醒学生的责任意识,促使学生学会担当。

1. "岗位小标兵",培养自我责任心

叶澜教授曾呼唤:"把班级还给学生,让学校勃勃生机。"学校在班级管理中设"岗位标兵",增强学生的责任意识。在班级既定人数范围内,班主任教师应该考虑足够的岗位(勤学标兵、纪律标兵、背诵标兵、书写标兵等),让学生自己管理自己。管的学生能从同龄人的角度思考问题,被管的学生更

愿接受“朋友式”的帮助，没有代沟，没有距离，有的是理解、平等和尊重。

案例 8-5

班主任手记：俞××，性格内向，很少与老师、同学交谈，老师找他谈话，他总一声不吭。当班主任提出家访，他多次以父母有事为由拒绝。可事实是：孩子爸爸是聋哑人，爸妈闹离婚，现在孩子由姑父监管。我陷入了沉思：难以想象，一个家庭不正常，没有父母关爱的男孩会怎样成长。

学军活动如期而至，我让他做了男生第一组寝室长，他犹犹豫豫地答应了。接下来的管理过程中，他表现得很尽力，我便抓住每一个能放大他的机会，大力表扬鼓励他。或许教师的期待对学生的学习是一种动力、一种信任和鼓舞。学军活动中，他不负所托，赢得了全班一致推荐的“优秀小军人”。学军结束，我让他担任班级“行为监督标兵”，他毫不退让，并且之后的表现也赢得了老师们的一致肯定。一学期下来，孩子原先犹豫忧郁的眼神变得自信清澈，语文课堂上的表现可用“优秀”两字来评价，课间总见他善意地提醒其余同学文明休息，安全活动，真正起到了“标兵”的作用。

跳过学生“问题家庭”的追究，或者说模糊学生的“出身”，保护了学生的自尊，“岗位标兵”给了学生一个很好的人格发展的空间。

2.“社会调查员”，增强公民使命感

学生健康人格的培养离不开社会大环境，而杭州作为一个有着丰厚文化底蕴的历史名城，为学生提供了更多走进社会的机会。利用在春秋假、寒暑假，策划做“社会调查员”，开展社会调查活动，可以促进学生深入了解国情、民情，增强社会责任感与历史使命感，激发学生热爱祖国、热爱家乡的情感和艰苦奋斗、奋发图强的精神。同时引导学生通过调查研究，提高分析问题及解决问题的能力和创新能力。社会调查活动对增进学生的认识、才干和创造性有重要意义，有助于健康人格的形成。

3.“少年志愿者”，提升社会责任感

志愿者最重要的是要有一颗善良不计得失的心。初中学生在奉献爱心的活动中可以更多地接触社会，潜移默化地培养他们的集体主义精神、团队作风、合作意识，从而锻炼了他们的服务意识和奉献意识。通过多种社会服务角色的体验，丰富学校学生的人生经历，有助于促进学校学生人格的社会化。学校以团委学生会为单位，组织了“少年志愿者”团队，在一些学校、社区大型的活动中，经常活跃着他们的身影。下面是他们开展活动的剪影。

案例 8-6：实践活动列举

“志愿者小队进社区”

期末考试刚刚结束，寒假实践活动就如火如荼地开展了。2月2日下午，学校组织了初二年级的“少年志愿者”开展了“志愿者小队进社区”社会实践活动。

近250名“少年志愿者”参与了本次活动。各班“少年志愿者”分3～4个志愿者小组，下午12点40分，各小组带好了抹布、垃圾回收袋、小塑料袋和一次性手套等物品出发了。志愿者小队一行于下午1点从校门出发步行至各个社区。各队在集合分配任务之后，志愿者们积极投入活动之中，部分小队成员清理社区卫生死角，擦洗社区的各个宣传橱窗以及清除张贴的小广告。另外几支小队的同学们帮助社区环卫人员打扫社区卫生。在这严冬时节，给社区居民带去温暖的同时，“少年志愿者们”也得到一场社会实践的锻炼，并得到了各社区居民及居委会的充分肯定和赞赏。

从活动中可以看出，“少年志愿者”社会实践活动是学校学生健康人格培养的一个重要载体，学生的公民素养在活动中得以提升。

（二）基于自我修炼的美丽人格培育

习惯决定性格，性格决定命运，培养学生良好的学习、生活、行为习惯是杭州××中学教育的基础性任务。我们通过“意志体验营”、成长助跑、凡人格言桌等活动载体，促进学生养成有生活自理、行为规范、学习自觉、体锻坚持的良好习惯，这是初中生健康人格培育不可缺少的重要路径。

1.“意志体验营”教会学生自立

“意志体验营”目的是培养学生吃苦耐劳的意志，对学生的团队精神、独立生活能力都是很好的锻炼，具体通过军事训练和学农劳动来实现。军训中的坚持、团结、苦，都让学生从中成长，磨炼学生的意志，增强了学生的团队精神，让学生学会了苦中作乐。

“学农实践营”教会学生自理。学生可以将书本中学到的知识与现实生活中的事物进行对照，在劳动中汲取人文体验、生态发展、环保意识、水土保持、地理方位等综合的社会知识。下面是学生学农感悟摘抄。

案例8-7

学生学农感悟

作为组长，我感到很惭愧，因为在定向越野和农业劳动两个团队活动中我们组垫底了。定向越野我以前听说过，觉得挺好玩的，但真正尝试过后才发现并非那么容易。我们组在顺利地找到前3个点后，按照地图上的标记，却再也找不到接下来的几个点了。我们整个组像无头苍蝇一般在田间乱窜，毫无头绪。后来我们就干脆把这当作探险，一边采着野花，一边哨着竹子，也别有一番风味。后来我们总算找到了正确的路，回到了大本营。虽然成绩并不理想，但也总算是一次很值得品味的经历，因为它既提高了我们的

野外生存能力,也增进了组员之间的感情。

通过学农劳动,还可以加强学生的劳动观念,体验艰苦奋斗的精神,培养学生的自立意识和生活自理能力。

2.“成长助跑站”帮助学生自强

设立由教学管理中心管理、全体教师组织的“成长助跑站”,能有效助力学生自强精神的培养。“成长助跑”历时一个学期,对象是“自信不足”“偏科”“心理承受能力偏弱”等三种不同类型学生。根据教师特点分别结对,教师及时与家长、学生沟通和交流,全方位查找原因,提出对策,主动开展全面而细致地助跑活动。校区教学管理中心及年级组长携年级教学质量监控小组成员负责上述各项工作的推进工作。

3.“凡人格言桌”促进学生自律

“凡人格言桌”是为引导学生思考生活与学习,创设一种自我激励、自我教育的环境,巩固良好习惯的养成。要求全体学生原创,格言在20字以内,健康向上,深刻富有哲理。格言能表现对学习、生活的深刻体验与思考,对人生美好理想的憧憬、追求。为了让每位学生更好地利用“座右铭”激励自己,学校请广告公司将每位同学的座右铭做成一张漂亮的书签,并张贴在课桌的右上角,时刻激励同学们积极向上,这已经成为教室里一道独特的风景。

案例 8-8

自创格言一等奖展示

小智慧办好眼前事,小勤奋成就大未来。 ——初一(5)班 温涵之

低调面对成功,微笑面对失败。 ——初一(7)班 汪 斓

学习专心致志,必有所收获;学习三心二意,终一事无成。

——初一(9)班 肖 艳

即使是跌倒100次,也要有第101次的重新站起来的信心。

——初二(6)班 童雪怡

在享受下坡时的快感,必须克服上坡时的劳累。

——初二(8)班 张笑妍

一个人战胜一千人一千次,远不及战胜自己一次。

——初二(9)班 凌 霄

“凡人格言桌”深受同学们的欢迎,引导学生思考生活与学习,让学生学会自律、巩固自律,促进责任感教育,健全学生的人格,为每一位学生提供后续发展的动力。

(三)基于个性展示的美丽人格培育

让学生充分展示个性是培育初中生健康人格的重要路径之一。学校基于个体差异、个体潜能、个体成长需求与选择的多元化个性化发展,创设丰富多样的个性发展平台,构建“社团广场”,搭建“校节舞台”,设置符合学生个性发展“2+1+1+1”与特长机制,培养个性特长,提升生命品质。

1. 社团广场,引领个性发展

社团能较好地体现和贯彻学生自主学习的个性化原则和多元性原则的要求。每个学生在先天的潜能、秉性、性格、爱好、志向、才能、适应能力等方面存在着很大的差异。学校实施“社团广场”就是为了满足学生成长之需求。“社团广场”开设时间为每周二下午第三节课(60 分钟),学校为学生们设置了文史类、艺术类、体育类、信息类、科技类和家政类等六类选修课,同步开设共 27 门课程供学生选择,全校不分年级选课,每个学生根据自己的特点都有自己的选择。

2. 校节舞台,创建展示平台

健康人格的形成重在体验过程,“校节舞台”即体育节、艺术节、读书节、科技节、英语节。五大节活动是学生体验,展示自我个性,发现亮点,优化自我品质的平台。学校要求全体同学参与,组织的活动也以团队形式为多,如体育节团队入场式活动、艺术节艺术画幅比赛、读书节班级辩论赛等。学校在活动策划中提高团队活动的模式,创设全员参与的大环境,让学生在体验中学会正确认识自我、接纳自我、调节自我、挑战自我,为学生个体人格发展奠定良好的自我调控基础。

3. 特长认定,优化素养能力

为了贯彻《国家中长期教育改革和发展规划纲要(2010—2020 年)》关于“坚持全面发展,全面加强和改进德育、智育、体育、美育”的要求,结合学校以人格教育为方针的教育背景以及轻负高质的教学理念,提高学生参加体育、艺术、科技、综合社会实践活动的积极性,提升学生运动能力、艺术素养、科学素养、创新精神和实践能力,促进学生全面发展和健康成长。

案例 8-9

特长认定内容

1. 体育特长认定项目:

篮球、排球、足球、乒乓球、羽毛球、实心球、跳绳、长跑、短跑、定向、棋类等。

2. 艺术特长认定项目:

唱歌、舞蹈、器乐、综艺(双簧、相声等)、绘画、书法、篆刻、陶艺等。

3. 科技特长认定项目：

小发明、小制作、小论文、科技实践报告、科幻画、海模、航模、车模、无线电测向、电脑制作、计算机信息编程、科技创新趣味活动等。

4. 社会实践特长认定项目：

初一军事体验活动，初二综合社会实践活动、第二课堂活动，暑期学生干部夏令营活动，寒暑假社会实践调查活动，节假日走进社区实践活动等。

学生通过三年的学习，逐步培养形成“体育、艺术、科技、综合社会实践2＋1＋1＋1”特长，并经过特长认定，颁发证书。

从上述介绍中可以看出，不同学校从校本实际出发，通过在机制、课程、师训和活动等方面的创新管理，都实现了自身的新优质发展，获得师生、家长和社会的一致好评。西湖区的九莲小学、星洲小学、翠苑第二小学、三墩小学、袁浦小学、十五中和嘉绿苑中学等学校因其近年来的新优质发展，屡次被《杭州日报》《青年时报》等公开报道。

第九章　推进教育国际化：教育高位均衡发展扩容辐射

当我们习以为常的用餐也遇到困惑的时候，不由感叹："怪不得有时候中西方的宗教、文化会有很大差异，即便一顿普通的午餐，也折射出文化的差异。"文化认同也许并不完全都是政治、经济体制下的理解，也许不完全是宗教、信仰的差异，还有很多生活习惯、日常喜好的认同。

案例 9-1

一顿午餐引发的思考

绿城育华小学×××老师带领学生去加拿大参加 Study tour with homestay experience——住家体验游学。这种游学，为学生安排的都是英语背景家庭，便于全方位体验加拿大人的日常生活，而教师的住家往往安排在会中文的华人或华裔家庭，便于沟通交流。这次为教师安排的家庭，刚从中国移民到加拿大不久。加拿大中小学校均没有食堂，学生、教师都是自己带便当用餐。当中国教师把便当食品——韭菜盒子拿出来美美享用的时候，刚才还聊得甚欢的加拿大教师纷纷逃出用餐休息室，×××老师大惑不解。后来，在当地导游的解释下，才明白："加拿大人，甚至所有老外都不喜欢气味重的食品，他们一闻到就逃——这还是照顾你们作为贵宾老师的面子，否则也许会发脾气！"

通过此次小事件，却让我们更深入地认识到国际理解教育十分重要。远不是简单的游学交流，也不是一味地屈从，而是深入的交流和理解。事后，就午餐和外方教师进行坦诚地沟通交流，既让我们知晓了加拿大的饮食习惯，也让加拿大教师理解了我们中国的饮食文化，加深了中西方饮食文化的认识。

笔者联想起和朋友商谈时、家访时听到的许多家长的困惑：带孩子去国外旅游，孩子对国际知识一无所知；带孩子去和外国朋友聚会，孩子的国际礼仪几乎都不会，连用餐也成问题……联想起这一代孩子正处于信息时代，正处于一个国际合作、交流广泛普遍的国际大融合时代，不掌握一些基本的

国际知识，行吗？不懂得基本的国际礼仪，行吗？答案是，肯定不行。

我们需要在青少年心灵深处播种文明礼仪、爱和友谊的种子，让我们的青少年善于交际与合作，具有开放的意识，具有认识、包容和尊重他国文明、文化的良好意识，成为一个在全球化时代具有一定国际意识的文质彬彬的中国人。

第一节　教育国际化的价值审视

一、教育国际化的背景

（一）教育国际化是世界对教育孕育"和平"与"理解"的呼唤

1. 驱逐战争阴影需要国际理解

20 世纪，人类在地区冲突和世界大战的不安全环境中度过。特别是第二次世界大战的烟火几乎燃遍了全球，给人类带来的灾难史无前例。接着，朝鲜战争、越南战争、阿富汗战争、伊拉克战争、利比亚战争、叙利亚战争……无一不是国家间的战争，这些战争给人类带来了深重的灾难。

2. 联合国宗旨之国际理解促使教育国际化

1974 年第 18 届联合国教科文组织大会通过了《关于旨在国际理解、国际协作、国际教育与人权及基本自由的教育建议》；1994 年在日内瓦召开的第 44 届国际教育大会的主题为"为和平、人权和民主的教育"，提出了"和平文化"的概念，这是作为地球村成员所应具备的一种文化和为人处世的反应方式。这些都体现教育应增强受教育者的国际意识，使他们具备国际理解的态度，促进国际理解，国际理解教育应运而生。

可以说，教育国际化是时代的必然，也是联合国着力推崇的结果。

（二）教育国际化是时代发展对教育促进"发展"和"繁荣"的要求

1. 信息时代渴望教育国际化

在信息时代，人的智能将作为社会重要资本不断代替机器和厂房。世界的经济疆界正在逐渐地模糊，"一国的产品""一国的技术""一国的公司""一国的工业""一国的经济"等概念正在逐渐地消失，留在一个国家界线内的一切将是组成国家的公民。全人类必须携起手来保护共同享有的生存环境，共同解决重大的国际问题，才能谋求社会的稳定和繁荣。各国人民之间的偏见、失信和敌意的心理因素需要教育来消除，要求各国教育从狭隘的民族情感中解脱出来，共同推动国际理解教育，"任何人类社会团结，都源于一整套共同的活动和计划，也源于共同的价值观"。

2. 国际交流不断加强的需要

2016 年，二十国集团(G20)领导人峰会在杭州召开，吸引了全球的目光关注。不仅 20 国集团的领导人汇聚杭州，各国的政治精英、经济领袖汇聚杭州，还有数以万计的记者也汇聚杭州。为让杭州成为国际大都市，让世界了解杭州，让杭州走向世界等，奠定了良好的基础。

未来，已知亚运会也将在杭州召开，杭州将迎来一个又一个国际盛会，让杭州更快更好地融入世界。

3. 杭城出国旅游和留学人数迅速增加

下面选择两则消息，可以看出杭州出国旅游和留学人数的增长。

【消息一】2016 年开春之际，春节出游人次也突破了 3 亿大关，其中出境游人数继续走高，总数在 570 万到 600 万人之间，比 2015 年同比增长 10%以上。越来越多的国家对中国实行免签和签证简化政策。

——浙江在线网 2016.3.11

【消息二】从全城范围来讲，今年杭州市区高考报名人数暂未公布，以去年的数据为参照，市区高考报名人数是 17202 人(含往届生)，而这一届学生当年参加中考的人数有 2.1 万余人。也就是说，去年有 4000 人左右成功逃离高考。这些高三学生的主要去向有两个，不少职高生选择了就业，还有相当一部分普高生选择出国留学。

——《都市快报》2014.8.27

教育的功能在于促进人和社会进步，因此，在人类社会团结处于危机之际，教育提出要以“理解”为基石构建相互交流与合作的桥梁，促使人类跨越鸿沟，走向共同进步而繁荣的明天。教育国际化，是让人们紧密联系和发展的关键纽带。

(三)教育国际化是全球化时代对教育重建共同“价值”和“精神”的期待

1. 重建价值，需要共融

在全球问题层出不穷的今天，我们日益意识到困扰人类的全球问题的本质是一个价值问题，而解决全球问题的关键则在于重建人类的价值观念体系，形成“人与自然”“人与人”“人与其自身的超越”之间的新观念。我们希望通过冲破人类中心主义的束缚，构建一个由人与人、人与社会拓展到人与自然的全球道德意识，关注全球共同存在的问题。

在联合国教科文组织的倡导下，自 20 世纪 80 年代以来，国际理解教育和教育国际化受到了国际社会的广泛关注和重视。到 21 世纪，已经得到了普遍认同。

2. 重塑精神，需要合作

国际理解教育正是包含了这样的全球本位道德意识，以关注全球共同存在的问题为中心的新道德取向，以“科学人文主义”和“生态伦理学”为理论基础，强调教育的目的是“把一个人在体力、智力、伦理各方面的因素结合起来，使他成为一个完善的人”，具有全球道德意识，“懂得一个人的行为具有全球性后果……并能够承担人类命运的共同职责中自己的一份责任”。中国现阶段在重视传统文化教育的同时，也非常重视教育国际化发展。

（四）教育国际化是国家发展战略对教育发展的挑战

1. 教育国际化是改革开放的需要

近20年，人类活动的全球化趋势日趋明显。在这样的背景下，全球化为我们提供彼此交流和合作的技术上、信息上、智力上和文化上的支持，这要求教育要在全球化背景下为寻求多元文化的共生创造条件、提供便利，即教育要帮助人们在文化理解上产生双重意识，也即意识到自己文化的独特性和意识到人类共同遗产的存在，国际理解教育正是以此为主要方向和目标的；同时，在这样的现代化、国际化和全球化背景下，学生要真正面向未来、面向世界，就要求学生能够了解国际知识，并具备良好的国际性技能，有能力走出自我的局限，成为关注他人、社会和人类的和谐发展的“完整的人”。

2. 教育国际化是国家“一带一路”倡议的要求

近五年来，随着改革开放的日益发展，我国同国际的经济、科学、文化交流日益频繁。特别是国家提出“一带一路”的倡议，促使国家间的交流越来越频繁，合作越来越密切，生活和文化越来越互为影响。在此大背景下，人们的国际意识也逐渐提高，越来越感受到国际知识、国际技能、国际理解态度的重要性，也更加关注关乎国际民生和人类发展的共同重大课题，这既对我国教育提出了新的挑战，也为我们进行国际理解教育提供了外部环境。

二、教育国际化的研究意义

（一）增进学生国际认识

西湖区××学校于2015年4月，做过一个全校学生国际知识和素质的全员普遍性调查。调查后统计发现：调查学生中，到过国外旅游的人数占学生总数的比率为33%，知道篮球、油画等国际体育、艺术知识的人很少，知道国际风景名胜、知名建筑的人也很少，而知道外国文化、礼仪、民族风俗、宗教信仰等方面知识的学生人数则几乎为零。这是一个不可小觑的问题，它充分说明当前学生的国际理解知识的普遍缺乏（见表9-1）。

表 9-1 ××学校教育国际化普识调查汇总

时间	项目							
	去过国外的(含旅游)	在国内和外国游学孩子交流	出国与外国孩子结对交流的	读过外国文学5本以上	会按西餐用餐标准吃西餐的	了解一个国家以上礼仪风俗	能简要介绍一种外国艺术	会用英语进行简单会话的
2006.4	33%	28%	0%	26%	16%	22%	36%	32%

从表 9-1 的各项数据中,我们发现学生急需进行国际理解教育,教育国际化迫在眉睫。

如果说,现在的公民进行国际理解教育属于亡羊补牢的补课式教育,而对在 21 世纪信息时代生存的未来一代,则是非常重要的一项生存与交流本领。当今时代的国际交流日益增多,上至国家元首会晤,下到普通学校学生的游学活动,国际交流已经成为信息时代的一种普遍现象、一个必要主题。

生活在这一代的孩子,孩提时,需要和外国同龄人进行学习、生活的平等对话,需要心灵与理解的互信沟通;长大后,需要在文化交流、经贸交流、宗教信仰等方面进行互信理解……这些,都要求孩子有初步的国际理解意识——开放、尊重。可以想象,一个不会或不善国际交流的孩子,一个缺乏开放、缺乏包容、缺乏尊重等基本国际理解意识的孩子,在将来的社会交流、国际交流中,在知识视野、认识视野、包容胸怀等方面会有很多的局限性。

一个信息时代、开放时代的孩子,必须具有开放的意识,才能博采众长,才能在更多的国际合作、交流中尊重与理解各民族的文化、礼仪等,才能取长补短,才能站在时代的前沿,才能在未来的竞争中立于不败之地。

因此,教育国际化势必进行国际理解教育,从而增进学生国际认识。

(二)提升学校办学国际化程度

杭州市在《杭州市推进教育国际化四年行动计划(2014—2017 年)》中对“国际理解教育”做了明确要求:在中小学学科教学中渗透国际理解教育元素,将尊重世界各地文化、宗教、风俗、礼仪等纳入其中,培养学生国际意识以及跨文化理解与沟通能力。探索实践以国际理解教育为主题的各类校园活动、社团活动。鼓励学校将学生海外修学体验课程化,推动各地各校开发国际理解教育校本课程。2016 年 1 月,有 30 所杭州市首批教育国际化示范校创建学校和 40 个杭州市首批国际理解教育特色品牌项目。

西湖区教育一直坚持“科研化、国际化、特色化”的办学宗旨,坚持培养具有“胸怀祖国、放眼世界”的学生,坚持优质办学、开放办学的道路。以此可见,国际化在学校发展中的地位十分重要。

各中小学在西湖区教育局的领导下,进一步结合西湖区作为主城区之

一的地理位置优势，发挥浙江省杭州市首善之区的领头雁作用，积极开展国际结对学校深入交流研究，拓宽交流渠道，增加交流次数，提升交流品质。从以往单纯的游学交流，到教师专业研讨，到校长论坛，到大型综合的国际文化节等，学校在办学国际化大旗的引领下，增加了结对学校和结对国家的数量，优化了国际交流的方式，深化了国际研讨的内涵。

至2016年，西湖区中小学已有国际结对学校100多所，已有3所学校被列为杭州市国际化办学品牌学校。

(三)满足社会发展需求

作为经济发展有一定优势的位于我国东部地区的浙江省会杭州，始终处于国际交流的小龙头地位(仅次于上海)，轰轰烈烈、不断加深的国际交流，使杭州和全球在经济、科技、文化和政治方面的相互依赖关系日益加深。杭州的发展也开始体现在人口流动扩大引起的“国际移民现象”上，既有杭州向国外移民，也吸引了很多国家的留学生到浙江大学等知名学府来深造。杭州拥有的世界知名企业阿里巴巴等公司，杭州天堂硅谷的打造、梦想小镇的建成，都吸引了包括中国在内的世界各国的IT精英和管理、创新人才。同时，杭州土特产、中国画、中国丝绸、中国茶叶、中国瓷器、中国剪纸等物质文化也日益走向国际。

随着各国间的友好往来增多，各国人民在增进了解的同时，渴望在民族互信、宗教信仰、民俗礼仪等方面进行更多的深入交流，渴望更深层次的理解。我国许多人对国际形势还认识不足，对其他民族的宗教信仰、礼仪风俗等常识都还不太了解，因此，迫切需要进行国际理解教育。

三、教育国际化的理性认识

当然，实施国际理解教育和实施教育国际化不是“某国化”或“全盘西化”，而是教育国际化和本土化的相融相存。

(一)教育国际化不是全盘西化

1. 教育国际化不是简单模仿

(1)简单照搬。有些学校一搞国际化，就直接把国外的教学理念、教学策略、教学评价，甚至课程设置、作息时间等照抄、照搬，认为只要把国外的教育体系整个引入，就是教育国际化。

(2)形式简单。有些学校搞教育国际化，以为只要开展一年一次的游学活动，只要和国外学校形成结对，只要有教师的互动交流，就是教育国际化。

(3)否决传统。有些学校在搞教育国际化后，就认为西式教育如何如何好，认为西方教育是唯一的正确法则，没有认识到西方教育的不足，没有结合东西方的文化差异来看问题，研究和思考缺乏辩证思维，导致一味固执地“丑化自己”，产生“奴化”现象。

2. 教育国际化不是直接叠加

教育国际化，也不是在中国已有教育之上的简单叠加。如果只是做加法，就会导致学生课业加重、学习任务繁忙的现象。

(1)不是已有课程的叠加。如果只是简单地在已有课程之上叠加一个新的课程内容，会增加学校已有课时总数，何况在国家所编排的课程内容中，也含有国际理解教育和教育国际化的内容，单独提出，只是对已有内容的强化提升而已，并非是之前一点都没有。

(2)不是已有活动的叠加。当然，教育国际化中不能缺少国际交流、国际游学等交流沟通的环节，更重要的是在增设这些活动的同时，减少一些不必要的活动，实现活动的优化和整合。

(3)不是已有评价的叠加。有些学校将国外的某些评价引入，从而在学校原有评价的基础上进行复合评价，这无疑增加了评价的复杂性，也让尚未完全适应的学生和家长无所适从。

(二)教育国际化要弘扬优秀民族文化

1. 民族的才是世界的

教育国际化是对国外优秀文化的吸收，是对国外优秀教育理念的吸纳，是中国教育作为母体的教育成长。因此，立足做好中华优秀传统文化教育，是办好教育国际化的基石。当中国走向世界的时候，既需要对国外优秀教育进行吸纳，更需要进行民族文化的弘扬。

换一句话说，教育国际化不是一味地吸纳，而是在有选择有价值地取舍吸纳的同时，传播民族的优秀文化，实现世界民族文化的交流和融合。因此，从某种意义上来说，传承民族的优秀文化，是办好教育国际化的重中之重。

2. 本土的更是久远的

教育国际化还需要在立足“民族的优秀文化”的基础上，加强对杭州本土资源的挖掘，形成有较强文化教育的“土特产”，这些土特产必然是当地学子和家长赖以生存和滋养的最有效营养。

教育本土化是化当地的人力、物力、历史等背景下的校本教育核心。优秀的本土化、校本化内涵，是教育国际化得以互相补充的良好基础。

第二节　教育国际化的运作模式

西湖区教育局要求：在教育全球化和国际化的背景下，以“开放办学、中

西融合、发展创新”为核心思想，坚持教育国际化与本土化、教学变革与教师发展的原则，实现教育民族性与国际性的统一，培养学生初步具有国际视野，了解国际规则，为培养将来能够参与国际事务和国际竞争的国际化人才打下坚实基础。

作为学校，西湖教育普遍是以国际理解教育为核心开展课程化、活动化的国际化教育实践，并深入探索，取得了一定成绩。

一、三级推进：九年一贯制学校的教育国际化运作模式

(一)宏观设计，课程建构

开发“理解·包容·共生”的国际理解教育课程；在中小学学科教学中融入国际理解教育元素，探索实践以国际理解教育为主题的各类校园活动、社团活动，鼓励学生海外修学体验课程化。培养学生文化融合、共生的人生观，培养学生国际意识以及跨文化理解与沟通能力，尊重世界各地文化、宗教、风俗、礼仪。提升学生作为国际公民的素养。

(二)细化落实，层层推进

要真正落实“国际理解教育”的理念，开展全方位、多角度、多层面的“国际理解教育”，须以“国际理解教育”为基点，构建相应的课程体系，将国际理解内容的学习贯穿于学校所有教学活动中。研究内容如下。

1.浸润式实施：挖掘各学科“国际理解教育”要素

九年一贯制学校有学生一脉相承的特点，于是关注国际理解教育的九年一体化设计让国际理解教育得以深入开展。“国际理解教育”作为教育全球化背景下的新课程之一，从学科融合的角度，思考英语、品德与社会、历史与社会、艺术等学科出发，挖掘与“国际理解教育”的契合点，强调各学科课程的全球视野，注重向学生介绍不同地区、国家、民族的历史、文化，让学生了解国际问题，向学生传授其他国家的语言，培养学生在跨文化环境中的交际能力，以及对其他国家、其他种族人们的尊重和理解。

2.体验式实施：开展有关“国际理解教育”主题活动

学校的“国际理解教育”主题活动要结合社会生活来开展，旨在让学生在主动参与和主动探究的过程中，比较全面地了解世界文化的多元性，树立全球观念。主题活动可分为校园国际文化节活动、海外修学交流等。尤其是开展国际交流与合作，是实施“国际理解教育”最有效的途径。学校通过接待来访的外国学生和选派部分师生出国访学等方式，可以使学生对国外的经济、政治、教育、文化等有直接的认识和体会。

3. 专题式实施：开发"国际理解教育"拓展性课程

课程是实施"国际理解教育"的重要载体。开发"国际理解教育"拓展课程，可直接向学生传授国际知识，培养学生全球视野和国际交流能力。学校要挖掘教师、家长资源，开发编写中小学《国际理解读本》，学生以研究性学习的方式，通过调查、对比研究、实践探索等方式，加深对国际世界的认知。有利于学生对世界历史、地理、政治及各国文化习俗等有一个对比了解，形成包容的国际视野。

由于形成了三级互相促进的课程化学习体系，国际理解教育得以深入落实。

二、五环互融：小学教育国际化的运作模式

（一）儿童定位，国际意识

限于儿童的年龄特征，小学阶段开展国际理解教育定位相对较低：培养学生的国际意识。而国际意识又分解为认识、尊重、包容、理解四部分，这四部分是由浅入深，层层推进，又互相环扣在一起的。

开发国际理解教育校本课程是基础，开展学科渗透研究是支柱，实施浸润式学习交流是深化，开展国际理解教育活动是体验路径，构建国际理解教育资源库是提升，形成了回环一体的五环学习促进模式。

把国际理解教育的五大方面犹如奥运五环，各洲相连，不同人种，不同种族，不同肤色，都能够互相包容，互相理解，从而培养小学生具有基于国际理解教育的国际意识：认识、尊重、包容、理解。

（二）五环相连，环环相扣

1. 国际理解教育的校本课程开发

(1)一体化设计

校本课程开发成立了以校长为核心，以骨干教师为编委的校本课程开发小组，聘请了浙江大学教授、浙江外国语学院教授等为专家顾问。国际理解教育校本课程从大洲风情、几大宗教的认识、世界主要国家的礼仪、食品等进行系统化的介绍，由难而易，不断推进。

(2)规范化实施

编写时，一边编写一边在实验班级开展实验教学，进而反哺课程开发。课程开发，注意结合故事等穿插编写，让学生在读故事中了解国际风俗人情，接受不同宗教信仰，增进国际理解。同时，由学校将国际理解教育课程排入学校课程表，规范化实施。

2. 进行国际理解教育的学科渗透

(1)英语教学中的国际文化等内容渗透

英语教学由于教学内容、教学语言的特殊性,是比较容易进行国际理解教育的一门学科,让学生在语言学习的同时,适度渗透国际文化等,吸纳外国优秀民族文化。

(2)其他学科教学的国际文化适切渗透

先对全部学科教学内容进行梳理,然后选择合适的内容进行有机渗透。渗透时,注意渗透时机的把握,渗透内容的适度,渗透方式的适切。下面是已经完成的语文教材中的国际理解内容渗透点统计(见表 9-2)。

表 9-2　小学语文教材中的国际理解教育内容统计

统计项目	一年级(2 篇)		二年级(13 篇)		三年级(25 篇)		四年级(27 篇)		五年级(19 篇)		六年级(17 篇)		总计
册序	上册	下册	上册	下册	上册	下册	上册	下册	上册	下册	上册	下册	
课文	0	2	3	10	14	11	11	16	8	11	9	8	103
选读	0	0	0	1	3	3	2	3	1	3	2	1	19

教学时应结合课文主要内容巧妙进行国际理解教育,尽量不要流露教化的痕迹。小学语文教材中的国际理解教育分人文主题系列化安排:

①关注环境,保护环境。例如《路旁的橡树》《自然之道》……

②关心他人,关爱社会。例如《卡罗纳》……

③相信科学,追求真理。例如《两个铁球同时落地》《跨越百年的美丽》……

语文如此,数学、科学等学科也是一样。有了整体梳理,在教学中便于随机进行,做到融洽而不生硬。

3. 实施浸润式学习交流

(1)外出浸润的实践体验

每年,都会有几位学生因为家长要做访问学者或者公司高管学习交流,而到国外去浸润式学习一学期或者一年。而这些孩子在学完之后,又迫切希望仍然留在学校学习。

于是,学校为随父母出国一学期到两年内的学生,做国际与国内的学习差异分析,设计学生国际浸润式学习模式的课程学习与指导方案,做好交接推荐工作。

(2)接待浸润的交流体验

接待国际友好学校师生教育教学活动。每年都要接待新加坡、韩国等国学生到校交流,这些学生和西湖区××学校学生同吃同住,同样上课学习，进而形成短时的学习生活共同体，互相影响，互相促进。如接待香港汉基中国学习中心学生活动。在同一校园内和香港汉基中国学习中心的高一年级学生开展语言交流和小老师教学活动。

4.开展国际理解教育活动

(1)国际节日体验活动

国际节日众多，许多节日已经逐渐不属于一个国家，而是属于许多周边国家，甚至整个世界，通过国际节日这个窗口，让学生感受节日的氛围，体验节日的快乐，可以有效地进行国际理解教育。学校采取了国际节日教育的总体有序安排。活动分为固定活动和推荐活动两部分，固定活动由学校统一组织，时间、地点和活动主题、内容由学校统一规定，推荐活动由各班组织，以班级和学生以及学生家长共同参与等形式为主导举行。

(2)外语节综合体验

学校每年在12月底(圣诞节前后)，都要结合圣诞节，开展外语节系列活动，既有欧美风情的教师走廊布置，又有英语儿歌比赛等各年级不一样的活动项目，学生在布置一新的“微缩版的世界公园里”遨游。

(3)国际文化节盛会交流

每年10月的国际文化节期间，除了学生的文化、体育交流活动外，教育公司都会召开国际校长论坛和国际教师教学交流，促进国际交流。

5.构建国际理解教育资源库

(1)文本资源库

文本资源库主要包括学生国际交流的日记、相册、馈赠的纪念品等。学校国际理解教育的报告文本，国际理解教育校本课程等。

(2)电子资源库

学校网站专设国际理解教育栏目，在校园网站上建立了丰富的互动电子信息资源库。电子信息资源库由学校专人进行信息管理，24小时开放，主要分为国际礼仪、国际风俗等6大项1200多条信息。

(3)丰富的国际校友资源库

学校毕业生中，在初中、高中学习后，50%以上在国外求学或工作，学校拥有了良好的国际校友资源，为深入国际理解教育奠定了基础。

第三节　教育国际化的实施路径

一、广度:开阔国际视野——建立信息资源库

为了创设更便利、更具灵活性的学习环境,为了学生在课外自主学习国际知识提供便利,学校创建了丰富的电子信息资源库和图书信息资源库,实施菜单式管理。学生可根据个人需求,对丰富的信息资源进行“点菜”式学习,以满足自己特殊的兴趣和需要。

(一)丰富、互动的电子信息资源库

学校在校园网站上建立了内容丰富、具有良好交互性质的电子信息资源库。电子信息资源库由学校信息中心技术人员专门进行管理,面向学生24小时开放,学生可在校内外进行登录、浏览和下载相关信息资源。主要内容分为国际礼仪、国际名人、国际风景、国际组织、国际儿童文学、国际节日等6大项共1200多条信息。这些类别众多、内容丰富的信息资源库,为学生了解各国的风俗习惯、风土人情、宗教组织等文化差异,提供了重要的渠道。电子信息资源库,为学生提供了眺望世界的窗口。

重要的是,这个网络平台是互动的。学生不但可以浏览、下载信息,而且可以对信息的价值发表观点;也可以上传目前网站上还没有的国际理解教育信息。这样,教师、学生不但可以通过浏览、下载信息,获取自己需要的相关资料,而且可以充分地调动学生参与建设网站的积极性。他们可以通过这个平台进行网络交流,互通有无,实现信息共享;也可以不断增加相关主题的内容,把资源库建设得更丰富、更完备。

为了引导学生更多地关注学校电子信息资源库,××学校于每年12月24日,举行“我是小小的国际通——绿城育华小学国际知识竞赛”。学校全体学生参加了比赛,决出金奖5名,银奖15名,铜奖30名。活动对学生进一步利用和充实电子信息资源库起到了很大的推动作用。

(二)建立了丰富的国际理解文本信息资源库

以西湖区教育国际化示范学校××学校为例,目前馆内有图书22400多册。外国译作及有关国际理解教育方面的图书达到6700多本,占总藏书量的30%左右,其中外国文学5500多本,占25%左右。英文图书400多本,外语教学类杂志4种,外文报纸3种。

馆内图书年借阅量11700多本,年流通率为52.24%。其中,外国译作,尤其是外国文学图书的借阅量颇高,深受学生喜爱。外国经典名著,如《小

公主》《柳林风声》《父与子》《小飞侠》《动物庄园》《小鹿斑比》等年均外借量都在四五十册次以上。而一些教师推荐书目,如《爱的教育》《昆虫记》《夏洛的网》等年均外借量有百余册次。此外,国际大奖(国际安徒生文学奖、纽伯瑞儿童文学奖、德国青少年文学奖等)小说、当代欧美畅销儿童小说系列都成为馆内的热门书籍。学生在阅读外国名著等图书资料的过程中,自然而然地就会加深对国外的一些认识。待人接物、生活方式、风土人情、宗教信仰等内容会潜移默化地进入学生的心田,学生会逐渐地领悟到这些方面的行为方式是不同于本国的行为方式的。它是独特的,同时也是值得尊重的。

(三)信息资源库开阔了学生、教师的国际视野

完善的信息资源库给学生学习国际知识带来许多便利,为教师查找专题知识带来了许多便利。电子信息资源库的灵活互动、文本资源库的翔实资料都给学生、教师带来了好处。

在学校网站的栏目里,我经常关注学生乐园,因为学生乐园里有我最喜欢的信息资源库,里面有许多国际方面的各种知识,因为我经常关注,现在我爸爸、妈妈也经常看。有时还把一些重要内容打印出来,爸爸说,将来出国时有用。

——三(5)班　×××同学

通过信息资源库,我学到了许多国际知识,了解了很多国际名人事迹,了解了国际艺术中很多非洲国家的艺术。有时候我还模仿着做一些东西呢!

——六(1)班　×××同学

其实,有这样的观点的学生、教师还有很多,这里只列举几则。从中,我们可以看出,信息资源库给学生、教师甚至家长都带来了很多便利,为他们提供了一个便利学习的平台,开阔了国际视野。

二、厚度:感受国际文化——建立学科渗透体系

西湖区××学校在实施国际理解教育课题研究时有一个非常好的实施策略,就是在各学科的教学中,有机地渗透国际理解教育,从而实现全方位地培养学生的国际理解意识。国际理解教育校本课程的课时毕竟是有限的,而实际的国家课程里面部分的内容本身就是国际理解内容,比如介绍国外的知名建筑、文化名人、科学家小时候的故事、外国名曲等;有些部分的内容是介绍国际理解知识的,比如阿拉伯数字、许多科学概念(如伏特、牛顿)、外国乐器、油画、素描等;还有些课文内容和国际理解是密切相关的……因此,在学科教学时有机地渗透国际理解教育,不仅多了一条国际理解教育实

施的途径，更使国际理解教育活动的开展常态化、多维化。

为了更好地实施渗透国际理解教育意识的学科教学，学校课题组成立由骨干教师组成的学科教学渗透国际理解教育研究小组，对国家课程内容进行深入研究，把国家课程中含有、涉及、关联国际理解教育内容的部分单列出来，接下来开发出与此内容有关的能够进行国际理解教育的课程资源，从而在不脱离学科教学的基础上，能够不失时机地、全方位地培养学生的国际理解意识，构建出完整的国际理解教育的学科渗透体系。

培训师要求教师在进行学科渗透教学时，先熟悉整个小学阶段的本门学科的教材，此项任务具体落实到各学科的教研组和备课组。然后由各教研组长和各备课组长对所教学的各册教材中含有国际理解教育内容的课文、涉及国际理解教育的课文、能够拓展进行国际理解教育的课文等，再做一次深入的全面梳理。在教学研讨和备课研讨活动中，负责人会要求任课教师进行一个全面的备课布置和教学渗透的安排。

学校的外语、语文、数学、科学、美术、体育、音乐、品德等所有学科均要求有意识地进行国际理解教育的渗透，均有较详细的国际理解教育渗透安排和教学设计安排。学科渗透国际理解教育的方式主要有两种：一是相关内容的整合渗透；二是国际理解教育和学科内容主题的整合渗透。

(一)外语教学，在学习内容中感受国际文化

外语教学是承载国际理解教育的重要载体，许多教学内容是介绍国际理解知识的。以前没有实施课题研究时，这些宝贵的学习资源只是一个学科语法和语感学习的凭借，现在，我们更好地利用了课程资源，把教材中的许多国际理解内容予以突出，予以强化和凸显，使学生在学习语法等基础上，"润物细无声"地学习了国际理解知识。

因此，要求教师在实施教学时，其教学设计目标和教学过程都必须体现国际理解教育，自始至终地把握国际理解教育和英语教学相结合，而且这种结合在西湖区××学校具有得天独厚的条件。西湖区××学校外语教学是学校的一大特色，坚持让学生从一年级开始进行每周4节课的外语教育。西湖区××学校选择英语作为学生的第二语言，是全体学生的必修语言；同时鼓励学生学习日语、朝鲜语等其他语言。让学生从小接触英语情境，增强英语会话的体验机会，从而增进学生对外国文化、生活、宗教等方面的感受及了解。学校利用外语课多、内容和国际理解教育内容相接近或重合的特点，要求英语课从教学设计到教学过程再到教学反思，都必须体现国际理解教育的精神。

看看我们的教师是如何备好一节外语课的，下面撷取了一则英语教学设计。

案例 9-2

Teaching Aims

(1) Vocabulary：① traditional China-Chinese America-American Mexico-Mexican India-Indian ② Sentence：I'm wearing traditional...

(2)can write a letter to make friends with children from different countries

(3)通过阅读课文中三封来自墨西哥、印度、美国的三个孩子的信，了解美国、英国、印度、墨西哥的一些人文、地理、传统，创设一个不同国家的孩子写信自我介绍、与不同国家的孩子交笔友的情境，通过学唱歌曲和语言学习，学生初步学会与来自不同文化背景的各国人民友好相处，养成开放的文化意识。

从中可以清楚地看出，教学目标的第 3 条就是有意识地强调国际理解教育，感受异国文化。学生在阅读并认识 3 封来自不同国家的信件、了解国别文化差异的基础上，教师创设情境，让学生扮演不同国家的孩子，写自我介绍的信，与不同国家的孩子交笔友；并通过学唱歌曲，让学生初步学会与来自不同文化背景的各国人民友好相处，养成学生开放的文化意识。这很好地体现出英语教学在目标设定时，凸显出渗透国际理解教育的目的。

不仅如此，我们还要求教师的教学过程体现国际理解教育，教学反思要反思国际理解教育渗透的有效性等，促使课堂教学国际理解教育的气氛更加浓郁，形成良好的国际理解教育的氛围。

(二)语文教学，在人文熏陶中感受国际文化

在教学目标指向上，语文学科与外语学科相同，都是有关语言学习的。但是，语文学科是以汉语为主的，所以在进行国际理解教育时，主要是采取整合内容渗透国际理解教育。例如语文学科(人教版)五年级下册第一单元的国际理解教育渗透，我们是这样安排的(见表 9-3)。

整合内容渗透国际理解教育，把国际理解教育融入语文教学过程中，让学生在学习语言文字、感受欣赏课文的过程中，感受到异国风情、人文地貌。可以说，这种渗透方式是静悄悄的，因而也是很有效的。此外，教师也可以拓展课文内容，扩充课本空间，让学生对相关主题的认识更深入，来龙去脉把握得更详细。正如一位教师所言，“拓展是为了对文本更好的理解，是对主题的深化”。对主题深化的过程，也是学生国际意识培养的不断加深的过程。

表 9-3　国际理解教育语文学科渗透情况(节选)

主题单元	课　题	主要渗透方式和内容
走进西部	1. 草原	在感受“草原美丽风光、蒙古族人民热情好客、性格豪爽以及认识草原人民的生活习惯”的基础上，学会民族包容(包容性是国际理解的重要特性)。
	2. 丝绸之路	在认识著名的“丝绸之路”的基础上，在感受文中的安息国(西亚古国，今伊朗)和汉使的交流，从而感知中外交流和平相处、和平交流的历史。顺势拓展国际交流故事：西天取经的玄奘(到印度)和鉴真东渡(到日本)的故事或郑和下西洋，感受国际交流的历史源远流长。
	……	……

(三)数学教学，在数学人文中感受国际文化

数学人文主要是指与数学相关的数学名人、数学发展史、数学交流等。数学是一门以数字、概念、数与数关系、图形学习为主的学科。表面看来数学很难进行国际理解教育，实际上，从数字的发展史、传播史进行关联内容发散，就会发现其进行国际理解教育的价值依然很大，而且这种教育会使数学的教学不再那么单调、抽象，而是富有深刻丰富的人文内涵。数学学科我们是这样渗透安排的(见表 9-4)。

表 9-4　国际理解教育数学学科渗透情况

主题单元	课　题	主要渗透方式和内容
数与代数	1. 十以内数的认识	认识 1—10 这 10 个数字，介绍“数”的历史，认识阿拉伯数字的由来，感受数字虽小，但文化精髓博大、深厚。培养学习数学的兴趣，建立基本数感。
	2. 除数是一位数的除法	课后小知识，让学生知道除号“÷”是 300 多年一个瑞士人首先使用的，用一条横线把两个圆点分开，恰好表示平均分的意思。让学生明确数学知识在中外的发展历史。
	3. 年月日的由来	知道在公历历法中年月日的由来，公历原是基督教的教历，如今，公历已成为国际上普遍使用的历法。大月小月的规定首先始于古罗马。让学生明确国家间的文化传播与交流。

由数学人文关联内容进行国际理解教育，不仅让数学课堂趣味盎然，而且，学生通过教师讲解相关联的数学小知识，他们了解到数学中的大世界，认识到数学也是生活的艺术，也是民族文化的一部分。例如，有位老师在上

《圆的周长》时，课堂上首先介绍割圆术和圆周率发展史，让学生觉得圆周率发现的不易，帮助他们从小培养严谨的科学精神；并让学生自己谈谈体会与感触。学生们通过学习、比较，不但感受到我国源远流长的古代文化，更激起了他们向古人学习、勤奋努力、积极探索的科学精神以及民族自豪感；同时也谈了圆周率在国际上的发展史，认识国际数学的发展。

（四）艺术教学，在人文艺术中感受国际知识

人文艺术也就是艺术人文，这里主要指艺术名人、艺术种类、艺术作品内容、艺术史、艺术交流等。

音乐、美术学科同属于艺术，主要探讨用独特的艺术语言和艺术表现手法来表现生活与一定的思想。在艺术教学中，可以结合艺术名人（外国歌曲的曲、词作者）、艺术品种（如版画、素描、铜管乐、交响乐等）、艺术内容（如音乐旋律、民族风格、线条表现等）、艺术表现手法等进行国际理解教育（见表9-5）。

表 9-5　国际理解教育音乐学科渗透情况（节选）

主题单元	课　题	主要渗透方式和内容
你好！大自然	1. 田野在召唤	《田野在召唤》是一首曲调欢快的意大利民歌。以儿童天真活泼的语气表现了在充满生机的春天里孩子们郊游、旅游似的欢乐心情，抒发了少年儿童对美好大自然的无比热爱。通过学唱意大利民歌，让学生感受意大利民歌特点，尽情抒发对大自然的热爱和对意大利人民的热爱。
	2. 我们的田野	《我们的田野》是中国一首抒情的儿童合唱曲，描绘了祖国大自然的美景，……一个活泼、一个优美。通过对作品的再创造与实践，进一步加深学生对不同国家音乐文化的理解。

教师通过让学生感受意大利民歌的特点，进而让他们体会到意大利的青少年对祖国大自然的热爱。这种感情是活泼的，奔放的。而通过欣赏同一题材内容的我国的歌曲，学生会沉浸在感受田野、感受祖国山水人文的美妙心情中。这种感情是优美的，是耐人寻味的。同一题材的歌曲，不同的国家，就有不同的情感体验方式。教师通过歌曲的这种对比欣赏，让学生真实地感受到不同文化背景下音乐文化的差异；进而认识到，人类的感情是丰富的，表达感情的手段更是千差万别的。

艺术是文化的重要组成部分。一个国家的思维、理念、品味和价值观，往往可以从其遗留或制造的艺术作品中鲜明地体现出来。绘画艺术也不例

外，正因为如此，通过美术学科对学生进行国际理解的渗透教育就显得妥切而必须。通过让学生感受世界文化遗产古风古韵的美；通过让学生了解古代建筑的特点及其所蕴含的文化内涵；通过让学生欣赏外国古代雕塑、建筑的图片，了解各国古代艺术的风格与内涵……学生的文化认同感慢慢就会培养起来，他们能够逐渐地领悟到，世界各国都有自己的历史和文化；在欣赏和感悟过程中，他们会形成包容和理解的心胸和观点，懂得珍惜历史文化遗产，尊重各国所独有的文化核心理念。

（五）科学教学，在科学人文中感受国际知识

科学人文主要指相关内容的科学家、科学发展史、科学概念的演变等。无可讳言，近代的科学史，是西方的科学史。近代科学中的许多重要科学概念、定律的发明者与发现者，都是西方科学家。这是一个让人痛心而又无奈的科学事实。所以，对学生进行科学教学，并渗透国际理解教育，就显得迫切而意远。科学教学结合科学概念和科学家进行国际理解教育，可以使学生认识到科学家的重大发现对于生产生活领域所发挥的巨大作用，激励学生相信科学、尊重科学；同时，通过教育也让学生认识到我国在科学领域的落后现状，激励学生发愤图强，做祖国科学事业的接班人和未知领域的开拓者。国际理解教育科学学科的渗透方式与内容见表 9-6。

表 9-6　国际理解教育科学学科渗透情况（节选）

主题单元	课　题	主要渗透方式和内容
沉和浮	浮力	在了解浮力的大小与物体浸入水中的体积有关的基础上，从而利用浮力的知识解决生活中的问题，比如曹冲称象、阿基米德判断王冠是否是纯金做的等，进一步认识阿基米德，了解阿基米德定律。
热	液体的热胀冷缩	在做水的热胀冷缩实验后，介绍温度计就是利用这个原理发明创造的，从而进一步认识温度计，以及摄氏温标、华氏温标和列氏温标等，对这些温标的说法由来加以了解，并知道世界上哪些国家通用哪种温标，感受国际文化。
宇宙单元	整单元	学习天文知识的同时，了解我国及其他国家在探索月球及深空的先进技术和取得的成绩。

通过教学，学生的科学素养得到发展，并熟悉了众多国内外科学家和他们的先进事迹，不但国际知识逐步增多，而且科学意识逐步形成，何乐而不为呢？

三、敏度：增进国际理解——开展体验活动

校本课程、学科教学为国际理解教育的课堂实施创设了主阵地，而要想

将学生在课堂上所学到的国际知识运用到具体情境中，一定形式的训练活动则是必不可少的。为了丰富学生的直观感受、让学生体验并实践在课堂上所学到的各种知识，我们开展了多维度的教学体验活动。为了让我们的体验活动有内涵、有层次、有实践性，我们主要采取以下几种形式，让学生体验真实，收获知识与快乐。

（一）开展“国际大讲堂”讲座——开阔国际视野

××学校开设了专门的国际理解教育大讲堂，定期、不定期地邀请校内外专家、领导、教师、家长、学生到国际大讲堂进行讲座等活动。两年来，西湖区××学校举行各种国际理解教育大讲堂活动 30 余次，表 9-7 可见一斑。

表 9-7　国际大讲堂主要讲座登记

参加讲座人员	主讲人	讲座主题
学校中层干部，五、六年级师生	新加坡伊顿公学校长	新加坡伊顿公学
全体教师，四、五年级学生	陈××总经理	新加坡一流名校的办学特色
全体教师，三、四、五年级学生	冯××校长	韩国多拉学校交流日记
中层干部、全体教师、全体学生	美国私立学校学生及家长	美国家长眼中的美国私立学校
全体教师、学生	陈××老师	英国教育考察报告
……		

“国际大讲堂”不仅开展国际交流的讲座多，而且国际交流的讲座内容都是切身体会，有非常强烈的切身感受的情感冲击，有非常明确的学校国际交流的示范和实践性。下面撷取了两则讲座《韩国 Doorae School 交流日记》《从细节处看日本教育》的部分内容，可见讲座的针对性强，例证可感，颇有高度。

案例 9-3

No：1　韩国 Doorae School 交流日记（节选）

作者　冯××

2006 年 7 月 5 日　星期三　阴

在 Doorae School 的两天交流中，我们始终被一种情绪所包围，这就是“惊奇”。我们惊奇于学校的环境，惊奇于学校的课程，更惊奇于学校的管理……

惊奇一：原始的学校环境

我们的汽车在一个宽敞的十字路口左转，折入一条不甚开阔的小道。

向前两百米,看见校长已在一个不大的停车场边向我们招手了。难道这就是我们这次交流的目的地——Doorae School 吗?这和我们在国内所见的学校有太多的差异,和我们心目中的想象有太大的距离!

……

校长告诉我们,这片梨树林也是学校的"亲子林",每一棵树都是学生和家长们共同栽种护理的,每当梨树丰收的季节,孩子们可以自由分配自己果树上的果实,或送人,或品尝,和父母共同感受劳动的乐趣和收获的喜悦。

我们在绿树、山风中和校长交流着,颇为严谨的教育问题顿时变得轻松起来。想象着这里的学生每天和大自然相伴,还真有些羡慕呢。

惊奇二:独特的课程设置

两天的交流可把我们的孩子乐坏了,他们被韩国朋友牵着跑遍了学校的角角落落。每天早晨一小时的登山运动、韩国民族舞蹈、韩国民族乐器、射击运动、印染、做木工、book art、挖土豆……当孩子们兴致盎然地和韩国小朋友共同参与了所有活动后,好奇地问我们:"老师,我们什么时候能和韩国小朋友一起上课啊?"他们实在无法想象这一项项有趣的活动就是一门门生动的课程。

……

惊奇三:学生自治的管理模式

校长把 Doorae School 称为"Doorae 村",村中有自己的商店、银行、货币、图书馆和警察局,每一个孩子都是村中的村民,校长即村主任。孩子们在校努力学习可以获得工资(学校自制的货币),为他人服务可以获得相应的工资,当然若犯了错误也会扣除一定的工资。货币在校园内流通,孩子们可以用它在村中的商店购买小物品,也可以把它存入银行。商店的店员、图书管理员、警察、银行行长以及职员都由学生担任。中午,我们看见"警察"穿着警服在校园值勤,银行门口孩子们有序地排队存钱取钱,商店里也是人头攒动,教学楼里有些孩子在活动,有些孩子在清理卫生赚取工资,俨然是一个管理有序的小社会。

给孩子创造一个自然的小社会,在这个社会里孩子们学习知识、发展能力,获得作为一个社会人所需要的与人交往、为人服务、赚钱理财的本领,这是一种多么独特的教育理念啊。

国际大讲堂是学生学习国外教育等方面知识的一个非常重要的阵地。学生不可能全部出国考察,至少不会集中出国考察,也无法做到去多个国家同时考察。而国际大讲堂邀请到国外实地考察的人员现身说法:介绍在国外的见闻,交流在国外的感受。学生在国际大讲堂中的一番"情境体验",有助于学生在感受国外见闻,增长国际知识的同时,进一步激发学习兴趣,开阔学生的国际视野。

(二)开展主题班队活动——丰富国际知识

各班不定期地举行以国际理解教育为主题的班队活动和家长课堂,进一步扩大学生的国际理解的空间。各班的国际理解教育主题班队活动和家长课堂,教育切口小,学生人数少,能提高学生国际理解的深度。这些班队活动和家长课堂中,既有教育学生接触西方饮食的如学做色拉、学吃西餐、学做比萨、学做寿司等,还有让学生与国家亲密接触的如走进埃及、走进日本、走进韩国等;更有趣的是,还有英国教练和学生的足球交流、英语外教和学生的圣诞联欢等。

由于这些活动大多是在班级教室开展的,因此活动也是以模拟体验为主。比如,五(5)班的"国际礼仪交往"主题班队活动,就是设置一些虚拟情境,学生扮演各国不同的角色,进行迎来送往的礼仪表演。这些主题活动的开展,巩固了学生平时学到的国际礼仪知识,并内化到自觉的行为方式中,为他们将来真正走向社会,做了一个良好的演习和准备。这种主题班队活动,能够让国际理解教育由知识的学习,转化为生活的运用;为学生们今后走向社会、进行正式的国际交往,起到了很好的过渡作用。

主题班队活动另一主要特色是各班的家长课堂。各班把自己班级有一定见识和特长的家长请进班级,让他们也做一回老师,把自己对国际的理解做一番演绎。极具特色的有姚润麟妈妈的《沙拉课堂》、朱一芃妈妈和姜东佑妈妈的《寿司课堂》、孟子繁爸爸的《失落的埃及文字与金字塔奇迹》等等。由于家长来做老师,颇为新鲜,学生学习状态非常好,能收到"剑走偏锋"、奇兵凸显的效果。我们用一则学校网站的报道稿来说话,一则是教师写的,另一则是学生写的。像这样的报道稿,在学校网站上真的不下百篇。

案例 9-4

一起追寻遥远的古埃及文明

——五年级家长课堂

他曾单车"飞越"喜马拉雅,寻找佛祖的脚印;

他曾骑行于"阳光照耀的中南半岛"(越南、老挝、泰国、柬埔寨);

……

3 月 27 日,我们五年级很荣幸地请到了孟子繁的爸爸,为五年级的孩子们做了一场别开生面的讲座——《失落的古埃及文字及金字塔》。

他用质朴的语言,巧妙的质疑,精美的图片,穿插精彩的科学探险短片,介绍了埃及的历史、文字、金字塔的内部构造等,将孩子们带领到那遥远而又神秘的古埃及。

最后，孟子繁爸爸还向孩子们介绍了金字塔之谜，并希望孩子们能够努力学习，去解开这些世界未解之谜。讲座在孩子们依依不舍的叹息声中结束了。会后很多小朋友围绕在孟子繁爸爸的周围，久久不愿离去。

此次讲座，不仅增长了孩子们的知识，更激发了孩子们勇于探索、敢于质疑的精神。真希望这样有意义的家长课堂多多开展！

富有班级个性化特色的班队活动和新颖别致的家长课堂，有效地将学生的国际理解知识转化为学生的国际理解实践，让学生在虚拟情境中完成了知识的外化和表现展示。这对于学生今后理解并正确运用相关国际知识，具备国际理解意识，具有创造性转化的意义。

（三）开展国际节日体验活动——了解国际节日文化

国际节日众多，这是对学生进行国际理解教育的一份重要的课程资源。随着国家间的交流合作的频繁，许多节日已经逐渐不再属于一个国家，而是属于许多周边国家，甚至整个世界。通过“国际节日”这个窗口，让学生在感受节日氛围，体验节日快乐的同时，可以有效地进行国际理解教育。西湖区××学校结合自己的实际，采取了国际节日教育的系统，有序安排。活动分为固定活动和推荐活动两部分。固定活动由学校统一组织，时间、地点和活动主题、内容由学校统一规定；推荐活动由各班组织，以班级和学生以及学生家长共同参与的形式举行。

下面是西湖区××学校进行的国际节日教育的具体内容。

案例 9-5

“一揽子文件”之骨干教师篇文件精华摘要

目　录　　页码

西湖区××学校开展的国际节日教育活动深入人心。学生通过国际节日教育活动，有了自己的亲身感受，能够非常真切地感受体验到国际理解教育所包含的文化内涵；有了自己的快乐体验，学生能真正地从情境中感受到异国风俗所带来的别样感受！

而各班自己组织的节日教育活动，则呈现出多姿多彩的风貌。这些活动为学生创造了一个展示才艺的舞台，为学生提供了一个体验国际文化、理解异国风情的机会。

（四）开展国际文化节——增长学生国际意识

为考查学生国际理解知识的综合应用能力，学校每学期都要举办一次国际理解的综合体验活动。这次活动是对学生一学期以来所学到的国际理解知识进行综合检验，是一种以赛促学的教学方式，目的在于让学生在大型的综合活动中亲身体验成长，体验成功。下面是我们上学期的一个综合体验活动的方案，从中也可以看出综合活动体验的基本理念。

案例 9-6

西湖区××小学第二届国际文化博览会
“one world, one dream”活动方案

一、指导思想

进一步深化教育改革，全面实施素质教育，以“面向世界，面向全体，全面发展，肯定个性，生动活泼，创新精神，实践能力”为宗旨，促进学生了解多元文化、全球问题等国际背景知识，在探究与体验的基础上，初步培养学生具有全球视野和国际交往等方面的能力，为他们将来参与国际竞争与合作打下扎实的基础。

二、“one world, one dream”活动主题

亲近自然 了解世界

三、“one world, one dream”活动口号

同一个世界，同一个梦想！

四、“one world, one dream”活动组委会成员如下（略）

五、“one world, one dream”活动时间

2007 年 12 月 21 日—25 日

六、“one world, one dream”活动要求

本届博览会是西湖区××学校本学期的重要活动，各班要高度重视，认真落实学校的安排。动员和组织全体同学及有兴趣的家长积极参加，使更多的学生通过参与活动受到国际理解教育的熏陶。

七、活动内容安排

（一）开幕式

“亲近自然，了解世界”主题升旗仪式及“one world, one dream”小小博览会开幕

(二)“国际大舞台”活动

活动时间：2007 年 12 月 25 日上午

活动内容：国际民歌十佳歌手评比、家庭秀、国际民曲器乐比赛、国际舞蹈比赛

(三)“国际语言交流学习”活动

活动内容：以班级为单位开展国际语言学习交流活动

活动要求：班会形式要多样，让孩子真正学会几句常用语言

(四)“国际物品跳蚤市场”活动

活动内容：以班级小组为单位开展跳蚤市场活动

时间：12 月 21 日下午

(五)“国际美食交流”活动

活动内容：邀请“韩国妈妈团”现场表演做寿司

邀请部分家长现场展示做沙拉、做意大利面

时间：12 月 22 日下午

以班级小组为单位开展国际美食交流活动

(六)“国际校长论坛”活动

活动内容：略

(七)“国际学生领袖论坛”活动

活动内容：略

丰富多彩的国际文化博览会是学校最大型的综合博览会，很多孩子能从博览会的展示中增长才干，也有很多孩子在与同学的交流中找到差距和努力方向，据调查，100%的孩子都喜欢国际文化博览会。而且有很多家长也对学校的国际文化博览会大加赞赏。下面从学校网站上节选一则学生家长看国际知识家长课堂的报道：

小学生上进心强，西湖区××学校巧妙地结合小学生的这种天性，将教育教学活动与学生的心理结合起来，让学生在紧张激烈而又合作互利的教育情境中，实践一学期以来所学到的知识。这种以赛促学的方式，对于巩固儿童正确的交往行为、树立国际意识，起到了重要的强化作用。

四、效度：培养国际意识——进行游学结对交流

西湖区××学校几年来致力于开展中外学生的互教互学的游学活动，并取得了明显的成效。学校举行的游学活动，既有西湖区××学校学生走出国门和外国学生一起上课，也有来到××学校的外国学生和××学校学生同上一堂课；既有出国游学的学习交流，也有生活和心理上的沟通；既有学校交流，更有把外国孩子领回家中或西湖区××学校学生走进外国家庭等家庭交流……

(一)校内游学结对交流——培养国际意识

陆游说:“纸上得来终觉浅,绝知此事要躬行。”西湖区××学校与日本和光小学、韩国多拉学校、新加坡培童学校结为姐妹学校后,学校间定期结对交流。每年我们都会接待好几批外国游学孩子。而接待外国游学的孩子到我们学生家,和我们的学生一同学习、生活,既让外国孩子感受到中国的生活习惯、礼仪、风俗等,同时,彼此之间的交谈与交往也能让我们的学生了解到外国的生活习惯、礼仪、风俗等情况;不仅可以论证和巩固以前所学到的国际理解知识,而且可以收获更多的国际交往、交流礼仪等方面的细节和异国的民俗风情等,可谓是实现双赢,一举多得。

西湖区××学校接待外国学生游学情况见表9-8。

表9-8　西湖区××学校接待外国学生游学情况记录

交流时间	交流地点	参加交流人员		西湖区××学校领队或负责人	主要交流内容或主题
		西湖区××学校	外校		
2015.9.3—9.6	本校	601、501、502班全体学生	新加坡圣婴女校师生	陈×× 方××	新加坡学生与西湖区××学校女生结对,进班上课,相互沟通,促进了解。
2016.4.26—4.28	本校	404、306班全体学生	韩国多拉学校师生、日本和光小学教师	陈×× 杨××	韩国多拉小学学生14人入住结对学生家里,与中国孩子一起上课、学习、参与运动会,增进两国孩子的交流。

西湖区××学校教师、学生与外国教师、孩子虽然相处的日子不长,却结下了深厚的友谊,这些都是教师、孩子的真切感受,用其他任何形式无法代替,用任何语言无法描述,不如直接引用他们自己的话来说吧:

在新加坡同学来到的日子里,我们在一起学习、生活、玩耍。因为她们的存在,我们的生活增添了许多色彩。记得那天她们要走的时候,大家都流泪了,可能是因为友谊太深了吧!短短的三天,我们竟然结下了深厚的友谊,真希望她们能再次来这里,和我们一起度过快乐的每一天。

——五(2)班　方××

跟新加坡同学相处的日子真是快乐!怀念她们,怀念她们送给我的礼物,她们的礼物我至今珍藏,这段时间我永远不会忘记,虽然她们已经走远了,但与她们相处的快乐永远留在我们的心中。

——五(1)班　汤××

外国的师生们很怀念在本校游学的生活。下面是一封日本和光小学校长带团赴西湖区××学校交流后的信：

案例 9-7

日本和光小学校长感言

杭州中日韩三国交流期间，承蒙大家的热情接待在此表示非常感谢。

××小学圆满的交流活动，杭州漂亮的风景，这些一想起来就觉得非常怀念。杭州真是一个非常有魅力的地方。非常感谢陈校长以及××小学的老师们对我们热情的款待。我们和光小学的孩子们在寄宿家庭也受到妈妈们细心的照顾，孩子们都过得非常开心。请代我向各位寄宿家庭的家长们表示诚挚的谢意。

另外，非常感谢陈校长赠送的××小学的围巾以及杭州的名茶。我打算在和光小学新学期的开学仪式上穿给孩子们看。

这次四天的交流活动非常感谢张老师、金翻译事无巨细地做好翻译工作，真的非常顺利，简直像做梦一样过得非常快。

最后，我代表和光小学的老师们以及孩子们向陈校长等所有老师和家长们再次表示感谢。

让我们来年再见！

祝身体健康。

和光小学　北山ひと美

不断接待外国孩子的游学，拉近了学生与国际理解的距离，增进了学生对外国的了解，培养了他们对外国宗教信仰、礼仪、民族风俗等方面的开放与尊重的态度。

（二）出国游学交流——培养国际意识

古人云："读万卷书，行万里路。"所以，我们一边要让学生不断地丰富国际理解知识，逐步巩固和加深对有关知识的认识和了解；同时，也要鼓励、带领学生不断走出国门实地考察，直接体验外国的风土人文、宗教礼仪。学生走出国门后，不是一般意义上的旅游，而是和国外学生结对子，走进他们的课堂，走进他们的家庭，和他们一同学习、共同生活。学生在这样的亲身体验中，能深深感受到异国的生活习惯差异，能感受到异国的宗教信仰差异，能感受到异国的生活态度差异，能感受到异国的风俗、礼仪的差异，从而感受到异国的文化差异，进而尊重异国的风俗、礼仪、宗教信仰等文化，并能以开放的眼光和姿态看待、尊重、理解异国文化、礼仪等。

西湖区××学校教师、学生的赴外考察情况见表 9-9。

表 9-9　西湖区××学校教师、学生赴外考察情况

时间	地点	参加人员	结对交流对象	主要内容
2015.1	日本和光小学	教师和学生代表10余人	日本和光小学	考察了解日本私立学校，确定建立友好学校意向。
2015.9	英国	教师和学生代表20余人	英国	考察了解英国一流名校
2016.3.23—3.28	韩国多拉学校	四、五年级教师，学生代表共20余人	韩国多拉学校、日本和光小学师生	东亚文化：各国民间玩具和传统饮食
2016.7.10—7.22	奥地利、德国、法国、卢森堡等国	教师及学生50余人	参加世界合唱节和四国文化交流	世界合唱比赛和音乐交流

学生在赴外交流中有许多真切的感受：

韩国人很朴素，韩国菜很清淡。听导游阿姨说，在非典病毒传播时，韩国人没有被感染上，就是因为常吃泡菜的缘故。我对泡菜很感兴趣，想在韩国的这几天吃个痛快。只是那辛辣的味道实在叫人受不了，力不从心啊！不过有一点很奇怪，泡菜那么辛辣，怎么没听过韩国人吃泡菜吃得上火呢？……这是多么鲜明的对比啊！

——四(3)班　曹文昕

这次去日本，我们参观了战争后留下的遗迹，听了有关于战争的讲座，我有许多感想.我感受到了战争的可怕，战争是残忍的，它可以夺走人们的生命，所以，我们一定要热爱和平。除此之外，日本人的热情好客和整洁也给我留下了深刻的印象，令人流连忘返。

——六(2)班　章倩斓

在游学交流中，学生们记下了一页页感人的旅游日记。“百闻不如一见。”通过实践体验，学生加深了对先前国际知识的认识，能够在真实的情境运用所学知识；更重要的在于，学生在实地考察过程中，能够亲身经历和主动感受异国的风情，能够与异国的同伴交流思想、探讨共同问题，这对于学生民族宽容和民族理解精神的培养、对于学生间良好的国际友谊的产生，意义深远。所以，我们学校历来重视学生的国外体验活动。在体验活动中，学生和老师不但更多地了解到异国风情，同时，对于本国文化精神的认识，也加深了许多……

2016年5月，西湖区××学校做了一次“国际理解教育情况的问卷调查”(见表9-10)。统计表明，学生的国际理解教育成效明显，主要表现在三

方面:国际知识明显增长,国际交流明显增多,国际视野明显开阔。

表 9-10　西湖区××学校教育国际化实施前后对比

(单位:%)

时间	项目							
	去过国外的(含旅游)	在国内和外国游学孩子交流	出国与外国孩子结对交流的	读过外国文学5本以上的	会按西餐用餐标准吃西餐的	了解1个以上国家礼仪风俗	能简要介绍1种外国艺术	会用英语进行简单会话的
2006.4	33	28	0	26	16	22	36	32
2008.5	92	92	76	100	100	100	100	96

从以上数据对比中,我们不难看出,实施国际理解教育课题的实验成效是显著的:其一,去过国外的人数明显增加,由原来的33%发展到92%,这是校本课程引导的结果,让学生学习的国际知识,引发了到国外旅游、考察的渴望;其二,与外国孩子结对交流的,不管是国内还是国外,都有很大的提升,这与学校建立姐妹学校的增多和定期互访交流是分不开的;其三,"读过外国文学5本以上的""会按西餐用餐标准吃西餐的""了解1个以上国家礼仪风俗""能简要介绍1种外国艺术"这四项的增幅最为明显,与学校实施课题实践研究,促进学生国际知识增长、国际视野开阔是分不开的;从中也可以感受到学生的开放意识、尊重意识、理解意识等国际意识的增强;其四,从"能用简单的英语会话的"这一项的增长,也可以看出学生主动和国际友人交流的意识增强,体现了开放大气的国际公民风范。

中国的文化也随着交流的深入,传播到国际结对友好学校,形成了极好的良性互动。

最让我开心的是我们和培童学校的孩子一起上了一节美术课,学习蜡染。虽然没有布和蜡,但是我们用白纸和蜡笔代替,画出了每个人心目中的美丽图案……新加坡培童学校还很贴心地为我们安排了华人老师,用中文为我们讲解。

——四(7)班　金××

学生开阔了眼界,增长了见识;亲历了异国生活,感受了生活习俗的差异;亲历了异国的课堂教学,感受了别样的学习方式;亲历了国际旅游名胜,开阔了视野;感受了礼节、交往等方面的差异,了解了国际礼仪、宗教等常识,增进了国际认识,增强了国际理解。

第十章　推广智慧教育：教育高位均衡发展的高速引擎

智慧教育主张借助信息技术的力量，创建具有一定智慧的学习时空环境，旨在促进学习者的智慧全面、协调和可持续发展。智慧教育充分体现了“以学习者为中心”的思想，强调学习是一个充满张力和平衡的过程，揭示了“教育要为学习者的智慧发展服务”的深刻内涵。

第一节　智慧教育的概念内涵

技术推动下的智慧教育已是大势所趋，正在成为信息时代全球教育改革的“风向标”。智慧教育是一个宏大的系统，包括智慧环境、智慧教学、智慧学习、智慧管理、智慧科研、智慧评价、智慧服务等核心要素。创新应用科技，提升教育智慧，打造和谐、可持续发展的教育信息生态系统，培养大批智慧型人才，是信息时代智慧教育的终极目标。

一、智慧教育的概念形成

智慧教育的概念界定和形成，是一个动态的、渐趋完善的过程。目前，关于智慧教育的概念主要有以下几种描述：

1. 智慧教育是智能教育(Smart Education)，主要是使用先进的信息技术实现教育手段的智能化。该观点重点关注技术手段。

2. 智慧教育是一种基于学习者自身的能力与水平，兼顾兴趣，通过娴熟运用信息技术，获取丰富的学习资料，开展自助式学习的教育。

3. 智慧教育是指在传授知识的同时，着重培养人们智能的教育。这些智能主要包含：学习能力、思维能力、记忆能力、想象能力、决断能力、领导能力、创新能力、组织能力、研究能力、表达能力等。

4. 智慧教育是指运用物联网、云计算、移动网络等新一代信息技术，通过构建智慧学习环境(Smart Learning Environments)，运用智慧教学法

(Smart Pedagogy),促进学习者进行智慧学习(Smart Learning),从而提升成才期望,即培养具有高智能(High Intelligence)和创造力(Productivity)的人。

5. 尹恩德从教育信息化带动教育现代化发展的角度出发,界定了智慧教育的概念:智慧教育是指运用物联网、云计算为代表的一批新兴的信息技术,统筹规划、协调发展教育系统各项信息化工作,转变教育观念、内容与方法,以应用为核心,强化服务职能,构建网络化、数字化、个性化、智能化、国际化的现代教育体系。

6. 智慧教育就是为了全面提高教育质量与效率,运用先进的信息技术,对教育过程的各种信息与情境进行感知、识别、分析、处理,为教育参与者提供快速反馈、决策支持、路径指引和资源配送的教育方式。从技术层面看,智慧教育是指教育过程中运用的智能教育技术,它是信息化教育的高级形态。

二、智慧教育的内涵解析

(一)生态学视角下的智慧教育

从生态学的视角出发,我们认为,智慧教育是依托物联网、云计算、无线通信等新一代信息技术所打造的物联化、智能化、感知化、泛在化的教育信息生态系统,是数字教育的高级发展阶段,旨在提升现有数字教育系统的智慧化水平,实现信息技术与教育主流业务的深度融合(智慧教学、智慧管理、智慧评价、智慧科研和智慧服务),促进教育利益相关者(学生、教师、家长、管理者、社会公众等)的智慧养成与可持续发展。

智慧教育不是隔空建楼,而是对现有数字教育系统的升级改造。经过近10年的教育信息化发展,我们西湖区的数字教育事业取得了长足进步,信息化基础设施、数字教育资源、管理信息化水平、师生信息技术素养等方面都有了显著提升。然而,西湖区的数字教育仍面临一些瓶颈亟待突破,比如信息系统维护难、数据与资源共享难、管理效率偏低、决策科学化水平不足、技术与教学整合层次较低等。新一代信息技术的发展为西湖区数字教育转型智慧教育提供了重要机遇。

(二)智慧教育与相关概念辨析

信息化推动下的智慧教育与当前流行的数字教育、教育信息化以及教育现代化之间既有联系又有区别。

1. 智慧教育与数字教育

数字教育是信息化环境开展的基于各种数字技术的新型教育形态。智慧教育是数字教育的进一步发展，严格意义上来说也属于数字教育的范畴，是数字教育的高级发展阶段，是整合物联网、云计算、大数据、移动通信、增强现实等先进信息技术的增强型数字教育。智慧教育在发展目标、技术作用、应用的核心技术、建设模式、学习资源、学习方式、教学方式、科研方式、管理模式、评价指导思想等方面与传统数字教育表现出诸多的不同（见表10-1），总体呈现智能化、融合化、泛在化、个性化与开放协同的特征与发展趋势。

表10-1　数字教育与智慧教育的比较

比较项目	数字教育	智慧教育
发展目标	提高教育质量和效率	培养智慧型、创新型人才
技术作用	技术是工具、媒体，高效率传递知识	技术变革教育，改变教育战略实施的生态环境
核心技术	计算机、多媒体、互联网、Web2.0	云计算、大数据、物联网、增强现实、移动通信、定位技术
建设模式	建设导向，建网、建库、建队伍	应用驱动，根据教育教学应用建设配套环境、资源和队伍
学习资源	静态固化、结构封闭，CAI课件、网络课程、数字图书、专题网站	动态生成、持续进化、开放建设，大规模开放的在线课程（MOOCs）、微课、移动课件、电子教材、可进化的内容库
学习方式	多媒体学习、网络学习	泛在学习、云学习、无缝学习
教学方式	以教师为中心，多媒体辅助教学、网络教学、远程教学	以学习者为中心，MOOCs、深度互动教学、智能教学（智能备课、智能批阅等）
科研方式	基于有限资源的、小范围协同科研	跨地域大规模协同科研，科研数据及时分享与深度挖掘
管理方式	管理信息分散，标准各异，人管、电控	高度标准化，归一化管理，智能管控
评价思想	经验导向的评价	数据导向的评价，基于大数据库的科学评价

2. 智慧教育与教育信息化

教育信息化是在国家及教育部门的统一规划和组织下，在教育领域（管理、教学、科研、服务）全面深入地运用信息技术来促进教育改革和教育发展，加速实现教育现代化的过程。国内著名教育技术专家祝智庭教授认为“智慧教育是当代教育信息化的新境界，是素质教育在信息时代、知识时代和数字时代的深化与提升”。智慧教育已成为当前国际社会教育信息化推

进过程中的重要发展战略和长期任务。教育信息化政策、制度、队伍与机制的全方位发展与完善，将为智慧教育提供良好的发展环境。智慧教育的持续发展又将进一步体现教育信息化的战略优势，巩固教育信息化在整个国家教育体系中的地位。

3. 智慧教育与教育现代化

教育现代化是用现代先进教育思想和科学技术武装人们，使教育思想观念，教育内容、方法与手段以及校舍与设备，逐步提高到现代的世界先进水平，培养出适应参与国际经济竞争和综合国力竞争的新型劳动者和高素质人才的过程。顾明远教授指出，教育现代化包括教育思想的现代化、教育制度的现代化、教育内容的现代化、教育设备和手段的现代化、教育方法的现代化、教育管理的现代化，呈现出教育的民主性和公平性、终身性和全时空性、生产性和社会性、个性化和创造性、多样性和差异性、信息化和创新性、国际性和开放性、科学性和法制性等基本特征。

智慧教育是适应信息社会发展需要的高度发达的教育形态，具备公平性、终身性、创新性、开放性、个性化等多个教育现代化的核心特征。智慧教育既是信息时代教育发展的新境界，也是教育现代化追求的重要目标。智慧教育不仅仅体现在教育环境的智慧化上，还包括教与学的智慧化、教育管理的智慧化、教育科研的智慧化、教育服务的智慧化、教育评价的智慧化等多个方面，是信息化推动下的全方位教育变革。教育现代化的核心是人的现代化，智慧教育旨在培养大批具备21世纪技能、拥有创新意识和创新能力的现代智慧型人才。

三、智慧教育的特征分析

智慧教育是技术支持下的新型教育形态，与传统信息化教育相比，呈现出不同的教育特征、教学特征、资源特征和技术特征。

（一）教育特征

从生态学的视角来看，智慧教育是技术推动下的和谐教育信息生态，其核心教育特征可以概括为：信息技术与学科教学深度融合、全球教育资源无缝整合共享、无处不在的开放按需学习、绿色高效的教育管理、基于大数据的科学分析与评价。

1. 信息技术与学科教学深度融合

信息技术与教育的“深度融合”涉及方方面面，包括技术与管理的融合、技术与教学的融合、技术与科研的融合、技术与社会服务的融合、技术与校园生活的融合等等。其中，信息技术与学科教学的深度融合应该是智慧教育的首要价值追求。课堂是教育改革的主阵地，学科教学是教育系统的核心业务。如果说信息技术与课程整合是教学改革的“物理反应”，那么信息技术与学科教学深度融合则是“整合”基础上的“化学反应”。

2. 全球教育资源无缝整合共享

大踏步前进的科技正在创造一个新的、更小的、更平坦的世界，“地球村”正在从预言变成现实。智慧教育要培养的不是一般意义上的国家公民，而是适应21世纪发展需要、具有全球视野和创新思维的世界公民。近年来，在世界知名大学的努力推动下，开放教育资源（Open Educational Resource，OER）运动和MOOCs席卷全球，优质教育资源迅速传递到世界各个角落。智慧教育秉承“开放共享”理念，通过多种途径（自建、引进、购买、交换）实现全球优质教育资源的无缝整合与无障碍流通，使得世界各地的学生和社会公众可以随意获取任何适合自己的教育资源（多媒体课件、视频课程、教学软件等）。全球优质教育资源的无缝整合与共享，是突破教育资源地域限制的“大智慧”，将有可能缩小世界教育鸿沟，提升欠发达国家和地区的教育质量。

3. 无处不在的开放与按需学习

智慧教育环境不是一个割裂的教育空间，而是通过网络将学校、家庭、社区、博物馆、图书馆、公园等各种场所连接起来的教育生态系统。学习需求无处不在、学习无时无刻不在发生，云计算、物联网、移动通信等信息技术的发展为人类的学习提供了无限的可能。学习不应该固定在教室和学校，而应回归社会和生活，发生在任何有学习需求的地方。智慧教育环境下的学习将走向泛在学习。泛在学习不是以某个个体（如传统学习中的教师）为核心的运转，而是点到点的、平面化的学习互联。“泛在”包含三个方面的内涵，即无处不在的学习资源、无处不在的学习服务和无处不在的学习伙伴，最终形成一个技术完全融入“学习”的和谐教育信息生态。

4. 绿色高效的教育管理

“绿色教育”强调教育事业的可持续发展，既是智慧教育的指导理念也是其重要特征。信息技术的普及应用为实现教育管理的智慧化、推动绿色教育发展提供了条件。云计算技术通过整合基础设施（IAAS）、研发平台（PAAS）、应用软件（SAAS）三种计算资源，可以实现管理数据的统一采集与集中存储，实现管理业务流程的统一运行与监控，有效避免“信息孤岛”，减少教育管理上人力、物力和财力的浪费。物联网通过射频识别（RFID）、二维码（QR Code）、红外感应、全球定位等技术，将各种教育装备与互联网连接起来，进行智能化识别、定位、跟踪、监控和管理，可以有效提高管理效率和质量。大数据技术全面采集各种教育数据，进行科学统计分析与数据挖掘处理，可以为教育决策（经费分配、学校布局等）提供数据支持，而科学的教育

决策又将推动教育事业的可持续、均衡发展。办公自动化全面普及，将大幅度减少纸张浪费，实现教育领域的低碳环保。不仅仅学生的学业需要“减负”，教育的管理业务也需要“减负”，精简管理流程，废除或优化一些不合时宜的管理制度（如烦琐的公文审批、设备招标、经费报销等），不断提高教育管理业务系统的运行效率。

5. 基于大数据的科学分析与评价

智慧教育需要更具“智慧”的教育评价方式，“靠数据说话”是智慧教育评价的重要指导思想。物联网、云计算、移动通信、大数据等新一代信息技术的发展为教育评价从“经验主义”走向“数据主义”提供了技术条件，可以实现各种教育管理与教学过程数据的全面采集、存储与分析，并通过可视化技术进行直观的呈现。智慧教育环境下包括中小学学业成就评价、体质健康评价、本科教学质量评估、教育信息化与教育现代化发展评价等在内的各种教育评价与评估，将更具智慧性、科学性和可持续性。2013 年 9 月 1 日教育部开始推行全国统一学籍，每个学生都分配一个能够跟随他自己一生的学籍号。“全国学生终身一人一号”的推行，为西湖区教育数据的统一采集提供了条件，学校不仅仅能对学生在校期间的学业成就进行评价，还可以通过学籍号持续跟踪学生毕业后的发展与学习情况，为教学质量评估提供更全面、更准确的科学数据分析结果。

（二）教学特征

新一代信息技术的应用为开展多种教与学的方式提供了可能，智慧教育视域下的教与学也体现出了崭新的特征。

1. 实时、便利的教学资源获取及课堂生成性资源的捕获和存储。智慧的教学可根据实际需求，在不打断原有思路的情况下便捷地获取海量的优质教育资源，实时拓展教学内容，调整教学进度。实现动态、灵活、开放的课堂教学。此外，可将学生的笔记、课堂问答，老师对教学内容进行的标注、修改等生成性信息实时存入资源平台，为学生巩固复习、交流经验，教师专业成长提供资源支持。

2. 对课堂教学状态信息进行跟踪、分析，辅助教学决策。智慧的教学可对学生的学习状态信息进行及时的收集、统计与分析，辅助教师进行教学决策。同时，可基于教学反馈信息的分析，进行分层教学、个性化教学。

3. 实现了自然、高效的课堂互动。新一代信息技术为课堂互动提供了有效的技术支持，实现了人与技术、设备、资源、环境的多维度互动，创设了高效、自然的体验环境。

4. 自主学习真正成为主要学习方式。智慧环境下，学生的主体地位进一步凸显。技术的发展提供了高效便捷的互动交流与协作分享的工具，为学生开展自主学习提供了有效支持，研究性学习、协作学习、混合学习、竞争性学习将会易于开展。

5. 教学将突破明显的时空界限。随着移动互联网技术的成熟、移动终端的普及、移动学习资源及工具的进一步丰富，学生可以通过无线网络，利用电子书包、智能手机等移动学习终端，随时随地进入资源系统点播教学视频，下载学习资源，开展自主学习。同时可随时随地和老师进行互动交流，获取帮助，学生的学习不再局限于教室空间和课堂时间。

（三）资源特征

云计算在教育领域的应用推动了教育资源建设、存储、共享与应用模式的变革。智慧教育视域下的资源建设从资源平台的建设理念与技术模式来看，体现出全新特征。

1. 资源平台的建设理念正在从产品层次上升至服务层次，资源平台建设的中心任务正在从技术平台的搭建转向服务体系的构建。

2. 平台功能正在从单纯的资源存储与管理转变为融知识获取、存储、共享、应用与创新于一体的知识管理平台。

3. 在运作机制上，Web2.0 时代的以用户为中心的理念正在逐步体现，各种有效的社会化驱动和信息聚合机制正在逐步引入，资源平台的建设和应用绩效逐步提升。

4. 在技术模式上，正在从传统的数字化向智能化方向转变。从资源的表现形式来看，已从传统的静态、封闭的文本、图像等素材资源转向动态、开放、共享的移动学习资源、微课资源、MOOCs、基于社会化网站学习资源建设及电子教材的设计与开发等。

（四）技术特征

从技术的视角来看，智慧教育是一个集约化的信息系统工程，其核心技术特征可以概括为：情境感知、无缝连接、全向交互、智能管控、按需推送、可视化。

1. 情境感知

情境感知是智慧教育最基础的功能特征，依据情境感知数据为用户提供推送式服务。常用的情境感知技术包括 RFID、QR Code 以及各类传感器（如温度、湿度、二氧化碳、光照等）。情境感知的对象包括两类，分别是外在的学习环境与人的内在学习状态。

2. 无缝连接

泛在网络是智慧教育开展的基础，基于泛在网络的无缝连接是智慧教育的基本特征。

3. 全向交互

教与学活动的本质是交互,智慧教育系统支持全方位的交互,包括人与人之间的交互以及人与物之间的交互。

4. 智能管控

教育环境、资源、管理与服务的智能管理是智慧教育的核心特征。

5. 按需推送

智能教育要达成“人人教、人人学”的美好愿望,教育资源可以按需获取和使用,教与学可以按需开展。按需推送是智慧教育的另一重要特征。

6. 可视化

可视化是信息时代数据处理与显示的必然趋势。可视化是智慧教育观摩、巡视、监控的必备功能,也是智慧教育系统的重要特征。

厘清智慧教育的内涵与特征后,接下来还有很多问题亟待深入研究,比如智慧教育的体系架构、智慧教育的发展战略、智慧教育环境的建设、智慧教学与学习模式的设计、智慧环境下基于大数据的教育评价等。

第二节　智慧教育的推进路径

一、搭建“1+N”智慧教育云平台,支撑智慧教育核心业务

“1+N”智慧教育云平台,即一个云聚合中间平台加上N种信息资源。基于云计算、传感技术、物联网和海量信息处理等多种新技术的教育系统让智慧教育管理进入教育信息化全新发展的阶段。通过“1+N”的教育云服务,能够让云端用户看到符合个性需要的良好服务。通过一站式登录、一站式管理、一站式服务,使学生、教师、家长、学校管理人员、教育行政管理人员等云端用户享受全面的学习服务、教学服务、管理服务、决策服务、教育信息服务等。在智能教育云时代,数字校园不再孤立,所有的教师、学生都能随时随地共享优质的教育资源。

(一)智慧教育管理云平台

根据《推进杭州教育信息化发展智慧教育行动计划2015—2017》要求,学校将逐步建成技术先进、扩展性强、安全可靠、高速畅通、覆盖全校的智慧校网环境。经过一年的建设和开发,学校融合云计算理念进行架构设计,基本实现了基础数据中心、技术支撑服务平台、统一门户入口建设。在此基础上逐步集成了各应用软件服务系统。目前西湖区学校基本集成安装了学生学籍管理系统、学生成绩管理系统、拓展课程选课系统、Moodle互动学习平台和IRS互动反馈教学系统,为新型互动教学提供有力保障。老师们可以

应用SunVote互动反馈系统、Pad平板电脑、Surface、智能手机等智能终端开展新型互动教学研究。

案例10-1

城区某一中学:小卡里的大智慧

饭卡、门禁卡、借书证、信报箱卡……如果你的包里还挤着这么一大堆卡和证,那么你就"OUT"了。其实一张银行卡大小的卡片就能搞定,正是"一卡在手,走遍学校"。"卡卡通"有多强大?其智能化考勤登记功能包含了学生基本的校园生活:必修课、选修课选课、走班管理、进出校门、签到、体检就医登记、图书借阅、家校通短信等等。同时还集成了身份认证与识别功能,校园房门全部应用智能门禁管理系统,师生在权限许可范围内刷卡开门,网络后台形成完备日志记录。

西湖区实施"教育装备管理系统建设",建立全区教育装备基础数据库,以全面、系统、准确掌握各中小学教育装备的基本情况,实现对全区中小学装备的数据查询、统计、分析,科学、规范、直观地呈现区内各中小学教育装备配置情况、每年新增及报废报损情况,让学校有的放矢地对西湖区教育技术装备标准核准学校的教学仪器配置,并实施数字化装备管理和集中采购项目的网上申报和统计,提高工作效率,提升配置成效,促进装备管理的规范化、科学化、信息化,积淀了区域装备管理的大数据。

(二)智慧教育资源云平台

在惠及万千师生家长、重建教育教学生态系统的同时,经过十几年发展积淀,西湖区教育信息化成绩斐然——西湖区教育局教育装备总值增量至2.45亿,直属学校100%接入带宽为千兆,全区中小学校班级多媒体建设达成率100%,多媒体教室增至2739间,基于网络数据的图书总量增至296.1万册,生均图书量45册。区内各校信息技术特色项目不断涌现:"十二五"规划期间西湖区学军小学列为全国现代教育技术实验学校,7所学校成为省现代教育技术实验学校;全国现代教育技术专项课题立项13个,课题论文获奖5篇;我区代表教师参加的全国、省级、市级信息技术优质课所获奖项均为一等奖;教师多媒体课件制作和学生电脑作品竞赛在全国、省级、市级也多次获奖。

西湖区通过搭建教师研训系统,立足教研、科研、培训三个层面,网络化管理区域教师业务数据,积淀教师专业发展业务档案大数据。依托微课系统,为学生构建视频学习、问题交流、作业评价等载体,记录学生学习的足迹,生成学生学习历程大数据。同时,在区内学校层面,立足教育教学和管理需求,构建了众多的针对性强、实效性足的教育应用和管理系统,辅助支

撑起教育教学的应用。其中,西湖小学教育集团打造“无边界课堂”的实践,入展“全国首届中小学信息技术应用展演”;“录播系统区域一体化部署工程”的实践,成为2014年浙江省教育信息化特色应用案例,入展杭州国际电子商务博览会智慧教育展,该主题的课题研究成为教育部重点规划课题。西湖区还实施了西湖区与青海德令哈市,基于录播系统的远程互动课堂项目建设,构建破解时空界限的优质教育教学远程共享机制。

杭州市十三中教育集团也已经从完成微课的培训到微课堂试点、成立学科微课研究小组、智慧云课堂(Pad教学应用)、成为“视像中国”结对的姊妹学校,完成了班级及公共区域的云视窗的安装,正常投入使用。学校教师在日常的教学中已经积累制作微课堂教案、课件、素材、试题库、拓展资源8000多个,名师微课1880余个。

(三)智慧教育学习云平台

构建微课堂云空间平台,为所有班级、学生、教师、家长全部拥有实名制网络学习空间,让所有用户实现全媒体接入(PC、Pad、Phone、TV)数字内容。杭州市翠苑中学结合IRS互动反馈系统,把录播教室(或普通教室)和学校已有的Moodle网络学习平台整合起来形成具有学校特色的“智慧平台”新型互动教学环境,推动了教师教学手段和方式的创新。各学科摸索出了符合各自学科的典型的新型互动教学样式,语文“层进互动”教学样式,数学“P-S-R”教学样式,英语“双环互动”教学样式,科学“步步为营”教学样式,社会“对抗互动”教学样式等,激发了学生的学习兴趣,促进了学生学习方式的改变和教师教学行为的改变,有效突破教改瓶颈,明显提高教学效率,具有一定的借鉴和推广意义。

二、建设智慧教育示范区校,探索智慧教育应用模式

依据“试点先行,示范引路”的原则,来选择信息化条件较好、迫切想对目前信息化系统进行智慧提升的地区和学校,确立智慧教育示范区、示范校,探索有效的、可推广的智慧教育建设与应用模式。在对试点区校开展针对性的现状调研和需求分析后,明确区校已有基础设施和应用系统部署情况。在对接教育数据和应用系统与智慧教育平台后,对现有的数字教育应用系统进行智慧化改造。区域层面主要考虑与市级省级的智慧教育公共服务平台的对接。学校层面则主要依托省市级和区域的智慧教育公共服务平台开展各种特色应用,重点进行智慧校园建设,尝试研制智慧校园能力成熟型模式。通过各方面的努力,西湖区多所学校在新技术改变课堂方面的研究已在国内闻名。各地参观者纷至沓来。甘肃、长三角地区等多地区专家来校参观学习。

（一）数字校园建设示范校走在前沿

2012年，教育部启动教育信息化试点工作，全国共有682个试点单位参加。全省纳入“中小学信息化试点单位”的有12所，杭州有4所，西湖区西湖小学教育集团“信息技术促进教育教学模式创新探索”列为其中之一。

2013年以来，杭州“名师公开课”闪亮登场，扩大名校名师辐射范围，发挥现代信息技术与传媒平台优势，多渠道向公众免费提供优质教育产品；西湖小学教育集团、古荡一小被确定为国家级数字校园建设示范校；西湖小学教育集团、学军小学、省教研室附小、古荡一小成为省数字校园建设示范校；保俶塔实验学校、文一街小学等14所学校成为市数字校园建设示范校；翠苑中学、省府路小学、竞舟小学、文三街小学教育集团、和家园幼儿园成为市智慧教育示范校。

（二）区校特色百花齐放

案例10-2

西湖区：网络研修拓展教师专业成长舞台

增进城乡教育统筹发展、促进教育公平和信息化带动战略，是西湖教育“十二五”规划的重要内容。西湖区从城乡二元结构的区情出发，紧紧把握教育本质，积极探索技术与教育深度融合的策略，通过技术，突破城乡时空界限，架构资源共享、名师共建、师资提升的智慧教育项目，启动了“录播系统区域一体化部署”工程。到目前为止，已建成全自动录播教室58间，校区覆盖率达92.3%；以“汇聚资源 智慧共享”为主旨，部署建设了区域课堂教学直播点播平台——西湖教育汇智网，目前网上优质教学课例已达3000余个，每月直播课程量达600余节。汇聚资源，智慧共享，促进教师专业成长，增进教育统筹发展、助推西湖教育高水平均衡发展。

案例10-3

西湖区：用“智慧”的方式抱团发展

省府路小学的数字生态园、翠苑一小的3D打印、十三中教育集团的云视窗、西湖小学教育集团的微课、育才外国语学校的校园APP、学军小学的“数字童年”等，已成为各学校教育信息化的新名片。

西湖区是浙江省名校集团化办学首创区、省首批教育强区、教育部现代教育技术示范区。2011年，西湖区组建成立了独立建制的直属单位：西湖区教育信息与装备中心，将教育信息化工作从之前的学校“单兵作战”升级到区域层面整体部署，加强资源共享，推进区域整体提升。此外，还成立了由区教育局长为组长的教育信息化工作领导小组，构建和完善管理机制，组建

区域教育信息化工作专家小组，合力推进区域教育信息化工作。

目前，西湖区已基本达成教育部“三通两平台”建设要求，区内100%的中小学校已通过宽带入网，实现了城域网千兆带宽到校及校园网络全覆盖。全区中小学计算机配置有效生机比已达到4.8∶1；师机比达1∶1；各中小学均配置了标准的计算机教室；中小学校教室多媒体覆盖率和校园网建网率均达到100%。此外，西湖区还建设完成了“西湖教育汇智网”“西湖教育发展研究网”等数字资源共建共享平台。

最具特色的是“教育技术装备教学应用绩效评估工程”，区内构建了“配、训、考、研、融”五位一体的交互式电子白板教学应用考核评估机制，该机制被评为浙江省2013教育信息化特色应用十大案例之一，入展上海教育博览会和全国网络校际协作论坛。

2011年，西湖区全面实施了“紧密型城乡教育共同体”建设，同时，借助录播技术的支撑策略，谋划推进了录播系统区域一体化部署，依托技术，突破城乡时空界限，实现资源共享、名师共建、师资提升，架构足不出校、遍览实时课堂，搭建优质教育教学资源共享和教师专业发展支撑新平台，目前已建设全自动录播教室46间，覆盖率达中小学校区数的83.6%。

教师培训、备课、教研统统搬到网上；通过一体化录播系统，师生足不出校、遍览实时课堂。西湖区作为推进教育信息化的区域样本，也同时亮相2014中国（杭州）国际电子商务博览会智慧教育展区，赢得多方肯定与支持。

三、打造大数据下的智慧教学，丰富智慧教育内涵实践

智慧教育下智慧管理的搭建、智慧校园的建设，实现对教育信息系统的重构，聚合更大范围的教育资源，建立可流动、可获取、可应用的大规模非结构化教育数据，形成教育大数据。借助海量开放的教育资源、大平台，学生的学习不再局限于课堂，智慧教育云平台上的各种资源为学生提供了一个无墙的课堂。新型的课程教学方式，突破学校教学时空的局限，推动学校的教学模式由封闭走向开放。在课程教学组织方式上，从结构化良好的封闭式课堂教学逐步发展到半开放的混合式课程、完全开放的社会化课程教学，教学时空、师生关系进一步多元化。

（一）翻转课堂发展

从国外翻转课堂的兴起，到我国微课资源的开发，西湖区在智慧教育理念下开展了以翻转课堂为手段的智慧教学。通过教师微课资源的开发以及区内中小学微课堂精品资源的建设，我区的微课发展取得长足进步。其中，十三中教育集团在微课资源建设库建设中根据不同的维度，设置不同参数

进行划分，具体包括——年级维度、学科维度、名师维度、知识图谱维度、优质课维度、跨校标杆维度等等。自2014年开始微课堂精品资源库软件平台建设，已经形成初步的应用，正在协商开发应用建设。2014年通过“视像中国”平台探索在线课程建设与实践研究。从2013年7月至今，集团已投入设备租用及维护费用16.98万元，硬件设备购置费用44.92万元，各项培训及绩效考核费用21.51万元，合计投入建设资金83.41万元。2015年与浙江省音像出版社、杭州师范大学、浙江教育出版社等专业机构合作，大力推进精品微课建设，准备出版一系列音像资料。

(二)未来教室建设

西湖区根据学校特色，借助人机交互、传感感应、三维仿真、虚拟现实等技术，建设基于电子白板、Pad进教室或未来教室，构建个性化、多元化的智能学习环境，拓展学生学习的广度和深度。

从2014年3月份“未来教室”建设完成开始，三墩小学以“新技术支持下的个性化学习”为主题，开展了“未来课堂”教学研究项目。

在信息技术飞速发展的年代，教育信息化成为应时代趋势的一种普遍走向。Pad凭借其获取资源的便捷性和丰富性，在课堂教学中渐成流行之势。随着教育信息化试点的实行，我们也积极探索Pad在教学中的应用。

(三)智能化自主学习服务

根据学生个性化学习需求，为学生在相关区域教育云平台上开通实名的网络学习空间，通过网络将课堂与实际生活联系起来，极大地丰富教育教学内容，并帮助学生利用网络空间进行讨论、作业、考试、拓展等创新型开放学习，在不断的体验中获得知识、发展能力。以电子书包、手机等移动学习终端为载体，帮助学生灵活利用基于统一教育资源平台的移动学习系统，通过电子教材阅读、课堂笔记、课件下载和信息订阅、教学视频点播、作业下载和提交、辅导答疑、考勤信息和成绩查询、学习工具等功能，实现任何时间、任何地点的个性化学习。

案例 10-4

西湖小学教育集团基于“学习分析”采集与应用学生数据

常态化教学环境下，学生的数据收集更具有分析意义和推广价值，西湖小学教育集团经过了一年多的探索，尝试了多种学习数据的获取方法，包括使用点阵数码笔、扫描识别、视频分析、Moodle等课程平台、Kahoot游戏系统、平板电脑系统等，总结了各种获取数据方法的特点、使用条件及方法，进而为如何选择合适的方法来获取学习数据提出了建议。

●利用数位笔保留的学习记录

点阵数码笔是一种通过在普通纸张上印刷一层不可见的点阵图案，数码笔前端的高速摄像头随时捕捉笔尖的运动轨迹，同时压力传感器将压力数据传回数据处理器，最终将信息通过蓝牙或者USB线向外传输的新型书写工具。

2013年9月学校购买点阵数码笔，希望通过点阵笔，利用自动判断功能，实现学生日常数据的常态化搜集。同时学校力图通过软件，识别数码点阵笔书写的数字。以实现数字题、客观题的自动批阅。但购买后，发现点阵笔在台湾具有普通习题的自动批阅功能，大陆销售的均没有实现这个功能。目前的点阵数码笔只能记录学生的书写过程。

●利用网络平台获取管理数据

2015年开始，西湖小学教育集团利用网络平台进行班级行为规范网络化登记、学生体质健康登记和学生成绩登记，将学生的各项数据转移到网上平台，简化了所有的登记、统计等劳动，不仅方便查阅，还利于进行大量的交叉分析。家校平台是老师与家长联系的平台，使用网络化的家校平台，可以将所有的家长与老师的联系过程保留下来，并且通过微信就可以查看。新的家校联系单也会通过微信进行即时的提醒。

(四)数字学习资源开发

学校应当本着开放、共享的原则，拓宽资源生产渠道，广纳各方优质教育资源。数字资源主要有四条路径：(1)校本资源，学校开发的自主版权资源，包括学校自主建设或与企业等单位合作研发的教学资源；(2)引进资源，学校以购买、合作等形式从外部引入的非开放性教学资源；(3)开放资源，基于非商业用途，借助网络信息技术自由地参考、使用和修改的教育资源，如各种视频公开课、开放课件资源等；(4)国家、省、大市、县(市、区)公共教育资源，是指由各级政府部门主导，组织建设的社会公共教育资源，如来自国家基础教育资源网、省市教育公共服务平台等渠道的资源。

案例10-5

基于云视窗的校园浸润课程探索与实践

深化义务教育课程改革，建立起以德育为先、能力为重、个性发展为主旨的学校课程体系，是当下学校办学的中心主题。学校的育人课程体系既包含了囊括基础性课程、拓展性课程等在内的显性课程，也包括如学校校园环境、节日文化活动等非正式的隐性课程。在学生发展和成长过程中，尤其是在学生德育养成方面，这些隐性课程的价值不容忽视。杭州市保俶塔实验学校主要以散布在学校环境中的云视窗为平台和终端，通过开发“广角镜”“放大镜”“显微镜”“望远镜”以及“反转镜”等五个板块的课程内容，建立课程实施管理的人员组织，建立专门的保障制度，从而形成校园中具有动态性、生成性、普适性以及泛在性的浸润性课程，实现信息技术对非正式课程建设的支撑和融合，丰富和拓宽学校课程内涵，实现信息技术对学习隐形课程建设的突破和拓展，提升学校育人品质，促进学生健康、全面与个性发展。

为了更好地将校园LED、LCD电子屏利用起来，学校成立以校长为核心的领导小组，以信息中心、教导处为课程负责人，各学科教研组为课程实施人员，多次进行研讨，做好基于学校、学生学情的规划。同时，为了更好地制订与实施课程，学校组织相关教师分别考察上海、广州、深圳等地学校，研究其学校优秀之处。

在学校办学思想的引导下，浸润课程以“让每个孩子获得成功”，立足学生的发展要求，让校园充满教育的气息，让学生在闲暇之余能吸收更多的知识养料，借助全校师生的力量，努力打造一个有特色、有内涵的浸润课程。浸润课程以广角镜、放大镜、望远镜、显微镜、反转镜为五大版块体系，将学生的智育、德育延伸到课堂之外。在广角镜版块中，拓展学生的视野，使学生学到更丰富的知识；在放大镜版块中，展示学生优秀的方向，成为其他学生学习的榜样，形成一个正确的引导；在望远镜版块中，展示学生的特长，从而肯定学生，也借此在校园内形成一个正面的风气和好的榜样；在显微镜版块中，关注学生的每一个细节并进行记录展示，引导学生从小事做起，一步步铸就成功；在反转镜版块中，呈现学生不足之处，以引起反思，达到警示作用，检身正己。

在课程评价方式上，借助基于大数据的学习分析技术，对学生的知识建构与复杂能力评估，将为学生学习提供更加个性化、有效的支持，实现“智慧化”学习。这些课程教学模式的创新丰富了智慧教育的内涵和实践。

第三节　智慧教育的典型应用

杭州市西湖区教育信息与装备中心的建配管用、西湖小学的数据分析、翠苑一小的3D打印、省府路小学的数字化校园、翠苑中学的智慧平台、十三中教育集团的智慧学习建设、文一街小学的白板教学、育才外国语学校的校园APP、学军小学的“数字童年”等，已成为西湖教育信息化的新名片。目前，西湖区已基本达成教育部“三通两平台”建设要求，辖区内全部中小学校已通过宽带入网，实现了城域网千兆带宽到校及校园网络全覆盖。全区中小学计算机配置有效生机比已达到4.8∶1；师机比达1∶1；各中小学均配置了标准的计算机教室；中小学校教室多媒体覆盖率和校园网建网率均达到

100%。此外，西湖区还建设完成了“西湖教育汇智网”“西湖教育发展研究网”等数字资源共建共享平台。目前，全区中小学现有市级以上“数字校园示范建设校”14 所，21 个项目，其中全国级 3 项、省级 4 项，项目总数位列杭州各区、县首位。

一、智慧管理

“建配管用”一体化数字管理，是指在基于网络环境的“区域教育装备管理系统”中，将实施和保障教育教学活动所需的设备、器材、设施、软件资源等教育装备的建设、配备、管理、应用等进行网络化、信息化的统一管理的过程。它是将学校教育装备从标准配备、采购、管理、应用等各管理生命线进行系统性的管理；将区域内所有教育单位的教育装备管理中心教育局、装备中心、学校等不同管理权限职能进行统整性管理。

区域教育装备“建配管用”一体化数字管理平台系统基本在三步之内完成某一个管理操作，界面简单，使用便捷。下面以学校实际管理为例，做实例操作介绍。

（一）期初建账

一个新的校区或学校账号建好，学校完成“学校情况”“系统管理”等学校基本信息后，要做好学校期初建账工作，才能进入后续的教育装备相关管理。

期初建账是学校对之前全部教育装备资产进行清查、整理的过程，再根据实物按装备管理平台中的六大类（校园用房场地、教学仪器设备、用房配套设施、信息电教设备、办公生活设备、图书及期刊）做好分类，为了方便后续长期的管理，将各个设备的存放位置、购入时间、品牌、规格、价格等信息整理完整，等待录入。学校在录入批量的数据的过程中，可以通过导入操作完成。以某一个新建幼儿园为例，进行批量数量导入，操作如下。

第一步，打开装备管理系统 http://jyzb. xhedu. net，用学校账号登录，并切换到“期初建账”模块，进入左边要录入的资产，比如“用房配套设施”栏目，点击右上方的“导出”，将模板导出。

第二步，将整理好的教育装备数据按分类拷贝到该模板中，通过“导入”按钮，将数据导入系统中。

第三步，送审上报。当某一大类中资产录入完毕，检查无误后，点击“送审当前大类”，单击“确定”，将录入资产送由后勤分管领导审核。

后勤分管领导登录系统，单击“数据上报”，选择蓝色标签科目中的资产，如有误，可打回由资产录入人员重新修改上报，如无误，单击“审核通过”，并“上报”，即可完成此大类的数据期初录入工作。期初建账中，学校在做期初录入和审核上报，只要按上面的操作流程就可以简单完成。

（二）配备采购

学校依靠期初建账中教学仪器设备、用房配套设施等大类中标准目录、学校当年的建设需求，根据西湖区教育局采购安排，于每年的10月开始在申购管理模块中填报学校采购预算，教育局审批之后，上报详细的采购计划明细，后由装备中心核对，并配合采购。

第一步，上报年度采购预算。单击"年度预算申报"，选择年度，填写预算各项明细，并保存写好的预算项目，同时将制作项目说明书上传到系统中，最后报送预算项目。

点击报送之后，本年度预算将会报送上级，装备中心根据教育局给学校的预算批复表进行预算与实际批复的核对。核对结果，系统中会及时反馈学校，如有打回，学校可以再进行修改上报。

第二步，采购详细计划填报。填报模式有直接填报和模板填报两种。单击"采购计划申报"，选择项目名称，并填写项目详细内容，点击保存并报送到装备中心。或通过点击导出模板，填好相关内容后，导入来填报。

第三步，上报支付凭证。单击"支付凭证打印"，点击上传按钮，按项目上传支付凭证相关材料，并打印支付证明表。上报采购凭证之后，学校端本次采购流程操作结束。

通过教育装备管理系统"申购管理"模块中的上报年度采购预算、采购详细计划填报、上报支付凭证三步操作，将学校采购过程进行电子化管理，并通过网上审核等功能，提高了申购管理工作效率，同时为学校提供申购档案电子化管理。

（三）日常管理

装备管理系统将学校日常管理装备的所有工作在系统中进行记录，不仅在无形中督促学校管理人员规范教育装备日常管理，也是过程管理的体现与积累。

学校对装备资产日常管理有新增资产入库、借用、归还、报废、调价、维修、校内外调剂、图书、校舍用房场地维护等。

"入库"是日常管理中最常见的应用。学校每年都要添置许多新的教育装备。以此为例，操作实例如下。

第一步，录入新增物品。进入"装备资产管理"模块，"日常管理"—"入库"，单击单个添加物品，录入物品的相关信息，如物品的规格、数量、存放房间等，录入摘要，并保存。

第二步，入库单查看、修改。单击"单据修改"—"入库单"，查看右边生

成的入库单,并在操作中,根据需要进行相应操作,如删除单据、修改录入信息、查看录入明细等。

第三步,入库审核。单击“业务审核”—“入库审核”,对新生成的单据进行审核通过或不通过,如通过,点击入库按钮,让物品确认存放到事先录入的存放房间中,“报废”操作与“入库”操作类似,操作简单易懂,不再做实例介绍。

(四)数据应用

装备管理系统中数据应用非常便捷。定期自动生成“台账查询”数据,供学校、教育行政部门查询汇总资产。“库存查询”中,不仅能全部汇总各大类资产总体情况,也能个性化查找某一些物品管理情况。“资产盘点”中,能自动生成盘点数据,方便学校每个学期期末时按存放位置进行一一盘点。每年11月的教育装备年报数据上报,因为有了区域教育装备管理系统,学校填报数据的来源口径统一,各项统计数据都自动生成,大大提高了数据的准确性和年报工作效率。以盘点为例,简单介绍操作如下。

第一步:进入第四模块“装备资产管理”—“资产盘点”,盘点初始化,导出目前现有资产明细表盘点。

第二步:将盘点好的资产在系统中录入。选择分类,按房间实际物品数量情况,点击物品“盘盈”或“盘亏”或“当前位置完成盘点”。

第三步:盘点审核上报。该功能用于学校审核盘点信息并上报上级领导。点击“审核”,查阅盘点报告,点击“上报”。至此,资产盘点工作全部步骤完成。

教育装备“建配管用”一体化数字管理部分应用实例只罗列了学校端的部分管理操作,装备中心与教育局管理端的操作不再详细介绍。

二、智慧环境

在上述第二节的案例10-5中提及的杭州市保俶塔实验学校通过实践研究与探索以LED、LCD等云视窗系统为平台和终端,形成一个开放的环境课程,充分发挥电子屏的作用,成为一面“育人五彩镜”,让学生在不经意间受到潜移默化的教育和熏陶,让每个孩子获得成功。

(一)广角镜——拓展视野,海纳百川

学生的课上能真正学到多少知识?课堂时间十分有限,教师能讲授的、学生能接受的也非常有限,教师往往把书上的知识点讲授好就下课了,不能更多地进行课外知识扩展。浸润课程的开发使教育不仅在课堂中进行,同时也通过电子屏等多媒体技术设备充分利用有效的空间、时间,设置符合学生年龄段发展的课外延伸知识进行视野的拓展。同时展示前沿科技、时事新闻、艺术欣赏等，让学生在学校这个小圈子里也能了解外面丰富的世界。这种电子屏的浸润课程，让学生在下课期间无形中进入一个知识的海洋，促使学生学到更丰富的知识，拓展学生的视野，正可谓是海纳百川，努力达到博学。

(二)放大镜——放大优点，正向引导

苏联著名教育家别林斯基说过："有许多种教育与发展，而且其中每一种都具有自己的重要性，不过德育教育在它们中应该首屈一指。"德育是促进人的全面发展教育的一个重要组成部分。让每个学生获得成功，不仅仅是学习成绩上的成功，更多的应是学会做人做事，形成良好的品德，而这不仅仅是一门艺术，更是一门学问。放大镜旨将学生平时的好人好事，良好的行为记录下来，做成视频或 PPT 展示在 LED、LCD 电子屏，为其他学生做一个榜样，形成一个正确的引导。

(三)望远镜——远大理想，放飞希望

每个孩子都有某种特殊的禀赋、某些自然的素质，都有自己的理想和抱负。我们应该发展孩子们身上的这一切，给他们创造条件，让他们身上最美好的东西得到最充分的、最理想的施展。如果我们仔细地观察、研究每一个学生，发掘他们身上根本的东西，就能在校园里长上双翅，放飞希望。本课题旨将学生的特长和优秀作品通过电子屏展示出来，既是对学生的高度肯定，施展自己的才华，放飞自己的理想，也对其他学生起到榜样的作用。

(四)显微镜——个案追踪，见微知著

苏联著名教育家苏霍姆林斯基曾说过："教育首先是关怀备至地深入细致地小心翼翼地去触及年轻的心灵。"对于学生来说亦是如此，教师关注教育细节，必将使我们的教育更具有艺术性，也更有成效，学生也能更健康快乐地成长。在本课题中，将抓住学生发生的小事，诸如礼貌待人、向老师敬礼等，通过电子的形式记录下来并在 LED、LCD 电子屏上展示，从小事做起，从细节做起，小事成就大事，细节成就完美。

(五)反转镜——问题研讨，引起反思

正面行为的示范作用不可或缺，反面典型的警示作用也同样很重要。古人云："人非圣贤孰能无过，知错能改善莫大焉。"每个学生都有可能犯错，如何去面对自己的过失就成了关键。作为教师，应该引导学生知错能改。反转镜旨将学生不好的行为习惯作为反面教材展示在电子屏上，举一反三，检身正己，引起师生深思，得到共鸣，然后从自身做起，以此进行改进。

三、智慧教学

电子白板作为一种新型的教学辅助设备，2011 年秋走进了文一街小学校园的每个班级，这可以看出学校的重视程度。但是，如何把这一新技术真正地运用到我们的教育教学中，真正地为提高课堂教学的有效性服务，需要教师更新观念、加强学习。文一街小学的教师已经对运用电子白板进行了一系列的研究，在研究过程中发现这一新兴的电子教学工具使我们的课堂教学发生着极大的变化，值得我们探索和研究。下面就以数学教学为例，介绍白板教学。

（一）资源分类有序，节省备课时间

在图形与几何教学中，我们常常需要从大量的实际生活模型中抽象出我们所要教学的内容，并且提供一些与教学内容相关的图文结合的练习。在交互式电子白板软件里设置有一个资源库，其中的资源分为本地资源和网络资源两大类。本地资源是指使用者自己的计算机里原来就有的一些图片、视频等文件；网络资源是指科技公司提供的可供使用者下载的网络资源，其中既有我们常见的图片、视频文件，也出现了白板文件、互动课堂等一些我们平时比较少见的类型。这些资源按照学科、教材版本、年级，以及文件的不同类型进行分类，以便教师备课时方便查找。

（二）动态展示过程，全面理解概念

1. 变式演练

在图形与几何的新课教学时，我们常常出示一些本质特征较为明显的标准图形，导致学生在概念记忆时常常把图形的非本质特征也当作了图形的必然属性形成了思维定式。为了消除这种思维定式，加深学生对图形概念的理解，这时候很多教师就会给学生出示一些标准图形的变式。

2. 过程展现

图形与几何教学中一些立体图形可以看作是由平面图形的运动形成的，而一些平面图形又可以从立体图形中抽象出来，深刻地展示出了立体图形与平面图形之间的联系。

（三）图形操作，探究教学重难点

1. 图形分解

数学中的转化思想是教学的难点，图形的加减法是学生需要掌握的第一种转化方法。如何让学生在复杂图形中清晰地识别出规则图形，明确整体与部分的关系，运用白板解决这个问题的优势是其他工具无法取代的。

2. 动态演示

电子白板不仅能很好地吸引学生的注意力，同时还能使我们的教学变得易操作，可观察，帮助学生更好地理解和掌握知识。对于三角形两个角，从视觉上很容易误认为边长的角大于边短的角，为了证实，交互式电子白板动态拖动原先的角与现在的角重合，学生惊讶地发现其中的道理："角的大小与边的长短无关。"

3. 虚拟工具

电子白板中有常用的数学工具：圆规、直尺、量角器等。平时上课，用实物教具学生看得不够清楚，如果用电子白板中的工具，学生不但看得清晰，还可以自己上台操作，使用过程也能完整地展示出来。《角的度量》这节课可以从白板中直接调出量角器，在着重认识某个局部时，可以用放大镜的功能放大局部以便于学生的观察。在演示的过程中逐渐理解掌握角的测量方法，生动形象地帮助学生解决了度量角时容易出现错误的关键地方，效果特别明显。

4. 形象操作

以《三角形两边和大于第三边》的教学为例，为了让学生能够自己探索出三角形两边之和大于第三边这个规律，教师可以在白板中设置四条一定长度的线段。再把每一条线段设置成"拖动复制"。当学生汇报时，教师只需根据学生的选择进行拖动拼接即可，再通过组合将结果保存在页面上。当学生汇报结束时，还可以将拼成的和没有拼成的进行拖动分类。这个流程以学生为主体，顺导而下，体现了思维的有序性和流畅性。

(四)升级操作平台，促进互动参与

1. 拖动操作

在适当指导的基础上，学生也可以在白板上进行简单的拖动或添画操作。以二年级下"角"的复习课为例。教师只要在白板课件上利用几何图形画一个正方形，并将它设置为拖动克隆。学生就能根据练习要求用智能笔在白板上进行添画。

2. 书写标记

有些教学目标的实现可以采取白板动态演示的方法，这比传统课件中提前设定线路要更加灵活多变，适应课堂的临时生成。比如边数边标记，这在数角、数图形的练习中可以广泛应用。避免了传统 ppt 中不知道学生会先回答出哪种答案，而难以制作的麻烦。因为有颜色的区别，学生一目了然。

3. 即时注释

交互式白板出现以后，我们之前制作的一些传统 ppt 还是可以利用起来，我们可以在白板中调出你以前制作的 ppt，然后可以随意地标注或增加、

删除一些你现在认为需要修改的地方。上课结束后，你又可以进行保存，这样就会生成富有你的个性特征的课件，这样的效果真正解决了 ppt 不能随时改动，课堂跟着 ppt 设置好的路线走的困惑，强调了以生为本，注重教师教学机智的原生态课堂。

（五）记录教学过程，实现资源共享

电子白板的保存记录功能除了课件保存外，还可以将教学时屏幕上的动作作为视频进行完整的保存，这在图形教学中可以有比较广泛的应用。比如在教学“画垂线和平行线”时，由于操作性比较强，大部分学生看一次教师的示范操作后还是比较茫然，为了节省课堂教学时间和减少操作失误引起的时间浪费，教师可以事先利用电子白板的“屏幕录制器”功能将画平行线的过程以边操作边讲解的形式录制下来保存为媒体文件。

四、智慧学习

2013 年 7 月至今，杭州市十三中教育集团已经从完成微课的培训到微课堂试点、成立学科微课研究小组、智慧云课堂（Pad 教学应用）、成为“视像中国”结对的姊妹学校，完成了班级及公共区域的云视窗的安装，并正常投入使用。2013 年至今，教师已经累积制作微课堂教案、课件、素材、试题库、拓展资源 8000 多个，名师微课 1880 余节次。

（一）微课堂精品资源库的建设

“微课堂”精品内容资源库包括两个部分：软件平台、资源库。前者为支撑和应用平台；后者为数据和信息平台。

1. 软件平台

构建微课堂云空间平台，为所有班级、学生、教师、家长全部拥有实名制网络学习空间，让所有用户实现全媒体接入（PC、Pad、Phone、TV）数字内容。

2. 微课资源库

根据不同的维度，设置不同参数进行划分，具体包括：年级维度、学科维度、名师维度、知识图谱维度、优质课维度、跨校标杆维度等等。

（二）未来教室建设

根据学校特色，借助人机交互、传感感应、三维仿真、虚拟现实等技术，建设基于电子白板、Pad 进教室或未来教室，构建个性化、多元化的智能学习环境，拓展学生学习的广度和深度。

在信息技术飞速发展的年代，教育信息化成为应时代趋势的一种普遍走向。Pad 凭借其获取资源的便捷性和丰富性在课堂教学中渐成流行之势。随着教育信息化试点的实行，学校也积极探索 Pad 在教学中的应用。

(三)智能化自主学习服务

根据学生个性化学习需求，为学生在相关区域教育云平台上开通实名的网络学习空间，通过网络将课堂与实际生活联系起来，极大地丰富教育教学内容，并帮助学生利用网络空间进行讨论、作业、考试、拓展等创新型开放学习，在不断的体验中获得知识、发展能力。以电子书包、手机等移动学习终端为载体，帮助学生灵活利用基于统一教育资源平台的移动学习系统，通过电子教材阅读、课堂笔记、课件下载和信息订阅、教学视频点播、作业下载和提交、辅导答疑、考勤信息和成绩查询、学习工具等功能，实现任何时间、任何地点的个性化学习。

(四)学习资源开发

学校应当本着开放、共享的原则，拓宽资源生产渠道，广纳各方优质教育资源。数字资源主要有四条路径：一是校本资源；二是引进资源；三是开放资源；四是国家、省、大市、县(市、区)公共教育资源。

五、智慧评价

在上述第二节的案例 10-4 中提及的“西湖小学教育集团基于‘学习分析’采集与应用学生数据”中，整个研究内容最主要的三个方面是：学习数据收集方法的研究，学习数据分析方法的研究，学习数据应用功能的挖掘研究。整个研究的目标主要是积累学习数据，为教学研究与实验提供基础，为教育管理与决策提供依据，进一步促进教育融合与创新。

(一)利用数位笔保留的学习记录

点阵数码笔是一种通过在普通纸张上印刷一层不可见的点阵图案，数码笔前端的高速摄像头随时捕捉笔尖的运动轨迹，同时压力传感器将压力数据传回数据处理器，最终将信息通过蓝牙或者 USB 线向外传输的新型书写工具。

(二)利用 Moodle 平台积累学生数据

Moodle 是澳大利亚教师 Martin Dougiamas 基于建构主义教育理论而开发的课程管理系统，是一个免费的开放源代码的软件，是一个用来建设基于 Internet 的课程和网站的软件包。Moodle 平台依据社会建构主义的教学思想，即教育者(老师)和学习者(学生)都是平等的主体，在教学活动中，他们相互协作，并根据自己已有的经验共同建构知识。Moodle 平台界面简单、精巧。使用者可以根据需要随时调整界面，增减内容。课程列表显示了服务器上每门课程的描述，包括是否允许访客使用，访问者可以对课程进行分类和搜索，按自己的需要学习课程。

(三)利用图像识别技术分析练习

2015年6月开始,学校与浙江农林大学祁享年教授合作,通过扫描学生单元练习的方式收集记录学生的学习数据。将单元练习进行特殊的处理,设置练习卷上的识别点。学生完成练习后,老师按正常方式批阅,软件对老师的批阅进行自动识别。然后对知识点掌握情况进行分析,实现考评成绩自动分析。

利用图像识别技术科学地提出了学生练习数据获取的有效途径,减轻了教师的工作负担,因此在实际的开展过程中得到了老师们的大力支持。图像识别技术也大大提高了数据获取的准确性,为后期的数据分析提供了有力的保障,能够更加准确地反映学生练习中存在的问题。

(四)利用网络平台获取管理数据

1. 班级行为规范网络化登记

2015年开始,学校将学生的日常行为规范记录转移到网上平台,简化了所有的登记、统计等工作,使得每个班的家长都可以随时查看这些数据。

2. 学生体质健康的逐年登记

体质健康数据包括了学生的身高、体重、视力等,这些数据是每年由体育老师或班主任录入我们的学生管理平台的,目前已经使用了两年,初步可以看出一个变化的过程,当数据再多一些的时候,我们还可以进行大量的交叉分析。

3. 学生成绩数据网络化管理

学校的成绩管理平台,记录了学生历年的成绩数据,这些数据的对比,也可以粗略地知道学生的成绩变化过程,遗憾的是,这些数据现在均是以等级制的形式呈现的,相对细化的分析会比较复杂一些。

4. 学生评价数据的实时获取

家校平台是老师与家长联系的平台,自从学校取消了短信家校平台后,就使用了网络化的家校平台,可以将所有的家长与老师的联系过程保留下来,并且通过微信就可以查看。新的家校联系单也会通过微信进行即时的提醒。

(五)利用监控获取日常活动数据

随着监控技术的成熟,人脸识别技术的准确度已经进入了实用阶段,而且价格低廉,是不是可以在学校学生数据收集中发挥作用呢?

2015年6月,学校希望通过视频分析技术获得数据,与海康威视合作,希望能通过班级摄像头、出入口摄像头,实现学生学习状态的模糊记录和学生出入场地的记录。同时,将监控应用到教室,利用高清摄像头来进行学生的学习状态记录。即对安装在教室中的高清摄像头中的画面进行分析与智能识别，然后判断每个学生的学习状态，这个学习状态是模糊的判断，如举手的时间与次数，起立（一般是回答问题）的时间与次数，书写的时间与次数，趴在桌面上的时间，交流的时间与次数，等等。

（六）利用录播获取学习行为数据

学校每个校区都建设了录播教室，随着对录播的深入研究，学校发现一个问题，那就是大量的录播视频，教师无法对其进行深入的分析。尽管学校开展了课堂观察的课题，利用人工的方式对录像的内容进行量化的记录，但这个工作量非常的大，只能对少量的课进行分析与记录。

（七）利用手环＋市民卡获取健康数据

杭州市智慧教育要推行市民卡在学校中的应用，杭州市教育技术中心曾经和学校联系，希望探索一下市民卡在小学生中的应用，经过多次协商和深入的思考，学校认为普通的市民卡不仅小学生容易丢，如果仅仅作为学生的门禁卡来用，功能又发挥得很少。所以学校提出，将市民卡的芯片植入智能手环中，结合手环和市民卡的双重功能，一方面不容易丢，另一方面也可以提供更多更有价值的数据。

其实，我们西湖区各级各类学校在积极推广智慧教育、谋求教育高位均衡发展方面早已迈出了坚实的步伐。智慧教育，已经在西湖区的不同学校，在不同学校的不同领域不同层面，已经得到了积极高效的落实和践行，各个学校分别在智慧环境、智慧管理、智慧科研、智慧教学、智慧评价、智慧学习、智慧服务等方面取得了优异的成绩和实践的智慧。相信未来，我们西湖区在智慧教育高位发展、普及延展、纵深发展等方面会获得更大的成就。

第十一章　变革学教方式：教育高位均衡发展的实践路径

回归教学本质，关键在于实现学生学习方式的根本性变革。要让教学返璞归真，重在育人。去掉一切修饰的、虚假的形式，找到学生成长的关键点，找到教师发力的关键点，开辟出到达教学目标的最优路径。

第一节　学教方式变革的基本理念

一、让每一个孩子自主发展——学与教的哲学基础

“自主合作学习”学与教的哲学基础即为内因决定和外因影响的关系。内因是事物发展以及变化的依据，它决定着事物发展的基本趋势和方向；外因是事物发展以及变化的不可缺少的条件。内因和外因在事物发展的不同阶段所起的作用不同，外因对于内因起着很重要的作用，但是外因必须通过内因才能起作用。

在教学过程中同样也存在着教与学两个矛盾主体。教师是教学过程中的最重要的外部矛盾即外因，学生是教学过程中的内因。其中决定因素是学生，学生是整个教学过程开展和实施的主要因素，教师发挥了“传道授业解惑”的作用，即主导作用，教师激发学生内驱力开展自主合作学习的外因，因而，教师更加有利于学生的学习。

我们倡导的“自主发展”强调学生的主动性和独立性。学校把想象的空间留给学生，把选择的权力让给学生，把表达的自由交给学生，真正体现自主性，培养孩子主动合作、乐于合作、善于合作，养成良好品质。鼓励所有学生都成为学校内一切活动的积极主动的参与者。

杭州市十三中教育集团提出“按孩子想象构建现代学校”，让孩子运用自己的智慧，放开眼光，打开心灵，自主体验、自主感悟、自主质疑、自主发表见解，能在教师的帮助下独立的感知、学习、理解、提高，把书本知识变成自

己的精神财富。

自主发展，以我们学校教育为主阵地，使孩子通过自主学习，学会求知、学会做人、学会健体、学会审美、学会交往、学会生存，具备与现代社会需要相适应的学习、生活、交往、生产以及不断促进自身发展的基本素质。

学校坚持书本知识和实践学习相统一，加强学生的校外学习实践活动。立足于丰富学生阅历、锻造学生个性、增强实践能力、培养创新精神，引导学生开展丰富多彩的读书成长、自然观察、社会考察、科学探究等自主学习活动。组织开展了科普知识传播、发明创造、科技制作、科学实验等科技活动；组织开展了课外阅读、影视、音乐、舞蹈、戏剧、绘画、书法、工艺制作以及集邮、摄影等艺术活动；组织开展了田径、球类、游泳、体操、武术等体育锻炼和竞赛活动，陶冶了学生的道德情操，提升了学生的综合素质。

"学习金字塔(Cone of Learning)"是由美国学者埃德加·戴尔(Edgar Dale)1946年率先提出的。从以下数据中可以看出两周以后学习的内容的留存率：听讲——只能留下5%；阅读——可以保留10%；声音、图片——可以达到20%；示范——可以记住30%；小组讨论——可以记住50%；做中学(实际演练)——可以达到75%；教别人(马上应用)——可以记住90%。

课堂是实施素质教育的主渠道、主阵地。改革"唯师"独尊的"一言堂"，向课堂要质量、要效益，是减轻学生负担过重，提高教学质量的关键。学校要求教师在教学中必须创新课堂模式，把新思想、新方法运用于教育教学实践当中，切实提高课堂教学效率。

"创新是一个民族进步的灵魂，是国家兴旺发达的不竭动力。"因此，对孩子进行创新意识和创新能力的培养，就有着重要而深远的现实意义。

学生不应当满足现成的经验和结论，而要敢于突破老的框架，具有求新意识和独立的判断精神；善于发现并提出问题，具有强烈的"问题"意识；敢于坚持自己独到的见解，努力形成与众不同但更有效的风格。让孩子们真正能够适应未来、驾驭未来、创造未来，使有限的教育资源创造出最大的效益。

二、学生发展需要尊重意愿——学与教的动力源泉

"学生发展需要尊重意愿"教育是一种体现素质教育思想的、以促进学生的全面和谐发展为目标的、以"学为中心"为显性特征的教育形态。它具有"优质教育""轻负高质"的外在特征，如学得愉快、师生关系融洽、课堂气氛活跃、单位时间内教与学的效率高、教育教学效果好等现实形态。这种形态是任何教育者和受教育者只要身处其间便可以对此做出合理的评价。

叶澜教授认为，中国学校要从"近代型学校"向"现代型学校"转变，"现

代型学校”具有“价值提升、重心下移、结构开放、过程互动、动力内化”等特征。[①] 其中“重心下移、结构开放”,从本校的办学理念看,我们学校就是基于孩子的办学理念;“过程互动、动力内化”我们的做法是学校把学习的权利还给学生。

当然,我们完全按孩子想象来办学,这是难以办到的,也是不现实的,何况这么多的学生,想法众多,五花八门。因此,按孩子想象办学,这是一种理想。按照这个理想去办学,肯定能得到学生的拥护,肯定能得到家长的支持,那也肯定能得到社会的支持,而且尊重孩子的想象,本身也是符合教育理念的。

我们对教育的育人价值和社会发展作用极度信服、无限尊崇和执着忠诚,并以此作为自己的“信仰”。按孩子想象构建现代学校就是为孩子们快乐健康成长,为孩子和谐持续发展努力,这是我们孜孜不倦、坚定不移的追求。无论遇到什么挫折与压力,我们都绝不放弃,不计较任何得失,始终相信经过努力就可以实现美好的理想。其存在的意义是对现实教学产生一种积极导向作用。

三、学生发展需要轻负高质——学与教的追求目标

我们认为“轻负高质”不仅仅是教学的概念,更是教育的概念,应基于“基础”与“创新”来开展教育教学活动。教育是一种使人向善的活动,是一种引适性的活动。教育者要从儿童的立场出发,因势利导的去教育他们、引导他们,充分开发儿童的潜在能力,在他们的个性整体、和谐发展上下功夫,发展他们的个性、才能和创造力。我们集团提倡放养式教育,学生有足够的时间参加自己喜欢的活动,有足够的空间做自己喜欢做的事情,有足够的精力玩自己喜欢的游戏。玩是孩子的天性,在玩中得到知识,在玩中锻炼能力。“轻负高质”是航行的灯塔,是人生的轻音乐,让孩子快乐成长,让孩子翱翔蓝天,让孩子奔向美好的前程。因此,促进儿童的快乐成长是轻负高质所追求的目标和价值。

(一)轻负担是孩子享受快乐的根源

快乐是孩子的权利,让每一个孩子在快乐中成长则是教师的职责,是学校应该做的一件大事。

所谓“轻负担”,并不是没有负担,也不是越轻越好。“轻负担”包含了两层意思:一是适当的负担,即符合学生年龄特征、身心特点、学习规律的合理

① 叶澜.实现转型:新世纪初中国学校改革的走向[J].探索与争鸣,2002(7).

的课业负担；二是指学生对学习产生浓厚的兴趣，从而不感到客观负担的存在，乐此不疲。

玩是孩子天性，6～16 岁又是孩子身体锻炼最有成效的关键期。其中6～7岁是速度、灵敏度发展的关键期；8～16 岁是力量和耐力增长的关键期。运动还能激活思维，促进智力水平的发展，而且能磨炼人的意志，帮助人调节情绪，培养开朗、活泼等良好的性格。现代孩子面临较大的竞争压力，适当的运动可以缓解孩子的紧张和焦虑情绪，促进放松和平静。为此，我们要减轻课业负担，让孩子多玩，多运动，多娱乐，给孩子适度的自由活动的时间和空间，促进孩子增强体质，身心健康，热爱生活。

学校成为安全、快乐、启智、向上的摇篮，校园生活是每一个孩子最值得回味的。比如杭州市十三中教育集团所倡导的“按孩子想象构建的现代学校”即折射出学校每一天都是生动的、鲜活的，可启发的、再创造……有见到曙光和启明星般的清新感。我们每一位教师心是长着眼睛的，用耐心、用爱心、用细心来教育我们的学生，每一位孩子的喜怒哀乐与每一个人紧密相关！老师和所有的父母一样，希望孩子能健康快乐地成长。

我们带着“让每一个孩子在快乐中成长”的信念，继续向前走着，义无反顾地、坚定不移地向前走着。孩子喜欢自由自在、无拘无束的生活，这样的生活才能让他们在快乐中成长。这是我们办学的一个初衷。

2. 高质量是孩子走向快乐的保障

所谓“高质量”，是指全面的、可持续的教学质量。即指以智育为基础的全面的质量观，学生的德智体美劳等全面和谐的发展。这意味着我们在抓教育质量的同时，注重学生各育的发展，关注学生身心健康和人格的健全。

这一层次的“轻负高质”体现为教师为逼近轻负担、高质量的教学目标，对教学进程进行全面干预和主动调适，对教学因素进行优化组合，对教学策略进行理性选择和灵活运用。它是教师基于对教学规律、教学原则的科学把握，利用自己的实践智慧和教学艺术，使得教与学产生良性互动，目的在于追求教学的高效率、高质量。教师之“教”对于“轻负高质”的意义在这一层面集中彰显。

所谓“信仰” 就是为儿童快乐健康成长，为儿童和谐持续发展，孜孜不倦、坚定不移的追求，无论遇到什么挫折与压力，都绝不放弃，不计较任何得失，始终相信经过努力就可以实现美好的理想。其存在的意义是对现实教学产生一种积极导向作用。

“轻负高质”教育是一种体现素质教育思想的、以促进学生的全面和谐发展为目标的、以“轻负担、高质量”为显性特征的教育形态。它具有“好教育”“好教学”的外在特征，如教得轻松、学得愉快、师生关系融洽、课堂气氛

活跃、单位时间内教与学的效率高、教育教学效果好等现实形态。这种形态是任何教育者和受教育者只要身处其间便可以对此做出合理的评价。

“轻负高质”教育以促进学生的全面和谐发展为目标。全面提高教育质量,是当今世界基础教育领域的普遍追求。从教育目标的角度看,“轻负高质”体现了教育的时代要求。“轻负高质”教育以“轻负担、高质量”为显性特征。实现教育的高效率、高效益、高质量,是由教育理想转化为教育现实的不断超越的过程。

从三个层面综合起来看,“轻负高质”应是一个动态的转化过程:把“轻负高质”从内在的“理想”转化成有效的“思维”,再从有效的“思维”转化为一种外在的“状态”。这一过程就是教师把自己的专业素养与教学材料、学习者活动及其他课程资源有机结合,使教育教学获得生命形态的过程。

由此,我们认为“轻负高质”就是为达成“好教育”“好教学”的目标而自觉树立先进的教育理想,并通过综合利用教育策略和教育艺术,使这种教育理想转化为能使师生和谐发展、不断超越的教育形态的过程,不断提升教育教学的境界。

第二节　学教方式变革的路径设计

一、载体革新:为学生搭建学习支架

切实落实构建生态课堂的教学理念,通过教师提供的学习载体,为学生搭建“支架”完善学习方式,拓展学习空间,构建立体交互环境,做到师生交互、组内交互、组际交互,积极引导自主合作探究,使学生成为学习的主人。

(一)导学案——自主合作学习的脚手架

学科导学案(见表11-1)是教研组、备课组、教师个人编制的用于引导学生自主学习、自主探究的学习方案。导学案的使用是实现高级目标(学习能力的培养)和基础目标(文化知识的掌握)的关键。它的实施可以分为三大环节:课前预习,课堂合作探究,课后拓展。

导学案备课的基本模式:个人提前备课、备课组研讨、优化学案、课堂实施。导学案包括:目标导学、重点难点、自主预学、合作探究、自主测评、拓展延伸等环节。

表 11-1　学科导学案基本结构

题目:《××××》导学案		
学习目标		学习笔记
重点难点		
自主预学		
合作探究		
自主测评		
拓展延伸		
思维导图		

1. 学习目标

学习目标具有导向功能、激励功能和调控功能,编写的导学案紧扣教材、适合学生,目标明确具体、可操作能达成。

2. 自主预学

自主预学是"先学后教"的前提条件,预学不充分不上课。预学不是做练习题,而是寻找路径与方法,促使学生自主学习与思考,同时要注重预学习惯如笔记的记法,记录疑点、重点、难点,以便上课及时弄懂。也要注意预习方法的指导以及预习效果的检查。要根据学科特点,引导学科学习规律,运用多种载体来帮助自主学习。

3. 合作探究

在个人自主学习的基础上,进行小组合作,导学案中设计好要合作的问题及方法,让学生抓住问题的切入点、质疑点、易错点、混淆点、拓展点、知识发生点、拔高点予以深度合作探究。

【自主测评】

1. 下列关于锋面和天气的叙述,正确的是(　　)

①冷锋过境时,一般会出现晴朗天气　②我国北方夏季与冷锋活动有关　③我国冬季爆发大风降温天气是由于冷锋南下形成的　④暖锋过境后,气温、气压升高,天气晴朗(　　)

A. ①②　　B. ②③　　C. ③④　　D. ②④

2. 下列在我国某些城市天气预报中的是(　　)

A. 阴转多云　　B. 有雷雨、大风出现

C. 持续高温　　D. 空气质量级别Ⅱ级

【拓展延伸】

北京时间2007年10月24日18时05分，嫦娥一号卫星由长征三号甲运载火箭在西昌卫星发射中心成功发射升空。

(1)右图是当天西昌发射场区一些气象资料，该地处于________控制，天气为________________________，这天的27℃的气温通常出现在________左右，旗杆上的国旗会飘向________方向。

(2)嫦娥一号卫星在经过地球大气层的对流层、________和中间层最后进入飞行轨道。

4. 自主测评

自主测评是提高课堂效率的一个重要手段和途径。自主测评要求"适时反馈，及时矫正；真实反馈，准确矫正。"测试题要扣住本堂课的重点、难点、易错点、易混点、易漏点和考点，巩固本堂课所学的基础知识和基本技能。题型要灵活、多样，量要适中。

5. 拓展延伸

充分挖掘、利用和开发各种课程资源，导学案中设计拓展延伸，有利于实现各学科的整合。将理论转化为实践，提高学生综合素质。

6. 思维导图

这是一种学习策略，有助于学生将隐性的知识显性化，让学生用系统的方法思考问题，以图形的方式记录下思维过程，形成"激活旧知——感受新知—运用新知"的学习支架，帮助学生内化新知识，促进意义学习。

(二)微课程——自主合作学习的启明星

"微课"又被人们称为"翻转课堂"。在网络时代，学习不再是书本上的那些"经典"，需要一种选择性强——能有多元的自主选择权的学习材料，而非强制性的灌输。以这样来看，微课程显然更适合现代学习(见表11-2)。

在推进"先学后教""学为中心"的课堂教学中，出现了"上课时间不足，不能完成教学任务""难以拓展延伸""知识间缺少建构"的问题。在这样的背景下，微课程因其起点可高可低，非常适合这样的教学，以弥补各种遗憾。即使偏远的学校，只要有电脑网络，就可以进行自主学习。学生可以自主创建学习空间，能更好满足学生的个性学习，教师变成身边的导师，按需选择学习，既可查缺补漏，又能强化巩固知识，是课外拓展个性化学习的好导师。

表 11-2　智慧微课堂与传统的课堂教学的比较

学习方式	优点	缺点
传统型课堂教学	1. 能充分发挥教师的主导作用 2. 师生互动及时，有利于情感交流 3. 以教师为核心，易于控制教学过程 4. 受外界环境影响小	1. 不利于发挥学生积极性和主动性 2. 课堂过于严肃，忽视学生个性差异 3. 对教师个人能力及经验依赖性强
“智慧微课堂”教学	1. 充分利用各种软件，教学方式多样 2. 有的放矢地选择多种教学信息 3. 学生积极性增强，自主性很强	1. 对教师综合素质要求高 2. 教师掌握软硬件能力要求强 3. 对学生自觉性要求高

1. 微课在自主学习中应用

现在网络通信的发展和微机的普及已经使自主学习成为可能，教师把学习中的重点和疑难问题制作成微课，上传到网上，学生便可以随时点播学习，关注以下几点：

(1)微小精悍。目标微小：每次要求一点点，化大为小，积少成多；时间微小：只有 5 分钟，若干个“微时间”会形成“1+1>2”的效应；内容微小：一次一个知识点或者一个题型，如“星星之火可以燎原”。

(2)注重启发。微课程围绕一个问题，层层深入，注重启发，策略水到渠成，引发思考。

(3)选择性强。结构完整，学生可根据自己的需求，主动选择微课，解决自己不能解决的问题。

(4)针对性强。微课程的一个议题、一个重点，都是针对学生学习中的疑难问题设计，非常适合学生自学。由于视频可以反复播放，使那些平时反应慢的又羞于发问的学生能够从容的反复观看，较好地解决了后进生的转化问题。

2. 在新授课上微课的应用

(1)新课导入。教师根据学生已有的知识基础和新知识所需的衔接知识点，为新课设计新颖问题，激发学生兴趣，顺利导出新课。

(2)帮助理解。教师对教学重难点做分析，可以通过创设情景、设计问题、编写例题等方法启发学生探究规律。

(3)练习巩固。教师设计针对性强的习题并制作好微课，以巩固知识。

(4)小结拓展。引导学生将新知识纳入已有的知识体系，之后再适当设计不同层次问题拓展提升。

以上环节可单独或联合使用微课。

3. 微课程建设

(1)课题的选取。一般是针对重点难点突破,或针对拓展延伸,或针对课后复习,择其一个知识点设计微课程。

(2)内容的设计。准确地把握教学内容,容量适当,难度适中,吃透纲要。通过视频组成一个融教学设计、课件、视频为一体的主题资源包。

(3)知识的讲解。语言要简明扼要,逻辑性强,易于理解,讲解流畅。注意动静结合,图文并茂,字体搭配,字号搭配,颜色搭配,错落有致,使用的文字尽量少等,要使整个视频简洁清新流畅。

(4)知识的拓展。为拓展知识点,就必须查阅资料去充实内容,设计真实的、具体的典型情景破解"隐性知识"的深刻内容。

总之,讲解时心中要有学生,使讲解通俗易懂,引入和结题要简洁明了,声音响亮,节奏感强,注意时间的把握,整个视频要控制在 5~10 分钟以内。

二、组织形态的创新

(一)小组建设

1. 竞选组长

班级文化建设的第一步工作是选定 8 位责任心强,有一定工作能力的同学担任组长,由学生自荐,全班同学投票产生 8 位小组长,本着自愿和有一定的学生基础相结合。

2. 双向选择

班级中每个学生各方面的能力都会有差异,采用双向选择的原则顺利组建了 8 个小组。双向选择克服了统一分配的弊端,最大限度地减少了组员和组员、组员和组长之间的摩擦,降低了组与组之间的不平衡,使小组从建立之初就是温暖和谐的 。

3. 小组精神

本班共有 48 名学生,成立了 8 个小组,每个小组都拥有属于自身特点、积极向上、富有新意的、响亮的名字,如梦想小组、希望小组、蓝天小组、白云小组、飞翔小组、雄鹰小组、谦虚小组、群英小组等。每组由 6 人组成,6 张课桌围在一起,并在中间放置一块写有本组名字的桌牌。接着根据各自的组名,分别设计了属于本组的、独特的、漂亮的组徽。从现在开始,这一个 6 人小组将紧密地团结在一起,共进退,同忧喜,从而学会小组合作,提高团队意识,增加团队凝聚力。

4. 设立组规

"国有国法、家有家规",最后,每组的小组成员共同制定了小组组规,要求小组成员共同遵守。下面是其中一个小组的组规:

小组规划

奖励制

一、作业字迹工整，无一次未写作业者奖一分。

二、主动帮扶同学者奖一分。

三、举报违纪者、捣蛋者奖三分。

四、课堂上勇于发表不同意见奖一到三分。

五、成绩好、品质好奖五分

扣分制

一、严禁抄袭，违者扣一到五分。

二、作业必须交齐，不做作业不带作业扣一到三分。

三、打扰他人学习扣一分。

四、上课不遵守纪律扣一分。

五、不得在背后谈论课代表、科任老师等，散布谣言，违者扣三到五分。

组长：赵××　　副组长：肖××

组员：寿××、黄××、叶××、杨××

（二）形象设计

全班同学分组参与班徽、班旗、班歌等的设计。在众多的设计中，经过大家讨论和投票，以下设计脱颖而出。通过这一活动让全体学生以最快的速度融入班集体中，强化了团队精神，增强了小组合作意识，为更多的学生搭建了自我展示的平台。

1. 班旗

班旗中间有一个“2”的图案，上面有13种颜色，47条彩线。13代表十三中，47条线代表我们46名同学和班主任曹老师。丰富的颜色预示我们的初中生活多姿多彩，弯曲而有力的线条表达出了我们充满活力的个性，又代表了我们47个人团结一心，通过努力，共创佳绩。而把“2”竖过来又是一个“v”字，祝福我们班在未来三年里能取得累累硕果。最左边的空白区域，预留了五角星的位置。今后每当我们班得一次“年级第一”就加一颗星。

2. 班级口号

能够第一个到达巅峰的人，不是无心插柳，而是源于精心的谋划；不是一时的运气，而是有系统的方法。利用本就存在的强弱互换的趋势，主动创造强弱互换的机会是关键。合作需要相互支持、理解、体谅、宽容、承担、鼓励、相信、帮带，才能成功！我们需要宽容，需要理解，需要相互信任和相互鼓励，坚持到底，才可创造成功……

3. 班徽

标志由三条明快又简洁的线条组成，象征了我们即将到来的三年初中生活，用三个不同线条和形状的几何图形组成，象征了将要迎来的初中生活丰富多彩，形态各异，用几个几何图形组成了风帆，象征了我们的初中生活即将扬帆起航，无所畏惧，坚定方向，理想在远方，而蓝色是深邃的大海之色，象征着我们这一辈人勇于探索，搏击风浪，永不停歇，用几何图形组成的力争向上的螺旋气流，象征我们虽然是00后，但我们依然不屈不挠。

（三）教室布置

著名的教育改革家魏书生曾这样说过："班级就像一个大家庭，同学们如兄弟姐妹般互相关心着、帮助着，互相鼓舞着、照顾着，一起长大了、成熟了，便离开这个家庭，走向了社会。"教室环境布置要给学生以家的温暖，营造班级——大家庭的氛围。让教室的每面墙，每个角落都会说话。

1. 毋意、毋必、毋固、毋我

教室后墙上的班徽两边是班级提倡的精神风貌出自《论语·子罕》，孔子杜绝四种毛病——不主观臆测，不绝对肯定，不拘泥固执，不自以为是。讲事实，不凭空猜测；遇事不专断，不任性，可行则行；行事要灵活，不死板；凡事不以"我"为中心，不自以为是，与周围的人群策群力，共同完成任务。

2. 你争我辩　快乐无限

工具箱右侧写的是"你争我辩　快乐无限"，左侧写的是"领先来自争锋　成功源于合作"。新课堂，新主张，课堂气氛活跃精彩，充分挖掘你我潜能，张扬你的个性，描绘大家不平凡的人生，乐着学，学着乐，多彩人生我的课堂我主宰，我的人生我把握，展现自我，成就未来课堂大舞台，人人展风采。工具箱正面写的是"给我一次机会，还你一份惊喜，尝试越多，生活越美好"。无论工作学习只要抓住了每个人的特点，利用他/她的长处，适时适地的开发引导，他/她肯定会带给你意想不到的收获。做学问也是一样的道理，其实就是根据自己的特点，发现自己的需求点，找寻适合自己的契机，就能够成功。这就是：给我一次机会，定会还您一份惊喜。我们如何寻找契机，这很重要。需要认识自己，发现自己，创造自己，肯定自己。每一次经历都是一种蜕变！就比如雏鹰，一开始学飞都是老鹰把他们弄到悬崖，推下去，雏鹰扑腾扑腾慢慢降落到地面。就像人一开始做某些事情，有的时候碰见大事也会不知所措。雏鹰经过一次次的飞行，慢慢地不用老鹰推，自己在地面就能够飞上蓝天。当一个人什么事情都做过了，尝试过了，懂的也就多了。雏鹰经过风吹雨打，追逐，逃命，练就一身技术，就能像老鹰那样在天空自由矫健地翱翔！我们也是，做错了事情，要懂得吸取教训，经历的风浪越多，明白的越多，越能感觉生活的美好。这一次次经历的过程，正是一笔宝贵的财富。

3. 你争我赶,合作共进

教室后黑板左侧有一块各小组日常表现评比表:

梦想、群英、雄鹰、希望、谦虚、蓝天、飞翔、白云 8 组不同的意境 8 个不同的小组,在合作中共进。你争我赶,争创第一。每个小组合作学习,鼓励同学间彼此协助,互相支持,以提高个人的学习效果并达成团体目标,以多维度的动态标准分层次,以多样化的组织形式比拼,让每个同学在小组中争到合理角色,占有相应位置,从而促进各个层次同学在小组合作学习中得到最优发展。

三、课堂形态的革新

在以素质教育为目的的新一轮课改的推进和深化过程中,教师的教学方式与学生的学习方式的变革成为课改的重点。叶圣陶先生说:"教是为了不需要教。"他说:"尝谓教师教各种学科,其最终目的在达到不复需教,而学生能自为研索,自求解决。故教师之为教,不在全盘授予,而在相机诱导。必令学生运其才智,勤其练习,领悟之源广开、纯熟之功弥深,乃为善教者也。"传统的课堂教学侧重于"如何教"的预设,新课堂呼唤"怎样学"的指导。导学案教学模式就是在这种大背景下产生的,并在全国范围得到推广。

(一)新课堂主要内涵

1. 自主课堂六元素

自主课堂主要元素有六个:自主、探究、体验、合作、生本、愉悦。

"自主"表现为学生自立、自为、自律地学习,学习的主体是学生自己,学习归根结底是由学生自己主导和完成的。

"探究"是通过教师创设情境,提供信息资料、工具和情感交流等多种途径使学生在不断的探究新知,学生通过自己独立的分析、探索、质疑、创造等方法来实现学习目标。

"体验"是学生在探究的同时,通过实验、角色扮演、演算活动、辩论活动等活动予以体现。

"合作"是指学生对某一问题展开讨论与协商,相互尊重,提倡争鸣,允许存在个人意见;形式多样化,学生可以独立对某一任务进行学习,然后与小组交流,或者对某一个比较大的任务进行分工,每一个去完成一部分内容,然后整合为一体。

"生本"即是以生为本,学生是学习的主体,以学生发展为本,突出学生的主体地位。

"愉悦"是指教师为学生营造具有自由、平等、和谐、生动、无拘无束的教

育氛围，在这种的氛围里，课堂是轻松愉悦的。

自主探究与小组合作是学生在课堂中最基本的要求，成为课堂上学生探索知识、交流情感、提升能力的主要实践形式，也是我们课堂教学改革的一个亮点。

2. 教师主导五明确

我们实施的“以学定教”课堂教学改革，主要采用“先学后教，自主小组合作探究”的课堂教学，这种课堂中学生充分动起来，在动中学习，在学习中发展。

学生不是盲目地自学，而是在教师指导下自学，教师的指导有个“五明确”要求：提示内容、提示时间、提示方法、提示要求、提示目标。“提示内容”是指教师在学生学习某一个模块的时候，教师提供学习的内容以及相关的资料；“提示时间”是指老师给定的学习内容下，提示学生在一定的时间内完成任务，这是一个充裕的学习时间，让每一位学生都有足够的实践学习与思考，以提高学习的效率；“提示方法”是指根据学习的内容，教师尽可能多的提示学习方法，帮助学生尽快掌握学习要领，提高学习效率；“提示要求”是指教师在给定的内容中要提示学习要求，并根据学生情况给出分层要求；“提示目标”教师提供一定的学习目标。

3. 师生关系四要求

以学定教强调的师生关系是：目中有人，尊重学生，以人为本，关注发展。真正体现教学是为了学生主体的发展。这与“以案定教”有着本质区别，教师心中只有教案，教学是为教案服务，而不顾及学生的基础、情感和未来发展。与“以教定教”也有本质区别，“以教定教”教师心中只有自己，忙着灌输知识，忙着传授方法，全然不考虑学生喜欢不喜欢，接受不解释。[①]

学为中心就是依据学情确定教学的起点、方法和策略。这里的学情包括学生的知识、能力基础、学生的年段认知水准，学生课前的预习程度，学生对新知的情绪状态等学习主体的基本情况。而“定教”，就是确定教学的起点不过低或过高，在恰当的起点上选择最优的教学方法，运用高超的教学艺术，让每一位学生达到最优化的发展。

（二）新课堂主要特点

1. 自主学习

自主学习是与接受学习相对应的一种现代化学习方式，是指以学生作为学习的主体，通过学生独立的阅读、分析、质疑、探究、体验等方法来实现

① http://baike.baidu.com/view/9531322.htm.

学习目标。(1)自发性:是指自觉意识和能动作用,在学习中表现为自律与主动;(2)选择性:让学生根据自己的需要、兴趣、个性特点积极主动地选择适合自己的学习内容和学习方法;(3)调控性:学生对于自己的学习的支配和控制的能力;(4)自评性:学生对学习过程及其结果进行评价。

自主学习范式:导学案—自行学习—微课堂助学—知识理解—自我评价。其中学生主体体现在:自主探究,小组合作,质疑答疑。教师主导体现在:导学案引导,组织课堂,维护秩序,质疑答疑,激励评价。

自主学习体现在学生独立性,其具体表现为“我能学”。“自主、合作、探究”式高效课堂必须做到:充分尊重学生的独立性,培养学生自主学习和自主解决问题的能力。个体的独立与小组的合作是不矛盾的,只有具有独立思考、独立学习的个体,才能在合作学习中积极主动地完成各自的责任分工,使“自主合作探究”学习成为可能。

2. 小组合作

小组组建后,在课前任务完成、课堂展示、讨论、交流、评价等环节,都是以小组为单位完成。在小组里学生能大胆地将自己的见解通过语言表达出来,通过交流,进行充分的语言、思维及胆量的训练;小组内的明确分工,强化了学生的责任意识,与他人合作中培养了学生善于倾听、乐于互助的优良品质。

我们充分借助了网络资源的优势,学生与学生之间借助小组 QQ 群,学生与教师之间通过电子邮件,建立了一种新型的不受时间、空间限制的网络化合作互动、交流指导模式。

在进行合作学习时,先要让学生明白为什么要进行小组合作学习。调动和发挥同学们学习积极性,提高同学们的英语交际能力,解决个别差异,缩小两极分化,有效提高英语学习质量。提高小组合作学习的有效性要求,小组合作学习要处于有序状态,学生之间进行实质的互动合作,学生必须要有良好的小组合作学习的常规习惯,要注重学生的独立思考、认真倾听、有序表达、积极参与合作等习惯的培养。

展示积分:在各组黑板的醒目位置画出积分表,各组组长及时(每节课后、每天放学前)统计小组积分(见表 11-3)。

表 11-3　杭州市十三中教育集团班小组合作学习评价记录

日期 / 姓名	20　年____月____日						20　年____月____日					
	项目											
	先学	小展示	大展示	交流	规范	点评	先学	小展示	大展示	交流	规范	点评

3.适时点拨

教与学是构成教学过程的两个基本要素。在学为中心的教学中，教与学是相互依存、对立统一、密不可分的整体。在学为中心的教与学的关系中，在以下几方面要发挥教师的主导作用。教师引导点拨即为“搭桥、铺路和导航”，体现学为中心的教学理念，让学生不断获得成功体验，产生积极效应。在以下三个方面我们做得较有成效。

(1)在情境创设中点拨引导

我们采用“导学案”在课堂中创设生动有趣的情境，引导学生观察、猜想、操作、研讨，启迪学生心智，在思维上达到同步，在心理上产生共鸣。教师“导学案”的根本目的在于把裹在疑难问题上的一层“窗户纸”点破一个“小洞”，给学生提供继续探究的契机和空间，让其展开思维的翅膀，独自去领略“洞”里的世界。这正如教师让学生“跳起来摘桃子”的做法一样。

(2)在合作交流中点拨引导

在课堂上我们采取“即时评价”的方法鼓励学生在独立思考的同时，积极开展交流合作，取长补短。合作交流是课堂教学中的重要环节之一，教师在运用时，要进行科学合理的安排和周密有序地组织。注重营造课堂空气，巧设问题情景，精心设计教学过程，激发学生思虑、推理，使得每个学生都主动参与学习过程，让学生真正成为学习的主人。

(3)在体悟活动中点拨引导

当遇到难点无法破解时，教师引导学生通过观察和体验或者组织学生进行思辨解决难题，开展逻辑思维活动。教师要帮助学生置身于能产生探索行为的环境中，及时提供丰富的、操作性强的、符合学生探究需要的材料，支持和引发学生积极主动地参与探究。只有引起学生主动，才能调动积极性，从中体验发现的乐趣，激发探究的欲望，使探究活动更加深入，从而提高学习效率。

(4)以学定教

“学”是“自学”之意，是学生进行自主学习。自主学习能力强弱成为一堂课的重要因素，这是课堂教学高效性的基本保证。例如一些教师的“导学案”主要给学生一个预习的方向、预习的深度和预习的模式。通过自主学习，可以充分体现学生的自主、合作探究精神，发挥出学生学习的主体作用。“教”是“引导”之意，不是老师系统的教，而是老师根据学生自主学习的情况，对其中个别不懂的问题进行指导而精讲。

当然，“精讲”不等于讲得越少越好，教师的讲要讲到点子上，要充分展现解题的思路、方法和规律，要解惑、释疑，疏导学生在思考、解决问题中碰到的疑难，要讲清解题的规范要求。教材已经详尽叙述的简单运算过程，教师可以略讲甚至不讲，让学生看书或自行解决。这就要求教师在备课前及时了解学生学习中遇到的难点及疑点内容，有时还需要主动发现问题，这样才能在上课时有的放矢，讲解更能击中要害，学生能会的就不要讲，学生能代老师讲的尽量让学生讲。

第三节　学教方式变革的典型应用

周浦中学的课改实践，可分为两个阶段：第一阶段从 2011 年 8 月到 2014 年 6 月，这一阶段，在以林久杏校长为核心的班子领导下，全面建立导学课堂模式。第二阶段从 2014 年 7 月到 2016 年 6 月，这一阶段，在以陈超校长为核心的新一任领导班子带领下，全面深化导学课堂改革。

(一)“一纵三横”的管理机制

在依法治校、文化立校、扁平管理、方案运作管理思想的指导下，线上研究，地上落实是学校的课改管理机制。以校长室、教导处、教研组的研究进行方向引领，以年级组、备课组、教育小组建设进行三个年级组横向落实的课改的管理机制。纵向主要负责文化的建设、方案的制订、模式的研究、师生培训等方向性的理论研究；横向重点是以年级组为中心，以备课组、教育小组为抓手，根据年级特点落实分层落实的研究。

(二)两种形式的小组建设

1.“组内异质，组间同质”

合作学习小组通常由 5～6 名学生组成，在构成上要求小组成员在性别、学业成绩、智力水平、个性特征、家庭背景等方面有着合理的差异，使每个小

组成为全班的缩影或截面，这样构建的合作学习小组“组内异质，组间同质”。组内异质为互助合作奠定了基础，而组间同质又为在全班各小组间展开公开竞争创造了条件。

2.“组内同质，组间异质”

最有利于合作探究的合作学习小组形式是“组内同质”，但是组内同质势必产生了“组间异质”，而组间异质不利于小组间的公平竞争。因此在二模的操作中把5～6名成绩优秀、管理能力强的学生组成一组，称之为“巡导团”，其他四组按“组内异质，组间同质”配置，构成了学校特有的“4＋1”模式。

操作方式：如何进行科学、合理的分组，实行“4＋1”模式，以30人的班级规模构建6人合作小组的操作程序为例，全班可以组成5个合作小组。

首先从全班挑选出6名学习成绩好、辅导能力强的学生组成“巡导团”，在剩下的同学中挑选出4名学习成绩好、组织能力强、威信较高的学生担任每组的组长；然后按学业成绩和能力水平，从高到低分别选择编排每组的副组长（1人）与组员（4人），并从组长到组员依次编号，分别编号为A1、A2；B1、B2；C1、C2。

最后由班主任与各科教师统一协调，根据每组成员的性别、性格、成绩、智力等方面的比例结构进行组间平行微调，使同号的组员实力相当，组际之间的各科水平和综合水平基本平衡。要特别注意为班上的优等生找到一个理想的位置。男女比例要适当，而且每组都要有女生，为何呢？一般而言，女生书写认真，步骤规范，能按老师的要求去做，而男生思路灵活，讨论积极，往往注重结果，步骤不规范，书写相对潦草，这样男女生可以取长补短；再者，从思维方式上看，男生侧重理性思维和抽象思维，而女生侧重形象思维，对理科的学习可以互帮互助，共同进步（当然，这一点也视不同班级具体情况而定）。

小组长和小组成员的培训：真正好的组长不是选出来的，也不是天生的，而是班主任培养出来的。不要只注重小组长现有的能力，而忽略了对人的潜能的开发与培养。要充分调动他们的主动性和积极性，这是小组建设成败的关键。要让他们知道当小组长是一次锻炼的机会，是他施展自己才能的舞台。这样他才能积极主动地去建设自己的小组，真正成为小组的主人。

（三）三层五级的评价体系

评价是激励不是甄别，及时公正、团队归属、多维评价是导学课堂最持续的动力。我们的评价从班级、年级、学校三个层面进行，让所有的评价都能发挥其应有的作用；而一课一评、一日一评、一周一评、一月一评、一学期一评的五级评价充分体现了及时、公正。评价的主体侧重团队评价，同时采用“我为小组贡献多少”的个人评价，理顺了团队与个人的关系。

1. 五级评价形式

其一，一课一评。

由任课老师对各小组的表现进行打分，各小组课代表当堂进行记录。

其二，一日一评。

行政小组长把当天的各课的总分相加得出该小组一日的评价分，再报给班长，班长把它记录在教室后面的黑板上。

其三，一周一评。

班长把各组一周五天的评价分相加得出一周的评价分，就是一周一评，结果写在教室门口的告示板上。根据分数，班级评出一周星级小组和五星学生，即勤奋之星、展示之星、参与之星、点评之星、希望之星。

其四，一月一评。

根据每周之星，再评出一月之中的月度星级小组和月度五星。月度星级小组和月度五星要在学校层面通过多种形式进行表彰。

其五，一学期一评。

根据月度星级小组和月度五星评价，学校评出星级班级、校级星级小组、校级五星学生。编进学报，报送家长和社会。学期星级评定结果是学生期末各种综合荣誉评比和APE等级(测评项目成绩分A、P、E三等，分别代表优良、及格与待及格)确定的重要依据。

2. 星级学生、星级小组的量化操作

(1)班级评选出的每月星级学生每人加一颗★，希望之星获得者加两颗★。

(2)希望之星获得者兼任当月班级的优秀小组长。

(3)每月的星级小组的组内成员被评为“团队之星”，团队之星每人加一颗★。一学期被评为“校级星级小组”的组内成员每人加一颗★。

(4)考试分数量化操作：考试一般为月考、期中、期末等由年级组或者学校组织的统一批改考试，一月一次。若本月不组织月考，学科考试由备课组统一确定。

年级考试总分名列年级前60名的同学，每人加一颗★。新进入前60名的同学加一颗★，其所在团队加一颗★。

单科考试成绩在年级平均分以上者每人加一颗★。加分学生名单由任课教师提供。

小组内若有同学总分处于班级后10名的，按照团队的学生数每人扣一颗★。如果一个小组内有两名以上学生总分处于班级后10名的，班主任有权根据实际情况斟酌考虑如何按学生数扣★。

(5)一学期末评选的星级学生列入初三保送生加分条例。(初三保送生条例见附表)

备注:班主任每一个月将班级学生最终评定★级数量进行全班公示,期末学生评比前将一个学期的★级数量整理并公示。

(6)学校每学期按年级评选五星学生各一人,星级小组各一个。获得星级小组的班主任在班级评优评先方面优先考虑。

3. 星级学生评比结果使用

(1)获得优秀小组长荣誉的同学有资格参加校级优秀学生干部的评选。校级优秀学生干部有资格评选区级、市级优秀学生干部。

(2)进入班级获★数量前30%的学生有资格参选校级优秀学生。校级优秀学生有资格评选区级、市级优秀学生。

班级每月勤奋之星、参与之星、展示之星、点评之星的获得者在期末班级学生综合以及单项评比中优先考虑。学生获★数量的多少作为入团的重要参考依据。

第四节　学生评价形态的技术革新

以自主合作学习方式为主要特点的新课改,“评价是武器”。“武器”有落后与先进之分,坚强的勇士一旦拥有先进的武器,就会如虎添翼,战斗力大大提升;同时,先进的武器对勇士来说,是一种极大的动力和荣誉。当然,培养勇士也是重要的任务。基于这种认识,为课改中的学生设计出好的评价方法,应该是比较急迫的事,而好的评价对学生来说犹如勇士渴望的利刃,对学生健康成长具有引领作用。

一、评价的主要类型

加纳的多元智能理论认为,人的智力不是单一的能力,而是有多种能力构成,因此,学校的评价指标、评价方式也应多元化,并使学校教育从纸笔测试中解放出来,注重对不同人的不同智能的培养。每个人都有其独特的治理结构和学习方法,所以,对每个学生都采取同样的教材和教法是不合理的。多元智能理论为教师们提供了一个积极乐观的学生观,即每个学生都有闪光点和可取之处,教师应从多方面去了解学生的特长,并相应地采取适合其特点的有效方法,使其特长得到充分的发挥。学校教育的宗旨应该是开发多种智能并帮助学生发现适合其智能特点的爱好,应该让学生在接受学校教育的同时,发现自己至少有一个方面的长处,学生就会热切地追求自身内在的兴趣。

(一)发展性评价

发展性评价是指依据一定的教学目标和教育价值观,评价者与学生建立相互信任的关系,共同制订双方认可的发展目标,运用适当的评价技术和方法,对学生的发展进行价值判断,使学生不断认识自我、发展自我、完善自我,不断实现预定发展目标的过程。它的特点在于促进学生的发展,在评价内容、过程、方法和手段上都要有利于学生的发展。发展性评价是以被评价者素质全面发展为目标,对被评价者发展水平的认定,其目的都是为了更有利于被评价者后继发展,强调学生的纵向评价,在以往学习经历基础上促进每一个学生的发展。

无论是以何种方式切入课改,课改的终点是课堂。课改的评价是为课改的顺利推进服务的,以学为中心的发展性评价面对的对象是学生,发展性评价主要是围绕学生的学习和班级生活展开的。在学习方面,主要构建了学校层面的学科分层式评价、导师捆绑式评价、备课组层面的学科特质评价以及班级教育团队的学科特色化的评价等;在班级生活方面,主要构建了以班级教育为主题的特色评价活动和学校特色的课改教育评价活动,以及基于小组团队管理的评价行为等。

(二)晋级式评价

指在学生评价激励中采用晋级的形式,让学生在逐步升级的评价体系中获得自身激励,在评价逐级的递增中进一步激发内在的学习动机与学习的内驱力以及团队荣誉感。

比如袁浦中学的“五行”文化评价。“五行”文化是指袁浦中学在课改中以“为了全体学生的发展负责,为了学生终身发展负责”的理念为指导形成的“健行、力行、思行、果行、美行”的学校文化体系。自2012年学校实施课改以来,本着“为每一位学生负责,为每一位学生的终身发展负责”的双负责理念成为学校教育主体,构建以校级晋级式评价为主,年级备课组开放式评价为辅,班级学科特色评价为补充的“三位一体”的发展性评价机制。

学生个体晋级:在最初为了应对学生对奖状的“免疫”中构建了以学生个体升级发展为主线的晋级式体系:奖状→璞玉卡→宝石卡→钻石卡→五行魅力卡→五行魅力学生。

小组团队晋级:为了激发小组团队的协作能力,凸显小组合作的高效学习行为,每月度表彰优秀小组。同时借鉴个人的升级模式,发展成小组的升级体系。

班级晋级:改变了传统的班级评价模式,从每月的四面流动红旗走向班级的周评、月评、星级班,形成班集体的晋级模式。

这种三个层面的晋级式评价形式涵盖了学生班级生活的全部内容，这个晋级式的评价方式在区域课改范围内形成了非常大的影响力。课题组统计至结题时止，累计已有四五十所学校到十三中教育集团参观学习评价方式。

（三）分层式学科评价

指根据各学科特点及学生学习该学科情况，进行分层设计评价指标与评价形式等，然后根据各类各层的评价指标设计进行评价的一种评价方式。

（四）开放式评价

指在评价指标的制定、评价主体、评价内容、评价过程、评价方式、评价结果等每一个环节均全方位开放，让学生、教师、家长、社区等参与进来，形成教育合力，实现整个评价过程的动态性、全面性、公正性和公开性。

在课改评价中往往会涉及很多的数据表格的处理，如每节课的课堂评价表、每月各班的个人荣誉的统计、每月各年级学生的个人荣誉升级数据处理、每周的规范班检查的数据处理、月度最优小组考评的数据处理等等；为了体现数据处理的快速、公开、有效、及时，课题组会同信息中心设计并制作了评价操作平台，涉及了课堂评价表、小组评分、个人评分、规范班评价、晋级卡升级发布系统等等，该系统也成为十三中教育集团课改评价中的一大特色，成为许多参观学校争先学习的内容。

（五）激励性评价

有效评价除了构建完善的评价操作和评价制度外，还要有与之配套的评价发布展示体系。评价的结果只有通过规范、示范的展示发布才能真正地发挥评价的作用，形成教育合力。学校构建的评价三级发布体系每一个层面的评价都有自己的发布程序与要求，使每一层面的评价都能落到实处。评价的三级发布体系为：主题班会（课堂），年级学生大会，学校晨会等，它本身也是一个晋级式的评价发布会，同时也是对应每个层面的评价展示，它们都有严格的操作流程和个性化的评价模式。

学生发展性评价系统还处在构建和实施的初期，从目前的初步建构及实行情况看，通过晋级式评价、多维的评价结构、发展性的评价激励、多层面的评价展示等等，学生的激情再次被点燃，主体主动性再次被唤醒。课改是一项系统工程，也是一个不断建设完善和不断动态生成的过程，我们相信，基于教育价值引领的学生发展性评价，将有力地推动学校课堂教学改革，并为实现学生幸福快乐成长发挥重要的作用。

二、评价机制及操作

(一)形成了数字化的评价数据处理系统

1.评价数据的数字化处理

原来的学生评价操作,是组长每天登记每个小组、每个学生的表现分数,班主任组织每周汇总各项分数,年级组长每月汇总每个小组、每个学生的分数。这样的操作,师生感到太费力、费时、费纸张,有时候还会丢失数据,算错分数。于是,教导处发挥信息中心老师网络编程的技术特长,花了一个月时间,创建了袁浦中学学生评价网络操作平台。通过这个平台,负责登分的同学和老师当日录入分数,自动生成每天、每周、每月的各项总分,也能够按日期查阅每个学生、每个小组的分数。网络操作平台操作,按需并即时性生成各小组、各班级评价分数,给班级的日碰头、周例会提供翔实丰富的评价数据,同时也为班级教育团队诊断班级内各小组情况及年级教育团队诊断各班级情况提供了数据。网络操作平台,降低了纸张、人力成本,大大提高了评价的效率。

2.为各组员总结评价提供了数据支持

学校在学生个体的发展性评价中基于班级层面评价设立了个人评价的八大之星:优秀行政组长、优秀主持人、优秀小助手、展示之星、点评之星、文明之星、进步之星、同伴导师。其中展示之星、点评之星、文明之星、进步之星等的评选产生都是基于网络平台提供的数据。

比如展示之星评选的数据产生:课堂上某同学代表小组进行任务展示而使小组获得了加分,那么该小组的学科小助手同时也会把该得分记录在该学生名下,课后由课代表将该数据录入网络系统,到月底时统计各年级各班所有同学的展示得分,由此可以产生班级月度最优展示学生。

3.为月度优秀小组考核提供了数据支持

每一天各学科的课代表都会利用课间时间或午休时间将本学科的课堂评价表中的各项分数分别录入网络平台中,平台会自动累加各小组在一个月中在所有课堂学习所得的评价分数的总和;各班的值周小组也会将每天小组在班级常规检查评价、班级活动评价的数据录入平台,形成小组活动总分;这样,每月底平台会自动累加两大类的总分和,并将各班所有小组排出名次,各班得分最高组就是月度最优小组。

4.为周规范班的考核提供了数据支持

传统的"流动红旗"评价,主要基于值周班的检查分数、值周教师的检查分数、医务室的卫生检查分数等汇集成的,一方面它的评价面比较窄、数据计算量大且易出错,另一方面其结果产生是不论年级各班做得好与不好,获

流动红旗的班级数总是固定不变，它不以质量论而是以名次论，这已不适合标准化的社会发展形态和评价理念。由此，学校引入了周规范班的评价方式，建立了周规范班评价标准，将周规范班的建设作为班级建设的标准，值周班检查、值周教师抽查、医务室卫生检查、年级活动的表现性量化评价、学校活动中的达标表现性量化评价、课改推进工作检查的各项量化评价等各项指标由各相关部门通过不同的输入终端将各项考核评价数据录入平台，每月底系统自动统计生成各年级、各班的周规范班评价分数，根据规范班的评价标准，只要达到某一分数即为周规范班。

5.为一日一小结、一周一例会提供了数据支持

学校构建了基于网络平台的评价数据处理平台，为各班级的每日一小结，每周一反思提供了即时性的数据反馈能力。班主任或任课教师可以在每一天的任何时候进入平台，浏览每天或某一阶段的学生个人得分或小组得分或周规范班得分，并可通过投影仪展示给学生看，通过数据的变化进行有目的的日总结或周例会，以便能即时激励或鼓励个人、小组、班级等，对于分数落后的学生个人、小组、班级等可以即时介入指导，进行帮助引领等。

6.为教师研究学生课堂行为提供了数据支持

每节课中的课堂评价表分数不仅仅只是数据，这些数据隐含着学生的课堂行为。表11-4是807班某次数学课的课堂评价数据。

表11-4　807班某次数学课的课堂评价

组名	预习	合作	展示	点评	检测	总分
进取之星	6+5	6	5	1+1+1	6	31
进取之境	6+4.5	6	4	2+1	4	27.5
进取之舞	6+5.5	6	5	1+2	4	29.5
进取之恒	6+5	6	6		4	27
进取之光	6+3	6	2	3+1	5	26

观察预习栏得分，发现进取之光的预习成绩与别组差距比较大，这说明该组的预习工作存在问题，那么课堂上或课后就要求教师帮助该组解决问题；从展示栏数据发现也是进取之光组落后太远，一方面进一步论证了没有做好预习工作就不可能有高质量的展示，另一方面说明该组的小组交流也出现了问题，教师要关注该组的后续学习问题等，当然从点评栏中各点评分数的分布情况、总分差距情况等都可以获得学生学习的行为特征，这为学科教师提供了教育上的数据依据。这只是一节课中的情况，那么依据平台的数据处理教师可以得到一周、某一阶段或一个月甚至一个学期、一个学年的

各小组各项目的分数分布情况，这里面的教育内涵何其深远，甚至于可以比较不同学科同一小组在各项目得分上的差别，为班级教育团队获得及时性的教育契机。

（二）形成了“三张名片”为载体的评价形式（以袁浦中学为例）

1.“个人名片”——组员的成长激励平台

“个人名片”是由学校统一设计的各班在课改评价表彰学生个体在小组团队学习、生活中的贡献或示范行为所做的荣誉展示平台，每月评选一次，它包括了优秀行政组长、优秀主持人、优秀小助手、文明之星、点评之星、同伴导师、展示之星、进步之星等荣誉展示（见表 11-5）。

表 11-5　个人评价

项目	参考评选方式
优秀行政组长	带领组员获得月度优秀小组称号
优秀主持人	小组推荐且主持人的工作到位，得到全组成员认可，以及另外至少三个组组长的认可
优秀小助手	小组推荐并且小助手的工作典型到位，是老师好助手，同学好帮手
文明之星	积极参与校、班、组的各项活动，尊敬师长、网络平台提供常规检查分数的数据靠前，并得到全组认可及其他至少三个组的组长认可
点评之星	依据网络评价平台提供数据
同伴导师	依据同伴导师的捆绑式评价数据，以及在导师引领中导师作用发挥突出，受到全组同学的推荐等
展示之星	依据网络评价平台提供数据
进步之星	依据网络评价平台提供数据，以及日常学习行为表现进步大，由小组提名（或学科教师提名）

2.“小组名片”——优秀小组的激励展示平台

“小组名片”是由学校统一设计的各班在课改评价表彰优秀小组团队和进步小组团队的展示平台，它包括了月度优秀小组和月度进步小组等荣誉展示，主要有月度优秀小组的全家福照片，及该小组的文化附件展示、小组格言等元素；月度进步小组的全家福照片，及该小组的文化附件展示、小组格言等元素。它们的评价数据均全部来自网络平台的提供。

3.“班级名片”——班级文化及特色的展示平台

“班级名片”是由学校统一设计的各班在课改评价中展示班级文化，体现班级特色、班级目标的文化展示平台，它包含了班名、班徽、班花、班训、班歌、班级目标、班级全家福照片以及规范班、示范班、星级班的标识卡等。

（三）形成了“晋级式”评价机制

1.“晋级式”评价的三个纬度

（1）学生个人的晋级式评价

①晋级流程及方式。在学生个人的晋级式评价中为学生设立了“璞玉卡、宝石卡、钻石卡、五行魅力卡”等四张晋级式荣誉卡。

学生在月度考评中获得奖状到五行魅力卡证书的晋级方式如下流程：即获得个人奖（含个人名片八项、团队名片两项）三张可以兑换一张“璞玉卡”，两张“璞玉卡”可以兑换一张“宝石卡”，两张“宝石卡”可以兑换一张“钻石卡”，两张“钻石卡”可以兑换一张“五行魅力卡”。

②不同晋级卡的不同价值内涵

学校为每张荣誉卡设计了不同的尺寸样式、不同的教师颁奖及签名，学校还将为获得不同级别荣誉卡的学生分别在不同的集会场合组织颁奖仪式。每张晋级卡除了在外观上有区别之外，还对每一种不同的晋级卡设置了不同的颁奖词和价值内涵（见表11-6）。

表11-6　不同奖励卡的颁奖词

晋级卡名称	颁奖词	价值内涵
璞玉卡	无统一规定，由班主任或班内学生说颁奖词	晋级式评价的起点
宝石卡	祝贺你荣获了“宝石卡”，证明你对小组对班级所做的贡献得到了全班同学、全体教师的一致认可，你的品质、你的付出就像宝石一样珍贵，希望你能牢记校训，努力争做一名“五行魅力学生”	“宝石卡”是学生综合素质评定中“道德与素养”为“A”的条件
钻石卡	祝贺你荣获了“钻石卡”。这是对你一直付出与努力的回报，也是对你在课堂中的精彩演绎与积极参与班级活动的巨大肯定，你的行为跃动着华彩与荣耀，你钻石般的品质影响着你身边的每个人。希望你能继续践行校训，为成为一名“五行魅力学生”而拼搏	“钻石卡”是学生入团、期末评优的前置条件
五行魅力卡	祝贺你荣获了“五行魅力卡”。你有理想，有目标，并能为此而执着奋进；你踏实努力、富有激情；你善于思考、大胆质疑创新；你专注果敢、做事高效；你主动合作、服务他人，表现出优秀的品格和突出的能力，是同学们的榜样，老师的骄傲。愿你继续践行校训，带着“五行魅力”收获幸福美好人生。今天我以袁中为荣，明天袁中以我为荣	“五行魅力卡”是评选“五行魅力学生”的前置条件

学生成长是一个过程，创设晋级平台，可以激发学生潜能，激励学生主

动发展，不断进取，不断超越，不断完善自我，持续发展，可以体验成功的愉悦，体验荣誉带来的成就感，激发学生内在的学习动机；同时，增强了学校评价魅力，提升了学校月度考核的价值，并成为学校文化最重要的组成部分之一。

2. 小组晋级制

小组晋级评价是课改月度评价考评总结的重要内容，是促进月度优秀小组评价的最大激励形式，也是促进小组建设的动力来源。小组晋级评级以月度最优小组为评价起点，形成两条不同形式的晋级路线。

第一条路线：根据网络平台的数据产生月度最优小组；在学期末时计算各小组总分，总分最高组即为学期最优小组；每年度计算最高分，产生各班年度最优小组。分别进行颁奖，颁发小组留存的奖杯及奖状。这种评价方式可以消除月度最优小组次数的影响，让没有评上月度最优小组或次数比较少的小组也有机会获得学期或年度的最优小组的称号，在评选中产生良性竞争，当然，从第二个年度开始，分数重新计算。

第二条路线：也是以月度最优小组为基础，凡是获得一次月度最优小组即标以一星级小组，以此类推，到六星级小组止；得到六星级小组后再获一次月度最优小组即为五行魅力小组。对星级小组或五行魅力小组均颁发不同的标识卡，并建成小组晋级展示榜，三年为一周期。

3. 班级晋级制

班级评价是基于日常行为规范、活动参与情况的评价，每周根据网络评价平台提供的数据，产生规范班；规范班具体的升级操作为：每周根据网络评价平台提供数据产生周规范班；班级连续三次获得规范班，则升级为示范班。

示范班次数对应星级数，一次示范班就叫“一星级班级”，以此类推，直到五星级班级，班级星级数将是校级先进班集体评选的主要依据。

随着学校课程结构的日益个性化，随着课堂教学方式的日益多元化，我们的评价机制也正在悄悄地发生变化。为何评价？我们是该好好思考一下这个问题了。传统的学生评价体系虽然评价对象是学生，但是评价的主要目的是评判教学效果，往往忽略了评价对于学生的激励功能。我们的评价更注重于使学生在不断地自评、互评和他评中激发学习的积极性、不断提升学习力、实现学生的自我突破。

第十二章　校本课程开发：教育高位均衡发展的生动实践

校本课程开发的最终目的是促进学生的发展，教师只有在与学生的互动过程中不断进行反思性实践，才能真正促进学生经验的有效增长和意义建构，才能使课程实施真正成为教师和学生联合创造经验的过程、教师和学生持续成长的过程。

校本课程开发，是学校按照自己的教育理念、特色和可利用资源，以国家或地方课程标准（纲要）为指导的，主要由学校教师自主开发的，旨在满足本校学生学习、发展需求的一切形式的课程开发活动。有利于学校的课程设置具有鲜明的个性和特色，也是新课程改革的一个重要方面。2011 年至今，西湖区教育局从制度引领到资金保障，以点带面地在区域层面开展了校本课程开发的行动研究。近年来，各校都开发了致力于学生发展核心素养提升的，兼具学校办学特色的多元化的校本课程，发展了学生的个性特长，提升了学校校长的课程领导力和教师的课程创生能力，创新了基础教育阶段校本课程开发与经营的新路径。

第一节　校本课程开发的规划设计

校本课程开发经营是要立足学校教育现场发生并展开的，以国家课程标准的基本精神为指导，依据学校自身发展愿景、特色、条件以及可利用和开发的资源，由学校成员自愿、自主、独立或与校外团体或个人合作开展的，旨在满足本校所有学生个性潜能激发的学习需求，它是一个持续的动态的课程改进过程。

校本课程开发的基本原则是目标导向性和协调习惯性。即，校本课程开发必须在国家课程计划框架内、立足于弥补国家课程的缺失的基点上，谋求与国家课程和地方课程的协调一致和均衡发展，以获取支持；同时，校本课程开发中涉及的诸多因素（教师、领导、学生、社区人士）也要整体协调。

学校校本课程开发要实行“双轨”相融策略：学校层面的自上而下的“顶层设计”与教师层面的自下而上的“草根研发”。

“顶层设计”：一种自上而下的校本课程开发路径，以“目标主导”模式，采用“组织化的系统性方法”，注重学科内容的校本课程化。即以学校办学目标为主要依据，在校本课程开发中优先考虑学校的办学思想以及在办学理念指导下的具体办学目标。

“草根研发”：一种自下而上的校本课程开发路径，以“需求主导”模式，采用“非组织化的、经验性方法”，以学生实际发展需求为校本课程开发主要依据，通过挖掘教师的专长资源，来发现学校办学的生长点和突破口，形成办学的特色和目标，培养提高教师和校长的课程意识，提高办学质量。

一、校本课程开发的价值定位

从课程开发理论看：校本课程开发有助于调动学生学习自主性，提升学校办学实力，促进学校的特色化发展。学校是课程开发的最佳场所，教师是课程研究的生力军。校本课程开发的价值在于是否满足学生、教师和学校发展的需要，在于是否引导教师和学生真正从基于教科书的教学走向基于资源的教与学。

（一）立足“校本”—— 基于学校特色办学理念

校本课程开发是着眼于未来社会对人才的要求而进行的课程的规划、编制、实施和评价的一整套活动，实质上是一个开放民主的、以学校为基地进行课程开发的决策过程。体现了学校的办学理念、办学特色和课程资源。以校为本的理念是对学校、对教师、对学生作为教育主体的尊重，是对学校特色、对教师权利、对学生个性的尊重。

校本课程开发的一个基本点就是“学校为本”，即校本课程开发是以学校为基地、以学校为主体、以学校为整体的。其立足点是学校教育现场，是学校、教师主动的开发行为，是对国家课程的一种校本化的课程实施。其落脚点是学生整体的学习需求。

学校的发展愿景是凝聚全体师生的重要动力。学校发展的蓝图变成学校每一个人心中的向往时，就会形成强大的向心力和凝聚力。校本课程开发要提升目标视野高度。对学校校本课程开发要置于教育改革的核心地位去认识，置于国家间竞争的背景去理解。校本课程是学校教育培养目标的具体体现，课程如何设置关系到人才培养的质量。

案例 12-1

杭州市保俶塔实验学校发展愿景

“为了学生的未来，提供最好而可行的教育，让每个学生获得成功！”是学校近年来逐渐积淀形成的办学理念。

“为了学生的未来”“让每个学生获得成功”强调了学校的教育指向和教育目标，前者是培养未来的人，后者是培养成功的人——能够适应未来社会生存和竞争，能够超越自己的目标、实现自己的梦想。“提供最好而可行的教育”强调实现教育目标的途径和策略，“最好而可行”强调了学校要提供给学生课程的卓越全面的品质要求，要能够适应全体学生，支撑全面发展、个性发展。强化和扎实推进综合实践活动课程，是体现学校追求学生个性发展、综合能力发展的重要的载体和途径。

保俶塔实验学校一直坚持“四个观念”(共同基础上的差异发展的课程观、先做人后做事的育人观，健康第一的生命质量观，面向全体公平观)、“三项建设”(队伍建设、课程建设、文化建设)、“三大特色”(课程特色、九年一贯制办学特色、红色历史为载体的德育特色)的办学思路。为学生提供“能力”提升的实践空间，培养学生“学习兴趣、好奇心、质疑能力以及探究能力”等基本能力素养。校本课程开发和实施研究已成为保俶塔实验学校在课程建设方面最突出的任务。

(二)体现“人本”——满足学生个性发展需求

以人为本的理念既强调全体学生都得到全面发展，又强调学生的个体差异，让每一个学生都成为与众不同的主体。学生需求是教育的出发点和归宿，学生个性发展需求包括知识需求和心理发展需求。知识需求是指学生对知识本身、获取知识与能力的方式、途径等的需求和看法；心理发展需求是指学生健全心智、丰富人格的内在愿望和渴求。

校本课程开发的核心价值是为学生提供能满足他们生活、学习需求的，能为他们适应将来社会发展需要的课程内容。学生喜爱的课程，对学生发展有利的课程才称得上是品牌课程。

因此，校本课程开发必须充分考虑学生的需求、兴趣，这是校本课程开发的起点。一所学校要开发校本课程，就要考虑课程的必要性，其依据主要是学生的兴趣或需求。分析学生的兴趣或需要主要通过对学生进行问卷调查、访谈、座谈会等形式，引导、促进、激励和唤醒学生的“课程参与主动性”，以激发学生的学习内驱力。

案例 12-2

关于我校学生对机器人探究的兴趣和愿望的调查与分析

“机器人”校本课程开发的王老师，设计了一份调查问卷了解学生的探究兴趣和愿望：

1.“所在年级”？

设计目的：了解九年一贯不同阶段的覆盖；

2.“性别”？

设计目的：了解学生对“机器人”探究兴趣和愿望性别上是否存在差异；

3.“生活中、学校里是否见过机器人”？

设计目的：考查学生已有的机器人经验；

4.“在校园里是否接触或者和同学谈论机器人话题”？

设计目的：了解学生的兴趣状况；

5.“你觉得机器人和我们生活是否有关”？

设计目的：了解学生对机器人与生活关系的认识也是影响学生对机器人兴趣的内部因素。

以上问题主要从侧面了解学生对机器人兴趣和原有经验状态，为了更直接活跃学生对探究机器人的兴趣和愿望，还设计了“你对课堂上讨论和研究机器人问题的态度”因子，以及“你最想了解的机器人问题是什么”开放性问题。

(三)关注“师本”——激发教师成长自我内驱

校本课程开发的价值还在于促进教师的发展。教师成为积极的课程开发者，是本次课程改革倡导的新理念。教师的知识与技能、生活经验、情感态度价值观等素材性资源都可以转化为校本课程的内容，是课程不断发展的动力。提升教师课程开发意识与能力是校本课程开发的关键。

因此，我们要让那些具备教学个性化、素质专业化的教师，发挥自己的专业特长，结合学科标准和内容，结合学校实际，充分挖掘各种资源的潜力和深层次价值，提高利用率，开发能促进学生综合素养提升的校本课程。

案例 12-3

基于教师专长潜能的校本课程开发

草根式的校本课程开发，不同学科的老师都有机会展示才能，共享教育智慧，实现自我发展(见表 12-1)。

表 12-1 草根式校本课程开发示例

课程名称（学科领域）	课程开发特色	开发者（特长）
“机器人”进校园 信息技术	以学科教学内容拓展、更新开发的形式，建构了“机器人”特色校本课程。	王×：市信息技术学科带头人，曾参与省教材编写
电子制作 劳动与技术	以学科教学内容拓展、更新开发的形式，建构了一种易操作又能培养学生电子技术能力的课程。	陈××：市劳动与技术学科带头人，曾参与省教材、教参编写
“陶艺坊” 美术	以学科内容整合、拓展开发的形式，丰富了陶艺教学内容，使学生的陶艺学习有一定的序列性。	方×：西湖区美术学科带头人，长期担任陶艺社团辅导教师
“棒小伙”铜管乐 音乐	以学科教学内容补充的形式，形成了一套中小学一贯制铜管乐培训机制。	金××：省音乐教师素质比赛第一名。长期担任铜管乐队的指导教师
京剧艺术欣赏 音乐	以学科教学内容补充的形式，初步架构了中小学一贯制京剧学习的内容体系。	张×：出生京剧之家，音乐教研组组长

二、校本课程开发的组织架构

校本课程开发需要有具备课程意识与课程开发能力的专业化教师队伍的参与和支持。在校本课程开发中不断强化学校和教师的课程意识，提高学校教师、领导的课程开发技术，使之有课程改革的正确意识、愿望和动力，有开发“校本课程”所必要的知识、技术和能力。构建校本课程开发学术指导组织和专业学习社群，是有效开发“校本课程”的关键因素。

（一）成立校本课程开发学术专家团队

课程领导是在学校情境下课程领导者影响教师参与课程开发历程，被视为学校课程发展与学校变革的“同心轴”。可促进一线教师参与课程发展，提高教师参与课程变革的能力，从而达到促进学校课程发展和使学生更有效地学习的目的。

校本课程开发组织机构的建立与参与人员的确立。主要内容是成立校本课程开发委员会及其他相关的机构，确立工作程序，为课程的研制开发做前期准备工作。校本课程开发的参与人员包括了校长、各职能部门的主任、各学科教研组长及开设课程的教师等。

案例 12-4

学校校本课程开发学术指导团队

保俶塔实验学校成立了由校长任组长，分管科研的教学副校长、校长助理、科研处主任、教管处主任及“校本课程”开发项目负责人为成员的“校本课程”学术领导小组。在校本课程开发与实施的行动研究中，通过不断的学习、研究、实践、反思，使教师课程专业能力得到质的飞跃。

☆**校长**：杭州市名校长，中学高级。有先进的办学理念，有丰富的科研理论水平和实践经验，多次主持国家级和省级课题。通过讲座、制度建设等方式，对学校教师进行关于“课程建设”“学校发展愿景”“学生培养模式”等方面的专业引领。

☆**副校长**：特级教师，中学高级。通过讲座、课例分析等方式，对教师进行关于“探究学习”“项目学习”“科学实验”等符合“创新人才”培养学习方式的专业引领。

☆**校长助理**：杭州市名师培养对象，杭州市“信息技术”二层次学科带头人。是“机器人”校本课程主要开发者，学校“机器人”社团总辅导老师。通过讲座、技术示范指导、课堂教学展示等方式，对学校教师进行“现代教育技术”培训和“机器人”校本课程实施的技术培训。

☆**科研主任**：全国“劳技”优秀教师，杭州市“劳技”二层次学科带头人，市科研先进个人，中学高级。主持过市级以上立项课题，有丰富的科研管理经验。是学校“电子制作”“工程建模”等校本课程的开发者，学校中小学“电子百拼”社团的总辅导老师。通过讲座、课堂展示、校本教材编制等方式，对学校教师进行“校本课程”开发的理论和实践指导。对本课题研究进行过程调控，提升教师“校本课程”开发的意识和能力，保障课题研究过程科学性和规范性。

校本课程开发中学校学术指导团队的建设，促进了学校课程领导内部结构呈多层级化发展态势，形成了多元力量的课程领导群体，从整体上提高了课程领导的能力。同时，在校本课程开发中也要注重校外专家团队的建设。

（二）组建校本课程开发专业学习社群

校本课程开发要走向科学、规范、完善，需要强有力的校内、外课程专家的大力支持和教师自身的课程理论与技术及知识储备。在校本课程开发中要不断强化学校和教师的课程意识，提高学校教师、领导的课程开发技术，使之有课程改革的正确意识，有课程改革的愿望和动力，有开发“校本课程”所必要的知识、技术和能力。因此，校本课程开发与实施要引领教师不断自

我超越，凸显教师草根生命角度。

教师专业学习社群是指由一群志同道合的教育工作者所组成的，基于共同的信念、目标或愿景，为求专业成长，彼此相互合作学习，努力不懈地以合作方式共同进行探究和问题解决的学习团体。学校校本课程开发的"教师专业学习社群"的组成型态有年级形式；学科（群科）/ 学习领域形式；学校任务形式；专业发展主题；小课题研究；等等。

在校本课程开发专业学习社群组织中，教师不仅是知识技能的学习者，更是实践者，在课程开发研究的真实任务情境中，教师之间组成实践共同体，解决实际问题，并逐渐建立良好的合作关系，实现专业发展的共同愿景。

校本课程是国家课程计划中一项不可或缺的组成部分。校本课程体现一所学校的办学理念、办学特色和课程资源。从专业发展角度看，教师的成长离不开教育教学实践。"校本课程"开发是以学校为基地的一种课程开发策略，也必然是教师专业发展的有效途径。

作为教研共同体的"学习社群"，需要使教师获得心领神会的氛围感染和心理鼓舞，学科带头人与其他教师之间形成的是互补分享式的合作关系。每位成员均拥有平等的专业自主权，即尊重每位教师独特的思维个性和教学个性，通过特定课例或专题研讨来谋求和谐的共同进步。

三、校本课程开发的基本程序

校本课程开发是一个以学校为主体的自主进行的课程开发过程，课程开发的基本程序如下。

（一）SWOT 分析法则：需要与资源评估

需要与资源评估分析是校本课程开发首先必须要做的研究性工作。校本课程开发应基于学校办学理念进行学生、社会需求分析，并充分考虑学校的资源条件。教师可以利用势态（SWOT）分析法，对开发的校本课程做一个内部条件和外部条件分析。S 代表 Strength（优势），W 代表 Weakness（弱势），O 代表 Opportunity（机会），T 代表 Threat（威胁）。利用这种方法对学生、学校、社区和社会的发展需要做一个评估，并对课程开发的内容、人力、经费和政策等资源开展分析，可以从中找出对自己有利的、值得发扬的因素，发现存在的问题，找出解决办法，并明确以后的发展方向。

只有对各种校内外的情境和需要进行科学、充分的了解和分析，才能开发出适合本校学生学习的校本课程，达到促进学生综合素养提升的宗旨。区内某校就"电子百拼"校本课程开发进行了学校环境综合分析，从而开发出适合学生的"电子百拼"校本课程（见表 12-2）。

表 12-2 "电子百拼"校本课程开发"学校环境综合分析表"

项目	有利因素	分析策略
物质、环境资源分析	1. 学校有"劳技"专用教室。 2. 距离"高新电子市场"很近。 3. 学校配备了"电子百拼"学习配套材料，可利用率高。	调查学校现有设备，及可提供的购买电子新材料的资金
人力资源分析（学生、教师、校外人士）	1. 教师：有较强的课程开发能力，具有较高的电子理论和技术水平。 2. 学生：非常喜欢学习电子技术，家庭有一定经济实力。 3. 家长：有部分电子专家能热心参与课程开发。	问卷访谈、技能申报等手法，了解学校师生、家长对课程开发的可利用资源
政策制度分析	1. "电子制作"是义务教育技术初步的学习内容，在高中还需更深入的探究学习。市教研室已在普及推广研究。 2. 学校是一个科技特色学校，已计划把"电子百拼"学习项目纳入课程实施，努力打造学校的品牌课程。	采用文献、查阅公文等方式，解读国家新课程相关的政策文件、课程标准；分析学校制度

校本课程开发过程中尽可能多地考虑到学校具体的特定的教育环境，使课程的开发无论在纵向上还是在横向上都能充分满足并凸显学校师生以及学校环境的独特性与差异性，以期开发出既满足学生需求又有利于地区和社会发展的校本课程，只有这样的校本课程，才会有长久的生命力。

（二）绘制精密蓝图：确定开发目标

在统筹考虑学校资源、师资力量、学生需求等各方面硬件设施与软件资源后，校本课程开发需要有明确的开发目标。确定目标是学校对校本课程开发所做出的价值定位。学校要形成校本课程开发的总体设想，包括：需要评估、资源分析情况，理清办学思路，提炼核心理念，从而确定校本课程开发总目标。

学校还要成立校本课程审议委员会，制定《学校校本课程开发指南》，明确校本课程开发的指导思想、总体目标、课程结构、基本原则和程序、激励政策和保障措施等。在着眼现实情况的前提下，确定校本课程开发的近期与长期目标。

案例 12-5

翠苑一小"三园"目标引领下的校本课程开发

校本课程开发实质就是依据学校所制定的学校教育目标,建构学校的总体课程,并据以实施、评估、改善的过程。

翠苑一小切实贯彻"让每一个学生健康、快乐、自由成长"的教育理念,抓住"三个发展——一切为了学生的健康发展,一切为了教师的专业发展,一切为了学校的和谐发展",努力实现"书院、乐园、花园"的办学目标。教育目标,为校本课程的建设与发展指明方向和提供依据。然后转化为校本课程的总体目标:区域内各校以学校教育目标为原点,统筹校内外资源、综合考虑制订校本课程总目标。在课改精神引领下,进一步细化各类课程的目标,通过教与学来实现学生发展目标,进而实现课程目标,最终实现学校教育目标。

(三)线下网上并举:组织项目申报

随着学校教育现代化信息化建设的发展,校本课程开发的项目申报,可以线下网上并举。开发课程的教师向学校课程开发委员会或者教导处提出申请,提交《课程指导手册》,内容包括课程理念(目标)、课程资源分析、实施计划、活动方式、招收对象、评价方式及其他需要说明的情况。然后由学校校本课程开发学术委员会组织审议后,在校园网上向全校学生公布各年级开设的校本课程情况。学生可在网上自主选课,由信息中心公布学生选课结果(见表 12-3)。

如果采用线下选课,一般选课工作由班主任负责完成。由班主任对学校内各社团进行特色介绍,指导学生填写选课单,并对全班选课情况进行统计汇总上报年级组。最后由年级组、教导主任以学生需求为主要考虑,协调安排上课人员、时间、场地及其他问题。

课程申报表既是教师对课程项目的简要介绍,也是学生线上线下选课的重要参考,因此,表格的设计与填写需要充分呈现申报项目的关键信息,便于学生依据个人兴趣和特长进行选课。

(四)落实理念计划:制定开发方案

校本课程开发,简单地说就是学校按照自己的教育理念对学校部分课程进行不同程度或层次的设计和开发,使学校课程具有鲜明的个性和特色。

校本课程开发方案包括学校层面和教师个人层面。前者是属于学校校本课程开发的整体方案,后者是属于具体某一门类的课程方案。两者共同组成学校校本课程开发的系列文本。教师要制定《校本课程开发方案》,要

表 12-3　杭州市保俶塔实验学校拓展性课程项目申报表

教师姓名　李××　所在教研组　劳技

课程项目名称	电子“小创客”		
课程类别	科技制作类	课程所属项目组	劳技
课程简介	创客制作以实践操作想法为契机，以培养具有创新实践能力的具有创新素养的学生为目标，以电子百拼、Littlebits、Meshare 为载体，通过动手探究制作为途径，曾获得杭州市科技节最具特色和最佳人气项目称号，市区优秀社团，全国、省、市区一等奖百余次。		
教学对象及人数	小学 4 到 6 年级，30 人		
预期教学地点	社团楼 601		
对教学场地、活动器材等方面的要求	希望本学期配备新器材（Meshare）和 3D 打印机		
可行性说明	教师本人为学科带头人，同时在电子社团建设方面颇有建树，社团已经在杭州市有一定的知名度和影响力，是学校社团的一块金名片，通过以往的实践操作是可行的		
如果项目不能成功申报，是否愿意接受学校统筹安排？	愿意		
其　他			

明确开发的项目、课程结构、课时安排、教师配备等。教师还要编写《校本课程实施纲要》，简要说明开课教师、教学材料、课程性质或类型、学习时限、参加对象等（见表 12-4）。

表 12-4　校本课程开发方案格式及要求

一、开发校本课程基本依据。政策依据、学生需求、资源条件、办学理念和思路 二、校本课程总体目标。3～5 项描述即可 三、校本课程编写的大致结构。一般项目有： 开课教师/教学材料/课程性质/学习时间/参加对象。 具体内容： 1. 课程目标陈述（3～5 项即可）课程目标设计要关注三维目标的整合。 2. 课程内容或专题。是校本课程开发的中心设计工作。以发展学生为本，注重差异内容设计，要明确课程内容的性质。 3. 课程学习材料。可以教师自编自创，也可以根据需要改编学习材料。学习材料可以是成形的教科书或讲义，可以是活页，也可以是复印资料、实物、电子音像资料等。 4. 课程实施说明。学习方法、教学策略、教学组织、课时安排、活动场地、教学设备、班级规模等。 5. 考试评价说明。考核方式、记分方式、成绩构成等。

各校均遵循“顶层设计”与“草根研发”相结合的开发路径，既考虑了学校办学目标、办学思想，又以学生实际发展需求为校本课程开发主要依据，通过挖掘教师的专长资源，来发现学校办学的生长点和突破口，形成办学的特色和目标。

第二节　校本课程开发的行动路径

一、校本课程开发的内容架构

校本课程开发的内容直接体现了学校课程开发的理念和目的，因此是学校校本课程开发的关键因素。校本课程开发的内容具有多样性、差异性、开放性和拓展性等特点。

校本课程开发就是要提供一个让学生自主发展的平台，让学生在这个平台上发挥自己的主体性作用，从而成长为有独立选择能力、有自由思考能力、有创新意识与实践能力的人。其基本特征就是通过构建重基础、多样化、有层次、综合性的课程结构，让学生在自主选择和主动学习中自主成长。基于学生发展的需要，根据学校制定的培养目标，区域内学校主要从人文、体艺、科技等三个方面构建了具有基础性、丰富性和发展性的多元化学校校本课程内容体系。

（一）“人文类”校本课程

“人文类”校本课程属于基础性校本课程。与国家课程（语文、数学、英语、历史等）范围大致一致，由学科基础知识、学科学习策略课程构成。如“文学课本剧”“英语广播剧”“数字花园”等校本课程。学生在人文类校本课程学习中，了解渊源丰富的中华文化，多元的国际文化，有利于培育学生的“人文精神”，即对人类生存意义和价值的关怀。

案例 12-6

《诗意水墨画》校本课程

翠苑一小纵观小学水墨画和语文古诗资源的特点，开发了《诗意水墨画》校本课程。课程借助古诗词这个有利的“点”展开水墨画教学，通过直观的图画，强化对诗的理解，感受纸背的神韵，引导学生更深刻地领悟到诗词中用字的传神和内在的精髓。课程学习中，学生们自己通过设计画面，动手绘制，比起单纯地阅画，也更能调动他们学诗的积极性。同时开展有效的水墨画学习，倡导学生主动、合作学习、探究式学习和研究性学习，学习方式从单一性转化为多样性，片面性转向全面性。

（二）"体艺类"校本课程

"体艺类"校本课程属于丰富性校本课程。目的是丰富学生生活，促进全面发展，为学生个性特长发展提供了丰富的学习资源。包括游泳、健美操、球类、田径、器乐、合唱、舞蹈、手工、绘画等个性化课程。有利于增进学生对体育活动的兴趣，体验活动带来的快乐，培养学生的审美情趣和专注的学习习惯，培养学生坚强的意志品格。通过丰富的艺术课程的学习，能培养和提高学生的审美能力和文化素养。使学生在学习艺术的同时，培养创新精神和实践能力，提高审美能力，开发自身潜能，促进学生全面和谐发展。

案例 12-7

"游泳"校本课程

杭州市保俶塔实验学校是杭州市区为数不多的拥有独立游泳馆的国家级体育传统项目学校。领导对体育工作高度重视，提出"因地制宜，合理利用"的方针，让每一位在本校学习的学生学会一项以上的游泳技能，体验游泳所带来的乐趣。广大体育教师互相配合，努力探索，通过多年的教学、训练以及感悟，根据本校"十二五"发展规划的要求，自编了这本体育类"游泳"校本课程。

体育类"游泳"校本课程是中小学体育（与健康）课程的补充，是中小学体育（与健康）教学的个性化课程。本课程以知识为铺垫，以技能为目标，以探究过程为主线，通过深化应用（作业）和评价等手段进行教学；通过教师的领、帮、带、做，让学生去想、看、模仿、练、反思，达到教学相长的目的。课程面向学校三年级至九年级的中小学生（注：水平二适用于三至四年级，水平三适用于五至六年级，水平四适用于七至九年级）。

（三）"科技类"校本课程

"科技类"校本课程属于发展性校本课程。以培养创新型人才为目的，着力培养学生的创造精神、开发创造潜能。重在培养问题意识、创新精神、创造能力的课程。如"科技类"校本课程："机器人""模型制作""电子制作"等校本课程。

"科技类"校本课程开发为学生认识现代信息化世界、探求科学奥秘、锻炼实践能力、培育创新精神等，创建了一个丰富的学习舞台。学生在教师的指导下，主动学习，"技术与工程"素养真正获得提升。这类课程包括两方面内容：一是加深学科知识的深度，旨在拓宽学生学科知识和能力；二是着重培养学生的问题意识、创新意识、科学精神、创造能力的课程，如科技发明、学术小论文、创造技能培养、思维训练等。发展性课程以探究性学习和开放

式学习为主。

案例 12-8

“机器人”校本课程

在新课程的背景下，机器人教学蕴涵了无比丰富的教育内涵，尤其难能可贵的是，新课程所提倡的信息素养、实践能力、创新精神等诸方面的目标，保俶塔实验学校认为机器人教学都能体现，于是，学校初步确立了一个综合了信息技术、研究性学习、科普教育、程序设计、心理发展、合作技能等尽可能全面的机器人教学视角。

课程确立了以信息技术、程序教学为主线，实践能力、创新意识、高级思维能力等为内涵的一种清晰的有层次的教学目标形态。目前所开展的机器人课程，主要关心的是对学生在信息的处理、程序设计逻辑思维能力和相应的个性心理品质的影响。

区域构建的基础性课程以更灵活的课程形式扎实学生学科知识，丰富性课程促进学生全面发展，提高综合素质和生活质量；发展性课程着力培养学生的创造精神、开发创造潜能。

二、校本课程开发的实践模式

西湖区校本课程开发的实践模式主要有三种：选择模式、整合模式和创新模式。三种模式涵盖了校本课程开发的大部分活动类型，其校本化程度体现了由低到高的发展趋势，在操作程序上也从简单逐渐走向复杂。

（一）校本课程开发的选择模式

课程选择是指从众多可能的课程项目中挑选、确定学校实施课程的过程。选择模式能够使学校高效地选择优质教材，学习和借鉴最新的课程理念与思想，提高教育教学质量。校本课程开发的选择模式，将教材内容进行本土化、校本化改造，从而有利于提升教学实效。

保俶塔实验学校依托“第二课堂”开展校本课程开发的选择与重构。主要以科学、语文、美术、思想品德、综合实践活动、劳动与技术等国家课程，以及“人·自然·社会”、“我与杭州”等地方课程为核心，包含“自然·环境”实践考察学习领域和“历史·文化”课题研究学习领域。

案例 12-9

“印学研究”校本课程

中学“印学研究”的校本课程开发，课时可以分散安排，也可以集中使用，内容有分有合，灵活掌握。“印学研究”共 18～20 课时，其中分散在“劳技”课中的有 14～16 课时，集中在“走出校园，走进第二课堂”课中的有 4 课时。深化课程改革赋予教师新的使命和角色身份，要求教师由单一的“消极接受者”变为“接受者与决策者兼而有之”；由被动的、不自觉的、隐性的课程开发者，变为主动的、自觉的、显性的课程开发者。“印学研究”课程中，教师依据课程需要，选择重构课程内容，作为课程实施与开发的主要力量，凸显了创造性的课程能力。

（二）校本课程开发的整合模式

课程整合是以超越不同学科知识体系而关注共同要素的方式来安排学习的课程开发活动。校本课程开发的整合模式，意义在于通过课程整合避免学科教学以及教育教学之间的重复与交叉，提高教育教学的质量和效益，从而实现课程教学整体育人的功能。义务教育阶段的国家课程和地方课程加起来有 15 门。各校根据学校特色。以学生的发展为终极目标，把国家课程、地方课程中的一部分适合校本课程开发的内容提炼出来。

“校本化、个性化”是“选修课程”开发要遵循的原则。保俶塔实验学校的小学“职业启蒙”选修课程内容选择整合“劳动与技术”和“品德与生活”“品德与社会”中相关内容，拓展重组具有一定逻辑体系的学习模块。根据“职业启蒙”课程目标，整合设计了“职业认知”和“职业规划”两个模块内容，每个主题都编排了三个相关学习任务。

案例 12-10

“职业启蒙”校本课程

其中，“父母的职业”“探究职业劳动”和“三百六十行”等主题主要是引领学生关心日常生活中成人的职业角色。知道从事职业活动的要求和相应的职业道德，培养爱岗敬业的意识。知道职业与技术、与社会、与学业、与人的成长发展的联系。关注本地区的经济发展和人才需求，知道创业过程的艰辛和乐趣。“我的职业理想”主题是帮助学生学会分析个人的兴趣和特长，形成初步的职业意识和理想。

（三）校本课程开发的创新模式

课程创新是创造性地开发全新的课程或者课程单元，其校本化程度最高，最能体现教师的主体性和学科专长、发展学生的个性特长、体现学校的办学传统和特色。学校将校本课程开发的创新模式作为深层次的课程开发策略，涉及了学校课程的不同领域，而且适用于所有学科。学校根据自身的传统优势和条件基础，本着“针对实际、突出重点、量力而行、重在实效”的开发策略，展开创新模式的研究探索。

保俶塔实验学校是全国科学探究学习与创新人才培养实验基地学校，中国少科院科普教育基地学校，全国 DI 项目模范学校。校本课程开发的过程中，他们跨年段、跨学科形成课程。成为培养学生科学素养和实践创新素养的重要资源。

案例 12-11

少年科学院："走进浙大 · 科学实验"校本课程开发

【课程目标】

1. 通过参观、访问，感受科技发展的快速与神奇；通过小课题研究，提高资料的整理积累能力，养成善于观察，认真记录，仔细分析等能力。

2. 通过讲座、实验等方式，感受海洋的神秘；了解海洋的基本知识。

3. 参观流体力学实验室，做伯努利原理实验和毕托管实验，采集数据填写实验报告。

4. 能借助显微镜观察多种玻璃切片，深入了解微观世界。

【社会资源】浙江大学紫金港校区

【内容开发路径】"科学实验"拓展性课程以研究性学习方式，借助"浙大"各类场馆仪器资源，结合科学课程内容重组拓展。内容包括：电、水质、基因、噪音、细菌等科学实验研究主题。

【实施路径】小院士走进浙大紫金港校区，在"双师"指导下，做伯努利原理实验和毕托管实验等，采集数据填写报告。

三、校本课程开发的评价实做

（一）区域层面校本课程开发的评价取向

西湖区教育局以优秀成果推介会为媒介，展现了区域层面对校本课程开发的评价取向，有效推进各校校本课程开发的进程。优秀成果推介会以学生发展为终极目标，自××年起，每学期进行一次。在区域范围起到了示范引领的重要作用。

1. 学生发展为本（校本课程的终极目标）

校本课程开发需要处理好学生发展与教师发展、学校发展的关系。"生本"是"校本""师本"的前提、条件和根本目的。校本课程开发的终极目的不是为了学校本身，也不是为了教师本身，而是为了学生本身，为了学生的未来。学校课程开发的根本在于学生发展，因此不能只满足于"校本课程"设置或"校本教材"编写，必须进入学生学习层面，让学生与课程、教材产生互动和对话。只有进入学生学习层面的课程开发，才能对学生发展产生效益。

西湖区教育局一直秉持"学生发展为本"的终极目标，推进校本课程开发。各校在这一理念下,立足学生的收获与成长,对校本课程开发的成效进行评价。

案例 12-12

翠苑中学:"陶文化社团"参加杭州市第六届中小学生陶艺大赛获奖

杭州市第六届中小学生陶艺大赛中翠苑中学王依璠、王雪凝同学制作的《中国梦,我们的梦!》荣获中学组二等奖;陈振宇同学的《中国梦——天下大同》、章圣谦、蒋紫薇同学的《重建梦想》、张颖捷同学的《梦想的力量》、龚欣宜、陈雯婕、沈缘敏同学的《畅想未来》、王曦同学的《向往》荣获中学组三等奖。另外,在此次比赛中,学校还荣获杭州市第六届中小学生陶艺大赛优秀组织奖。

校本课程的开发体现了以人为本的思想,充分考虑到学生的需求,适应学生不同性格发展的需要,能发挥学生的自主性和独立性。相比较而言,校本课程的开发更注重了校与校、生与生之间的差异,通过采用相应的课程政策,促使其多样化、个性化的发展,这是一种基于学生个体的经历、兴趣与体验、把握学生个性潜能发展的独特领域和生长点,这些因素也将纳入校本课程开发过程中。

2.共同发展(全体学生)

校本课程开发,首先追求的是全体学生的发展。并非是教师为少数学生开发课程倾注精力,相应地减少为大多数学生提供有效课程教学的精力。其次是全体教师的发展,并非是学校为少数骨干教师提供资源开发体现少数教师特长的特长课程,而是所有教师都有参与课程开发的机会。再次是整体课程的发展,不是学校为了特色而特色,开发少数"精品"课程,这种课程只是为学校短期需要而存在,甚至为了满足学校功利目的而存在。

西湖区教育局推进的校本课程开发,注重学生、教师、学校课程的整体发展,从而使它们绽放"育人"光彩。

案例 12-13

三墩中学:科技活动展身手,走进社会大课堂

以"科技活动展身手,走进社会大课堂"为主题的三墩中学科普实践主题活动月于本周落下了帷幕。旨在科技活动中培养学生的兴趣,在社团活动中提高学生的实践能力,在社会实践中增长学生的知识才干。活动中,教师们积极动员、悉心指导,学生们踊跃参加、动手动脑,家长们广泛支持、配合响应。教师的团队协作精神得到了前所未有的发展;组织大型活动的能力得到了一定的提升;学生的创新能力得到了培养。(《科技活动展身手,走

进社会大课堂——校“科普实践活动月”侧记》)

学生需求是教育的出发点和归宿，西湖区校本课程开发立足全体学生的全面发展。知识需求是指学生对知识本身、获取知识与能力的方式、途径等的需求和看法；心理发展需求是指学生健全心智、丰富人格的内在愿望和渴求。除了问卷调查和访谈法，各校还采用课程体验的形式，通过参与校本课程学习活动来了解学生兴趣爱好与实际需求。

3. 持续发展(长远规划)

校本课程开发需要开发者建立“系统思维”，长远规划、谨慎设计、长效利用一切可用的资源。如果学校只图眼前利益，将大量人力、物力资源用于短期开发，或者受他校校本课程开发热情的影响，为跟上步伐而盲目开发，没有使课程开发上升到“持续发展”的战略高度，校本课程开发最终只能失效，更难长效。

西湖区教育局要求学校用发展性的眼光，将校本课程开发活动看成就是一个连续的动态的过程。而各校对校本课程开发设立近期与长期目标，以评价来促进“反思”，不断“改进”，从而维持课程持续生成，最终实现长期目标。

案例 12-14

校本课程开发团队对“Scratch 创意设计”课程提出了长期目标，并制定了缜密的教学计划(见表 12-5)。

保俶塔实验学校“Scratch 创意设计”校本课程开发

表 12-5 “Scratch 创意设计”校本课程教学计划

周次	课程名称	指令	常规操作	意识、方法
第一周	第一课 小贝的欢迎词	说话、当绿旗被点击、全部停止	界面认识、保存、移除指令	程序的完整性
第二周	第二课 猫鼠对话	等待 x 秒 停止执行这个脚本	增减角色、调整角色大小、面向、选中角色后编辑	构思先于制作的习惯
第三周	第三课 小猫出行	移动步数、坐标移动	导入背景	程序顺序结构的认识
第四周	第四课 小猫吃鱼	显示、隐藏	复制角色、脚本	通过隐藏角色来避免指令冲突
第五周	第五课 猫鼠传球	重复		程序重复结构的认识
第六周	第六课 智能时钟	旋转	旋转中心设置、绘制角色	

续表

周次	课程名称	指令	常规操作	意识、方法
第七周	第七课 载歌载舞	造型切换,播放音乐、特效	添加造型、添加声音、截取屏幕造型	动画原理的意识 程序的并行性
第八周	第八课 创意电视机	广播、当接收到广播、当角色被点击	区分角色和造型	初次接触图层的意识
第九周	第九课 终极超人	当按下键盘按键、面向方向		
第十周	第十课 勇闯迷宫	碰到颜色	如何吸取颜色	程序初始化意识
第十一周	第十一课 幸运大抽奖	随机数、等于、旋转	绘图编辑器设定角色旋转中心	
第十二周	第十二课 来吧,打老鼠	新建变量、设定变量值、增加变量值	编辑造型基本方法	考虑程序完整性的意识
第十三周	第十三课终极密码	询问、回答、大于、小于、等于,条件重复	区分询问和说话指令	分步骤化简复杂问题的意识
第十四周	第十四课 故事大王	链表、设定链表值、删除链表项,将文本添加到文本后面	多种方法对链表内容进行读写	程序读写文档的意识
第十五周	第十五课 会变换的奥巴马	传感器值的使用	安装驱动、显示传感器数值	软硬结合创作的意识

此课程设计层层深入的教学内容,为课程的持续发展做好铺垫。并依据学生的学习反馈,调整、修改教学内容。与此同时,此课程积极链接区内、校内外的相关展示、竞赛平台,为教师和学生的学习及教学成果提供对外平台,从而更好地激励学生持续学习,“Scratch 创意设计”校本课程由此获得了持续发展的动力。

在校本课程开发的过程中,应当依据学生需求、统筹校内外资源,及时调整课程目标与内容,设置最为恰当合适的教学内容。并以行之有效的评价方式激励学生保持对课程的兴趣,如为学生提供展示、竞赛的平台。

(二)学校层面校本课程开发的评价标准

在学校“校本课程”开发中,要以课程化视野经营,强调教师、学生、教材、环境四因素的整合。强调课程作为学生的经验、强调教育教学过程本身

的价值，把课程视为教师、学生、教材、环境四因素间持续交互作用的动态的情境。“校本课程”由此变成一种动态的、生长性的“生态系统”和完整文化，这意味着课程观念的重大变革。

1. 方案设计

“校本课程”是指学校根据自己的教育哲学思想，为满足学生（与学校）的发展需要，以学校教师为主体开发出的与学校特点和条件相适应的课程。各校建立校本课程开发与实施的一系列保障制度，如课程审议制度、课程评价制度及相关激励制度等，做到“二到位”：责任到位，人员到位。以推动校本课程建设沿着健康的方向发展。

案例 12-15

翠苑一小校本课程审议制度

校本课程开发是一个民主开放的课程决策过程，校本课程审议委员会参与决策的全过程，肩负着审议开发过程中重大决策的任务。

1. 审议委员会成员的构成：由校长、教师代表，学生、家长代表，教研、科研人员组成，并邀请课程专家，社区相关人士等参加。

2. 审议委员会成员的要求

(1)认真学习校本课程开发理论，进行校本课程开发技术的自我培训；

(2)掌握校本课程开发的一手资料，便于指导工作，解决开发过程中出现的各种问题；

(3)本着以学生发展为目的的基本原则，认真负责、客观公正地参与校本课程的审议活动，对审议内容要做好详细记载。

3. 审议委员会的工作内容：

(1)校本课程开发起始阶段参与确立学校教育哲学的研讨，组织对各方人士的调查，分析、研讨调查信息，共同确立校本课程共同愿景。

2. 实施过程

校本课程的开发及实施，建立一个职责明确的管理系统十分重要。各校建立校本课程领导小组，负责校本课程总体策划、全面调控和研究实施，负责校本课程实施纲要的制定；成立校本课程指导小组，组织教师进行校本课程的学习培训，组织教师编写校本教材和安排教师上课，实施课程计划，对校本课程的研究和实施进行指导、评估；调查、分析学生对校本课程的需求情况；对校本课程档案进行整理，做好校本课程实施的经验或成果的推广和应用。

案例 12-16

保俶塔实验学校"三定一反馈"——"校本课程"有效实施规范

"定时间":每周安排课时,并在课表中体现。

"定地点":每个社团都有固定活动场所。以保俶塔实验学校为例,除科技馆、体艺馆、游泳馆、图书电子阅览楼、高标准运动场等场地,学校还专门设立一幢楼作为学校社团教学楼。

"定内容":每个社团活动都有具体的活动主题内容和相关的教材、学习资料。

"反馈"制度:各校印制《社团活动记录本》,包括制订计划、人员组成、活动时间、内容记录、学生社团素质报告单(学生社团课程评价单)、指导教师评价表等,以促进学生社团可持续发展。

3.结果监控

学校课程评价体系由五个部分的评价组成:课程立意与课程目标评价;课程大纲的教学适用性评价;课程开设准备与投入评价;课程实施过程评价;课程实施效果评价。五个评价分别在课程质量的五个控制点进行,通过评价对课程实施全程质量管理和质量保障。"校本课程"评价的指导原则是:发展性、拓展性、科学性、适用性、广泛性、动态性。

案例 12-17

保俶塔实验学校"一评二展示"管理制度

"一评":学校《校本课程》开展主要依托社团活动,力图探索学生社团活动评价新模式。将学生社团活动表现纳入综合素质考评,每学期评比表彰一定比例的社团优秀成员—"××之星",记入学生成长素质档案。

"校内展示":学生社团活动面貌展示。每学期学校都定期举办校园"社团节",给每个学生提供展示自己兴趣特长的舞台;同时开展社团课堂展示,让学生有"我的课堂我做主"的自我学习成果展现的机会。改变了学生学习的方式。

"校外展示":鼓励学生参加各级各类锦标赛,展示自己特长和潜能的比赛。如全国青少年电子制作锦标赛、全国机器人大赛、全国校际管乐交流赛等。甚至派学生出发德国、美国、新加坡等国家展示学生的管乐才艺、美术才艺等。

为全面贯彻办学方针,体现"面向全体,全面发展,张扬个性,培养特长"的办学思想。根据杭州市教育局的有关文件精神,学校制定了《2011 年市属省一级重点普通高中保送预选生推荐办法》。

形成规范、合理、透明的制度，是一所学校成功地进行校本课程开发必不可少的条件。制度建设，将责任明细化，有利于加强校本课程建设过程的督查与指导，有效制约并促使人人都能自觉自律地落实，进一步强化责任意识。激励教师积极地投入课程改革。

（三）校本课程开发的评价方法选择

校本课程开发是一个完整、持续发展的过程。它包括了校本课程开发的研究团队、实践团队、参与者等等。为了使校本课程开发能够形成良好的反馈提升机制，有效的评价方法是至关重要的。

1. 档案袋评价

档案袋评价是一种过程性评价。校本课程开发注重学生参与的过程和过程中的体验。档案袋评价能够引导学生对自己在学习中的各种表现进行回顾，从学习的角度恰当地解释评价数据，增强学生的学习自信心，提高学生的兴趣，激发学生学习的动力。

案例 12-18

西溪实验学校校本课程开发

西溪实验学校依托西溪湿地资源，对综合实践课程进行校本课程开发。档案袋作为学生在综合实践过程的真实记录，它将学生在过程中的思考、情感经验的提升等，都一一呈现。

（1）自主设计，个性封面的积累

综合实践活动档案袋封面的设计，是成果展示的重要组成部分，学生根据研究主题自主进行设计，既体现了封面的个性化，又体现了课程的实践性。

（2）真实记录，科学资料的积累

实践活动的过程中学生将运用各种方法进行研究，并在相应的研究单上记录研究结果。为保证研究结果的科学性、有效性，资料的搜集与积累必须体现真实性。

真实的文字和图片资料将研究对象的研究成果科学地呈现了出来，为成果汇报做好内容准备。

2. 公开展示

展示性评价注重学生的主观能动性，激发学生的学习积极性，提升学生的美术能力。我校有许多的平台提供给学生展示，不论是个人、小组还是集体，都会开展不同形式的激励性评价。

案例 12-19

绿城育华小学“绿城课堂”校本课程开发

绿城育华小学构建了具有学校特色的校本课程开发体系——绿城课堂，其用多种评价推动学生差异发展。其中展示评价，凸显了学生百花齐放的精彩。

(1)分层展示，展示人人

展示评价可以通过以下三条途径来实现：①学生个人自选代表作品，这一方式是参与面最广、学生积极性最高的一种激励性评价。②制定一定的评价标准，根据标准评选作品进行展览；③由学生组成评选小组对参选作品进行评选参展。

(2)个人美展，个性成功

在美术方面有特长的同学，学校会给学生展示的平台，通过艺术个展或几人联展，激发个性与积极性，在相互的学习中共同成长。

(3)作品馆藏，升华展格

建立儿童美术馆，除定期开展展览以外，还有许多优秀或独特的作品会被美术馆长期收藏。如学生作品《蚂蚁的故事》是一副大型的长卷，画面生动有趣，作品被某美术馆长期收藏。

3.综合评价

校本课程开发是一个完整的系统，包括校本课程开发的顶层设计、研究团队、实践小组、参与学生等等。故而校本课程开发的评价，应当从多维度着手，进行综合评价。

(1)学生自评，认识自我

“以人为本”是课程的根本宗旨，设置学生自评环节是凸显学生在课程中主体地位的重要方式。学生自我评价可以随时进行，学生对于自己的认识、行为和学习结果进行自我评价，实际上就是帮助学生反思自己的思想和行为状况。同时，自我评价的自由度较大，有很强的针对性，可以充分调动学生的主动性和积极性，落实其主体地位，培养其主体精神。

(2)组间互评，取长补短

自评过程中，由于学生的认识水平和判断能力的限制，或者由于某种目的，也可能会出现隐瞒或夸大自己的优缺点的现象，学生不能进行准确判断的问题，而由自我以外的熟悉他的人对其进行评价，恰好可以弥补这一不足。例如在自评基础上进行组间评议，能够使学生体验到自我评价与他人评价之间的差距，从而发展自我认识，有利于增强团队凝聚力，培养学生主人翁精神，提高责任意识。

(3)家长评价,集思广益

校本课程开发的教学中常常以活动为形式展开,许多的活动需要学生在课堂教学前做一些准备,部分活动也需要家长的参与和配合。

案例 12-20

西溪实验学校引入家长评价

西溪实验学校的校本综合实践课程中,常常鼓励学生家长参与。许多学生家长是世代生活在西溪湿地周边的老居民,其本身就是一部西溪的活字典,为课程的开展提供了丰富的人才资源。如在《西溪的习俗》课堂中,一个学生带来外婆包的尖角粽,其他学生很感兴趣,我们就邀请学生的外婆来参与后续活动的开展。引入家长评价环节,在丰富了课程资源的同时,也让家长更容易关注孩子的成长过程,强化了家庭教育的功能。

(4)教师评价,引海识航

校本课程开发的教师评价,不再是定分数划等级的定量评价,而是把握方向、总结分析的定性评价,其目的是帮助学生更好的理解课程,自身活动中的不足和缺失,知道如何改进。

案例 12-21

省教研室附小"一年级新生适应性"校本课程开发

省教研室附小推进了"一年级新生适应性"校本课程开发,要求教师每天要对课程写几句简短的教学日志,每个班的执教老师每节课不少于 10 张照片,每个孩子在一天中要有一张照片的记录。再次是对每天的课程内容要有一篇报道。入学适应课程结束后写一篇 500 字左右的体会,可以是就某一天的课程,也可以就两周的课程,既写课程好的一面,也要提出课程不足的地方。

第三节　校本课程实施的保障机制

一、区域课程管理政策常态化

西湖区教育局持续地关注、指导各校开展的校本课程开发情况。为了解区属学校社团工作组织开展情况,监督、指导中小学校本课程开发,优化课程结构,创建学校特色,实施因材施教和个性化教育,提高学生的学习兴趣和综合素养,从而为西湖区着力转变育人模式、推进素质教育进一步奠定基础。

（一）加强培训监督

教育局、学校要建立校本课程开发领导小组，组织协调西湖区校本课程开发、推进的相关工作。区教育局将合理安排年度课程改革专项经费，保障校本课程开发的顺利实施。

1. 区教师进修学校要加强对各校校本课程开发的研究与指导。一方面继续加强对市两批课程改革试点学校、区两批课改实验学校、第一批课程改革实施备案项目学校的管理与推进，持续拓展"西湖阅读课程"的实验工程；另一方面对学校课程改革实施方案的制订、拓展性课程的开发建设等加强论证和业务指导，为学校深化课改提供有效帮助。

2. 区教师进修学校要积极创新培训方式，加强对小学、初中教师校本课程开发、开设能力和校长课程领导能力的培养、培训，不断提高中小学校本课程开发建设水平。各校要积极构建激发教师参与内驱力的学校管理与评价机制；有效开展校本研修，创新"导研合作"的教研方式，引导教师开展课程设计、开发及其实施的研究和探索。

3. 建立健全深化校本课程改革监督考核机制。教育局将深化校本课程改革工作纳入对中小学的年度考核指标；督导科、教师进修学校要加强监督、检查、评估；各校要把教师参与校本课程开发工作作为评优评先的重要依据之一；要进一步营造氛围，健全机制，推动西湖区校本课程开发的全面落实。

（二）提供专项经费

为保障校本课程开发的有序推进，西湖区教育局提供了专项经费。专项经费要求专项专用，以此保证各校校本课程开发的场地建设、设备配置等事务的顺利展开。

1. 经费补助：由重点培育社团所在学校按年度申报项目经费及支出明细，由西湖区青少年宫汇总，经审核后拨付至重点培育社团所在学校。

2. 社团专项经费：社团专项经费全部用于社团活动所需器材的配置、指导教师的培养、校外指导教师的聘请、成果展示和优秀社团、优秀学员的奖励等，不用于本校指导教师劳动报酬的发放，社团应用足用好社团经费。

（三）重视样本宣传

西湖区校本课程开发的积极铺开，表现在各校社团课程的欣欣向荣之态。为进一步提升区内校本课程开发的水平。西湖区教育局通过确定二十个优秀社团，通过三年培育，提升区内科技社团、艺术社团活动水平，及区域内的科技、艺术社团知名度。

培育举措包括：

1. 下校指导。三年培育周期内，每学期下校指导至少两次，了解社团的指导、发展情况。

2. 师资培训。社团指导教师优先进入西湖区“百名教师拜师学艺”培训工程，切实提升自身专业技能与辅导能力。

3. 外出学习。组织社团指导教师外出培训，观摩北京、上海、广州等城市中小学社团，拓展社团指导教师视野。

4. 搭建平台。通过区级科技节、艺术节、社团文化节、社团研讨活动等搭建区域内社团竞技、展示平台，提升社团组织及成员的实战能力。

5. 优先推荐。把握省市科技、艺术比赛、展示的契机，优先推荐重点培育社团参与省市级竞技，选派省市专家或区青少年宫总辅导员介入指导工作，切实彰显西湖区艺术社团、科技社团的区域影响力。

向外学习和内部生长两大举措促使各校汲取典型经验，发展各自特色，用心培育精品社团的形成与对外交流。区域内已有一批学校通过扎实的“修炼”，不仅在区内获得高度评价，并且积极与校外沟通联系，甚至走向国际。

案例 12-22

美国国际技术与工程教育学会（ITEEA）主席一行参观保实精品社团

美国国际技术和工程教育学会主席 William E. Dugger 先生一行在浙江省劳技教研员管光海老师、杭州市保俶塔实验学校校长陈竹根、科研室主任陈萍萍老师的陪同下先后参观了我校陶艺社团、精品电子创新社团和奇迹建模教室。陈萍萍老师为来访的专家老师一行介绍了电子百拼的开发，社团活动的开展和学生所取得的成绩。来宾高度评价了我校的社团课程，认为我校的社团课程站在国际化视野的高起点，基于 STEM 面向全体学生，同时提升教师教的能力和学生学习的素养。

二、学校教育装备建设现代化

校本课程开发的实践，需要有学校教育装备建设的支撑。各校校本课程开发领导小组依据校本课程开发的计划，投入资金建设场馆、装置设备、升级互动系统。

（一）建设场地

西湖区教育部门和学校，投入了大量的专项经费，切实加强了图书馆、实验室、活动基地等设施的建设，保证了校本课程的开发与实施。

案例 12-23

袁浦小学为校本课程开发建设场地

袁浦小学在校本课程实施的场馆建设方面，根据学校的发展战略，投重金建设天文台、能源馆、电视台、演播厅、体育馆、实验室……让各类社团有空间可以开展活动。

场馆建设完成后，还要进行设施设备的配置，多通路的数字音响系统、录播系统，校园影视系统等设备。有效促进了校本课程的特色化建设的，促进学生的个性学习。

（二）升级设备

“教育装备”是现代教育教学的重要手段，是改善学校的办学水平，提高教学效果和效率的重要途径。良好的教学设施是保证校本课程教学正常运行、保证教学安排如期完成、使教学质量得到保障的基础。校本课程是学校品牌特色体现，有强烈的地方性、学校性，课程是为学生的发展需要而设计，以学校的特色为基础的。这就要求我们为特色化课程进行相应的硬件配置，这里有场所的配置，更有设施设备的配置。

课程实施是将课程方案付诸实践的过程，也就是将书面的课程转化为教室情境的教学实际的教育实践。实施过程中应做好充分准备，需要各方面协调沟通予以足够的物质支持。学校对校本课程的开发与实施给予经费上的支持，以保障校本课程建设的物质基础。

案例 12-24

《科技类》校本课程教育装备建设

保俶塔实验学校以“科技类”校本课程开发为契机，加强了现代教育技术装备的建设和管理，改造、完善科技专用教室的装备。近几年，学校投入了巨资完善了教学设施，在学校综合楼五楼建立了机器人工程实验室。配备了一个“电子制作”的专用教室。学校还专门设置了“校本课程”实施的社团楼，供“电子”“绘画”“缝纫”“油画”“雕刻”“动漫”“围棋”等 10 多个校级社团的学生开展“校本课程”的学习，促进了学生“创新素养”的个性的发展。

（三）校本课程网络管理

处于互联网背景的校本课程管理，除了纸质文件，更应有匹配的网络技术进行管理。“互联网＋”的概念已经渗透到校园的每一个角落。西湖区作为教育强区，各校正积极将信息技术运用到教育教学管理中去。

校本课程开发从顶层设计到草根研发，投入的人员非常多——专家、教师、家长等等；经历的时间长——制订方案、探讨通过、方案申报、学生选课、

教学实施、教学反馈等；涉及的范围广——学科组、年级组、专家组、教导处、科研处、校外资源等。由于其头绪多，涉及面广，耗时费力，为了增强效率，一些管理工作可以利用现代化网络技术来实现管理、沟通、评价等方面的便利。信息技术的使用，如微信、微博一些公众平台，能够为校本课程开发的设计、管理、评价提供有效的窗口。与此同时，网络平台能够实现家长和其他校外人员对校本课程的关注与评价，对参与学生更是一种良性激励。校本课程开发应具有持续、发展的考虑，故获得外界的评价与建议，具有十分重要的作用。

案例 12-25

育才外国语学校打造校本课程开发网络管理平台

为了便捷、高效地管理 We Show 校本课程，育才外国语学校研发了专为学校 We Show 课程量身打造的管理软件。实现了网上浏览介绍，手机报名需“秒杀”；网上组成班级，报名信息现“云端”；网络展示评价，作品照片秀“好友圈”。特别在评价方面，学校充分利用智能终端技术，拓展性课程的新班级自动建成一个“群”，家长、学生、老师在群上形成“好友圈”。

三、社会教育资源开发课程化

社会教育资源种类有历史文化类、人文文化类、社会问题类、地理环境类、自然资源类、科技发展类、生活环境类等，在开发、利用中要有整合视野。学校拓展性课程建设要多途径开发课程资源，为课程整合的全面实施提供条件保障。依托本土化、校本化的课程资源，加强与高校、社会团体、行业企业、社会实践基地的联系，统筹利用校内外课程资源，科学设计和安排课内外、校内外活动，营造协调一致的良好育人环境。

（一）联结第二课堂

教育要“始于课堂，走出课堂，融入社会”。第二课堂活动，是对学校教育的延伸、补充、发展，具有广泛的、深刻的、生动的教育效能，可以使学生体验到更多的职业有助于培养兴趣和爱好，发展学生的智能。

杭州青少年“第二课堂”场馆分文博类、名人纪念馆、故居类、革命烈士纪念类、文化科普类等 71 个场馆，丰富的场馆资源可促进学生精神、意志、品德、知识、能力、体质和审美的全面发展，也是开展校本课程的最佳社会资源。

联结“第二课堂”构建的“实践活动类”校本课程，可以以综合实践活动、品德与社会、美术等国家课程；“我与杭州”“人·自然·社会”等地方课程为核心内容而重构的校本课程开发。

案例 12-26

保俶塔实验学校依托"第二课堂"构建小学"实践活动类"校本课程

保俶塔实验学校还出台了《"走出校门 走进第二课堂"校本课程开发指导纲要》，从课程性质、基本理念、设计思路、课程目标、课程内容与课时安排、实施建议等方面提出规范的指导建议。分列了"自然·环境"时间考察学习领域和"历史·文化"课题研究学习领域。以"历史·文化"课题研究学习领域为例，分别设置了"博物馆"系列研究主题及"杭州名人、故居"研究主题。充分利用第二课堂场馆资源开展校本课程。

（二）依托高校资源

校本课程开发的思路中很重要的一条就是对当地高校资源的发掘与利用。保俶塔实验学校申花校区地处浙江大学紫金港校区附近，本部初中距离浙江工商大学较近。目前学校已经和浙江大学、浙江工商大学所属的多个学院合作共建了学生社会实践和学校少科院的实践基地，为学生提供优质教育资源，培养创新精神、探究意识与批判性思维。保俶塔实验学校依托"浙江大学"和"浙江工商大学"两所省内优质高校资源，构建了中小学"科学实验"校本课程。

案例 12-27

保俶塔实验学校依托高校资源，构建小学"实践活动类"校本课程开发

"高校"优质教育资源包括人力、课程、文化、场馆、环境等方面。先进的科学实验室和高水平的师资，有利于培养学生探究意识与批判性思维。"浙大"紫金港校区七个院系的实验室是"少科院"学生的实践基地。申花校区依托"浙大紫金港校区"资源，构建的学校"实践活动类"校本课程，分必修和选修两个模块。

浙江工商大学食品与生物工程学院拥有浙江省食品安全重点实验室、一级学科"食品科学与工程学科"。依托"浙江工商大学食品与生物工程学院"资源，结合八年级科学学科的课程目标和内容，构建了保俶塔实验学校中学"科学研究"校本课程，该课程属于必修模块。每年的 11—12 月，学校安排一个下午去大学实验基地。

（三）行业资源

社会各行各业是发展学生个性特长最好的学习活动场地。西湖区各校统筹校内外资源，立足学生成长宗旨，依据校本课程开发需求，结合行业资源为校本课程拓展新天地。

保俶塔实验学校的"西湖少年邮局"是学生社会服务体验的基地，与"西

湖交警支队”确定结对单位。学校还与浙大中控公司、杭州速泽电子科技有限公司等企业联盟。借助企业专业技术研发团队和网络资源，进行社会资源领域的校本课程开发，丰富学生的学习经历。

案例 12-28

保俶塔实验学校 西湖“少年邮局”——学生社会服务体验的基地

杭州西湖“少年邮局”是全国第一所少年邮局，工作人员全由我校学生担任。于 1997 年 2 月 20 日创立。

西湖“少年邮局”社团活动的开展的课程是以社会实践活动为主要依托，以培养学生社会综合实践能力、发现问题解决问题能力、与人合作交际能力和培养严谨工作作风为目标的一门由学校、家庭和社会共同开发的拓展性课程。西湖“少年邮局”成了邮政服务的社会实践，集邮兴趣培养的基地。学生设计的邮票、明信片也已经出版发行，学校集邮队伍在不断壮大。2012 年参加全国集邮联的会员超过了 200 人，这个数字已达到了全国邮协人数的万分之一。

西湖区各校在深入解读《浙江省深化义务教育课程改革指导意见》的基础上，立足区域和校园特色，联系学生生活实际，架构了有利于学生实践能力、创新能力培养的具有地方本土特色的学校校本课程。

铭记教育真谛是实施“校本课程”的思想动力。校本课程的开发与实施成效，取决于办学者对教育的理解，如果我们对教育的真谛有了正确的理解，就会自然而然地关注校本课程，重视课程开发。教育就是让受教育个体得到发展的活动行为，是要让我们的教育对象潜能得到充分挖掘，实现全面而有个性的发展。

理解课程功能是开发“校本课程”的行动指南。新课程体系是三级课程体系（国家、地方、学校）。国家课程强调的是“共同基础”；学校需要做的是“开足开齐开好”，实现“轻负高质”；地方课程是为了增强课程对学生及地方的适应性，关注个性领域。学校课程强调的是“差异发展”，关注的是个性领域。为了挖掘个性潜能，学校应该为不同学生提供不同的学习需求，这就需要我们去开发校本课程，这也是我们的主要增长点。

课程化管理是落实校本课程的基本保障。要真正实施校本课程，落实综合实践活动，根本的一条就是要改变原有的“兴趣活动”形式，必须实现基于“课程”要求的社团课程管理。必须体现课程的各个要素，即有课时、有教师、有教材、有教室、有计划、有学生、有考核、有评价，坚持课程化管理。

西湖区校本课程开发，促进了国家课程校本化、地方课程本土化、校本课程个性化实施。课程创生取向把教师定位成“课程的开发者”，把课程看成是“一个不断前进的过程”，把课程变革看成是教师和学生个性的成长与发展过程。“校本课程”开发作为教师发挥自主性、创造性的“重要场所”，是教师专业成长的基本途径。基于“创新人才”培养为取向的“校本课程”，学生学习“校本课程”的过程将是他们创新意识、创新思维、创新能力和创新精神培养的过程。学校“校本课程”的开发和实践，改变了学生的知识结构和能力结构，使学生更好地适应信息时代的生活和工作，有利于迎接知识经济的挑战，全面实施科教兴国的战略；有利于学生自身创造潜能的生成，促进学生素质的全面和谐发展和创新发展。

参考文献

[1] 翟博. 均衡发展:我国义务教育发展的战略选择[J]. 教育研究,2011(1).

[2] 刘志军,王振存. 走向高位均衡发展:基础教育改革与发展的应然追求[J]. 教育研究,2012(3).

[3] 吴亮奎. 优质均衡发展:现实矛盾与理论思考[J]. 教育发展研究,2010(18).

[4] 国务院教育督导委员会关于公布2013全国义务教育发展基本均衡县(市、区)名单的决定[N]. 中国教育报,2014-02-24.

[5] 王慧颖. 特色发展:基础教育优质教育均衡发展的根本[J]. 教育科学研究,2012(8).

[6] 包智强. 铸魂固本,团队打造——无锡市"名师工作室"团队建设的实践与思考[J]. 江苏教育研究,2010(30).

[7] 鄂冠中. 区域性名师工作室运行策略摭谈[J]. 中小学教师培训,2012(6).

[8] 杨梅. 名师工作室"参与式模型"构建研究[J]. 吉林省教育学院学报(上旬),2015(10).

[9] 张聪,韩爽. 名师工作室与教师专业发展:基于名师工作室成员的调查[J]. 教育理论与实践,2014(17).

[10] 朱广清. 名师工作室效能提升:知识管理的视角[J]. 教育评论,2014(4).

[11] 宋燕. 和合学视野下教师合作研修共同体建构的研究[D]. 重庆:西南大学,2011.

[12] 吴振兰. 名师工作室对教师专业发展的作用研究[D]. 南京:南京师范大学,2015.

[13] 国家教育发展研究中心. 2003年中国教育绿皮书[M]. 北京:教育科学出版社,2003.

[14] 转型期中国重大教育政策案例研究课题组. 缩小差距——中国教育政策的重大命题[M]. 北京:人民教育出版社,2005.

[15] 曲恒昌,曾晓东. 西方教育经济学研究[M]. 北京:北京师范大学出版社,2000.

[16] [美]托马斯. R. 戴伊. 理解公共政策[M]. 彭勃,等译. 北京:华夏出版社,2004.

[17] [美]小约翰. B. 科布. 后现代公共政策[M]. 李际,等译. 北京:社会科学文献出版社,2003.

[18] 施光明,王曦. 杭州市集团化办学发展的背景及学校核心竞争力分析[J]. 浙江教育学院学报,2006(2).

[19] 朱向军. 名校集团化办学[M]. 北京:中国青年出版社,2006.

[20] 李振村,梁伟国. 均衡发展再看寿光——山东省寿光市深化基础教育均衡发展纪实[J]. 人民教育,2006(6).

[21] 于发友. 县域义务教育均衡发展研究[D]. 山东师范大学,2005.

[22] 周峰. 试论基础教育均衡发展的若干问题[J]. 教育研究,2002(8).

[23] 马晓强. 关于基础教育均衡发展问题的文献综述. 区域教育发展特色示范县(市. 区)评估项目工作通讯,2004(4).

[24] 李国,刘付兵. 城乡教育共同体的有益探索——成都棕北小学、金兴北路小学"捆绑"发展的实践之路[J]. 中小学校长,2002(2).

[25] 朱连云. 打造城乡教育共同体,促进学校教学优质、均衡发展——青浦区推进校本研修的实践[J]. 上海教育科研,2008(12).

[26] 许新海,吴勇. 海门新教育共同体建设的实践与研究[J]. 江苏教育研究,2009(4C).

[27] 张爽. 学校学习共同体的意蕴与创建[J]. 中国教育学刊,2011,(7).

[28] 黄丹凤. 基础教育阶段学校委托管理评估的基本框架及特征分析[J]. 教育测量与评价,2014(2).

[29] 陈效民. 探索突破体制障碍,复制放大优质教育——义务教育阶段学校委托管理的实践与思考[J]. 教育发展研究,2011(6).

[30] 陶西平. 教育评价辞典[M]. 北京:北京师范大学出版社,1998:87.

[31] 边玉芳,林志红. 增值评价:一种绿色升学率理念下的学校评价模式[J]. 北京师范大学学报,2007(6).

[32] 余进利. 校长课程领导:角色、困境与展望[J]. 课程·教材·教法,2004(6).

[33] 钟启泉. 概念重建与我国课程创新[J]. 北京大学教育评论,2005(1).

[34] 张远增. 论校本课程评价的四个问题[J]. 上海教育科研,2003(7).

[35] 陶华坤. 多元·共存:论国际理解教育[M]. 长春:吉林出版社,2016.

[36] 李贝. 国际理解教育:大学生国际视野拓展与能力培养[M]. 北京:科技出版社, 2017.

[37] 麻维民. 国际理解教育校本课程开发与实施[J]. 北京教育,2015(9).

[38] 黄志成. 国际教育新思想新理念 [M]. 上海:上海教育出版社,2010.

[39] 王远美.理解 共享 合作:国际理解教育的理论与实践探索[M].北京:北京出版社,2011.

[40] 钱志清.论教师成长:基于内隐提升区域教师专业水准[M].杭州:浙江大学出版社,2012.

[41] 陈霞.教师专业发展的实效性研究[M].北京:北京大学出版社,2012.

[42] 崔允漷.学校本位教师专业发展[M].上海:华东师范大学出版社,2013.

[43] 刘永平.名师工作室建设与探索[M].北京:现代教育出版社,2012.

[44] 密云县小学语文名师工作室.名师从这里起步[M].北京:光明日报出版社,2014.

索　　引

后　记

《国家中长期教育改革和发展规划纲要(2010—2020年)》指出:“均衡发展是义务教育的战略性任务。”明确要求“到2020年,全面提高普及水平,全面提高教育质量,基本实现区域内均衡发展,确保适龄儿童少年接受良好义务教育”。“高位均衡发展”更是当前经济较发达地区教育发展的战略定位与必然追求。外延式高位均衡发展主要是靠追加教育投资来实现学校在办学条件等硬件方面的均衡;内涵式高位均衡发展是指在各个学校办学条件达到省定标准的基础上,地方教育行政部门和学校充分挖掘自身潜力,进行人事、财务、课程、教学、评价等方面的创新,通过“自组织”系统,在均衡发展、教育公平过程中求优质,在高水平、高层次的优质发展中求均衡,追求均衡与优质的和谐统一,获得最大限度的公平、民主与平等。“为每位受教育者提供适合的教育,使每位受教育者做最好的自己”是西湖教育发展的核心价值取向,也是全体西湖教育人的共同理想。基于此,西湖区统筹协调,勇于创新,逐步探索出了一条“高起点规划、高标准建设、高品质呈现”的区域义务教育高位均衡发展的新模式。

西湖区教育经过近年来的跨越式发展,整体取得了明显进步,并率先通过了教育强区评估。但本区教育的发展仍然突出面临“以义务教育优质高位均衡发展为主线”的改革难题,基于此,2013年,西湖区教育局申报了省重点课题“传承·共融·创新:区域推进义务教育高位均衡发展的实践研究”,这也成为本区教育高位均衡发展亟待解决的重大课题。经过近五年的努力,薄弱学校教育教学质量有了明显提高,义务教育均衡发展取得显著成效,人民群众对教育的满意度明显提高,全区义务教育均衡发展进入了快车道。以“办好每一所学校,开好每一门课程,教好每一个学生,成就每一位教师”为追求,西湖区已基本构筑了城乡一体、办学规范、一校一品、均衡优质的区域教育品牌。近几年,分别获得了浙江省教育强区、浙江省新课程改革实验区、浙江省基本教育现代化区,教育部现代教育技术示范区、教育部贯彻《纲要》实验区、教育部“以园为本”制度建设实验区、杭州市学前教育强区、杭州市贯彻《指南》重点试验区。全国阳光体育先进区、全国两基先进、全国义务教育发展基本均衡区、全国社区教育实验区等荣誉。

成绩缘于厚积薄发,更缘于创新发展的不懈追求。多年来,面对辖区群众日益增长的对优质教育资源的多元化需求,西湖区积极探索区域教育高位均衡发展的新途径、新策略,不断满足辖区群众从"有学上"到"上好学"的需求,以统筹教育均衡发展为总抓手,以实施七大战略为总路径,以改革创新为动力,以促进学生健康成长和提高公民素质为出发点和落脚点,努力实现"理念先进、结构合理、数量充足、质量上乘、机制灵活、均衡优质"的教育发展新格局。西湖区从学校、课程、教师、学生四个方面出发,形成了推进义务教育高位均衡发展的政策网络。在学校建设上,不仅重视硬件上的提高,更重视制度上的创新;在课程建设上,把课程建设作为均衡发展战略的核心,走内涵式的均衡发展战略;在师资队伍建设上,采用多途径、多方面的师资培训与交流;在学生培养目标上,以创造多元环境促进学生全面发展为核心目标。整套政策体系环环相扣,既能推进每一方面的进步,又有利于保障整体目标的实现。如今,一套具有西湖区特色的基础教育发展模式,已逐渐成形,并发挥出强大的生机和活力。《教育均衡发展新路径》全面反映了西湖区推进义务教育高位均衡发展的实践路径,也表述了我们对区域推进义务教育高位均衡发展的理论思考与今后发展走向的探索。

本书是西湖教育工作者集体智慧的结晶,由钱志清、周华松、王斌规划设计、构思著书,王斌、陈国民、陈苍鹏、江绪先、曾水清、金晓霞、陈国兴、舒俊波、何康军、刘爱玲、姚一、刘理明、孙继婷、陈萍萍参与撰写,各章的作者分别为:第一章,王斌;第二章,陈国兴;第三章,何康军;第四章,金晓霞;第五章,江绪先、王斌;第六章,陈国民;第七章,舒俊波;第八章,刘爱玲;第九章,曾水清;第十章,姚一、刘理明;第十一章,陈苍鹏;第十二章,孙继婷、陈萍萍。此外,全区中小学中还有很多教师,虽然没有直接参与课题研究或本书的写作,但他们在教育实践中,也从不同角度进行着教育高位均衡发展的实践探索、提供资料,同样为课题的研究以及本书的撰写做出了贡献,在此谨向他们表示感谢!

在课题研究的过程中,我们得到了诸多领导、专家的指导和帮助。浙江省教育科学研究院院长朱永祥、副院长王健敏、杭州市教育科学研究所所长俞晓东、副所长沈美华、金卫国等诸多领导、专家向我们提出了许多的宝贵建议,还有不能一一列举的领导专家,也参与了本书稿的设计与实施,在此,我们一并表示由衷的感谢。同时,真诚地希望领导、专家和同行一如既往地对西湖区教育给予帮助和指导。

最后感谢浙江大学出版社的鲁东明社长、吴伟伟编辑。他们以高度负

责的精神使本书以最快的速度与读者见面。感谢西湖区各中小学教师给我们提供宝贵资料；也感谢全体同仁给我们的全力支持。

由于写作水平所限，本书一定还存在着好多纰漏和不足，敬请作者和读者朋友们谅解、指正！愿本书能为学校管理者、教师以及其他教育工作者提供可借鉴的经验和实践资讯。

编　者

2017 年 6 月

图书在版编目(CIP)数据

教育高位均衡发展的路与径 / 钱志清,周华松,王斌著. —杭州:浙江大学出版社,2017.12
ISBN 978-7-308-17644-6

Ⅰ.①教… Ⅱ.①钱…②周…③王… Ⅲ.①义务教育—发展—研究—中国 Ⅳ.①G522.3

中国版本图书馆 CIP 数据核字(2017)第 277330 号

教育高位均衡发展的路与径

钱志清　周华松　王　斌　著

责任编辑　吴伟伟 weiweiwu@zju.edu.cn
责任校对　杨利军　韦丽娟
封面设计　黄晓意
出版发行　浙江大学出版社
(杭州市天目山路 148 号　邮政编码 310007)
(网址:http://www.zjupress.com)
排　　版　杭州隆盛图文制作有限公司
印　　刷　浙江海虹彩色印务有限公司
开　　本　710mm×1000mm　1/16
印　　张　21.25
字　　数　392 千
版 印 次　2017 年 12 月第 1 版　2017 年 12 月第 1 次印刷
书　　号　ISBN 978-7-308-17644-6
定　　价　60.00 元

浙江大学出版社发行部联系方式　(0571)88925591;http://zjdxcbs.tmall.com